BLUE BOOK OF CHONGQING'S CULTURE

重庆文化产业发展报告
（2020—2021）

中共重庆市委宣传部　重庆市文化和旅游发展委员会
重庆市国有文化资产管理领导小组办公室　重庆社会科学院 / 编

REPORT ON
DEVELOPMENT OF CHONGQING'S
CULTURAL INDUSTRY
（2020—2021）

顾　问：张　鸣
主　编：张洪斌　刘　旗　彭　涌　刘嗣方
副主编：朱　茂　李为祎　瞿定祥　文丰安

重庆出版集团　重庆出版社

图书在版编目(CIP)数据

重庆文化产业发展报告.2020-2021/中共重庆市委宣传部等编.—重庆:重庆出版社,2021.11
ISBN 978-7-229-16847-6

Ⅰ.①重… Ⅱ.①中… Ⅲ.①文化产业—产业发展—研究报告—重庆—2020-2021 Ⅳ.①G127.719

中国版本图书馆CIP数据核字(2022)第086315号

重庆文化产业发展报告(2020—2021)
CHONGQING WENHUA CHANYE FAZHAN BAOGAO(2020—2021)
中共重庆市委宣传部　重庆市文化和旅游发展委员会
重庆市国有文化资产管理领导小组办公室　重庆社会科学院　编

责任编辑:刘向东　李欣雨
责任校对:郑　葱
装帧设计:刘沂鑫　蒋忠智

重庆出版集团
重庆出版社　出版

重庆市南岸区南滨路162号1幢　邮政编码:400061　http://www.cqph.com
重庆出版社艺术设计有限公司制版
重庆市联谊印务有限公司印刷
重庆出版集团图书发行有限公司发行
E-MAIL:fxchu@cqph.com　邮购电话:023-61520646
全国新华书店经销

开本:787mm×1092mm　1/16　印张:29.25　字数:512千
2021年11月第1版　2021年11月第1次印刷
ISBN 978-7-229-16847-6
定价:78.00元

如有印装质量问题,请向本集团图书发行有限公司调换:023-61520678

版权所有　侵权必究

《重庆文化产业发展报告(2020—2021)》编委会

顾　问：
　　张　鸣
主　编：
　　张洪斌　刘　旗　彭　涌
　　刘嗣方
副主编：
　　朱　茂　李为祎　瞿定祥
　　文丰安
编　委：
　　岳　磊　徐丽丽　杨晓莉
　　高　扬　王亚玲　丁忠兵
　　王柄权
编辑部主任：
　　文丰安
责任编辑：
　　丁忠兵

目 录

总报告

因时而谋　应势而动
推动文化发展与经济社会同频共振
——2020—2021年重庆文化发展改革总报告
　　………………………………重庆市文化体制改革和发展办公室 / 3

行业报告

2020—2021年重庆国有文化资产监管工作报告
　　……………………重庆市国有文化资产管理领导小组办公室 / 69
2020—2021年重庆报业发展报告 ……………… 曾　敬　李棕宝 / 79
2020—2021年重庆广电产业发展报告 ………………………陈义东 / 92
2020—2021年重庆出版业发展报告 … 温相勇　聂昌红　张　瑜等 / 111
2020—2021年重庆印刷发行产业发展报告 ……… 吴　扬　李治国 / 125
2020—2021年重庆影视产业发展报告 …… 刘贵明　黄　亮　杨松辉 / 138
2020—2021年重庆互联网文化产业发展报告 ……………… 唐鱼跃 / 150
2020—2021年重庆文化旅游融合发展报告 ………………… 王　榆 / 157

改革论坛

重庆"双晒"第二季　打造文旅产业复苏城市样板
　　………………………………中共重庆市委宣传部文化产业处 / 169
突出制度建设主线　推进重庆市文化治理体系现代化
　　………………………………重庆市文化体制改革和发展办公室 / 178
迎难而上　精准施策
——2020年重庆市文化体制改革工作综述 ………………杨晓莉 / 186

目 录　1

理论争鸣

新时代红色文化传承与发展研究 ………………… 文丰安 / 195
新时代弘扬三峡移民精神的价值意蕴和实践路径
………………………… 黄意武 江优优 王广锋 / 210
合广长协同发展示范区文旅产业联动发展研究 ………… 丁忠兵 / 221
文旅融合背景下重庆自驾游营地发展的机遇与挑战 …… 张伟进 / 230
巴蜀文化旅游走廊品牌形象塑造与协同传播
………………………… 许志敏 廖杉杉 刘静怡 / 244
成渝地区双城经济圈建设背景下文化旅游业协同发展研究
………………………………………………… 廖玉姣 / 253

业界探讨

推动重庆文投集团文化影视产业高质量发展策略研究 …… 田景斌 / 263
科普产业融合发展的实践与展望 …………………………… 金奇 / 271
提炼和培育新时代重庆人文精神的路径管窥 ……………… 程晓宇 / 281
立足新阶段 贯彻新理念 构建艺术和版权市场一体化发展新格局
………………………………………… 程锋 钟兰祥 / 288
重庆武陵山片区文旅融合发展初探 ………………………… 张令 / 301
后疫情时代文化会展新模式
——2021重庆国际文化旅游产业博览会 ……… 李丕强 樊飘阳 / 312
重庆市"十四五"文化和旅游融合发展思考 ………… 侯路 郎莹莹 / 318
文旅融合背景下重庆推动古籍文献创造性转化创新性发展研究
………………………………………… 任竞 谭小华 / 325
关于做好新形势下国有文化企业思想政治工作的思考 …… 王诗语 / 335
传统图书发行国有企业战略转型探究 ……………………… 程材俊 / 342

专题调研

重庆数字文旅经济创新发展研究 ………………… 王柄权 唐德祥 / 351
2020年重庆新闻出版产业的区域竞争力分析
………………… 重庆市文化信息中心、重庆理工大学课题组 / 391

推进文化等其他服务业市场主体"六保""六稳"的调查分析 …… 文雅玲 / 403

权威发布

市属文化企业深化改革加快发展行动实施方案
………………… 中共重庆市委宣传部、市文资办起草组 / 415
2021年重庆市文化体制改革工作要点摘要
………………………… 中共重庆市委宣传部起草组 / 424
重庆参与国家文化大数据体系建设任务分工方案
………………………… 中共重庆市委宣传部起草组 / 433

大事记

2020年重庆文化产业大事记
……………… 徐丽丽 陈 蔚 谭小华 张 翎 刘慕岳 整理 / 439

REPORT ON DEVELOPMENT OF
CHONGQING'S CULTURAL INDUSTRY (2020-2021)

总报告

因时而谋 应势而动
推动文化发展与经济社会同频共振

——2020—2021年重庆文化发展改革总报告

重庆市文化体制改革和发展办公室

2020年，是"十三五"规划收官之年，是科学谋划"十四五"的关键之年，也是新中国历史上极不平凡的一年。

这一年，新冠肺炎疫情在全球蔓延，对世界经济造成沉重打击。国际贸易投资显著萎缩，单边主义、贸易保护主义抬头，新兴经济体经济增速大幅下滑，国际金融市场跌宕起伏，世界工业生产自金融危机以来首次负增长。国内经济特别是产业链供应链受到冲击，消费、投资、出口下滑，中小微企业困难凸显，就业压力明显加大，部分领域风险隐患有所积聚，改革发展稳定任务艰巨繁重。面对严峻复杂的国内外环境，以习近平同志为核心的党中央统揽全局，保持战略定力，准确判断形势，精心谋划部署，果断采取行动，付出艰苦努力，交出一份人民满意、世界瞩目、可以载入史册的答卷。

这一年，各地区各部门坚持以习近平新时代中国特色社会主义思想为指导，按照党中央、国务院决策部署，沉着应对风险挑战，率先打赢新冠疫情阻击战和经济保卫战，疫情防控和经济恢复走在世界前列，成为全球唯一实现正增长的主要经济体。经济总量突破百万亿元大关，国内生产总值达1015986亿元，比上年增长2.3%，占世界经济的比重18.15%。全国居民人均可支配收入32189元，增长4.7%，继续保持正增长。城乡居民人均可支配收入比值为2.56，比上年缩小0.08。新经济提振消费活力，线上购物、直播带货、网上外卖等新消费模式强势增长，实物商品网上零售额比上年增长14.8%，高于社会消费品零售总额增速18.7个百分点。新增市场主体恢复快速增长，全年新登记市场主体2502万户，日均新登记企业2.2万户，总数达1.4亿户。新产业新动能实现逆势增长，高技术制造业增加值增长7.1%，战略性新兴服务业企业营业收入增长8.3%。科技创新取得重大进展,建设国际科技创新中心和综合性国家科学中心,成功组建首批国家实验室,"天问一号""嫦娥五号""奋斗者"号等突破性成果不断涌现。脱贫攻坚战胜利收官,年初剩余的551万农村贫困人口全部脱贫、52个贫困县全部摘帽,绝对贫困现象历史性消除,"两不愁三保障"全部实现。全面深化改革取得重大突破,持续推进简政放权,市场准入门槛不断放宽,以"最多跑一次"为代表的便民服务水平不断提升。出台国企改革三年行动方案,支持民营企业发展,完善资本市场基础制度,扎实推进农业农村、社会事业等领域改革。对外开放迈出重要步伐,共建"一带一路"稳步推进,海南自由贸易港建设等重大举措陆续推出,成功举办第三届中国国际进口博览会、中国国际服务贸易交易会,完成中欧投资协定谈判,维护产业链供应链稳定,对外贸易和利用外资保持增长,中华民族伟大复兴向前迈出了新的一大步。

这一年,重庆坚决贯彻落实党中央决策部署,紧紧围绕习近平总书记对重庆提出的营造良好政治生态,坚持"两点"定位、"两地""两高"目标,发挥"三个作用"和推动成渝地区双城经济圈建设等重要指示要求,扎实做好"六稳""六保",全力以赴战疫情、战复工、战脱贫、战洪水,统筹推进疫情防控和经济社会发展,全市抗疫斗争取得重大战略成果,经济运行逐季恢复、稳定转好。全年地区生产总值25002.79亿元,增长3.9%。人均地区生产总值超过1万美元,全体居民人均可支配收入达到30824元,增长6.6%。实施停产半停产企业复产止滑专项行动,"一企一策"支持重点民营企业纾困解难,落实减税降费政策,为企业减负1000亿元以上。新增市场主体50.53万户,增长9.4%,总数298.28万户。成功举办2020线上智博会、重庆国际创投大会,数字经济增加值占地区生产总值比重达到25.5%。实施"利用外资25条",全年实际利用外资102.7亿美元。中欧班列(渝新欧)运营线路增至31条,中新互联互通项目累计签约项目260个、总金额338亿美元,全市外商投资市场主体超过6700户,腾讯、阿里、百度、德国埃马克机床、奥特斯IC载板、紫光芯片、万国数据、SK海力士二期等一大批标志性项目落地。

这一年,重庆采取有力措施克服疫情影响,组织市场主体抗疫自救,制定"支持中小企业20条""支持企业40条""助力市场主体健康发展45条"和《关于应对新冠肺炎疫情影响恢复提振文旅企业发展》等纾困惠企政策,实施"十个一"等促销活动,多措并举促进文旅消费,全力助推文化企业复工复产,有效推动了全市文化和旅游产业复苏回暖,全市文化产业发展基本面稳中向好。全年实现文化产业增加值969.37亿元,小幅增长0.3%,与2019年基本持平;文化产业增加值占GDP比重较2019年下降2%~3.9%;全年实现文化产业营业收入2532.15亿元,同比增长6.7%;1045家规上文化企业全年营业总收入、总利润、总资产分别增长9.3%、4.22%、7.29%。全年新设立文化市场主体20803家,总数达128223家,总体保持平稳发展态势。

表1　2019—2020年重庆文化产业增加值

年份 项目	2019年	2020年
增加值(亿元)	956.98	969.37
增长率(%)	10.7	0.3
占全市GDP比重(%)	4.1	3.9

数据来源:重庆市统计局

表2　全市文化市场主体数据表

	文化市场主体总量	公有制企业	私营企业	个体工商户
2020年新设立(家)	20803	100	11945	8758
2020年底实有(家)	128223	1505	63061	63657

数据来源:重庆市市场监管局

受疫情影响,文化产业结构发生深刻变化。在疫情最为严重的一、二季度,国家不得已采取了限行令、限访令、限聚令等措施,电影、旅游、演出、节庆会展等聚众娱乐类文化行业按下暂停键,现场消费、劳动密集型行业遭受重创;出于疫情防控的需要,大批影视剧以及网络综艺、网络影视剧等内容生产暂时停止拍摄制作,文化产品的生产与供给受到严重影响,企业发展压力大,广告投放量下降,加之新《广告法》实施,广播电视产业链上中下游受到影响,直接导致文化传播渠道和文化娱乐休闲服务两板块全年增加值同比分别下降7%、10.6%。文化投资、项目建设计划被推延,园区基地等载体运营方因企业退租和自身降租而营收锐减,文化投资运营板块增加值同比降低11.2%。但与此同时,基于互联网的数字文化产业,如动漫游戏、网络视听新媒体、线上培训和网络文学等线上数字型行业逆市上扬,内容创作生产和创意设计服务两板块增加值在数字消费需求增长的带动下同比大幅提升8.4%和8.9%,"互联网+文化"新业态行业发展增长态势强劲。

表3 2019—2020年全市文化产业分行业增加值

单位:亿元

	2020年增加值	2019年增加值	2020年同比增速
一、文化核心领域	729.47	704.77	3.5%
(一)新闻信息服务	25.77	25.43	1.3%
(二)内容创作生产	163.37	150.74	8.4%
(三)创意设计服务	357.31	327.98	8.9%
(四)文化传播渠道	96.39	103.69	-7.0%
(五)文化投资运营	4.93	5.55	-11.2%
(六)文化娱乐休闲服务	81.70	91.38	-10.6%
二、文化相关领域	239.90	262.11	-8.5%
(一)文化辅助生产和中介服务	147.39	165.88	-11.1%
(二)文化装备生产	18.61	19.70	-5.5%
(三)文化消费终端生产	73.90	76.53	-3.4%

数据来源:重庆市统计局

一、2020年回顾

2020年,在中共中央和重庆市委市政府的坚强领导下,重庆文化界深入学习贯彻习近平新时代中国特色社会主义思想,深入学习贯彻十九大和十九届二中、三中、四中、五中全会精神,全面落实习近平总书记视察重庆重要讲话精神,把习近平总书记的殷殷嘱托全面落实在重庆大地上,准确把握新发展阶段,深入践行新发展理念,积极融入新发展格局,围绕"举旗帜、聚民心、育新人、兴文化、展形象"的使命任务,坚持系统谋划、统筹推进、主动作为,继续深化改革,改善服务环境,统筹疫情防控和经济社会发展,全力推进文化企业复工复产,推动重大文旅产业项目落地,加快文化产业数字化转型,提升文化产业资源集聚力,文化改革发展迎难而上、顺势而为,文化产业复苏发展、平稳向前。2020年,全市文化体制改革领域获中央有关方面肯定共80次。市委全面深化改革委员会召开第十次会议,专题研究文化体制改革工作。重庆文化产业投资集团有限公司获第十二届"全国文化企业30强"提名企业。

(一)文化体制机制改革取得新成效

制定出台《贯彻落实〈关于加快建立网络综合治理体系的意见〉的实施措施》《长征国家文化公园(重庆段)建设实施方案》《重庆参与国家文化大数据体系建设任务分工方案》《重庆市重点智库建设试点工作方案(2020—2022年)》《重庆市扩大文化惠民工程覆盖面和实效性的实施方案》等,完善文化制度体系建设。制定实施"三重一大"决策、违规经营投资责任追究等规章,加强对市属文化企业对外投资、产权管理等事项的常态化监管,指导企业规范内部管理。制定《建立健全文化类划转企业管理机制方案》,完成重庆科普集团、睿读科技、市电影公司、今日教育、市版权代理公司等5家文化类企业全部资产划转,党组织关系、领导人员管理、"双效"考核等机制基本健全。细化优化市属文化企业社会效益考核体系,将新闻阅评、导向监管、风险排查等日常考核纳入其中,在媒体考核中引入了社会评价反馈。深化文化领域"放管服",取消清理文化旅游审批和中介服务事项78项,划转下放审批事项12项、行政权力58项;清理出版、电影三级行政权力和责任事项51项,将《电影拍摄许可》调整为发放《剧本备案回执》,将审批新建影院加入院线调整为事前备案。深化自贸区"证照分离"试点,对文化旅游、广电、文物25项许可事项实行全覆盖清单管理、全部网上办理,办理时间平均压缩70%。广播电视节目制作经营审批"一件事一次办"在"渝快办"上线。开展2020"清朗·巴渝""三项整治"等专项行动,处置违规违法信息9.2万余条,关闭虚假账号5.6万余个,注销僵尸账号48.9万余个,约谈网站(账号)负责人320余人次。市文化市场综合行政执法总队和38个区县文化市场综合行政执法支队完成调整组建,全年办理投诉举报7200余件,处置纠纷4500余个,督促整改问题220个,立案查处780起,我市旅游执法案件连续三年受到文化和旅游部通报表扬,旅游执法工作走在全国前列。

深化市属文化企业内部改革,督导各企业进一步完善公司章程,落实党的建设、"双效"统一、规范治理等要求,推进企业机构扁平化管理、业务集群化发展、加强对外合作监管,清理僵尸企业20余家,管理层级均已压缩至3级以内。完善企业内控规范体系,制度化开展经营管理风险事项排查,建立动态台账。结合经济责任审计整改，加强对所属企业和对外项目投资管理。指导集团修订完善"三重一大"决策制度，在重大经营、资金监管、资产管理、对外采购等建章立制。如期完成新女报社、健康人报社、渝州服务导报社、重庆人居报社和商界杂志社等5家经营性文化事业单位改革。出台《重庆市国有文艺院团社会效益评价考核实施办法》，在市属文艺院团开展考核试点，完善管理体制、运行机制和利益分配制度。启动重庆演出有限责任公司混合所有制改革，完成事业身份人员剥离、组织架构设定、业务功能定位等。制定《重庆市参与"全国一网"股份公司发起人方案和"一市一网"整合方案》《重庆市有线电视网络整合发展工作方案》，完成重庆市参与"全国一网"股份公司发起设立工作，稳妥推进全市"一市一网"整合，重庆市税务局"一企一策"精准支持整合重组工作，相关企业享受税收优惠政策3.36亿元。华龙网调整战投，回购华融瑞泽股权，与两江产业集团达成战投引进意向，对照创业板注册制改革要求研究上市方案。重数传媒完成持续尽职调查、辅导备案登记、合法合规证明开具等基础工作，向深交所递交上市申请。推进重庆演出公司股份制改革，完成资产重组、员工安置、部分债权处置、专项审计与评估等，与广州达森签订《投资意向书》。改组市文化旅游产业协会和重庆宣传文化基金会，完成6家单位的更名和换届选举。

（二）优质文化供给更加丰富

文艺精品力作不断涌现。推出《重庆市脱贫攻坚优秀文学作品选》包括《太阳出来喜洋洋》等13部反映脱贫攻坚和全面小康题材的文学作品。推出舞台剧《双枪惠娘》《一双绣花鞋》、雕塑《三峡移民》等文艺项目。创作长篇报告文学《太阳出来喜洋洋》，纪录片《梦圆千年脱贫路——重庆市打赢脱贫攻坚战纪实》。川剧《江姐》、京剧《秦良玉》入选全国舞台艺术重点创作剧目名录，歌剧《一江清水向东流》入选"中国民族歌剧传承发展工程"重点扶持剧目，舞剧《杜甫》、歌剧《尘埃落定》等6部剧目入选"庆祝中国共产党成立100周年舞台艺术精品创作工程"重点扶持作品。相声《乡音乡情》获得第11届中国曲艺"牡丹奖"。诗集《逆风歌》获第12届"骏马奖"。交响乐《重庆组曲》、民族管弦乐《告别千年》成功首演。电影剧本《红色商行》、话剧《解放碑下》、摄影《山水之城》入选中国文联重点扶持项目。"向前进——《一二〇师在华北》木刻组画展"获评2020年全国美术馆馆藏精品展出季活动优秀项目。

影视动漫制作成果丰富。打造重大题材电视剧《重庆谈判》，创作电视剧《一江水》、纪录片《刘少奇的军事生涯》《破晓》《卢作孚》等重点作品。电视剧《共产党人刘少奇》《绝境铸剑》荣获第32届"飞天奖"优秀电视剧大奖。《风云年代》等29部电视剧分别登陆央视或省级卫视播出。《王良军长》《挺进报》等一批重庆造电影进入前期制作，决战脱贫攻坚重点影片《橙妹儿的时代》顺利公演。文艺影片《妈妈和七天的时间》入围第77届威尼斯国际电影节。纪录片《长江之恋》《城门几丈高》入选年度国产纪录片及创作人才扶持项目，《大后方》等3部纪录片入选国家广电总局年度优秀国产纪录片。动画片《酷跑英雄》入选国家广电总局年度优秀国产电视动画片。《大头小当家》入选国家广电总局年度少儿节目精品发展专项资金扶持项目。网络纪录片《国难之士》获评国家广电总局第一季度优秀作品。《花甲合伙人》《彷徨之刃》等27部电影，《复古神探》等数十部网剧、电视剧来重庆取景拍摄，中山四路、铁路中学、江北大兴村等取景地迅速飙红。

出版精品工程成绩突出。策划推出《脱贫之道：中国共产党的治理密码》《大国小康路》《坪坝花开》《马克思主义在中国的早期传播》《毛泽东思想在世界的传播与版本研究》《中国共产党为什么"能"》《马克思主义为什么"行"》《中国特色社会主义为什么"好"》等主题出版物。《恩格斯画传：恩格斯诞辰200周年纪念版》《列宁画传：列宁诞辰150周年纪念版》入选中宣部2020年主题出版重点出版物选题。《初心探源》《新时代马克思主义伦理学丛书》《巴蜀历史政区地理研究》等7个项目入选国家出版基金资助项目，获资助金额558万元。《中国特色社会主义道路研究》《重庆之眼》《中国蜘蛛生态大图鉴》《中国外国文学研究的学术历程》《袁隆平》《中国桑树栽培品种》《我们的家——回望巴渝建筑百年变迁图集》等7种图书获中华优秀出版物奖。完成《巴渝文库》出版规划，《〈四库全书〉中的重庆史料选辑》《三峡古方志辑录》等正式出版。《城市记忆文化大数据平台》文化新基建项目入选重庆市首批智慧城市建设示范项目名单。网络游戏《波西米亚时光》《原生体》《星球探险家》《海底深渠》在海外平台上线，累计销售超过196万份，实现销售收入7078万元人民币。

艺术战"疫"贡献精神力量。创作推出文学、美术、摄影、音乐、诗词、书法、舞台艺术、广播电视、民间文艺等抗疫主题文艺作品4万余件。抗疫群雕《冬去春来》等5件作品入选中国国家博物馆抗疫主题美术作品展。美术作品《冬去春来》《永恒与短暂》等在央视抗疫特别节目《新时代最可爱的人》节目中播出。报告文学《抗疫"姐妹团"》、散文《"展场"之约》、素描《天使》等作品在《人民日报》《中国美术报》等刊发。油画《公园 2020 众志成城》《决战前夜继雷神山亿元建设》亮相央视抗疫主题春晚。我市作家梁芒作词作品《坚信爱会赢》在抖音播放量超 44.5 亿次。重庆日报推出《国风·战疫》,开设"重庆艺起来抗疫"抖音话题,推出短视频 1144 个,点击量超 1400 万次。广播频率推出"为爱发声"等栏目,累计播出抗疫公益广告近 9 万条次,重庆广电新闻频道播放疫情相关信息 2 万余条,中央电视台播放重庆战疫信息 122 条,7 万只应急广播、喇叭累计播出时长逾 6.84 万小时。重庆广电集团(总台)融媒体新闻中心荣获"全国抗击新冠肺炎疫情先进集体"称号。

群众文化活动丰富活跃。组建 28 支文艺小分队,开展"我们的中国梦"文化进万家活动,开展文艺家送欢乐下基层活动,组织话剧《红岩魂》《新年音乐会》巡演,成功举办 2020 重庆市广场舞展演、第七届戏剧曲艺大赛、第九届乡村文艺会演、"欢跃四季·舞动巴渝"广场舞展演等群众性文化活动,全市开展各类活动 2400 余场。开展惠民电影放映,为全市 8274 个行政村、2937 个社区、驻渝部队和部分中小学放映惠民电影 12.46 万场次,观影群众达 1401.24 万人次。举办 2020 年全民阅读暨第十三届重庆读书月、重庆市金秋书展,开展"百本好书送你读"活动,推荐优秀图书 100 种,刊发名家书评 90 多篇,免费电子书、有声书平台阅读量超过 180 万人次。举办"阅读马拉松"线上大赛,上传诵读音频 3.2 万条,累计播放 3372 万次。

(三)传媒领域转型升级迈出坚实步伐

《重庆日报》全媒体矩阵覆盖用户超过 2000 万;上游新闻下载量超过 3500 万,日均访问量 2200 万;"上游云"平台完成验收。重庆广电集团"第 1 眼"App 下载量达 800 万;打造车载 4K 融合生产中心。重庆卫视高清频道登陆全国直播卫星平台,12 个区县主频道实现高清化。"华龙芯"融媒体平台上线运行,重庆客户端总下载量超 2300 万,成为全国首个市、区县两级大数据客户端集群。建成 38 个区县融媒体中心,潼南区融媒体建设经验获中宣部肯定并向全国推广。重庆国际传播中心 iChongqing 海外传播平台矩阵逐步成形,成为重庆重大事件海外传播主阵地。我市成功入选国家首批 5G 试点建设城市,中国西南地区媒体 App 总下载量排名第 1 名,永川区建成国内最先进的虚拟影棚,打造西南地区最大的数字内容制作基地。有线电视覆盖超 1000 万户,有线电视光缆新通达 506 个行政村。投入 1.42 亿元推进全市应急广播体系全面建设,完成51座广播电视发射台站基础设施改造,应急广播系统覆盖645个乡镇、6840个行政村。

(四)公共文化服务效能进一步提升

出台《重庆市实施〈中华人民共和国公共文化服务保障法〉办法》,完成《重庆市重大文化设施专项规划》,南岸、忠县、丰都成功创建第四批国家公共文化服务体系示范区、示范项目,公共文化服务群众满意度居全国第5位。新建区县图书馆分馆44个、文化馆分馆48个、24小时图书馆8个,推进图书馆"一卡通"。新建成乡镇影院20家,设置银幕69块,全市室内固定放映厅达800个,增投480万元为18个深度贫困乡镇影院配置设施设备,提升数字化服务能力。实施"百乡千村"示范工程,开展"十校结百村艺术美乡村"活动,新建乡情陈列馆110个,培育"一村一品"文化活动品牌110个。"重庆群众文化云"功能优化升级,累计用户89.5万个,访问量达5503.5万次,提供文化服务产品1.38万个,完成文化配送10.69万次,惠及群众2546.8万人次。"巴渝文旅云"打造"云上文旅馆",推出精品数字展览及互动活动400余个,开展社教活动1608场次,惠及群众670余万人次。开展"学习强国"数字农家书屋建设试点,建成数字农家书屋408个,开通运行"重庆农家书屋"手机端、电脑端、电视端"一体三端",上线各类图文、视频作品17000余件,累计浏览量达8340万人次,试点工作获评"2020年重庆市'我最喜欢的10项改革'"。推进旅游"厕所革命",全市新、改、扩建旅游厕所275座。组织完成区县A级景区"旅游厕所"清理统计和百度地图定位。

(五)优秀传统文化保护利用传承加强

实施重点文物保护项目263个,推进"红色三岩"保护提升,启动红岩文化公园和长征国家文化公园(重庆段)建设,实施红一军团等革命文物保护利用片区连片保护展示项目,南岸区龙门浩街区、渝中区山城巷建成并逐步开放。完成大足石刻宝顶山大佛湾数字化、合川涞滩二佛寺摩崖造像修缮保护、潼南千佛崖抢险加固,石窟寺保护走在全国前列。新增100个市级非遗保护传承基地,"铜梁龙舞进校园"入选全国"非遗进校园"十大优秀实践案例,9个非遗项目进入第五批国家级非遗代表性项目名录公示名单。举办重庆非遗购物节,带货直播167场,销售额1959万元。张自忠烈士陵园、特园入选第三批国家级抗战纪念设施、遗址名录。钓鱼城遗址、白鹤梁题刻进入国家申遗重点培育项目。建设博物馆数字展陈平台,打造重庆文物基础资源库,推进博物馆文创产品开发试点,新开发本土特色文创产品约500款。开展红色基因库试点,重庆三峡移民纪念馆作为改革开放时期唯一代表入选全国首批红色基因库试点单位。故宫学院重庆分院、故宫文物南迁纪念馆落户南岸。大足石刻研究院升格挂牌,与四川美术学院联合成立大足学研究院。"鲁渝共建非遗扶贫项目"获全国"非遗扶贫品牌行动"荣誉。《百年风华——重庆工业发展史》入选全国十大精品展览,《重博文物会说话》入选中华文物全媒体传播十大精品。

(六)国有文化企业巩固基本盘实现盈利

受疫情冲击,2020年上半年各国有文化集团均出现阶段性停工亏损,全年整体经营业绩有所下滑,营业收入比上年减少20亿元。面对严峻的经营形势,重庆市文资领导小组、市文资办和市属国有文化企业严格按照中央要求和市委部署,一手抓疫情防控,一手抓改革发展,市属文化企业总体保持平稳增长态势,全部实现盈利,全年整体实现利润总额近8亿元,巩固了企业发展基本盘,实现了国有文化资产的保值增值。截至2020年底,重庆日报报业集团(含重庆华龙网集团)、重庆广电集团(总台)、重庆出版集团、重庆新华书店集团、重庆文化产业投资集团、重庆科普文化产业集团6家市属文化企业资产总额达388.2亿元,同比增长5.4%。所有者权益达181.9亿元、增长5.8%,总体实现了国有文化资产保值增值。负债总额206.4亿元,同比增长5%,资产负债率为53.1%、下降0.2个百分点,低于行业平均水平,债务处于可控范围,充分发挥了国有文化企业"稳定器""压舱石"的作用。

表4 2020年市属文化集团财务数据

单位:亿元

企业名称	资产 年初数	资产 期末数	负债 年初数	负债 期末数	所有者权益 年初数	所有者权益 期末数	利润总额 本年	利润总额 上年
重庆日报报业集团	61.72	61.66	37.32	35.95	24.40	25.71	1.94	1.50
其中:重庆华龙网集团	4.97	5.12	1.83	1.78	3.14	3.36	0.37	0.36
重庆广电集团(总台)	95.18	93.05	68.66	67.99	26.52	25.05	0.04	2.52
重庆出版集团	51.99	50.22	24.79	23.75	27.20	26.47	0.35	0.18
重庆新华书店集团	68.06	81.82	27.36	30.66	40.70	51.17	5.33	4.81
重庆文化产业投资集团	79.86	90.14	37.26	46.96	42.60	43.19	0.30	0.47
重庆科普文化产业集团	11.58	11.36	1.10	1.07	10.48	10.29	0.03	0.13
合计	368.39	388.22	196.49	206.38	171.90	181.88	7.99	9.61

数据来源:重庆市国有文化资产管理领导小组办公室

(七)文旅融合发展渐入佳境

开展"晒旅游精品·晒文创产品"大型文旅推介活动,区县长"双晒"直播在线观看超6.2亿人次,全媒体传播受众37亿人次。创新打造"云上文旅馆",综合运用AR、VR等技术,数字化呈现各区县文旅精品,集文旅宣传、产品展销、惠民服务、实景体验于一体,展销区县文旅精品2500多种,吸引2700万网友入馆体验,实现直接文旅消费上亿元。重庆《积极应对疫情冲击推进后疫情时代旅游高质量发展》经验,在国内旅游市场振兴与目的地高质量发展线上座谈会上作交流发言。中央电视台"新闻直播间"、《光明日报》、《新华每日电讯》等分别以《重庆"双晒"为中国文旅产业复苏"打了个样"》《重庆过双节晒风景也要晒文化》《重庆"双晒"让"近者悦远者来"》等为题,给予"双晒"第二季活动高度评价。开展文旅数字化建设,搭建重庆智慧文旅云平台,首批接入35家重点景区资源。启动"打卡巴渝美景"全媒体推介活动,采取"全媒体推介+活动推广"的方式,向八方游客全景式、立体化展现重庆新魅力。举办首届山水重庆夜景文化节暨第五届重庆文化旅游惠民消费季活动,直接拉动文旅消费2.8亿元,首届"山水重庆夜景文化节"获评2020年度中国旅游影响力节庆活动案例。渝中区荣膺首批国家文化和旅游消费示范城市,沙坪坝区、北碚区入选首批国家文化和旅游消费试点城市,我市连续两年位列"西部文化消费指数"榜首。万盛经开区、渝中区成功创建国家全域旅游示范区,彭水阿依河景区、黔江濯水景区成功创建国家5A级旅游景区,丰都南天湖成功创建国家级旅游度假区。新增市级文化产业示范园区8个、市级数字文化产业园区4个。重庆(西永)对外文化贸易基地正式挂牌。南滨路成功创建国家级文化产业示范园区。全年创建评定A级旅游景区41个、市级旅游度假区6个、市级全域旅游示范区1个,认定市级智慧旅游景区创建单位33家,推出300个新景区景点、120余条特色旅游线路产品。创建全国乡村旅游重点村29个、全市乡村旅游重点村50个,打造乡村旅游线路200余条。我市在文化和旅游部公布的2020年国内旅游人次数排全国各省(市)第五位。围绕成渝地区双城经济圈建设,联动四川共建"巴蜀文化旅游走廊"。构建"蓉进渝出""渝进蓉出"机制,规划巴蜀文化旅游走廊精品线路,合力打造文旅节会和巴蜀文艺品牌。举办"巴蜀文化旅游走廊自由行"活动。组织文旅"大篷车"赴川巡游路演,发放"重庆大礼包"。深化川渝电影创作生产、版权合作,签署《"巴蜀电影联能"战略合作框架协议》《川渝版权合作框架协议》,启动实施"巴山蜀水情"电影工程,发布巴蜀重点图书全权保护名录,涉及91套重点渝版图书、69套重点川版图书。

(八)政策组合拳助力产业提振复苏

出台《重庆市进一步激发文化和旅游消费的行动计划》《关于应对新冠肺炎疫情影响支持文旅企业平稳健康发展的政策措施》,积极落实普惠政策、统筹优化专项资金使用、改进政务服务。争取中央和市级财政对文化旅游行业投入15.54亿元,实施市级重大文旅项目72个,累计完成投资167.02亿元。综合运用信贷、贴息、融资等多种手段,帮助文旅企业获取各类扶持资金近百亿元。推出疫情防控期间中小微企业贷款贴息政策,为全市89家文旅企业发放贷款贴息补助894.98万元。减免全市文化企业税收5.24亿元,同比增长54%,减免文化事业建设费9059万元。重庆银行创建全市首家文旅特色支行。2020年度市文产专项资金突出转型升级、抗疫纾困,评审支持项目99个,总额3100.5万元(见文后附表:2020年重庆市文化产业发展专项资金资助项目)。市属文化企业为民营企业减免租金超过6000万元,帮助文旅企业提振复苏加快发展。举办第22期文化和旅游部产业项目服务平台精品项目交流对接会,推介精品项目186个,现场签约项目20个,签约总金额达601.5亿元。采取"线上线下"结合方式,举办首届重庆国际文化旅游产业博览会,现场交易金额达8845万元。采取"双会场"模式,举办第十二届西部动漫文化节,吸引市内外观众30余万人次。组织参加第十六届深圳(云上)文博会,搭建数字化、智能化重庆展馆,线上交易金额达158.92万元。重庆艺术大市场走向线上线下一体化,成立艺术版权孵化中心,在重庆市税务局支持下申报建设税收服务系统。重庆纪录片基地向影视制片综合服务基地拓展,完善影视制作全产业链功能。重庆智慧广电数据中心对标国家文化大数据体系升级建设。重庆文创设计小镇完成经营业态调整,启动招商。重庆智慧出版(安全阅读云)一期上线,二期试运行。解放碑时尚文化城、"永川里"等加快建设。

二、发展形势分析

2021年,是重庆全面建成更高水平小康社会并向基本实现现代化迈进的关键阶段,也是深化改革开放、加快转变经济发展方式、推动经济转型升级的攻坚时期。综观国际国内形势,我们仍处于可以大有作为的重要战略机遇期,具备在世界经济格局大调整大变革中抢占先机的有利条件,同时也面临更加复杂多变的国内外环境。面向文化发展,我们需要应对进入多元文化竞争的新"战国时代"后,不同文化交流、交融、交锋更加频繁,技术创新、产业升级不断加速带来的风险和挑战。我们必须增强机遇意识和忧患意识,科学判断和准确把握国内外发展趋势,更加积极地应对各种风险挑战,更加奋发有为地推进文化领域改革开放和现代化发展,紧紧抓住重要战略机遇期,铸造重庆文化发展新辉煌。

(一)文化产业发展整体趋势及重庆机遇

文化产业是一种主要依靠精神成果和智力投入,不以消耗物质形态资源为主的产业类型,具有资源消耗低、环境污染小的鲜明特征。文化产业是典型的绿色经济、低碳产业,在推动经济发展方面具备巨大的发展潜力。世界各国纷纷制订计划来布局发展文化产业。面临经济转型,我国也将发展文化创意产业作为刺激经济发展、助推经济转型升级的重要抓手。特别是随着技术不断进步,文化与科技融合催生了新的文化业态,延伸了文化产业链,文化产业发展的新特征、新逻辑、新格局轮廓渐显。

1. 全方位跨界融合,产业潜力空间不断拓展。文化产业具有产业内部各业态之间以及对其他行业的强渗透、强关联性特征。在生活审美化的时代潮流下,文化产业正跳脱自身发展局限,进入国民经济大循环,融合跨界、行业赋能,拥有了更广阔的空间与发展可能性,"文化+"的融合发展态势正成为中国文化产业的显著特征。文化艺术向社会生活、实体经济全面渗透,不断深化跨界融合,行业之间、企业之间的界限不断被打破,文化产业业态不断创新,呈现出以文化为核心的全方面融合新趋势。一方面表现为产业内部的联动,不同文化行业相互渗透和交叉,进而产生的新业态又可能代替或者补充原行业。另一表现为文化产业与其他相关产业的跨界,以文化产业自身之"魂"为其他相关产业之"体"赋予能量,形成的新型企业、商业乃至产业的组织形态,成为文化产业发展的新动能和新增长点。无论是传统文化产业内部的自我迭代升级,还是与相关产业的融合发展创新,文化产业融合发展的步伐与空间正在不断加速拓展,相关领域也因文化的介入而赢得了更大发展空间,两者呈现出相互借力、共生共荣的局面。"文化+"将全方位多角度、深层次地融入社会生活和产业发展。重庆只有顺势而为,不断突破,才能实现新环境下文化产业的再次跨越发展。

2. 技术驱动业态升级,数字文创产业更新迭代。当前,新一轮信息技术革新浪潮在世界范围内蓬勃兴起。据中国社科院测算数据显示,2020年中国数字经济增加值规模超过19万亿元,占GDP比重约为18.8%。中国社科院进一步对"十四五"时期各年数字经济规模进行预测显示,在"十四五"时期,中国数字经济无论"数字产业化"还是"产业数字化"都将延续快速增长势头,数字经济整体年均名义增速为11.3%;到2025年,中国数字经济增加值规模将达到32.67亿元。数字经济蓬勃发展,推动传统产业改造提升,为经济发展增添新动能,成为带动我国国民经济发展的关键力量之一。大数据、云计算、虚拟技术等为代表的新一代信息技术广泛应用,为文化产业的内容生产、表现形式和商业模式都带来了深刻变革。数字空间正成为产业竞争的主阵地,基于数字技术的创新创意成为文化产业发展的价值根基与核心竞争力。近年来,以百度、阿里、腾讯为首的互联网企业不断涉足网络内容生产、娱乐、媒体等领域。网络文学、数字动漫、数字影视、游戏、创意设计、VR、在线教育等数字创意产业,将成为信息时代文化产业发展的核心门类。传统的公共文化事业机构,如图书馆、博物馆、文化遗产地等也将借助数字化手段实现版权化的再生,在跨媒体、跨介质传播方面发挥更大的作用。近年来,重庆将大力建设

5G网络,实施以大数据智能化为引领的创新驱动发展战略,在数据中心、物联网、人工智能等新型数字基础设施建设方面"开足马力",为数字经济发展完善了"硬支撑"、提升了"软实力"。这必将为重庆文化产业科技含量提升,消费者文化体验升级方面带来新机遇。

3. 文化自觉深入人心,文化发展迈出国际化步伐。经济全球化导致了世界各种思想文化交流交融交锋更加频繁,增加了文化安全隐患,文化在综合国力竞争中的作用更加凸显。无论是"四个全面"战略布局的铺展,还是"一带一路"、人类命运共同体建设的倡议,中国内政外交中的文化底色越来越凸显,也越来越重要,维护国家文化安全任务更加艰巨,增强国家文化软实力、中华文化国际影响力要求更加紧迫。当前,我国虽然有强大的文化根基和强劲的文化发展势头,但只能说是一个文化大国而称不上文化强国,我国文化软实力的表现与"世界第二大经济体"的地位不相称,归根结底还是文化没有真正"走出去",出口电视机却不出口电视节目的"文化赤字"现状未能改变。因此,这个时代需要践行文化自觉,并以此建立坚定的文化自信。近年来,我国的发展越来越注重文化内涵,科技与文化融合发展不断深化,比如腾讯、阿里等科技企业,不仅在动漫、游戏、影视、网络文学等文化产业子领域加速布局,更在世界范围内开拓文化业务,展现了中国企业应有的文化自觉。随着我国国力强劲崛起以及"一带一路"建设的持续推进,我国的发展道路、价值理念、制度模式在国际上的影响日益增强,对外文化贸易也形势向好。目前重庆全市上下立足"两点"定位、"两地""两高"目标,着眼发挥"三个作用",形成了推动对外开放的高度共识,也形成了促进文化国际化发展的系列平台、载体和抓手。2020年,重庆(西永)对外文化贸易基地正式挂牌,该基地是重庆第一个功能完善、配套齐全的保税文化产业综合体,可充分利用重庆自贸区、综合保税区政策优势,引进国外的优秀文化和产品,推动重庆对外贸易全产业链发展,促进重庆和全国的优秀文化产品走向世界。

4. 文化体制改革驶向纵深,系统集成支持发展。党的十八大以来,我国文化体制改革更加注重系统集成,更加注重把"双效统一"作为制度设计的关键环节和评价考核的重要标准,积极改革创新,在文化发展理念、文化体制机制、文化政策法规等方面取得了重要成就。目前我国文化领域具有"四梁八柱"性质的改革主体框架基本确立。在体制机制上,理顺了政府与市场相协调,让市场在资源配置中发挥决定性作用的机制,政府充分发挥政策调节、市场监管和公共服务职能,按照政企分开、政事分开原则,建立了有文化特色的现代企业管理制度，赋予了企事业单位更多的法人自主权，推动建立了国有文化资产管理体制；在文化法律法规建设方面，先后出台了双效统一、媒体融合发展、高端智库建设、文艺评奖改革、扶持戏曲和影视业发展等80余个文件和有关政策。2011年以来，在文化法规上，全国人大常委会先后审议通过了《中华人民共和国非物质文化遗产法》《中华人民共和国网络安全法》《中华人民共和国电影产业促进法》《中华人民共和国公共文化服务保障法》，以及《全国人民代表大会常务委员会关于加强网络信息保护的决定》这4部法律和1项决定，出台和修订了一大批文化行政法规和部门规章。在改革创新的推动与法律法规的护航下，我国文化企业的发展热情高涨。截至2021年9月底，沪深两市文化传媒领域有146家企业上市，总市值近1.2万亿元。其中，2016年7月以来通过IPO登陆资本市场的文化传媒企业达79家，占比超过54%。文化产业成为最活跃的创新创业领域之一。随着依法改革的持续深入，文化建设实践中形成的新成果、新经验将不断用法律的形式固定下来，为新时期文化体制改革发展提供更为科学、更为具体的遵循，文化领域"四梁八柱"架构的将不断稳固，我国文化发展将拥有更优越的发展环境，大众创新创造活力将得到进一步激发。

5. 文化消费偏好更为细分，大众消费转向圈层消费。根据国际经验，当人均GDP接近或超过5000美元时，文化消费将迅速进入"扩张时代"，2020年中国人均GDP已达1.1万美元，中国文化消费逐渐成为新的消费增长点，消费总量将持续增长，在居民消费中所占的比重将会越来越大。数字化、虚拟现实、人工智能等技术在文化产业领域的运用，极大地推动了文化消费变革，人们的消费习惯、消费方式和消费渠道逐渐被重塑，文化消费的精神属性将越来越突出，个性化、复合型、体验型、交互式的文化产品、服务和消费空间，满足人的多维度感官需求与深层次心理和情感需求成为必然趋势，针对不同细分市场和差异化消费需求的文化产品和服务日益丰富，并向品质化、精细化、定制化方向发展。重庆具有游客流量红利优势，连续三年游客数量全国第一，2017—2019年接待游客分别达5.42亿人次、5.97亿人次、6.57亿人次，可充分利用巨大的流量，抓住国际消费中心城市建设机遇，适应圈层化消费需求，围绕优化文化消费发展环境、加大文化消费扶持力度、加强文化消费金融服务、强化文化消费权益保护、支持文化消费项目建设、深入开展文化消费宣传等重点工作，激发人民群众的消费热情，壮大城市文化消费规模。

(二) 重庆文化产业发展面临的挑战

过去一年,重庆文化产业有效应对疫情冲击,呈现出好的趋势、好的态势、好的气势。公共文化事业不断进步,文化投资规模持续增长;文化产业规模不断扩大,新型文化业态迅猛崛起;文化需求快速增长,文化走出去亮点纷呈。立足新时代,重庆文化产业呈现高质量、跨越式发展态势。但是由于发展起步较晚,重庆文化产业在发展进程中也不可避免地存在一些困难和问题。

1. 文化发展与经济发展总体协调,但存在供需及城乡不平衡。根据国家统计局和《中国文化及相关产业统计年鉴》数据显示,2004年,重庆文化产业增加值占GDP比重仅为1.4%,2008年为1.79%,而到2018年,文化产业增加值占GDP比重达到4%,相较于2017的3.1%,增加0.9个百分点,文化产业呈现出快速增长的态势,对推动重庆经济持续健康发展起到越来越重要的作用。从人均文化消费水平来看,重庆2014—2018年人均可支配收入分别为18351.9元、20110.1元、22034.1元、24153.0元、26385.8元,2015—2018年人均可支配收入增长率分别为9.58%、9.56%、9.616%、9.24%,而重庆2014—2018年居民人均文化娱乐消费支出分别为576.2元、653.7元、681.4元、768.2元、764.4元,2015—2018年人均文化娱乐消费支出增长率分别为13.45%、4.23%、12.73、-0.5%,重庆文化消费支出随着人均收入水平的提高而快速增长。可以说,重庆文化产业的发展进程是与重庆经济社会发展总基调协调一致的。当前,我国社会主要矛盾已经转化为人民日益增长的美好生活需要和不平衡不充分的发展之间的矛盾,这个矛盾在重庆文化产业发展领域集中表现在城乡二元发展不平衡。以文化消费支出为例,2014—2018年,重庆城镇居民人均文化娱乐消费支出891.3元、1002.0元、1025.7元、1154.8元、1133元,呈现快速增长的态势,而同一时间窗口,重庆农村居民人均文化娱乐消费支出仅分别为165.3元、184.3元、204.8元、214.5元、217.1元,增长极为缓慢,如何进行系统科学的设计,让城乡都能获得所需服务,满足人民过上美好生活的新期待,是个必须面对的挑战。从质量上看,重庆文化产品创意不足、精品匮乏等问题仍然存在,以文化及相关产业专利授权为例,2018年,重庆共获得专利授权1773件,其中发明专利212件,实用新型1080件,外观设计481件。与相邻省份四川比较,同年四川获得授权3859件,其中发明专利606件,实用新型1997件,外观设计1256件,发明专利的占比低于四川,更是低于北京、上海等发达城市。重庆文化产业发展仍有很长的路要走。

2. 文化体制改革取得一定成效，部分领域有待进一步解缚。在文化体制改革的有力推动下，重庆文化产业快速发展，产业规模不断扩大，产业实力不断增强，文化体制改革不断完善：坚持改革、改组、改造与创新管理相结合，加快推动经营性文化单位转企改制，组建一批主业突出、实力雄厚的大型文化产业集团；深化公益性文化事业单位内部机制改革，坚持建管用并重，突出公益属性，强化服务功能。深化文化行政管理体制改革，推动政企分开、政事分开、管办分离，完善文化市场综合执法管理体系，建立管人管事管资产管导向相结合的国有文化资产管理体制，健全富有活力的文化产品经营机制；加强文化传播渠道建设，加快构建技术先进、传输快捷、覆盖广泛的现代传播体系。近年来，重庆文化体制改革已取得初步成效。随着改革的不断深入，文化产业体制机制改革仍需深化。国有文化资产管理机构运用资本纽带，推进企业改制重组、做大做强方面仍需进一步探索。根据文化体制改革的战略设计，国有文化资产管理机构　个重要职责即是推进国有文化单位进行公司制、股份制改造，推动跨地区、跨行业、跨所有制兼并重组，进而提高规模化、集约化、专业化发展水平，打造一批文化航母，提升国际竞争力。但现阶段，重庆国有文化资产管理机构，还停留在管理登记等事务上，在资本运作、做强做大等方面的探索和成就并不多；又如国有文化资产管理机构责权边界还处于探索期，出资人机构、宣传部门、文化主管部门、企业主体等关系还需理顺。目前重庆国有文化资产监管专门机构以资产基础管理为主，兼负重大事项和企业负责人管理职能，整体上覆盖了管人、管事、管资产的范围，但出资人机构与宣传部门、文化部门，以及企业主体的权责关系还处在磨合期。出资人机构对如何参与和落实导向管理、行业管理、企业宏观管理，还有待进一步探索。整体来看，当前还未形成边界清晰、运作高效的国有文化资产管理体系。新时代，重庆文化体制改革只有进行时，没有完成时。

3. 市场主体数量快速增加，但面临扩大规模和深化集聚瓶颈期。一般而言，企业数量可以直接反映地区文化产业总体繁荣程度，而规模以上企业数量则反映了行业的集聚水平和规模竞争力。据《中国文化及相关产业统计年鉴》数据显示，重庆文化及其相关产业法人单位（包括国有企业和民营企业）数量2004年为仅为4300个，2013年为21100个，2018年达到60500个，2020年该数量为68696个，是2004年的16倍，2004—2020年间，重庆文化企业数量快速增长，文化产业呈现整体繁荣的发展趋势。此外，2016—2018年，重庆规模以上文化及相关产业企业单位数量从946家增加至1052家,两年只增加了106家,同期四川增加了217家,北京增加了348家,浙江增加了173家。2018年,重庆规模以上文化企业占全部文化企业比重为1.70%,而四川为2.37%,北京为2.57%,上海为5.11%,江苏为3.58%,浙江为3.10%。由此可见,重庆文化产业处于规模经济时期,如何进一步深化产业集聚、培育创业企业快速成长成为重庆文化产业面临的难题。

4.文化制造业竞争优势初步显现,文化服务业转型升级相对滞缓。与国内其他文化产业相对发达的地区相比,重庆强于文化制造,弱于文化服务。就文化制造业,2018年,重庆规模以上文化制造业企业数量为218家,与其他省市相比较,同期北京、上海、四川、江苏、浙江规模以上文化制造业企业数量分别为150家、333家、493家、2476家、2112家,考虑到辖区面积,重庆的规上文化制造企业数量与其他发达省市处于同一数量级。从规上文化制造企业总利润看,2018年,重庆、北京、上海、四川、江苏、浙江则分别为31.73亿元、24.00亿元、61.44亿元、67.62亿元、421.08亿元、132.60亿元,平均利润则分别为0.14亿元、0.16亿元、0.18亿元、0.13亿元、0.17亿元、0.06亿元,重庆与其他发达省市相当。面向文化服务业,2018年规模以上文化服务业企业数量,重庆、北京、上海、四川、江苏、浙江分别为618家、3315家、1633家、959家、3885家、1756家,利润总额分别为77.71亿元、806.46亿元、600.83亿元、198.35亿元、328.03亿元、1226.14亿元,平均利润则分别为0.1257亿元、0.243亿元、0.367亿元、0.206亿元、0.084亿元、0.698亿元,重庆与其他文化产业发达省市差距明显。重庆作为传统制造业强市,在经济转型和产业结构升级的过程中,这类传统制造业面临如何融入文化创意、提升产品附加值和竞争力的问题。此外,从人才培养及学科建设现实来看,重庆文化产业专业性人才和复合型人才较为稀缺。重庆在文化创意方面的人才占比较低,且多为技能型创意执行人员,导致了文化服务业竞争力不足。同时,学科的交叉属性使文化产业在学科归属划分、师资培训等方面尚不明晰。根据现实需求适时进行学科目录的调整、学科平台搭建及人才培养模式的创新,成为重庆文化产业学科建设中的重中之重。

回顾文化产业发展进程,可以看出,重庆文化产业尚未真正突破发展瓶颈,建立健全产业发展体系仍是未来产业发展的重中之重。文化产业发展朝气蓬勃,需要我们认清新形势、拿出新思路、制定新战略,打造新一代文化基础设施,破除GDP"魔咒",从构建"统一、竞争、开放、有序"的现代文化市场体系着手,紧抓重大发展机遇,推动重庆文化产业发展日益成熟完善。

三、2021年重点任务

"建成社会主义文化强国"是党的十九届五中全会确定的到2035年基本实现社会主义现代化的远景目标之一,独具魅力的巴渝文化是中华文化园中的一颗明珠,建设文化强市是重庆在新时代新征程上的重要使命。繁荣发展社会主义先进文化,应着力把丰富多彩的优秀文化资源,充分转化为文化事业产业发展的动力优势,不断增进全市人民的文化自觉、文化自信和文化自强,为重庆转型跨越发展提供精神动力和智力支撑。

(一)加强文化遗产的保护与活化

《国民经济和社会发展第十四个五年规划纲要》提出:"深入实施中华优秀传统文化传承发展工程,强化重要文化和自然遗产、非物质文化遗产系统性保护,推动中华优秀传统文化创造性转化、创新性发展。"这就要求要进一步创新文化传播方式、增强科技赋能,把来自于人民、传承于人民的文化遗产保护好、传承好、弘扬好,持续推动其融入现代生活、体现当代价值,成为推动重庆经济社会高质量发展的新动能。

1. 重视文化保护,延续历史文脉。中共中央办公厅、国务院办公厅印发《关于实施中华优秀传统文化传承发展工程的意见》,指出:"加强历史文化名城名镇、历史文化街区、名人故居保护和城市特色风貌管理,实施中华传统村落保护工程,做好传统民居、历史建筑、革命文化纪念地、农业遗产、工艺遗产保护工作。"2020年5月,习近平总书记在山西考察时指出:"历史文化遗产是不可再生、不可替代的宝贵资源,要始终把保护放在第一位。"国家鲜明的态度和坚定的支持,为重庆文化遗产的保护与利用提供了历史契机。重庆要深入学习贯彻习近平总书记重要指示精神,切实担起中华传统文化保护的政治责任。一是要调查厘清文化家底。逐步完成市全域的考察调查工作,详细确定文物位置、分布范围、保存状况,了解文物年代和价值内涵,科学分类分级和登记建档。同时建成重庆文物考古数字化信息管理平台,实现考古信息采集、录入、检查、验收电子化。建立详实、动态的文化遗产数字资源基础数据库,聚合碎片化的信息,实现数字化、可视化建模,进行立体重构和生动再现。二是贯彻我国《文物保护法》规定的"保护为主、抢救第一、合理利用、加强管理"的文物工作方针，因地制宜编制《革命文物保护利用总体规划》，指导各类历史文物的保护与整治工作，通过科学的规划，促进我市文物的有效保护与有序利用。三是逐步将文物保护纳入法制化管理轨道。积极制定文物、非物质文化遗产、历史文化名城名镇名村保护等领域的条例与法规，开展文化遗产保护领域法制宣传，增强文化遗产保护中的法制观念。建立"文化遗产保护"与"公益诉讼"紧密联系的制度，将文化遗产保护纳入公益诉讼范围拓展的重点领域。高质量组建文化遗产检察官队伍，通过我市三级检察机关公益诉讼立案、发出诉前检察建议等手段，并协同市文旅委、区县政府，在文化遗产保护领域形成合力。搭建线索和调查的智慧平台，提升文化遗产保护公益诉讼工作的精准度和效率。

2. 挖掘文化内涵，拓展文物利用。文物作为历史文化的有形载体，要深入挖掘我市文物蕴含的哲学思想、人文精神、价值理念、道德规范等多元价值，"让收藏在博物馆里的文物、陈列在我市广阔大地上的遗产、书写在古籍里的文字都活起来"，推动其与重庆价值、重庆精神、重庆生活需求圆融对接，不断丰富我市社会文化滋养。一是加强多学科协作，联合经济、法律、政治、文化、社会、生态、科技、医学等不同专业背景的专家学者合作攻关，多角度、多维度深入揭示合川钓鱼城、九龙坡冬笋坝、万州天生城、奉节白帝城、忠县皇华城等重点考古遗址的历史文化价值。广泛调动全社会力量，形成包括专家学者、文化爱好者在内的多维度、多层次研究网络，让重庆历史文化遗产焕发蓬勃活力和时代风采。二是对各类活动场所和视觉景观进行文化元素的隐性植入，积极从历史文物中提炼出典型性的文化要素，创新融入风景名胜区、城区干道、社区公共场地、政府窗口部门等区域。通过展示重庆相关名人、诗词、书画艺术等城市文化象征，或者保护传统文化特色街区、增添新建场所设计的文化元素等手段，提炼并体现重庆特有文化内涵，富集重庆的人文特质。三是在标志性空间开展文化的显性宣传，强化城市营销，加快建设"文化遗址公园"和"历史文化动态展览馆"等富有文化导向的特色集中展示空间，如长江三峡考古遗址博物馆和长江三峡考古遗址公园，以集中展现重庆文化品质并赋予其新的生命力和艺术价值，让重庆城市生活品质得以集中彰显，增强重庆对市民和游客的吸引力。四是结合《"互联网+中华文明"三年行动计划》，积极利用现代数字科技、虚拟现实、互动娱乐、数字典藏等高新前沿技术，使文物遗址实体展示与虚拟呈现相辅相成，强化展览互动性和参与感，满足观众感知和互动需求,深化观众对优秀传统文化的认知和理解;并鼓励文物与旅游体验、教育培训等产业相结合,让文物"活起来",逐步培育重庆的文物旅游品牌。

3. 创新保护模式,促进活化传承。人是文化遗产的创造者、拥有者、使用者,同时也是传承者。保护文化遗产,归根到底是为了人,既为了当代人,也为了后人。城市的规划与建设将极大地改变城乡的发展面貌,可能使文化遗产失去赖以生存的文化土壤。随着文化遗产理论的进步,文化遗产和人的关系经历了从"以物为本"到"以人为本"的转变。2019年,世界遗产委员会决定,将"基于人权的文化遗产保护"理念纳入《世界遗产公约操作指南》。在文化遗产保护和人的关系中,人的重要性越来越高,受到的关注越来越多。在这样的背景下,重庆非遗保护工作更需要创新模式,需要突出以人为核心、以生活为载体的活态传承实践。一是突出强调文化遗产的社会属性和利用的公益属性,让文物古迹服务公众。引导博物馆等公共文化服务机构更加关注观众的心理和情感体验,将更多注意力放在观众知识的增长、价值的传递和修养的提升上。二是将文化遗产作为重庆城市文化和经济发展的重要资源,在形态上保护利用历史遗存,保护地域文化、社会风俗、节庆礼仪、传统手工业等非物质文化遗产,使之成为城乡开发的抓手。以文化遗产的保护和活化利用为手段,提升公众生活品质,让公众切实感受到保护带来的好处,使公众对文化遗产的保护由理解到支持,进而积极参与。三是将重庆丰富的非物质文化遗产资源串珠成线,推出相关主题旅游线路,建设有非物质文化遗产特色的景区,设立非物质文化遗产旅游体验基地,让传统美术、音乐、舞蹈、戏剧、曲艺和杂技、传统手工艺等融入沿线居民的生活,成为游客的向往。四是高度重视年轻非遗传承人的培养,针对当前年轻传承力量出现断代的情况,以传承补贴、创业资助、授予荣誉、研修研习培训等方式,增加对年轻人从事非遗项目的吸引力。以高校为平台,通过专业知识学习,传统技艺研究,交流研讨开展,促进传承人强基础、拓眼界、增学养。激励传承人创作原真性、实用性、审美性俱佳的作品和产品,使广大观众,特别是青年观众感受重庆遗产的文化魅力,让重庆丰富的文化遗产资源真正活起来。

(二)创新提升公共文化服务体系建设

随着我市社会生产力的不断提高,市民对于文化的需求比以往更加强烈,只有努力提供更多优质公共文化产品和服务,才能不断提升市民群众的文化获得感。因此,要准确把握经济社会发展新要求和广大市民群众新期待,创新突破公共文化服务建设瓶颈,切实把公共文化服务提高到一个新水平,让市民享有更加充实、更为丰富、更高质量的精神文化生活。

1. 强化以人为本的公共文化服务体系建设。文化是一座城市的灵魂,是城市最大的吸引力。重庆在推进城市发展进程中,要有效防范和解决错误文化观念引发的、影响人们身心健康的个人主义、消费主义、享乐主义等问题,必须大力开展文化建设,不断满足人民群众日益增长的精神文化需求以推动人的全面发展。简言之,重庆文化建设要为奋力打造"两地""两高"目标,为发挥"三个作用"提供价值体系和人文关怀。这就要求在重庆发展进程中的公共文化服务建设要以人为本。一是切实保障人民群众基本文化权益,实现文化普惠。按照公益性、基本性、均等性、便利性原则,推动社会文化资源向基层集聚、投入向基层倾斜、服务向基层拓展、活动向基层延伸、产品向基层流通,加大财政对公益性文化事业的投入力度,完善公共文化服务网络,提高公共文化服务水平,争创国家公共文化服务体系示范区。深入实施文化信息资源共享、农村电影放映、农家书屋建设等文化惠民工程,拓展延伸区县文化馆图书馆总分馆制,推进全民阅读和全民艺术普及。加强文化馆、博物馆、图书馆、美术馆、科技馆、纪念馆和青少年宫等公共文化基础设施建设,完善向社会免费开放服务,在有条件的地方逐步形成15~20分钟城乡公共文化服务圈。广泛开展群众性文化活动,积极推进农村文化、社区文化、企业文化、校园文化建设。二是坚持以人民为中心的创作导向,着力推动文艺作品质量提升。加强对文化产品创作生产的引导,以全国精神文明建设"五个一"工程和全市文化创作"精品工程"为抓手,进一步培育壮大渝剧、渝版图书、巴蜀画派等品牌,创作生产更多思想性艺术性观赏性相统一、人民群众喜闻乐见的优秀文艺作品和在全国有影响力的精品力作。三是充分发挥人的主观能动作用,激发和调动群众参与建设和发展的积极主动性,实现全民共建共享。以城乡居民真实的文化需求为着手点,加强基层文化队伍建设,积极开展文化帮教工作,大力发展农村地区文化教育事业,依托特色文化资源、特色文化阵地、特色文艺作品,开展多层次、多形式的群众乐于参与、便于参与的文化活动,激发群众的文化创造活力。

2. 合理布局公共文化基础设施网络。公共文化设施是公共文化服务体系的基础,《国民经济和社会发展第十四个五年规划》中提出要优化城乡文化资源配置,推进城乡公共文化服务体系一体建设。因此,重庆不仅要促进各种文化因素相互渗透，丰富城市文化内涵，同时也要在充分考虑到我市当前公共文化服务需求，并对未来文化服务需求导向与趋势做出科学研判的基础上，统筹全市公共文化设施建设，推动公共文化服务网络的合理布局，进而为构建互联互通、共建共享，面向全体市民的公共文化服务体系提供良好的契机。一是构建三级公共文化服务设施体系。根据文化基础设施的规模级别和服务半径差异，在市域范围内建设"城市－组团－社区"三级公共文化服务设施体系。其中，城市级文化设施包括以全市居民及外来游客为主要服务对象，能代表和体现重庆文化特质的大型文化设施，主要承担国际文化交往功能，承办国内大型文化活动，积极打造城市文化地标、巴渝文化艺术思想的策源地，发挥综合辐射带动作用，服务人口200万～300万人，如两江智慧广电数据中心、重庆新闻传媒中心、两江国际影视城、国际马戏城、工业博物馆、京渝国际文创园、汉海极地海洋公园等项目；组团级文化设施包括以组团居民为主要服务对象，能代表和体现各组团文化特色的中小型文化设施，承担区域综合文化服务功能，发挥区域文化枢纽作用，服务人口50万人，如长江图书馆（重庆图书馆二期）、重庆市南城文化艺术中心、重庆游乐园文旅综合体等；社区级文化设施包括服务人口约为4万～6万人的20分钟生活圈级中小型综合文化设施和文化活动中心和服务人口约为0.5万～1.0万人满足居民就近开展活动的10分钟生活圈级小型便民文化设施和文化站。二是完善场景端和数字端全覆盖的公共文化服务体系。根据不同应用情景，以实现覆盖"全域、全时、全龄"的现代公共文化服务为目标，建设公共文化场景端和数字端。对于公共文化场景端，可在交通站点、居住区户外场地、广场、景区、健身廊道、商业体、地下空间等城市公共空间设置公共文化场地和设备，建设流动美术馆、流动科普屋、漂流书屋等公共文化设施，在城市全域空间营造文化场景，提供阅读、艺术展览、科普教育等文化服务。面向公共文化数字端，整合公共文化服务网络、公共文化数字资源，统筹"重庆群众文化云""巴渝文旅云""科普文化重庆云平台"等公共文化智慧服务平台建设。以提升公共文化服务效能为导向，通过建立与"制造重镇智慧名城"相统一的公共数字文化数据标准、服务标准和技术标准，连接线下设施，统筹线上服务，全域数字化管理与运营等措施，实现文化跨平台文化资源共享、文化服务精准、文化监管高效、文化互动活跃、文化交易透明。在公共文化设施和文化场景端设置数字智能终端，实现"数字孪生"公共文化设施，实现重庆数字公共文化服务全覆盖。

3. 改善公共文化服务治理方式。《国民经济和社会发展第十四个五年规划》中提出要创新公共文化服务运行机制,鼓励社会力量参与公共文化服务供给和设施建设运营。因此,重庆在城市发展进程中,要重视公众文化成长,强调市民和社会组织对公共文化生活的参与,提升公共文化服务的治理效能,进而实现文化民生的有效推动,公共文化消费得以最广泛的实现,新市民和城市居民能享受同等公共文化服务,实现决策、执行和监管的完善体系。一是探索文化公服领域大部门制和扁平化管理模式。探索在公共服务行政主管部门(市文旅委)下设立文化发展中心,实行企业化管理,承担城市文化事业发展、公共文化服务、文化遗产保护、对外文化交流、文化市场监管等综合管理职能。通过依法委托社会机构运营管理各类公共文化设施,履行对各类公共文化机构的指导监督、绩效考核等职能,建立以理事会为主要形式的法人治理结构,吸收多元主体参与,进而建构起以公益目标为导向,激励机制完善、监管制度健全、规范合理的现代公共文化服务机构运行机制。二是构建文化参与社会动员体系。深入探索多元协调治理模式,在城市、社区二级建立文化议事会制度。城市级的文化议事会为城市公共文化服务决策性咨询机构,由文化发展中心代表、各类文化专业人士、文化志愿者组成,具有决策建议和监督职能,承担我市建设的重大文化项目和决策的前期调查研究、民意舆情预判、咨询论证和评价反馈、跟踪评估等工作。社区级的文化议事会为社区自治组织,由社区单位、企业、社会组织和居民代表组成,对社区公共文化服务项目进行规划、建设、管理和监督,培育社区特色文化,营造社区人文环境,形成资源统筹、多元联动格局。积极引导和鼓励支持居民、法人和依法成立的文化类行业协会、基金会、民办非企业单位等社会组织,使其成为公共文化服务建设的重要力量,推动公共文化服务专业化发展。

4. 提升公共文化服务管理效能。在数字网络发展时代,公共文化服务管理效能的提升,要大力创新公共文化服务管理运营的模式,以提升公共文化服务效能为导向,制定科学的效能评价体系机制,提升效能评价的真实性、可靠性。一是以"重庆群众文化云""巴渝文旅云""科普文化重庆云平台"为技术支撑,及时收集居民文化需求信息、公共文化服务效能、居民文化消费信息反馈,研究制定公众满意度指标,建立群众评价和反馈机制,动态调整公共文化服务内容供给。二是以效能为导向,制定公共文化服务绩效考核指标和将绩效考核办法纳入经济社会发展综合考核体系。建立公共文化机构绩效考评制度,加大对公共文化服务的资金、效能、服务等的考评与监督。积极引入第三方机构参与评价考核,提升公共文化服务评价的公平、公正、科学、全面。三是完善政府购买公共文化服务制度。实行购买承接主体评级管理和购买项目绩效评价机制,规范各类文化艺术机构成为合格的公共文化服务供给主体。

(三)推动文旅产业在深度融合中做优做强

全面贯彻落实党的十九届五中、六中全会精神,深入贯彻落实市委五届九次全会精神,落实推动成渝地区双城经济圈建设和"一区两群"发展战略,以推动高质量发展为主题,以改革创新为动力,以满足人民日益增长的美好生活需要为根本目的,加快建设文化强市和国际知名旅游目的地。

1. 做优三大品牌做深文旅融合。加快推动文旅深度融合发展,要依托重庆各地资源特色禀赋,以新理念为指引,以特色化为手段,以大发展为目标,持续打造大都市、大三峡、大武陵三大旅游品牌,协同推进世界知名旅游目的地建设的战略布局。一是构建大空间格局。因地制宜、统筹协调,构建符合各地实际、形式多样的旅游产业新模式。强化大都市"两江四岸"主轴功能,做靓长嘉汇、艺术湾等新名片,构建环城休闲度假旅游带,打造"三都""一城""一中心"。统筹江城与江村、山水与人文等要素,推动产城景、农文旅融合,打造"三峡库心、长江盆景",建设大三峡国际黄金旅游目的地。突出"神奇武陵风光、峻秀乌江画廊"自然生态和"土家族苗族风情、淳朴古镇边乡"民俗文化融合,建设大武陵生态民俗旅游目的地。二是加快大产业发展。解放思想、勇于创新,建立以旅游业为核心,聚合多类型产业集群共同发展的新体系。推动文化和旅游协同互促,突出大都市的红色文化、巴渝文化和现代都市文化,大三峡的三国文化、民俗文化和移民文化,大武陵的民族文化和生态文化,强化重要文化和自然遗产、非物质文化遗产系统性保护,办好中国长江三峡国际旅游节、渝东南生态民族旅游文化节等节会活动。加快"旅游+"发展。创新发展旅游服务总部经济,加快国际会展名城建设,打造全国购物中心。加快发展康养旅游、体育旅游,推进旅游与大健康产业融合发展。三是促进大区域融合。坚持以全域旅游带动全面发展,推动形成对外有序开放的新态势。围绕成渝地区双城经济圈建设,将巴蜀文化旅游走廊打造成为弘扬中华文明文化高地、世界知名旅游目的地、国际经济合作和文化交流重要平台。携手长江流域各省市,把长江旅游带建设成为立体展示中国山水文脉和国家形象的国际黄金旅游带、全面推进中国旅游业改革发展的示范引领带和助力支撑长江经济带发展建设的旅游经济聚集带。进一步加强与黔、湘、鄂等省的联通，推进国家旅游度假区、国家生态旅游示范区、民族风情体验旅游区建设，共建大武陵旅游圈增长极。

2. 加快完善现代文旅产业体系。加快发展文旅产业，健全现代文旅产业体系，不仅有利于推动我市文化繁荣发展、更好满足人民精神文化需求，而且也有助于推动我市经济快速增长、实现经济高质量发展。一是不断丰富文化市场主体。以构建文化领域"商业生态圈"为目标，加快培育大型文化企业和战略投资者，支持重点文化企业跨地区跨行业跨所有制兼并重组和上市融资，扶持发展中小微型文化企业，鼓励、支持、引导非公有资本依法进入文化产业，转型升级传统文化企业、打造发展新型文化企业，做大多元文化市场主体基数，逐步形成"航母"+"舰队"的文化市场主体结构，通过发挥商业生态圈内部参与者之间"共生、互生、再生、新生"的和谐共赢效应，以提高产业整体效益。二是大力实施文化产业数字化战略。抢抓数字化发展机遇，大力实施产业数字化、数字产业化，探索5G、云计算、大数据等数字基础设施与文化产业的商业应用场景，加快培育一批文化科技企业，加快文化科技创新成果转化，引导激发文化产业创新潜力，形成更多新增长点、增长极，增强发展新动能。大力发展舞蹈、音乐、动漫、游戏、电竞以及创意设计、数字娱乐等新兴产业，以数字技术整合为动力，推动建立统一的文旅产业统计核算体系。统筹文化资源存量和增量的数字化，聚集文化数字资源，利用文化大数据不断推出新产品、新服务，提升文化产品和服务质量水平，推进国家文化大数据体系重庆分平台建设。三是加快建设高标准的文化市场体系。建立健全文化市场体系基础制度，落实统一的市场准入负面清单制度，清理破除文化市场准入隐性壁垒。重点发展图书报刊、网络音像制品、演出娱乐、影视剧、动漫游戏等产品市场；加快培育发展文化产权、版权、人才、技术、信息等要素市场；建设以网络为载体的新兴文化产品市场，发展电子票务、电影院线、演出院线、网络书店等现代流通组织形式。培育大众性消费市场，开拓农村文化市场。加快建设大型文化流通企业和文化产品物流基地，打造以重庆主城区为中心、区县相配套、贯通城乡的现代文化产品流通网络；健全文化经纪代理、评估鉴定、投资、保险、担保、拍卖等中介服务机构。加强文化产品和要素市场建设，大力发展现代文化流通组织形式，强化文化市场监管，营造公平、健康有序的文化市场环境。

3. 加强文旅行业对内对外协同。"十四五"期间进入到高收入阶段，有比较优势的产业变成资本密集型,各个行业的规模经济会越来越大。为此,中央提出长江经济带、京津冀协同发展、粤港澳大湾区、成渝地区双城经济圈等区域发展战略。随着技术分工的细化和产业链的延伸,跨省的城市合作和区域一体化正成为区域创新发展的新趋势。在跨地区的产业集群发展中,各个地方要根据当地的禀赋条件发展产业集群中具有比较优势的产业,并协调区域里其他的城市的产业发展,形成一个在全国乃至全球具有竞争优势的产业集群。在"十四五"期间,要特别重视区域内各个地区发展的协调。面向数字文旅,其发展很大程度上依赖科技、网络空间和数据要素作为支撑,对实物资本的依赖更弱,资源要素流动性更强,涉及范围更广,协同成为其更广泛地整合各类要素资源以促进发展和应用场景的探索的必然要求。一是联袂四川打造现代文化产业集群。充分尊重市场法则和商业逻辑,发挥市场在配置资源中的基础性作用,构建成渝城际之间文化产业竞争与合作并存的竞合关系,在自愿互利的基础上求同存异,寻求共同利益点,容忍和淡化分歧,通过对话、磋商等形式进一步发展良性的竞合关系。遵循都市圈发展的客观规律,加快从行政区到经济区(产业集群区或产业带)的发展模式转变,充分发挥成渝双城强大的全球资源配置的向心力和区域经济带动力,带动周边城市加快发展,形成代表西部地区文化产业参与全国分工合作,形成高端资源的导流器和聚集地,提升文化产业承载力和要素吸附力。二是加快推动巴蜀文化旅游走廊建设。联袂四川加快打造大文旅公共服务平台,推动"智游天府"+"惠游重庆"对接融通,共同打造成渝特色品牌。实施"成渝地·巴蜀情"区域文化品牌培育工程,共创、做实、叫响巴蜀文旅品牌。共同开展巴蜀文旅推广,组建"巴蜀文化旅游推广联盟"和"川渝144小时过境免签推广联盟",在旅游产品、线路、价格和政策上搭建川渝文旅发展一体化新平台。共同推动文博事业发展,推动"巴蜀考古""西南夷考古"纳入国家文物局"考古中国"重大项目,联合实施川陕苏区红军文化公园建设。三是全力做好文化旅游对外交流合作。充分发挥"重庆国际文化旅游之窗""重庆文化和旅游国际交流中心""iChongqing文化旅游国际传播中心"等平台的作用,助推重庆国际交往中心建设。构建精品旅游路线推广、舞台艺术展演等五大线上推介板块,搭建"1+N+X"的文化旅游外宣平台。通过走出去与请进来相结合办好系列精品活动。加强对外营销推广能力建设,分层次、分重点加强文旅推广国际化人才队伍锻造,不断提升重庆文旅国际化水平。借助两江新区重庆两路寸滩保税港区对外文化贸易基地,发展文化产品展示交易、体验、加工产业链,构建连接国内外文化艺术交易桥梁。

(四)多措并举促进文化消费提质升级

随着人民群众文化生活水平的提高和现代信息技术的发展,城乡社会文化需求的多元化、个性化、智慧化趋势愈加凸显。走出一条适合我市城乡居民文化消费提升路径,需要在制度设计、模式创新、内容建设、引导培育和社会参与方面进行探索。

1.以惠民活动激发文化消费活力。积极通过多种多样的文化惠民活动引导市民树立文化消费意识,调动市场积极性,培养城乡居民的文化消费习惯。一是坚持文化惠民与公共文化服务体系并重。深刻把握文化惠民与公共文化服务体系的内在关联,办好重庆文化惠民消费季,探索将"文惠卡"纳入市民卡功能运行系统统一管理,明确其消费由个人负担和财政补贴的分担比例。免费开放市区(县)图书馆、美术馆、博物馆等公共文化场馆,并通过为市民提供音乐、书法、绘画等公益文艺培训,树立市民的文化欣赏和消费习惯,提振文化及其他相关领域消费。二是构建文化消费数据平台,推动服务评估与效能改善。探索与互联网企业合作,依托重庆市文化旅游公共服务平台——"惠游重庆"开展文化消费大数据平台构建和数据采集,持续跟踪文化需求变化,细分文化消费群体,分层、分群引导和激发民众文化消费意愿,实现精准文化惠民。三是鼓励社会参与,增强文化消费多元活力。充分利用户外屏幕、文化广场、社区宣传栏等途径,加大对优质文化产品和服务的宣传推介,营造良好的消费氛围。优化"重庆群众文化云"平台建设,探索将公共体育场、公共文化场馆、社会文体场馆、文体社团、文体名师纳入平台统筹,通过政府向文化企业购买服务等举措提高文化场所的使用效率。有效引导文化消费城市试点参与企业,帮助其树立自身形象,增强参与热情,使文化企业、文化机构和文化资源以创新者的姿态投入生产过程,带动整个文化消费市场的活力。

2.线上线下融合带动文化消费全覆盖。当前,线上线下互动已经成为提振文化消费的基本手段之一。通过现代信息技术的广泛使用,实现线上辐射线下,形成广泛、良好的社会文化互动,吸引文化供需主体参与其中,成为一种行之有效的文化消费模式。一是多端融合,广泛覆盖。建立和完善线下文化类消费信用体系,通过市民卡优惠、信用卡积分、打折等方式探索文化消费新模式。广泛开展线上文化活动、文化企业和商家征集,并统一纳入文化消费平台的管理与使用。扩大线上文化消费模式辐射范围，为市民利用电视端、PC端、手机App、微信端等使用线上文化消费平台，参与文化消费活动提供便利，形成"政府专项+多屏互动+电商平台+文化消费"一体化长效运营模式。二是形式多样，强化参与。充分利用"互联网+"技术天然的互通互联属性，通过多种不同渠道、关联不同企业实现文化消费的线上线下结合，形成多种社会力量共同参与的局面。三是突出互动，精准引流。通过线上互动、线上拍卖、预约定制服务、创意征集、产品投稿等个性化功能，以及阅读转发积分、线上游戏闯关等丰富多彩的活动形式，吸引用户线上参与、线下引流。

3. 运用金融杠杆撬动城市文化消费。金融机构通过为文化企业，尤其是小微文化企业提供必要的资金支持，可以弥补政府财政引导基金的不足，实现"小投入，大撬动"；同时，金融机构所掌握的大量优质客户资源可为文化消费市场开发，市民文化消费热情提升提供有益引导。一是借力金融手段，支持文化企业生产更多优质文化产品。探索文化与金融融合发展创新机制，发展文化金融专业化机构，支持有条件的银行设立文创支行，鼓励各金融机构结合国家文化消费试点，针对文化企业的发展特点，推出多种文化金融产品和服务。以政府为主导，联合银行发起成立文化产业投资引导基金、文创产业风险池基金、文创产业转贷基金、文化企业信贷风险补偿专项资金、文化企业贷款担保基金等金融产品，大力完善文创产业融资配套服务体系。二是创新金融服务，提振市民文化消费。借助以金融手段为杠杆的"文化+"拉动效应，与银行合作，依托银行为商户提供全渠道支付结算、多渠道复合账单管理、多渠道宣传、多方式营销的智慧平台，整合各类文化消费企业和商户，通过银行对参与的企业和商户予以一定补贴的方式，开展各种让利于民的优惠活动，实现文化消费与金融手段的密切关联。

附表

2020年重庆市文化产业发展专项资金资助项目
1. 重大项目

1-1

序号	项目名称	支持方向	业主单位	所在区县或出资人机构、主管部门	项目简介
1	重庆市"十四五"时期文化发展改革规划纲要前期研究	文化产业基础保障项目	重庆社科院	市委宣传部	按照中央和市委有关工作部署,由重庆社科院牵头,整合全市相关研究力量和资源,在开展重庆市"十三五"时期文化发展改革规划纲要实施情况评估的基础上,对科学编制重庆市"十四五"时期文化发展改革规划纲要进行前期基础研究、专题研究,为全市宣传思想文化部门及文化企事业单位谋划"十四五"时期发展改革提供规划、政策等咨询建议,服务全市文化产业高质量发展。
2	重庆数字文旅经济创新发展研究	文化产业基础保障项目	重庆理工大学金融学院	市教委	2020年6月,国家发改委、中央网信办批复同意《重庆建设国家数字经济创新发展试验区工作方案》。同月,市委市政府成立重庆市数字经济创新发展领导小组,市委宣传部、市委网信办、市文化旅游委承担重要职责。为此,由重庆理工大学金融学院开展"重庆数字文旅经济创新发展研究",围绕文化旅游与科技、经济深度融合发展,研究数字文旅经济发展趋势,梳理重庆数字文旅经济现状,谋划重庆数字文旅经济发展路径及政策体系,为市数字经济创新发展领导小组及市委宣传部提供决策参考。

总报告 33

续表

序号	项目名称	支持方向	业主单位	所在区县或出资人机构、主管部门	项目简介
3	"双晒"第二季云上文旅馆项目	文化产业消费促进项目	重庆旅游投资集团有限公司	市国资委	重庆"晒旅游精品 晒文创产品"大型文旅推介活动("双晒"第二季)集成展示平台。通过"惠游重庆"等文旅公共服务平台,集成展示推广"1+41"云上文旅馆,帮助全市各区县宣传推介文化旅游资源、精品旅游线路、特色文创产品,助力重庆文旅产业人气复苏,推动文化产业脱贫攻坚。项目兼具产业性与公益性。
4	统信管理平台	文化产业基础保障项目	重庆市文化信息中心	市委宣传部	根据市政府"云长制"工作安排,推动市委宣传部各信息系统的整合管理,市文化信息中心承建统信管理平台。平台将解决市委宣传部各应用系统之间的用户不统一、访问繁琐、无法有效管理的问题,实现对不同应用系统的用户统一管理、安全审计和授权接入,并对用户的登录行为和认证行为进行管控,不仅可提高系统的安全性、可靠性,同时也便于用户的管理,提高工作效率,从而最终实现各应用系统的内部信任管理体系的整合,实现当前大数据趋势下的应用系统的数据融合、协同共享、集约发展。

续表

序号	项目名称	支持方向	业主单位	所在区县或出资人机构、主管部门	项目简介
5	"正版化"及"数字云端"运维服务	文化产业基础保障项目	市版权保护中心	市委宣传部	"重庆市正版软件资产管理及日常监管平台"和"重庆市数字版权云端服务平台"是版权管理处和版权保护中心重要的版权保护网络监管平台、版权登记网络服务平台。根据中共重庆市委办公厅 重庆市人民政府办公厅《关于印发〈重庆市全面推行"云长制"实施方案〉的通知》(渝委办〔2019〕66号)文件要求,两个平台已迁移至"数字重庆"云平台。
6	红三军司令部红色旅游	革命遗址文物保护	中共巫溪县委宣传部	巫溪县	1932年12月15日,贺龙率红三军自川陕鄂交界处鸡心岭进入巫溪,成为最早入川的主力红军。在红三军司令部旧址张家大院土墙上书写的"红军为穷人得到土地粮食和平而战""分配土豪的粮食衣服给穷人"等政治部标语,前幅标语至今保存,1988年被评为县级文物单位。按照中共中央、国务院相关文件和市委、市府与巫溪县委的工作要求,积极维护好红三军司令部旧址暨标语革命遗址,推动红色文化和旅游深度融合发展。红三军司令部暨标语遗址维护项目,包括红三军司令部旧址原张家大院房屋购买修复、场景复原,司令部周围小路整治,红军标语维修维护、"分配土豪的粮食衣服给穷人"标语复制重现等。

续表

序号	项目名称	支持方向	业主单位	所在区县或出资人机构、主管部门	项目简介
7	小三峡自然体验文旅展示中心	文化产业类	巫山县双龙镇政府	巫山县	"小三峡自然体验文旅展示接待中心"拟建在巫山县双龙镇安静村(小地名:神鱼谷),就小三峡地区自体验的核心建筑,占地面积1000平方米,建筑面积约600平方米,项目概算300万元。项目建成后是安静神鱼谷生态社区的核心建筑,具备游客接待、自然作品展示等功能。
8	重庆夜间文化旅游消费集聚区管理办法拟定、评审夜间消费工作试点全国现场会	文化产业消费促进项目	重庆市文化和旅游研究院	市文化旅游委	承办文旅部夜间消费工作试点全国现场会,拟邀请文旅部相关领导、其他省市文旅行政部门相关负责人、区县文旅委相关负责人参加现场会,共同探讨夜间消费集聚工作发展方向,交流好的经验做法。
9	重庆市文化产业示范园区评选命名管理办法修订、2020年重庆市文化产业示范园区、基地评选工作、乡村文化乐园现场会	文化产业重大支撑项目	重庆市文化和旅游研究院	市文化旅游委	修订《重庆市文化产业示范园区评选命名管理办法》,办法将结合新的工作要求,科学设置评选条件,规范管理,充分体现市级园区的行业示范性。评选7个文化创意产业园、4个数字产业园、文化产业示范基地等。

续表

序号	项目名称	支持方向	业主单位	所在区县或出资人机构、主管部门	项目简介
10	中华廉城、巴蜀民俗文化村项目策划书	文化产业重大支撑项目	市文化旅游委	市文化旅游委	拟在荣昌区选址落地建设中华廉城和巴蜀民俗文化村项目。项目落地实施前，公开招标设计策划公司开展项目的前期策划和论证，完成项目的整体概念性设计，待概念性设计方案完成后，再推进项目的选址、用地、招商引资等相关工作。
11	5G+文化教育短视频产业园	文化产业重大支撑项目	市文化旅游委、重庆出版集团有限公司	市文化旅游委、市资办	该产业园重点扶植高新技术对5G+文化教育短视频产业中各个环节（包括内容生产、内容数字、数字出版、出版经济、经济服务等环节）的融合促进作用，建立5G短视频等文创产品数字资源平台、资源分发平台，短视频资源应用终端等，为文化教育学习和研究、文化旅游、文化宣传提供更加丰富的手段和工具。
12	沙磁不夜城·中华商业文化体验广场	文化产业消费促进项目	市文化旅游委、沙坪坝区文化旅游委	市文化旅游委、沙坪坝区	该项目将商业文化融入建筑风貌、雕塑艺术、商品体验、氛围营造之中，打造重庆文旅之窗、名特小吃汇、商贾文化创意苑、环球酒码头、民间演艺大舞台、商业雕塑广场、文体竞技场、商业文化展厅、航空体验馆、非遗（老字号）一条街等项目。预计年底环球酒码头、民间演艺大舞台、名特小吃汇、商业文化展播厅、航空体验馆开业。
13	九龙坡区"夜间文旅消费集聚区"创建项目	文化产业消费促进项目	市文化旅游委、九龙坡区文化旅游委	市文化旅游委、九龙坡区	以万象城为先行试点，培育崭新的夜间商业模式，营造沉浸式、体验式的都市夜间休闲氛围，全息化呈现现代城市景观，塑造一站式消费体验，打造集休闲旅游、文化体验、艺术欣赏、主题商业等业态于一体的城市新兴夜间文旅综合体，打造夜间文旅消费集聚区的示范标杆。

续表

序号	项目名称	支持方向	业主单位	所在区县或出资人机构、主管部门	项目简介
14	重庆市文旅产业高级人才研修班	文化产业重大支撑项目	重庆大学	教育部	依托于重庆大学共建的文旅产业人才培养基地，着力培养我市文旅产业高级人才。研修班拟举办10期，共计60人，每月两次，培养对象为我市文旅研究机构、行业协会、行政部门相关人员，结业后授予结业证书。
15	重庆文化旅游产业发展大讲坛	文化产业重大支撑项目	重庆文化旅游培训中心	市文化旅游委	大讲坛全年12期，计划每月一期，每期半天，每期控制规模180人左右，全年预计参与人次不低于2200人，重点围绕文化旅游产业政策解读、文化旅游产业项目策划、新媒体运营思维与实操、文旅品牌化运营等方面拟定讲坛内容。
16	新冠疫情对重庆文旅企业的影响情况调研	文化产业抗疫纾困项目	重庆文化产业（西南大学）研究院	西南大学	项目通过疫情后企业的营收状况、复工情况、资金需求、转型需求以及扶持政策落实情况的深度掌握，全面梳理企业发展困难和诉求，反馈政策实施效果，为制定针对性措施提供决策参考。
17	重庆民营文旅企业融合创新发展研究	文化产业重大支撑项目	西南大学文化与社会发展学院	西南大学	项目拟通过整合政府、科研机构和业界力量，举办优秀文旅企业评选活动，收集相关数据材料，分析我市民营文旅企业发展情况，总结宣传好的经验做法，推广民营文旅企业标杆和品牌形象，促进文旅产业高质量发展。
18	《重庆市文化产业促进条例》立法文本研究	文化产业重大支撑项目	重庆文理学院	市教委	五届市人大常委会立法规划将制定《重庆市文化产业促进条例》列入调研项目，2020年市政府立法计划代言项目。此次立法将在国家立法的基础上，把行之有效的文化经济政策法定化。拟两年完成，总预算20万元。

续表

序号	项目名称	支持方向	业主单位	所在区县或出资人机构、主管部门	项目简介
19	重庆市动漫产业发展课题调研及政策研究	文化产业重大支撑项目	重庆华略数字文化研究院	市文化旅游委	通过全面调研我市及相关省市动漫产业发展现状及经验,形成我市动漫产业调研报告,拟定《重庆市关于加快动漫产业发展的实施意见》,明确我市动漫产业发展目标、重点领域及保障措施,有效促进我市动漫产业发展。
20	全市文旅产业当前形势研判和对策研究	文化产业重大支撑项目	重庆市统计学会	市统计局	因2020年疫情影响,市委市政府要求每月报送经济形势分析报告,需专业统计机构统计相关经济指标数据,并做科学研判提出对策性建议。
21	重庆市内外招商引资推介活动	文化产业重大支撑项目	市文化旅游委	市文化旅游委	组织5次省外招商考察活动,组织企业赴区县策划项目10次。
22	文旅部精品项目交流对接会暨我市重点项目推介会	文化产业重大支撑项目	重庆演艺集团	市文化旅游委	按照文旅部相关工作要求,承办精品项目交流对接会暨我市重点项目推介会,拟邀请全市重点文旅企业及省外知名投资企业参与推介会,采取路演方式进行推介并促成项目签订合作协议。
23	新农村文旅融合发展方式及文旅消费潜力与方式研究	文化产业重大支撑项目	重庆青年职业技术学院	市文化旅游委	本项目拟在调查我市新农庄村文旅现状的基础上,吸收借鉴国内外乡村文化旅游融合发展优秀成果,探索新农村文化旅游+节庆,+运动,+非遗,+产业,+社会的5+模式和形成乡村、政府、协会、农户、营销等"五位一体"的规制范式,充分开发我市新农村潜在的巨大文旅资源和消费潜力,推动我市乃至西南地区新农村文旅高速发展。

续表

序号	项目名称	支持方向	业主单位	所在区县或出资人机构、主管部门	项目简介
24	重庆大溪文创环保餐具	文化产业扶贫攻坚项目	重庆文博展览有限公司（三峡馆）	市文化旅游委	项目以大溪文化为文创源头，以巫山双龙镇扶贫板栗林为资源，结合国家级非遗荣昌陶技艺，以三峡博物馆为平台，设计打造文创产品。
25	深化企业改革项目	其他项目	重庆演出有限责任公司	市文化旅游委	项目将引入社会资本选择合适企业作为合作伙伴，实施混合所有制改革，坚守主营业务中心与多元化协同发展，进一步提升企业综合实力和核心竞争力，有效推动公司上市。
26	非遗夜经济	文化产业消费促进项目	重庆市曲艺团有限责任公司	市文化旅游委	项目是对非遗集市建设项目的补充和延伸，充分立足南天湖非遗传习分社试点，开展全天候非遗产业链建设，实现非遗市集夜市化。
27	红岩党性教育培训、研学、演艺提升、推广	文化产业创新驱动项目	重庆红岩文化产业（集团）有限公司	市文化旅游委	开展党训、研学项目，强化课程设置及开展多样赛课活动，提升办学品质，为疫情后课程全面恢复和打造全国标杆研学基地打下基础，并完成《歌乐忠魂》演艺剧目改编，推广红色巡演路线。
28	艺人直播：原创歌舞云端演艺	文化产业创新驱动项目	重庆歌舞团有限公司	市文化旅游委	借助广电和互联网资源，通过一人直播、短视频等形式，探索原创歌舞云端演艺，开发云端艺术经济，预计一年孵化期内，摄制400条短视频，直播长达300小时。
29	重庆国际马戏城抗疫纾困	文化产业抗疫纾困项目	重庆杂技艺术团有限责任公司	市文化旅游委	5月国际马戏城驻场杂技秀《魔幻之都极限快乐show》正式复演，预计年底防控支出364万元，购置防疫设施设备支出130余万元，将建立完善的自助预约购票系统，加强市场推广，助力演出市场复兴。

1－2

序号	项目名称	支持方向	业主单位	所在区县或出资人机构、主管部门	项目总预算(万元)	已发生的支出(万元)及占比	备注
1	重庆"双晒"第二季带货直播支持项目	文化产业消费促进项目	重庆日报报业传媒有限公司	市文资办	1000	410（41.00%）	重庆"晒旅游精品 晒文创产品"大型文旅推介活动（"双晒"第二季）主要特色活动。通过提供网络带货直播支持服务，帮助全市各区县宣传推介文化旅游资源、精品旅游线路、特色文创产品，助力重庆文旅产业人气复苏，推动文化产业脱贫攻坚。项目兼具产业性与公益性。
2	重庆"双晒"第二季音视频产品支持项目	文化产业消费促进项目	重庆广播电视集团（总台）	市文资办	1494.65	224.2（15.00%）	重庆"晒旅游精品 晒文创产品"大型文旅推介活动（"双晒"第二季）媒体传播主平台。通过提供电视专题片、公益广告、视频集锦等音视频产品制作播出支持服务，帮助全市各区县宣传推介文化旅游资源、精品旅游线路、特色文创产品，助力重庆文旅产业人气复苏，推动文化产业脱贫攻坚。项目兼具产业性与公益性。

续表

序号	项目名称	支持方向	业主单位	所在区县或出资人机构、主管部门	项目总预算(万元)	已发生的支出(万元)及占比	备注
3	重庆"双晒"第二季新媒体推广项目	文化消费促进项目	重庆华龙网集团股份有限公司	市文资办	522.5	90（17.00%）	重庆"晒旅游精品 晒文创产品"大型文旅推介活动（"双晒"第二季）网络传播主平台。通过提供网上集成展示、二次创作、衍生传播等支持服务，帮助全市各区县宣传推介文化旅游资源、精品旅游线路、特色文创产品，助力重庆文旅产业人气复苏，推动文化产业脱贫攻坚。项目兼具产业性与公益性。
4	2020重庆国际文化旅游产业博览会·云上文旅博览会	文化产业创新项目驱动	重庆日报报业集团	市文资办	1800	720（40.00%）	市委文化产业高质量发展意见确定的重点项目，重庆市级综合性文化产业展览、展示和推介平台，已成为全国知名文化品牌。每年列入全市文化体制改革工作要点。2020年，将首次整合文化旅游资源，升级为重庆国际文化旅游产业博览会，并集中展示"双晒"第二季成果；同时结合常态化疫情防控，更加突出数字化智能化，举办云上文旅博览会。

续表

序号	项目名称	支持方向	业主单位	所在区县或出资人机构、主管部门	项目总预算(万元)	已发生的支出(万元)及占比	备注
5	重庆艺术大市场二期建设	文化产业创新项目驱动	重庆文化产业投资集团有限公司	市文资办	1000	320（32.00%）	市委文化产业高质量发展意见确定的重点项目,市文资领导小组研究由市文投集团统筹整合相关资源,一体化推进重庆艺术大市场。二期建设,继续推进云展览系统、线上商城、线下实体市场建设,重点打造艺术版权孵化中心,拓展艺术版权商城,实现与现有艺术品商城底层打通。
6	重庆参与国家文化大数据体系的前期建设	文化产业创新项目驱动	重庆有线电视网络股份有限公司	市文资办	720	350（48.60%）	中央文改办部署"十四五"宣传文化系统新基建工程——国家文化大数据体系建设,要求各地启动前期建设。按照重庆参与国家大数据体系建设的方案,由重庆有线网络开展前期建设,重点开展全面规划和新型基础设施改造研究,在软硬件各方面为建设国家文化专网,开展重庆文化大数据资源采集、存储、传输、管理、利用作机制、技术准备。

续表

序号	项目名称	支持方向	业主单位	所在区县或出资人机构、主管部门	项目总预算(万元)	已发生的支出(万元)及占比	备注
7	仙女山文旅小镇(星际未来城)一期	文化产业重大项目支撑	重庆中域财众文旅游化产投资有业限公司(市文投集团控股)	市文资办	69915.6	49595.78 (71.00%)	市文资领导小组审定同意市文投集团开展的重点项目。仙女山首个综合性文旅项目、文化扶贫示范项目,定位"国家级新人文科技主题文旅小镇",入选国家旅游优选项目、重庆市级重点项目、重庆市"十三五"规划文化重点项目、武隆区重大项目。建成后,将成为仙女山度假旅游新地标、人文科技主题乐园新标杆,向世界展示中国南方喀斯特文化。
8	安全阅读云(二期)直播系统	文化产业创新驱动项目	重庆出版集团有限公司	市文资办	1333.26	497.98 (37.35%)	重庆出版集团推进数字出版转型的关键项目。围绕教育信息化、智能化发展,搭建网络教育出版阅读等综合服务平台,二期重点聚焦与数字阅读相关的直播系统建设。
9	重庆影视文化(制片)产业服务中心	文化产业重大项目支撑	重庆重视传媒有限责任公司	市文资办	5000	500 (10.00%)	按照市委打造重庆影视纪录片基地的部署安排,立足于重庆广电集团影视制作实力和甲级电视剧制作资质,重点完善影视后期制作等产业链。也是广电集团自身影视产业集群发展的项目。

续表

序号	项目名称	支持方向	业主单位	所在区县或出资人机构、主管部门	项目总预算(万元)	已发生的支出(万元)及占比	备注
10	李子坝单轨楼文旅产业园	文化产业消费促进项目	重庆轨道传媒有限责任公司(重庆日报报业集团控股)	市文资办	1200	600 (50.00%)	轨道2号线李子坝单轨站已成为重庆都市旅游的"网红打卡地"。该项目进一步强化重报集团全媒体传播优势,对单轨楼整体打造成"文旅文创+轨道元素"的项目,使"网红打卡地"真正升级为重庆文化旅游名片。
11	"华龙芯"项目二期	文化产业创新驱动项目	重庆华龙网集团股份有限公司	市文资办	452	232 (51.32%)	华龙网拓展内容主业优势,向综合化数字服务转型的重要项目。已纳入重庆市大数据发展局项目库、市发改委数字经济重大项目、重庆建设国家数字经济创新发展试验区项目。
12	重庆科普视频直播基地	文化产业创新驱动项目	重庆科普文化产业(集团)有限公司	市文资办	1000	200 (20.00%)	重庆科普集团数字化智能化转型的重点项目。整合集团现有科技出版及衍生开发运营资源,打造西南地区最大的科普视频直播基地。

续表

序号	项目名称	支持方向	业主单位	所在区县或出资人机构、主管部门	项目总预算(万元)	已发生的支出（万元）及占比	备注
13	重报发行电商物流园	文化产业重大项目支撑	重庆日报报业集团有限责任公司	市文资办	13000	2728.6（20.99%）	重报集团传统发行向电商物流转型升级的重点项目,主要依托党报发行物流体系,拓展服务区域和服务范围。市文资领导小组审定同意该项目扩大投资。对传统媒体集团转型具有示范带动效应,该项目入选全市文化体制改革案例。

1-3

序号	项目名称	支持方向	业主单位	所在区县或出资人机构、主管部门	项目简介	本年度项目预算总支出（万元）	已发生的支出（万元）及占比
1	"归原"艺术农业旅游	文化产业重大撑项目	重庆德方文化旅游发展有限公司	武隆区	该项目选址于武隆区仙女山街道荆竹村水竹坪社，建设用地规模70.5亩，总建筑规模约5.16万平方米，总投资4.2亿元。项目旨在通过"田园+庄园+乐园"的发展模式，集农业产业、文创旅游、乡居社区为一体，实现中国现代乡村振兴的蓝图。主要建设内容包括乡村聚落博物馆、特色餐饮、文化创意集市、露天剧场、旅游接待中心、水疗养生SPA、生活超市、服务中心、停车场、躬耕农场、旅游服务设施、户外俱乐部、临崖栈道、旅游服务设施（民宿等）、古韵山舍、艺术培训、美术创作基地、艺术家工作室、大地艺术、天坑牧场、冥思台、天坑剧场等。目前，已累计投资2.5亿元，完成了游客接待中心、百年祠堂、7栋精品民宿客栈、民俗体验示范区、山地工作室、归原老茶馆、文创聚落以及相关基础配套设施项目建设，并成功引入"雪漫山""慢屋""等风山居""观梦""好院子"等国内知名的民宿品牌。以及大小40余景点，全部建成后日接待量可达2000人，可带动新增就业岗位近1200余个。	40000	25000（62.5%）
2	田园综合体·石铁院双桂园·耕篱笆长提升改造工程	文化产业重大撑项目	重庆市万春笆瑞建设开发有限公司	梁平区	项目总建设面积约6000平方米，主要建设内容稻谷成米体验区、农产品展示区（米当家）、趣味田园、稻草编织体验区、耕读文化民宿区（二楼田园休闲茶吧）、土陶体验区、烧烤体验区、田园书吧休闲区、木雕手工作坊、田间舞台、导视系统等。	350	272.75（77.93%）

总报告 47

续表

序号	项目名称	支持方向	业主单位	所在区县或出资人机构、主管部门	项目简介	本年度项目预算总支出（万元）	已发生的支出（万元）及占比
3	尚朗文化艺术特色升级打造项目	文化产业消费促进项目	重庆尚朗瑞云酒店有限公司	渝北区	拟将酒店打造为深度融合城市文化生活空间的文化艺术特色酒店，在现有文化实体上，围绕书店、画廊和影院重点打造社区图书馆、美术馆、艺术品展示馆、青少年活动中心等，引入地域特色民间艺术品展览，创办非遗文创产品集市，使酒店成为社区公共文化活动和向外地游客展示本地文化的重要载体。	2000	1604（80.2%）
4	深居周游民宿项目	文化产业消费促进项目	重庆妙之屋餐饮管理有限公司	渝北区	深居周游民宿项目系两江国际影视城配套项目，二期投资600万元，分三年完成，本年度投资200万元。项目立足影视文化业态拓展，为大型影视剧组、高端演职人员、游客提供服装道具吃住行保障服务，开展智能文化旅游信息咨询服务，打造满足游客放松休闲需求的文化消费场所。	200	100（50%）
5	重庆三峡广告产业园	文化产业重大支撑项目	重庆都三科技有限公司	万州区	园区位于万州区王牌路，场地总面积10.3亩，于2019年12月开工建设。规划打造成集广告设计制作、文化创意、人才培训、影视与音乐等内容于一体的特色融合性文创综合体。将园区建为沉浸式文旅消费体验地，网红打卡地，面对区域内外游客的旅游小商品购物目的地。	9200	8250（89.7%）

续表

序号	项目名称	支持方向	业主单位	所在区县或出资人机构、主管部门	项目简介	本年度项目预算总支出（万元）	已发生的支出（万元）及占比
6	巫溪县非遗文创产业展示馆	文产重支项化业大撑项目	重庆鸿蒙大告传媒有限公司	巫溪县	巫溪县非遗文创产业展示馆项目建设，是深入推进《文化产业振兴规划》和加快巫溪文化产业发展以及三峡库区特色文化资源向现代文化产品转化推广的重要举措之一。项目建设非遗文创产业展示馆1座，其中购置展馆用房面积1100平方米，建设展示展演广场2000平方米。项目总投资2000万元。项目建成有利于收集、保护巫溪历史文物资源、民俗文化精华、保存并向世人展示，弘扬发展特色文化。	5000	3000（60%）
7	秦良玉白杆兵文化升级改造系列项目	文产重支项化业大撑项目	重庆万寿古寨文旅发展（集团）有限公司	石柱县	万寿古寨系国家3A级旅游景区，实施民政历史文化升级改稿，计划改造秦良玉历史文化广场，白杆兵24式枪阵雕塑群，石拱城门改造，展馆扩大1000平方米，外墙风貌改造，三座石阶梯，文庙建设及民族服饰文创中心建设。	7000	5650（80.7%）

总报告 49

续表

序号	项目名称	支持方向	业主单位	所在区县或出资人机构、主管部门	项目简介	本年度项目预算总支出（万元）	已发生的支出（万元）及占比
8	北碚区朝阳文创大道项目	文化产业大撑支项目	重庆市北碚区城市建设新建有限责任公司	北碚区	朝阳文创大道位于北碚区朝阳街道，长约2.2公里，涉及面积约1.5平方公里。朝阳文创大道总体规划框架采用"一心三点四群"理念，以文星湾大桥南桥头为中心，以文星湾隧道历史入口、文星湾大桥艺术入口、人行天桥绿色入口为延展点，以历史产业集群、商业产业集群、创新创业产业集群、众创空间集群为产业布局，针对市场空白，遵循发展趋势，结合文化特色，将历史、时尚、文创结合，激活北碚历史文化，构建北碚新产业模式，打造以新北碚文化为主题的特色文创街区。	5000	1000（20%）
9	丰都南天湖国际滑雪场研学基地	文化产业大撑支项目	重庆嵩悦旅游有限公司	丰都县	南天湖国际滑雪场研学基地位于丰都县南天湖景区，目前已正式运营2017—2018年、2018—2019年、2019—2020年三个雪季，雪场相关配套设施已逐步完善，现为重庆市最大、最专业的高山雪场。作为重庆市最大最专业的高山雪场，项目将为全市中小学生提供接触冰雪运动的绝佳机会以及条件，推动我市冰雪运动文化普及，培养相关人才，助力2022北京冬奥会的举办。	15000	13500（90%）

续表

序号	项目名称	支持方向	业主单位	所在区县或出资人机构、主管部门	项目简介	本年度项目预算总支出（万元）	已发生的支出（万元）及占比
10	迎龙巴渝乡村博览园	文产业化大支撑项目	重庆国瑞控股集团	南岸区	迎龙巴渝乡村博览园，是集城郊休闲、生态保护、民俗文化和农业研学于一体的生态型文化旅游项目。项目将精选巴渝大地上各区域的乡村院子，集市等代表性建筑，结合在地实际，通过乡土的理念整体规划，精心设计后，完美呈现。包括建筑形态，构架形式，外部环境和建材装饰四个部分的设计，院落要融入现代餐饮、娱乐、休闲、艺术等功能，成为一个消费空间。	10700	9600（89.7%）
11	好图数字文化产业	文产业化创新驱动项目	重庆好图影视文化传媒有限公司	长寿区	好图数字文化产业项目，由重庆好图影视文化传媒有限公司投资，集达人培训、带货直播、短视频制作、影视发行等上下游产业为一体的新兴数字文化产业项目，目的是打造在全市具有影响力的以乡村生活为主题的短视频流制作、发布平台，建设网络流量大，直播人次多，带货能力强，具有较高变现能力的数字文化电商产业集散中心。项目已建成接待区、展示区、培训区、路演室、录音棚、直播间、办公区等配套设施。好图MCN线下已签约主播50多人，线上合作短视频达人200多人，合作带货主播3000多人。在短视频领域入驻多家短视频MCN机构。	41000	8579.42（21%）

总报告　51

续表

序号	项目名称	支持方向	业主单位	所在区县或出资人机构、主管部门	项目简介	本年度项目预算总支出（万元）	已发生的支出（万元）及占比
12	酉阳县板溪花石生态扶贫示范项目	文产扶贫攻坚项目	酉阳桃花源实业开发投资有限责任公司	酉阳县	该项目为酉阳县乡村振兴重点建设项目，项目占地570亩，建设内容包括苗木种植约440亩，建设配套基础设施：停车场、游客集散中心广场等，成品采购安装功能性用房。项目建成后将为当地群众及外地游客了解宣传酉阳旅游、文化提供良好的外部环境，有效带动扶贫，改善居民居住环境和就业环境，有效增加当地居民收入。	82000	17126（21%）
13	恺之峰旅游区项目建设	文产消费促进项目	重庆惠中旅游开发有限公司	垫江县	恺之峰旅游区是垫江牡丹文化发扬的重要核心旅游景区，本项目的建设有助于弥补现有景区功能的不足，将恺之峰景区项目打造成垫江县全季候旅游的精品景区。建设内容有游客接待中心、公厕及配套附属用房建设、花卉观赏区、休闲广场、停车场、综合管网、电力、绿化、游乐设施、景观等配套设施建设。	41000	10000（24.39%）

续表

序号	项目名称	支持方向	业主单位	所在区县或出资人机构、主管部门	项目简介	本年度项目预算总支出（万元）	已发生的支出（万元）及占比
14	美心红酒小镇+泡桐村文创意旅游区	文产扶攻坚项目化	重庆美心投资股份有限公司	涪陵区	高速路综合体服务区定位于重庆市中心区域服务区，并按五星级服务区标准打造；除基本功能外，将结合美心公司多年深耕文化旅游行业的经验，因地制宜，配套商业及农旅业态，打造交通旅游融合发展的特色服务区和旅游目的地，推动蔺市镇、美心红酒小镇、泡桐村及周边村落乡村旅游发展，带动农民就业、销售农产品，切实促进农民增收、农业增效和农村经济协同发展，是实现农民脱贫增收的重要载体，项目计划于两年内投入运营。泡桐村生态农旅示范区位于蔺市镇南部的泡桐村三队，本着"以农民为主体、让农民富起来"的理念，探索实施"政府+公司+项目+村民入股"的综合性发展模式，让全村人人是股东、户户当老板，努力实现休闲农业与乡村旅游一体发展。2020年公司新打造的扶贫车间，有效解决了建卡贫困户13名及其他贫困家庭就业问题。	50000	10500（21%）
15	濯水美食非遗城	文产消费促进项目化	重庆芭拉胡旅游景区管理有限公司	黔江区	该项目位于黔江区濯水镇红军渡小区，占地42000平方米，将157间门面打造成非遗美食、非遗手工艺、非遗mix红色文化三大主题街区，布置24个氛围网红打卡点。收集整理黔江及武陵山区域非遗美食，营造最潮流、时尚、创造力链接的最佳场景，开发既有地域特色又有时尚元素的文化美食裂变新内容。	50000	14000（28%）

总报告 53

续表

序号	项目名称	支持方向	业主单位	所在区县或出资人机构、主管部门	项目简介	本年度项目预算总支出（万元）	已发生的支出（万元）及占比
16	文创产品系列开发	文化产业抗疫纾困项目	重庆少林堂医药中药有限公司	渝中区	少林堂作为非遗传承人，研发结合二十四节气的养生保健的"养道恒历"、结合榜书书法的"医典无纸无墨字帖"、针对新冠肺炎"国医战疫"文创"防疫汤"等众多文创产品，做到中医时尚化、文创化。	250	50（20%）
17	洪崖洞旅游演艺抗疫纾困项目	文化产业抗疫纾困项目	重庆环球世华文化传媒有限公司	渝中区	为丰富洪崖洞网红景区游览观光价值及文化内涵，提升重庆旅游目的地的形象。公司自2019年起精心筹划打造旅游演艺节目《欢天喜地洪崖洞》，节日开演以来收获了良好的经济效益和社会效益。因疫情影响，现节目已停演，已筹备打造的其他旅游演艺剧目停滞，为维持洪崖洞旅游演艺项目持续性，申请困难补贴。	2000	1000（50%）
18	第一届重庆国际音乐啤酒节	文化产业消费促进项目	重庆猫熊传媒股份有限公司	南岸区	重庆国际啤酒节作为重庆市的文化旅游品牌之一，是西南地区具有影响力的盛会。将啤酒节植入市文化旅游委主办的文化旅游惠民消费季活动中，将为消费季聚集人气，助推文旅消费升级。	200	200（100%）
19	木偶剧《少年孔子》进景区促进文旅产业提质升级	文化产业消费促进项目	重庆渝文化发展有限责任公司	綦江区	木偶剧《少年孔子》以平民视角讲述孔丘与众学童一起学习、干活、玩耍、结下深厚友情的故事，对青少年成长教育、美育发展起到向上引导的作用。木偶剧具有广泛的群众基础，尤其受少年儿童喜爱。剧目进景区将游客在景区旅游停留时间延长1.5个小时，消费提升200元，进一步促进消费提档升级。	150	15（10%）

续表

序号	项目名称	支持方向	业主单位	所在区县或出资人机构、主管部门	项目简介	本年度项目预算总支出（万元）	已发生的支出（万元）及占比
20	辣途四溢·渝游天下	文产消费促进项目	重庆辣翻玄文创意有限公司	长寿区	本项目引领火锅文化升级，由室内转向户外。项目产品拥有专利，全国唯一。产品主要客户群体为出游人群，旅途所至，渝味相伴。为出游人群解决路途中的餐食问题，食用所需一应俱全。产品特点：安全、便捷、环保、可重复使用。产品具有多功能性，兼容蒸、煮、炒、炖等多种用途。	2000	600（3%）
21	巫山神女文化演艺项目	文产消费促进项目	重庆市巫山文产发展有限公司	巫山县	本项目主要以"神女文化"为主题，结合巫文化、峡江文化和世界唯一的巫山神女峰自然风光，展现巫山文化和美丽山水，为打造巫山旅游集散基地和建设国际知名现代化旅游城市奠定坚实基础。打造一台驻场演出，是文旅深度融合的重点项目，是旅游发展的需要，有利于提升巫山旅游品质和调动旅行社组团积极性，为做大做强巫山旅游奠定人文基础。	1526	368.5（24%）
22	智慧行业IPTV平台	文产创新驱动项目	重庆空间视创科技有限公司	两江新区	研发智慧行业IPTV平台，为行业用户提供多元化的大屏电视应用服务，通过大数据人工智能等新兴技术赋能大屏电视，帮助行业用户提升其形象宣传、经营管理、增值创收等各项能力。	600	390（65%）

续表

序号	项目名称	支持方向	业主单位	所在区县或出资人机构、主管部门	项目简介	本年度项目预算总支出（万元）	已发生的支出（万元）及占比
23	"诗橙远方"智慧旅游平台项目	文产创新驱动项目化业新动项目	重庆蛙雷网络科技集团有限公司	奉节县	在诗橙远方平台上，用户可以实现一键预订景区门票、酒店等，也可以查找奉节最具特色的美食餐厅、文旅演出等信息，还可以参加团购秒杀，实现线上消费与旅行的无缝连接，极大增强在奉节旅游的便捷性、满意度、获得感。该项目建设后，将有效促进奉节旅游发展，通过旅游带动文化产业消费，有效地带动全县经济发展。同时，"诗橙远方"还是支持《归来三峡》演出在线购票及选座功能唯一平台，用户可通过此平台自由选择观看演出的座位，且不会增加费用。	300	200（67%）
24	MCN（网红经济运作）项目	文产创新驱动项目化业新动项目	重庆双木网络文化发展有限公司	忠县	MCN以文化输出基础为导向，最终以文化观赏、商业收益为结果。通过选拔培训电竞游戏主播、户外旅游主播、颜值歌舞主播等，推广忠县电竞、历史、旅游文化从而获得经济回报。在社会媒体营销中实现自我价值的情况下变现，产生经济效益。后期各类主播可在多个平台通过直播带货带动本地企业及农副产品的销售带动当地经济发展。随着MCN行业不断成熟，传统业务不可逆萎缩，MCN为增量新赛道，MCN运营模式符合新时代内容生产规律，MCN将在未来经济运作模式中占据一定市场。	318	95.4（30%）

续表

序号	项目名称	支持方向	业主单位	所在区县或出资人机构、主管部门	项目简介	本年度项目预算总支出（万元）	已发生的支出（万元）及占比
25	享弘扶贫攻坚动画业发展项目	文化产业扶贫攻坚项目	重庆享弘影视股份有限公司	两江新区	《1992·我出生在中国》入选2020年国家广电总局扶贫攻坚重点动画项目，为全国六家之一，本部动画片以巫山为背景进行动画影片制作及推广发行，同时为巫山培养数字动漫人才，孵化数字文化产业链上的相关小微企业和个人工作室。	400	120（30%）
26	城市记忆文化大数据平台	文化产业创新动能项目	重庆西天数资讯有限公司	两江新区	城市记忆文化大数据平台由市委宣传部主导，项目利用大数据、自然语言处理和文化图谱技术，聚合重庆各领域、各类型的海量文化数据，保护重庆历史文化，提升重庆文化品质，推动文化数据网络化、智能化应用，成为重庆数字经济发展的重要动力。	1500	900（60%）
27	"盛世阅读网"数字文化线上业态	文化产业创新动能项目	重庆盛悦网络文化有限责任公司	九龙坡区	建立盛世阅读网数字文化线上业态阅读平台，起到带动网络作家的担当精神和使命意识，同时推动线上数字文化，并开展海外版权，有声版权业务，打造抗疫作品，开展抗疫及精准扶贫作品的征文活动，目前已经有20余本书在海外销售，开发有声销售180部作品。	100	30（30%）
28	多模式在线教学云平台	文化产业创新动能项目	重庆大学出版社有限公司	高新区	该项目是利用云计算、大数据构建的针对各级院校、企事业单位提供综合性大规模"互联网+教育"平台，实现数字内容采编、云分发及运营、在线教学、决策辅助、知识认证、版权保护与交易等在线服务。	150	30（20%）

总报告 57

2. 区县媒体融合项目

序号	项目名称	支持方向	所在区县或出资人机构、主管部门	项目简介	本年度项目预算总支出（万元）
1	黔江融媒体技术平台	文化产业创新驱动项目	黔江区委宣传部	黔江区融媒体中心融媒体技术平台可以充分利用云平台、大数据、人工智能等技术手段，通过引入5G、VR、H5、直播等技术和方式，在内容呈现形式上力求更直观、更形象、更生动、更丰富、更深刻、更有趣、更具传播力，提升用户黏度。在内容生产机制上，通过整合资源，结合地方实际及国内外新闻热点、动态做好策划，使融媒体生产的新闻立意更高、角度更广、速度更快。软件基础平台1套。主要包括云服务等保安全系统，广播、电视、报纸和新媒体平台的策划、采集、编辑、审评、展示、分发等基础功能。融媒体平台集中工作场所1处。面积约680平方米，110余个工位，分为指挥调度区、采集区、编辑区、分发区等。	700
2	涪陵区融媒体中心	文化产业创新驱动项目	涪陵区委宣传部	涪陵区融媒体中心是通过全媒体畅享全媒体新闻采编系统，可将报、网、台媒体进行深度融合，对内实现资源整合，流程再造，强化新闻策划、采访发布功能。加强"融媒体指挥中心"模式下的区县媒体单位的融合工作平台建设，形成上下贯通、指令下达、重大策划的区县聚合平台，使新闻报道从选题开始到传播结束，全流程实现内容和形式的互通互融，对外实现报、网、台、端、微全渠道覆盖，加强舆论引导功能，进一步加强和改进党的新闻舆论工作。	500
3	融媒体中心技术平台建设	文化产业创新驱动项目	沙坪坝区委	2018年12月沙坪坝区融媒体业务平台建设，2019年基本完成融媒体中心业务流程整合，但与县级融媒体中心建设的标准还有差距（设施设备、软件研发、网络光纤、市区数据通联与共享、网络安全等），将未完成的任务事项在2020年继续实施并完成。	150

续表

序号	项目名称	支持方向	所在区县或出资人机构、主管部门	项目简介	本年度项目预算总支出（万元）
4	长寿区融媒体中心建设	文化产业创新驱动项目	长寿区委	按照集约化、差异化、本地化、社区化、品牌化要求，努力把区县融媒体中心建成基层主流舆论阵地、综合服务平台和社区信息枢纽。重点任务主要是整合媒体机构、建设采编中心、提供综合服务、开展群众活动。拟按照事企分开、采编与经营分离的原则，在长寿日报社、长寿区广播电视台两个单位基础上，组建长寿区融媒体中心，为区委直属正处级事业单位，归口区委宣传部领导，整合现有资源成立传媒公司。区融媒体中心将建好技术平台和全媒矩阵，成为主流舆论阵地、综合服务平台、社区信息枢纽。	100
5	采编中心融媒体技术云平台	文化产业创新驱动项目	江津区委宣传部	采编中心融媒体技术云平台充分利用现有设备技术，整合广播、电视、报纸、网媒等资源，打造江津区融媒体技术云平台（包括：融媒体汇聚、融媒体内容生产、发布三个基础平台），形成一体策划、一次采集，多元编辑、多屏传播，N次传播，N次开发，全天滚动、全球覆盖的传播效果。具备大数据分析功能；具备新闻策、采、编、发指挥调度功能；具备生产流程、进度监测功能；具备虚拟演播室功能。	355.6
6	合川区文化创意中心建设	文化产业创新驱动项目	合川区委宣传部	合川区文化创意中心建设项目位于合川区南津街办事处东津沱入城隧道口原葛恩厂厂区及相邻地块，总占地面积58.59亩，总建筑面积35863.20平方米，其中文化创意孵化中心即合川区融媒体中心项目建筑面积13863.20平方米，文化创意基地配套用房建筑面积22000平方米。建设内容包括土建工程、公用工程、专业设备及室外工程。文化创意孵化中心项目总投资约20000万元，其中工程费用约13000万元，工程建设其他费用约5700万元（含4600万元土地费），基本预备费约1300万元。项目计划于今年8月开工建设，11月完成建设，目前正在进行方案评审，准备采用EPC模式进行建设。项目建成后将以"传媒+文化""传媒+创意""文化+创意"为产业导向，成为合川创新传媒高地、活力四射的文化新地标。	20000

续表

序号	项目名称	支持方向	所在区县或出资人机构、主管部门	项目简介	本年度项目预算总支出（万元）
7	永川区融媒体中心技术平台升级建设	文化产业创新驱动项目	永川区委宣传部	永川区融媒体技术平台文化产业创新驱动项目，结合中心的成立，学习总结各级媒体成功经验，顺应媒体发展规律，更好地整合区域媒体资源，打造本土媒体矩阵，实现永川区媒体资源统一调度、多来源汇聚、多元制作、多渠道分发、云上云下协同、传播评估、媒体+服务。加快融媒体中央厨房建设，运用大数据、人工智能，发展广播、电视、报纸、杂志、两微一端，多平台、多媒介为一体的立体宣传体系。打通传统技术平台（电视制播平台、报纸采编平台），融合新媒体渠道，做到建设一个中心、一个平台，统一策划、统一采编、统一分发；提升媒体+服务能力（媒体+党建服务，媒体+政务服务，媒体+公共服务，媒体+增值服务）通过媒体+服务进一步提升融媒体中心的区域影响力。为永川加快发展、率先发展唱响主旋律，发出好声音，凝聚正能量，营造好氛围。	350
8	南川区融媒体中心	文化产业创新驱动项目	南川区委宣传部	对南川电视台、报业等机构已有的播出平台、发布平台、传输网络和技术设施进行升级改造，建设融媒体指挥调度和采编中心，打造全媒体融合生产平台。建设内容包含：融合媒体系统、非编制作系统升级、媒体资产管理系统升级、高清播出系统升级、报纸系统升级、三级安全等保系统、安全交互系统、融媒体App发布系统、移动导播系统、演播室对接、办公OA系统、外部基础电力设施改造、融媒体中心基础改造等。	1288.2257
9	开州区融媒体中心建设	文化产业创新驱动项目	开州区委	按照《重庆市开州区融媒体中心建设实施方案》的要求，该项目包括融媒体中心业务系统建设、房屋装修、全媒体演播室升级改造、机房建设四个子项目。	600

续表

序号	项目名称	支持方向	所在区县或出资人机构、主管部门	项目简介	本年度项目预算总支出（万元）
10	大足区融媒体中心建设	文化产业创新驱动项目	大足区委宣传部	大足区融媒体中心融媒体技术平台充分利用云平台、大数据、人工智能等技术手段，通过引入5G、VR、H5、直播等技术和方式，在内容呈现形式上力求更直观、更形象、更生动、更丰富、更深刻、更有趣、更具传播力，从而提升用户黏度。在内容生产机制上，通过整合资源，结合地方实际及国内外新闻热点、动态做好策划，使融媒体生产的新闻立意更高、角度更广、速度更快。软件基础平台1套。主要包括云服务等保安全系统，广播、电视、报纸和新媒体平台的策划、采集、编辑、审评、展示、分发等基础功能。融媒体平台集中工作场所1处。面积约4652平方米，159个工位，分为指挥调度区、采集区、编辑区、分发区、应急发布、技术保障、人防等。	465
11	璧山区融媒体中心	文化产业创新驱动项目	璧山区委	本项目将原有媒体资源进行优化整合，在现有系统资源基础上做三部分升级建设，包含：高清播出升级及机房改造项目；媒体生产业务系统升级项目；存储计算安全系统扩容项目。整个系统负责全区融媒体宣传的策划、采集、生产、发布、传播、调度等工作，实现璧山体制内的舆论宣传、政务信息服务资源进行优化整合及区县各部门，各单位新闻舆论宣传的统筹策划和集中发布，形成"新闻舆论宣传＋政务信息服务＋社会信息服务"的宣传格局。	680
12	荣昌区融媒体采编中心建设项目	文化产业创新驱动项目	荣昌区委	荣昌区融媒体中心技术平台以技术"实用、好用、管用"为基本原则，坚持"整体规划、统一设计、分步实施"的建设思路，构建媒体汇聚、多工具生产、融媒体发布、效果反馈、报道指挥调度系统为一体的融合媒体生产平台，在建设上凸显规范性、经济性、前瞻性、可扩展性和实用性。本项目工程投资预算681.46万元，资金来源为荣昌区财政拨款及上级补助；预算总额最终由财政评审及招标确定，该项目一年实施，两年分次付款。技术平台由稿源系统、编辑系统、审核评分系统、指挥调度系统、效果监测系统、全媒体发布系统、基础保障系统等七大系统组成。	84.7

总报告

续表

序号	项目名称	支持方向	所在区县或出资人机构、主管部门	项目简介	本年度项目预算总支出（万元）
13	垫江县融媒体中心技术系统平台	文化产业创新驱动项目	垫江县县委宣传部	垫江融媒体技术平台项目，按照垫江融合媒体业务发展的需求，运用互联网思维，形成融媒体解决方案的总体设计，为可持续发展提供技术支撑。该项目是电视台原有传统媒体的升级和扩充，在台内已建高清新闻网平台上补充互联网汇聚、生产工具，整合台内现有资源、高效协同，实现融合媒体业务的核心功能，重点提升融媒体快速生产能力，实现对融合媒体生产的智能业务管理，实现数据化、移动化、个性化、智能化的综合性内容数据平台，为形成内容、渠道、平台、运营、管理的融合生产生态环境提供高效、可靠的标准化技术平台。通过构建融媒平台、再造媒体工作流程、培养传媒人才队伍、探索融媒相应机制，打造"统一策划、多元采集、融合生成、全媒体传播、全平台融合、大数据反馈"的全新业务模式，使"独唱"更具特色，使"合唱"更有力量，使媒体融合工作成为宣传思想发动、意识形态引领、舆论生态构建的有力抓手，成为服务于党的建设和中心工作的有力支撑。	675
14	忠县融媒体中心建设	文化产业创新驱动项目	忠县县委宣传部	重点任务主要是整合媒体机构、建设采编中心、统筹技术平台、打造全媒体矩阵、提供综合服务、开展群众活动。忠县拟以忠县广播电视台、忠州日报社为主，进一步整合县域内媒体平台和资源，融合县属官方微博、微信、客户端等媒体平台，组建忠县融媒体中心，作为县委宣传部管理的正科级事业单位，建成全县唯一的官方主流媒体机构，做到统一管理、统一运营，切实巩固拓展基层舆论阵地。	1500

续表

序号	项目名称	支持方向	所在区县或出资人机构、主管部门	项目简介	本年度项目预算总支出（万元）
15	石柱县融媒体中心建设	文化产业创新驱动项目	石柱土家族自治县委	石柱县拟整合县新闻中心、县广播电视台组建石柱县融媒体中心，按照集约化、差异化、本地化、社区化、品牌化要求，努力把县融媒体中心建成基层主流舆论阵地，综合服务平台和社区信息枢纽。重点任务是通过畅享全媒体新闻采编系统，将报、网、台媒体进行深度融合，对内实现资源整合，流程再造，强化新闻策划、采访发布功能。加强"融媒体指挥中心"模式下的县属媒体单位的融合工作平台建设，形成上下贯通、指令下达、重大策划的聚合平台，使新闻报道从选题开始到传播结束，全流程实现内容和形式的互通互融，对外实现报、网、台、端、微全渠道覆盖，加强舆论引导功能，进一步加强和改进党的新闻舆论工作。	500
16	彭水苗族土家自治县融媒体中心	文化产业创新驱动项目	彭水苗族土家族自治县委宣传部	彭水苗族土家族自治县融媒体技术平台文化产业创新驱动项目，结合中心的成立，学习总结各级媒体成功经验、顺应媒体发展规律，更好地整合区域媒体资源，打造本土媒体矩阵，实现彭水自治县媒体资源统一调度、多来源汇聚、多元制作、多渠道分发、云上云下协同、传播评估、媒体＋服务。加快融媒体中央厨房建设，运用大数据、人工智能，发展广播、电视、报纸、杂志、两微一端，多平台、多媒介为一体的立体宣传体系。打通传统技术平台（电视制播平台、报纸采编平台），融合新媒体渠道，做到：建设一个中心、一个平台，统一策划、统一采编，统一分发；通过媒体＋服务进一步提升融媒体中心的区域影响力。为彭水加快发展、率先发展唱响主旋律，发出好声音，凝聚正能量，营造好氛围。	100

续表

序号	项目名称	支持方向	所在区县或出资人机构、主管部门	项目简介	本年度项目预算总支出（万元）
17	两江新区融媒体中心	文化产业创新驱动项目	两江新区党工委	两江新区融媒体中心，是两江新区党工委宣传部按照《重庆市加强区县融媒体中心建设实施方案》要求，而进行的一项加强和改进基层宣传思想工作、推动新区媒体转型升级的战略工程。项目于2020年4月启动，与两江新区新时代文明实践中心、网络安全应急指挥中心一体规划，目前正在项目立项及方案设计阶段，以期构建网上网下融合、内宣外宣融合的全媒体传播体系，牢牢占据舆论引导、思想引领、文化传承、服务人民的传播制高点。	3000

3. 实体书店项目

品牌书店							
序号	业主单位	注册时间	实体书店名称	经营地址	总经营面积（米²）	营业面积（米²，不含库房、办公）	出版物经营面积（米²）
1	重庆精典文化传播有限公司	1998.4.16	精典书店	南岸区南滨路83号附5号2-1、2-3	1600	1500	1000
2	重庆新华传媒有限公司	2009.12.31	新华书店	各区县	156260	116116	73150
3	重庆购书中心有限公司	2013.9.10	购书中心	江北区建新北路16号B1F	12000	12000	7500
4	重庆西西弗文化传播有限公司	2008.1.25	西西弗书店（品牌连锁）	沙坪坝区三峡广场双巷子步行街6号（重庆总店）	8572.24	7783.97	6750.4

特色书店							
序号	申报单位名称	注册时间	实体书店名称	经营地址	总经营面积（米²）	营业面积（米²）	出版物经营面积（米²）
1	重庆重大思群文化传播有限公司	2016.10.28	重大书店	沙坪坝区沙坪坝正街174号重庆大学A区	2000	400	248
2	重庆市涪陵区兴旺书城	2014.1.28	兴旺书城	涪陵区人民东路2号	1150	1050	700
3	忠县陶秦图书有限公司	2014.8.6	陶秦书苑	忠县忠州街道巴王路2号附48号	1200	1050	780

续表

特色书店							
序号	申报单位名称	注册时间	实体书店名称	经营地址	总经营面积（米²）	营业面积（米²）	出版物经营面积（米²）
4	重庆五洲世纪文化传媒有限公司	2014.12.15	五洲世纪彩虹书店	渝北区洪湖西路18号上丁企业园	3961.03	936.77	583.16
5	重庆石成科技有限公司	2006.11	建筑书店	渝中区长江一路	700	540	430
6	重庆言几又文化传播有限公司	2017.4.13	言几又·今日阅读	渝中区邹容路100号	766	750	600
7	万州区睿智视野图书经营部	2015.5.14	视野书店	万州区白岩路一巷6号负一层	480	450	360
8	重庆以物悟道文化传播有限公司	2010.9.10	时光里书吧	江北区重庆大剧院一楼2号门	500	360	235

执笔：

李为祎　中共重庆市委宣传部

岳　磊　中共重庆市委宣传部

徐丽丽　中共重庆市委宣传部

杨晓莉　中共重庆市委宣传部

王柄权　中共重庆市委宣传部

REPORT ON DEVELOPMENT OF
CHONGQING'S CULTURAL INDUSTRY (2020-2021)

行业报告

2020—2021年重庆国有文化资产监管工作报告

重庆市国有文化资产管理领导小组办公室

2020年是全面建成小康社会和"十三五"规划收官之年，也是面临新冠病毒疫情重大考验的一年。市文资办在市委、市政府的正确领导下，在市委宣传部、市国有文化资产管理领导小组的关心指导下，在相关部门支持和市属各文化企业集团的配合下，坚持以习近平新时代中国特色社会主义思想为指导，认真贯彻落实中央和市委有关国有文化企业改革和国有文化资产监管的工作部署，指导企业切实防范经营管理风险，加快推动市属文化企业和全市文化产业高质量发展。市属文化企业面对严峻形势的考验，积极抗击疫情，迅速恢复正常经营生产，总体保持平稳增长态势，资产、所有者权益平稳增长，实现了国有资本保值增值，打牢了企业发展基本盘。

一、总体情况

重庆市属重点国有文化企业7家，分别为重庆日报报业集团、重庆广播电视集团（总台）、重庆出版集团有限公司、重庆新华书店集团公司、重庆文化产业投资集团有限公司、重庆科普文化产业集团、重庆电影公司，由市委宣传部与市财政局联合管理，市财政局内设国有文化资产管理领导小组办公室（以下简称"市文资办"）作为资产监管方履行出资人职责，市委宣传部为文资领导小组组长单位，负责企业领导干部监督管理、宣传业务指导、国有文化资产重大变动把关。其中，重庆日报报业集团、重庆广播电视集团（总台）仍保留在事业单位序列，但实行企业化管理。7家重点企业皆已完成资产划归市文资办实行集中统一监管。

2020年,重庆市文资领导小组、市文资办和市属国有文化企业严格按照中央要求和市委部署,一手抓疫情防控,一手抓改革发展。国有文化企业发展呈现出"喜""忧"参半的态势。一方面,企业资产规模逐步扩大,截至2020年底,资产总额达387亿元,同比增长4%。所有者权益达181亿元,同比增长5%,总体实现了国有资产的保值增值。资产负债率为53%,与上年持平,低于行业平均水平,债务处于可控范围,充分发挥了国有文化企业"稳定器""压舱石"的作用;另一方面,受疫情冲击,整体经营业绩有所下滑。2020年营业收入比上年减少20亿元,仅为91亿元,利润总额比上年减少2亿元,仅为7.5亿元。

(一)所有者权益增长,国有资产实现增值。资产总额持续增长,资产总额从2019年底的371亿元增加到387亿元,增加16亿元,所有者权益从2019年底的173亿元增加到181亿元,增加8亿元,国有资产实现增值。其中:新华集团资产增加13.7亿元,所有者权益增加10.6亿元,主要是投资性房产增值和经营利润形成;报业集团、文投集团(含文资)稳步增长;出版集团在有序退出房地产后维持了基本平衡。

(二)资产负债率总体有所下降。负债总额从2019年底的198亿元增加到207亿元,增加9亿元,同时,资产总额增加16亿元,资产负债率53%,与上年持平,低于行业平均水平,整体债务处于可控范围。新华集团、出版集团、科普集团维持了低资产负债率运行,报业集团、文投集团资产负债率合理,广电集团资产负债率72.5%,比上年增加0.3个百分点,高于行业预警线。

(三)经营下滑。2020年营业收入91.4亿元,比上年下降20亿元,下降18%,其中,上半年受疫情影响,营业收入下降6.5亿元,下半年各集团通过努力实现增长,但仍然无法弥补上半年损失。其中,报业集团、文投集团逆市增长,增幅均超过了4%,出版集团扣除大学城土地收储13.86亿元后略有增长,新华集团略有下降,广电集团、科普集团、电影公司大幅度下降,降幅超过了10%。

(四)企业实现盈利,但与上年同比仍然下降。2020年在各集团的努力下,除了科普集团、电影公司受疫情影响亏损,其他市属文化企业均实现了盈利,利润总额7.5亿元,虽然比上年下降了2.1亿元,但在疫情影响下能通过半年的努力扭转上半年几乎全面亏损的状况,实现盈利实属不易。其中,报业集团传统主业和新兴产业全面发力,利润总额增加0.43亿元,增长28.9%;出版集团回归主业创新发展,在2019年扭亏为盈的基础上实现利润

15%增长;新华集团在紧抓教材教辅的同时盘活资产管理,利润总额增长超过10%;广电集团因疫情影响仅能维持不亏损,利润总额减少2.5亿元,科普集团由于教育部取消"新时代好少年"活动而减收3500万元,亏损600万元,电影公司因院线业务几乎处于停止营业状态,亏损1973万元。

二、各企业经营情况

(一)报业集团。主要指标:资产总额57.8亿元、比上年下降6.3%,负债总额34.6亿元、比上年下降7.7%,所有者权益23.3亿元、比上年下降4.2%,资产负债率59.8%、比上年下降0.9个百分点;营业收入20.6亿元、比上年增长4.3%,利润总额为1.9亿元,比上年同期增长27.6%。经营分析:一是受疫情和经济下行影响,传统收入大幅下滑,其中,日报广告收入下降约12.7%,都市传媒收入下降约35%,亏损0.8亿元;二是挑战中抓住新机遇,新媒体发展势头良好保持了6%以上的快速增长,其中,物流配送和生鲜配送大幅增长,非报经营收入2.74亿元,增幅48.9%,与阿里巴巴成立了淘宝大学电商直播西南分校,开拓直播培训课程,助力地方经济发展;三是传统业务转型升级取得阶段性成绩,企业抗风险能力进一步得到增强,但仍然存在加大投入与控制负债率等阶段性矛盾,重大项目存在一定风险。

(二)广电集团。主要指标:资产总额92.9亿元、比上年下降2.4%,负债总额67.3亿元、比上年下降2%,所有者权益25.6亿元、比上年下降3.3%,资产负债率72.5%、比上年上升0.3个百分点;营业收入34.3亿元、比上年下降13.3%,利润总额由上年的2.5亿元下降为238万元。经营分析:一是受疫情和经济下行影响,广电各板块几乎全面下滑,随着疫情得到控制,收入虽稍有回暖,但由于实体经济和行业受创,传统视频市场格局发生较大变化,传统用户仍持续流失,传统媒体广告收入仍持续下降,利润在大幅度降低,下滑趋势不可阻挡;二是集团资产负债率高于行业预警线69.45%,网络运营收入和广告收入占比超过75%,创收格局单一,新的延伸产业尚未形成规模化的收入增长点,转型升级举步维艰;三是随着有线上收国网管理,集团后续资金压力、创收能力等问题目前尚无有效应对措施;四是集团层面缺少总体战略布置,集群化、扁平化改革没有破冰,人员成本高,没有从根本上解决目前广电转型困境。

（三）出版集团。主要指标：资产总额50.2亿元、比上年减少3.5%，负债总额23.6亿元、比上年减少4.7%，所有者权益26.5亿元、比上年减少2.5%，资产负债率47.1%、比上年降低0.6个百分点；营业收入8.3亿元、比上年下降62.4%，若扣除大学城土地收储13.6亿元，比上年略有增长。利润总额0.2亿元，比上年增长15%。经营分析：一是资产负债率虽然下降，但如果将永续债和投资性房地产调整，资产负债率将超过65%，超过行业平均水平，企业财务状况仍然欠佳；二是集团虽然通过努力解决了历史遗留问题，缩减了不良业务，化解了财务风险，但新型业务尚处萌芽状态，数字化投入后期运营仍存在巨大的不确定性，2021年即将到期的永续债9亿元仍然给集团带来巨大的资金压力。

（四）新华集团。主要指标：资产总额82.2亿元、比上年增长20.8%，负债总额27.431亿元、比上年增长13%，所有者权益51.2亿元、比上年增长26.1%，资产负债率37.7%、比上年减少3.6个百分点；营业收入21.9亿元、比上年减少4%，利润总额为5.3亿元、比上年增长10.9%。经营分析：一是优质的资产和有效的成本管理推动着集团持续向好发展，整体经营情况良好，所有者权益持续增长，营业收入、利润总额基本持平，资产状况良好；二是实体书店经营受到数字出版和网络书店冲击较大，教装、研学、馆配等新市场业务尚未形成新的增长支撑点，集团如何适应新经济时代有待探索。

（五）文投集团。主要指标：文投集团（含尚未撤销的文资公司）扣除四大集团权益和债务并调整明股实债后，资产总额89.9亿元、比上年增长12.5%，负债总额47.1亿元、比上年增长26.5%，所有者权益42.7亿元、与上年基本持平，资产负债率52.4%、比上年增长5.7个百分点；营业收入3.2亿元、比上年增长10.4%，利润总额0.3亿元、比上年下降35%。经营分析：一是受疫情和经济下行影响，支撑集团发展的金融服务板块出现下降趋势，但是其他业务板块均较上年同期有所增长，企业经营状态趋于良好，资产总额、营业收入等均保持了快速增长，融资能力增强；二是文化产业链建设有序推进，仙女山星际未来文旅小镇、"永川里"和"重庆艺术大市场"建设稳步推进，控股子公司熊猫传媒投资发行的电视剧《勇者无惧》取得发行许可证，资产实现增量增值；三是文资公司历史遗留问题仍未有效解决，海南项目风险仍然存在，集团发展压力巨大，文旅融合项目受国家宏观调控的影响，仍然存在巨大风险。

（六）华龙网集团。主要指标：资产总额4.9亿元、比上年减少1.9%，负债总额1.6亿元、比上年减少15.3%,所有者权益3.3亿元、比上年增长5.9%,资产负债率31.8%,比上年下降5.1个百分点;营业收入2.6亿元、比上年下降2.7%,利润总额0.4亿元、与上年持平。人民网和华融退出直接减少资本1.2亿元,股东分红4590万元等带来资产和所有者权益减少幅度较大。经营分析:一是移动端广告收入和新技术服务类收入稳定增长,经营结构优化,企业持续盈利能力增强;二是因人民网和华融退出以及华龙文惠P2P业务代偿款垫付0.68亿元的影响,华龙网已暂不具备IPO的申报条件,影响华龙网下一步的发展。

(七)科普集团。主要指标:资产总额11.9亿元,比上年增长2.5%;负债总额1.68亿元,比上年增长9.4%;所有者权益10.18亿元,比上年减少2.9%;资产负债率14.2%,比上年增加4.8个百分点。营业收入2.9亿元,比上年下降16.4%;利润总额由上年盈利1329万元转为亏损600万元。经营分析:一是课堂内外受国家教育政策影响,教育部取消"新时代好少年"活动而减收3500万元,直接导致集团利润总额由盈利转为亏损,集团整体抗风险能力弱;二是在教育大改革的形势下课堂内外等教育板块如何发展尚处于探索阶段,短期内难以看到成效,在科技创新大热潮中,电脑报等传统业务板块如何抓住机遇焕发新活力尚无有效措施;三是仙女山科学营等项目投入大,存在着较大的投资风险;四是科普集团管理构架尚未完善,集团部分职能尚未实质性运行,统筹管控能力有待提高。

(八)电影公司。主要指标:资产总额2.3亿元,比上年下降15.5%;负债总额1.23亿元,比上年下降14.9%;所有者权益1.1亿元,比上年减少16%;资产负债率52.9%,比上年增加0.4个百分点。营业收入0.34亿元,比上年下降一半;利润总额由上年盈利161万元转为亏损1973万元。经营分析:一是受疫情持续影响,电影公司院线业务处于半瘫痪状态,收入仅为2019年的一半,且无其他业务支撑;二是固定资产量大但收益低,资产呈碎片化分布,不能得到有效利用;三是电影公司由文资办直接管理,无法更好地利用文化企业在融资、影视资源等方面的优势,不利于公司下一步发展。

三、"十三五"期间推动文化企业改革发展的举措和成效

经过"十三五"期间的不断探索,重庆市属国有文化企业在推动文化体制

改革、实现"双效统一"、推动文化产业转型升级、探索文化产业新模式新路径等方面发挥了重要作用,成绩显赫。

(一)完善企业运营管理机制。一是规范出资人监督管理制度。印发"三重一大"决策制度、国有资产交易监督管理、内部控制规范体系、内部审计管理、企业工资总额决定机制、主要负责人考核管理、监事会管理等制度办法,国有文化企业出资人监督管理体系臻于完善。二是有序开展日常监督管理工作。完善市文资领导小组议事决策机制,对国有文化资产经营管理重大事项提交文资领导小组审议;做好投资审批、业绩考核、产权管理、纠纷调解和报表等日常监督管理工作;实行债务风险警戒线管控,督导企业开展经营管理重大风险排查;开展制度建设和执行情况专项检查,督促企业落实相关的管理制度。三是法人治理结构趋于完善。各企业将党的政治建设摆在首位,把加强党的领导和完善企业治理统一起来,将党建工作总体要求纳入国有企业章程,进一步厘清企业党委、董事会、经理层等治理主体的权责边界,各企业"三重一大"事项决策机制得到有效执行,各企业逐步形成全覆盖的内控规范体系,经营风险、管理风险等得以有效防范。四是有效强化"双效统一"管理。充分考虑文化企业的特殊性,修订《市属文化企业社会效益考核试行办法》,通过将效益考核与企业主要负责人薪酬和经营班子薪酬挂钩,建立起社会效益和经济效益相统一,业绩与薪酬同步的考核体系。同时推行国有文化企业负责人三年任期绩效考核。

(二)推进企业运行效率改革。一是推进现代企业制度建设。各集团已全面完成公司制改革,实现企业股份制改造。完善国有企业董事会运作机制,将国有出资人意志切实体现在公司治理中;完善职业经理人市场化选聘、契约化管理、差异化薪酬和市场化退出机制,完善国有企业市场化运行机制和现代企业制度;加强对企业董事会治理、监事会治理、经理层治理等的评价,提升企业治理水平。二是集中统一监管经营性国有文化资产。分类推进,因企业施策,以关停并转方式实现非必要存续企业退出,对存续企业以资源协同为目标进行整合重组后划转市文资办或市属国有文化企业,实现集中统一监管。改组市科协,将原属企业组建科普文化产业集团并划转市文资办。划转市文化旅游委所属电影集团至市文资办直接管理。按照产业相近、业务相关原则,整合划转团市委下属睿读科技等5家一级企业至出版集团、文投集团等企业。三是清理无效资产实现资源配置效率优化。深化市属文化集团内设机构改革,进一步精简管理层级、压缩管理链条、盘活存量资源,基本实现集团投资决策权压缩到三级以内。以挂牌转让、清算关闭、重组整合等方式清除僵尸空壳企业,清理与主业无关企业,盘活有效资产,集中发展优势企业,企业资源集约化利用有效加强。四是积极推进企业重组上市。为推动国有文化企业创新发展,创新股权合作方式,实现各种所有制资本取长补短、相互促进、共同发展,积极推动重数传媒、华龙网等主体筹备上市。华龙网集团完成对华融瑞泽、人民网所持股权的回购,引进两江产业集团作为战投,进一步调整优化筹备上市方案。按照全国统一部署,顺利完成重庆有线网络与国网公司重组工作。

(三)推动企业优化业务结构。一是调整结构壮大主业。围绕主业,严格把关新增项目,审慎投资与文化产业无关项目,推动报业集团在商务印刷和电商物流、广电集团在智能宽带、出版集团在数字出版、新华集团在教育装备、文投集团在文化旅游、华龙网在信息服务等方面开展相关投资。协助出版集团成功退出房地产项目,重新聚焦出版主业,实现扭亏为盈。二是以技术驱动融媒体发展。筹集资金11.5亿元,运用大数据和现代技术手段推进融媒体建设。广电建成全媒体新闻采编体系、"两江云"融合媒体云平台,报业建成"全媒体内容生产技术支撑平台",华龙网构建成三个"1+41"全媒体传播矩阵平台,市级融媒体平台初步建成。报业、广电联手成立广大融媒体科技有限公司,深耕区县融媒体发展。三是深挖优势资源促进转型升级。重报集团发行公司有效应对纸媒发行行业下滑趋势,依托原有发行渠道和网络,实现向电商物流、生鲜配送和冷链仓储业务转型,实现非报年收入破5亿元,居全国省级党报集团之首。文投集团紧扣文化产业发展的投资主体和投融资主平台的功能定位,建成"股权直投+基金投资"产业投资体系和投融资融合发展生态链,始终秉承"社会效益优先,经济效益和社会效益相统一"原则,深耕文化资产资源整合,着力构建"文化+金融""文化+演艺""文化+艺术""文化+旅游""文化+"四大产业链,有效发挥了国有资本的文化产业战略投资者和价值领者职能。文投集团2016年至2019年主要经济指标保持两位数增长,并入围2020年"全国文化企业30强"提名。出版集团成功退出房地产,以大数据、智能化引领转型,深度挖掘传统业务潜能,"安全阅读云""渝书坊"等项目陆续上线,转型升级步履坚实。新华集团审时度势,利用自有的商业用地等优势资源升级改造仓储、门店,提档升级新华书店,实现集团资产由2017年64亿元到2020年82亿元的快速增长。

(四)以重点项目拓宽发展格局。各企业紧扣区域发展战略、坚持创新引领、聚焦产业提升、聚力补齐短板、突出民生导向,持续优化重大项目结构,努力以项目建设新突破有效应对企业发展新挑战。报业集团成功打造国家级广告产业园项目、重庆新闻传媒中心等一批文旅示范项目,积极推进T23时装小镇、中华非遗文创园、李子坝轻轨网红景点等文创项目。文投集团艺术大市场线上交易平台、线下艺术中心、艺术服务中心、艺术产业研究院建成并投入使用,全力推进"永川里"城市创意秀场、仙女山文旅小镇项目。

四、下一步国有文化企业改革发展面临的突出问题

(一)企业转型升级能力仍有待提升。广电集团已经被市场推到了十字路口,面临传统广告收入锐减、新业务形态尚未形成以及有线网络划转等多重压力,尽快实现与互联网从相加到相融促进深度融合,是广电集团不容回避的问题。在未来全媒体生态版图中,广电必须跟上新入口的变化速度,否则电视端的入口价值将会更低。报业集团转型升级过程中高投入与负债率控制等阶段性矛盾突出。文投集团产业布局初步完成,但相应的人才储备、风险管控、运营管理等仍然捉襟见肘。出版集团数字化投入虽然是对传统出版业务的提档升级,但后期运营仍存在巨大的不确定性。新华集团虽然整体经营情况良好,但是受数字出版和网络书店冲击,增长逐渐乏力,而新的业务板块处于培育期。

(二)重点项目运营管理仍有待加强。报业集团巫山文旅、温泉康养等项目仍然存在巨大风险,文投集团"永川里"项目目前仍未寻找到有效的运营管理模式,出版集团"渝书坊""楼下健身阅读智慧屋"运营仍然存在投入产出倒挂风险。

(三)内控程序和审慎管理有待完善。历年审计和重大风险排查情况显示,各集团仍然存在法人治理结构不完善、部分决策程序不规范、监事会履职不到位、股权投资事项管理缺位、历史遗留问题处理不及时、风险意识薄弱等情况。

(四)运用资本纽带,推进企业改制重组、做大做强仍需深入探索。根据文化体制改革顶层设计,要分类逐步推进国有文化企业股份制改造,推动跨地区、跨行业、跨所有制兼并重组,进而提高规模化、集约化、专业化发展水平,打造一批文化航母,提升国际竞争力。但就目前而言,公司制改革基本完

成,股份制改造刚刚开始探索,资本运作方面探索不多。

（五）国有文化资产管理机构责权边界还处于探索期,出资人机构、宣传部门、文化主管部门、企业主体等关系还需理顺。目前重庆国有文化资产监管专门机构以资产基础管理为主,兼负重大事项和企业负责人管理职能,整体上覆盖了管人、管事、管资产的范围,但出资人机构（文资办）与宣传部门、文化部门,以及企业主体的权责关系还处在磨合期。出资人机构对如何参与和落实导向管理、行业管理、企业宏观管理,还有待进一步探索。整体来看,当前还未形成边界清晰、运作高效的国有文化资产管理体系。

五、下一步推动文化企业改革发展工作的主要打算

2021年是"十四五"开局之年,站在新的历史起点、处在总结再出发的关键时期的重庆国有文化企业,将继续肩负国企改革重任,发挥改革试验田作用,按照"两地""两高"目标和"四个扎实"要求,在关键改革环节持续发力,努力将市属文化企业建成有核心竞争力的市场主体,在文化强市建设进程中发挥引领示范作用。

（一）完善文化资产监管体系。完善国有文化资产管理的基本制度设计。首先,探索实施特殊管理股制度。依据宪法和有关法律,制定相关规定,探索实行特殊管理股制度。在确保党和政府对意识形态控制权的基础上,通过股权的多元化和利益分配的市场化,拓展企业资金来源渠道,调动企业自主经营的积极性。其次,创新资本手段,让资产管理机构发挥更大作用。积极鼓励国有文化资产管理机构根据资产规模和营运需要,建立多渠道投融资机制,通过资本纽带,推进文化企业跨地区、跨行业、跨所有制的战略性重组,形成一批航母型、旗舰型文化企业,调控更多的社会资本,提高国有文化企业在关键领域的控制力,在全球文化发展中的竞争力。

（二）健全内部机制,增强企业活力。在完善现代企业制度的基础上,推行经理层契约化,以契约形式明确经理层管理人员任期内权责利,建立解聘退出机制,合理拉开薪酬差距,破解管理难题;推行用工制度市场化,通过借用、挂职、兼职等手段进一步盘活内部人力市场;推行激励机制长期化,探索管理层和员工持股,将股权激励与工作激励、荣誉激励纳入员工社会效益工作的考核中,提高每位员工坚持导向原则,提升文化品位的自觉性;加快推进

监事和独立董事派出制度,进一步完善企业负责人"双效"业绩考核及薪酬制度等,实现企业自我运营和有效监管的有机统一。

(三)科学优化部门职能,完善"四管合一"机制。当下重庆国有文化资本监管架构,是在市文资领导小组统筹协调下,党委宣传部门负责企业领导干部监督管理、宣传业务指导、重大事项把关;国有文化资产管理领导小组办公室设在财政部门,具体履行出资人职责;符合国家政策要求,总体适应国有文化资本现阶段发展需要。但仍存在监管主要通过政策和行政手段,带有一定权宜性、过渡性的问题。下一阶段,要进一步强化市文资领导小组统筹协调,强化"管人管事管资产管导向"相统一,强化社会效益与经济效益相统一;以管资本为主,优化市文资办"出资人"职责,更多通过法律手段、资本手段和公司治理结构体现出资人意志,实现能治善治。

作者单位:

瞿定祥　重庆市财政局

王亚玲　重庆市财政局

2020—2021年重庆报业发展报告

曾　敬　李棕宝

2020年,是"十三五"规划收官之年,也是重庆报业发展非常关键的一年,更是整个报业最艰难的一年,面对媒体格局和舆论生态的巨大变化,面对报业经营断崖式下滑的巨大压力,面对艰巨繁重的改革任务,重庆报业在市委和市委宣传部的坚强领导下,坚持以习近平新时代中国特色社会主义思想为指导,围绕中心、服务大局,在大战大考中强化责任担当,在决战决胜中践行初心使命,坚持守正创新,认真做好统一思想、凝聚力量工作,加快推进媒体融合发展改革,取得了极其不容易的成绩。报告以重庆报业主力——重庆日报报业集团(以下简称"重报集团")情况为基础,从发展特征、存在问题和未来发展趋势三个方面来分析重庆报业发展的状况。

一、2020年重庆报业发展特征

面对现代传媒信息技术的加速变革,作为重庆报业主力的重报集团认真贯彻落实习近平总书记新时代中国特色社会主义思想,按照中央、市委和市委宣传部的要求,锐意改革、大胆创新、务实进取,努力打造全程、全息、全员、全效媒体,取得阶段性成效。

回顾2020年,重报集团发展主要呈现以下几方面特点。

(一)坚持技术引领,突出应用创新,技术平台建设取得新突破

技术创新是引领发展的第一动力,以技术创新驱动高质量发展,以新发展理念指引技术创新,这是报业转型发展的关键,作为重庆报业主力的重报集团坚持技术引领不动摇,坚持加大资金投入,建成主报"全媒体内容生产技

术支撑平台""新闻内容生产监管服务平台""上游云平台"。完成22个区县融媒体中心建设，有力推动了重庆报业技术创新能力的提升，让重庆报业新闻生产管理的理念、方式发生了深刻变化，推动新闻管理从传统管理方式向智能化、大数据管理方式转变，实现了新闻生产流程再造、新闻信息内容"一次性采集、多媒体呈现、多渠道发布"和全媒体新闻24小时全流程管理。

（二）坚持实施移动优先战略，推动主力军上主战场，网络传播能力大幅提升

在移动传播已经形成潮流和方向的今天，重报集团大力实施移动优先战略，加快推进新媒体平台建设，不断强化互联网思维，形成了以上游新闻、华龙网·新重庆客户端为龙头的新媒体矩阵，有力推动了主力军上主战场。其中，上游新闻自上线以来，经过多轮深化改革，传播力、影响力不断提升，截至2020年底，下载量超过3600万，日均访问量2400万，日均发稿量2000余条，每天提供200余条原创新闻资讯，市外用户达到近80%，已成为中国有影响力的新闻客户端，多年保持国内机构媒体新媒体"前十强"地位。华龙网·新重庆客户端坚持深耕区县，不断强化内容建设，深度打造"1+41"平台，传播力影响力不断提升，连续八年获得中国新闻奖，其中四个一等奖，并拿到了重庆新闻界首个媒体融合类的中国新闻奖，截至2020年底，下载量达到2275万，近60%以上是区县用户，成为全国首个市、区县两级大数据客户端集群。

同时，重报集团还陆续创办重庆国际传播中心、"两江观察"、厢遇客户端等一批外宣和特色平台，效果明显，有力提升了重庆报业在网上的传播力，为打好网上主动仗发挥了很好的作用。通过坚定不移坚持技术创新和传播平台创新，重庆报业实现了从以传统报刊出版为主，到以移动互联网传播为主的革命性跨越，实现了从铅与火、光与电，再到数与网的涅槃重生。

（三）坚持推进一体化发展，突出特色定位，全媒体传播体系基本形成

作为重庆报业主力的重报集团，坚决推进一体化发展，加快构建全媒体传播体系，形成了以重庆日报为龙头的党报集群、以华龙网为核心的党网集群、以上游新闻为主的党端集群、以今日重庆为代表的党刊集群，重报户外和轨道传媒为重点的户外传媒集群。

重庆日报从纸媒发行量30万份，到现在综合用户数达到1520万，增长了76倍，极大提升了重庆日报的综合影响力。都市报在不断深化与上游新闻融合传播的同时,坚持差异化发展,特色定位更加明晰,截至2020年底,晚、晨、商三报发行量在行业整体下滑的严峻形势下仍然保持在12万份以上,都市传媒整体影响力大幅提升。《重庆法制报》《今日重庆》《新女报》《都市热报》、当代金融、《三峡都市报》《巴渝都市报》《武陵都市报》等媒体传播力影响力持续提升,保持了可持续健康发展的良好态势。

2020年,传统媒体阵地保持了总体稳定,移动媒体阵地得到了快速发展,户外渠道阵地加快发展,立体传播格局基本形成,重报集团全媒体覆盖数从2015年9000多万人次增长到2020年的6.1亿人次,综合传播能力实现了质的飞跃。

(四)坚持内容为本,创新策划激励机制,新闻内容质量大幅提升

互联网技术和信息技术的飞速发展,在很大程度上改变了新闻传播形态和舆论格局,传统媒体目前正处在融合发展改革的深水区,在此背景下,优质内容依然是传统媒体以"不变"应"万变"的制胜法宝。

重报集团始终把抓好新闻采编工作作为头等大事、中心工作,高度重视内容建设,坚持每年投入300万元以上建立激励奖励机制,强化对采编人员全媒体技能培训,创新启动中央厨房常态化统筹协调机制,推出大量有高度、有深度、有温度的融媒体精品力作,现象级融媒体产品不断涌现,"10万+"作品从2017年约200件,到2020年"上亿+"作品5件、"千万+"作品80件、"百万+"作品1792件;从2020年全市两会"千万+"作品2件、"百万+"作品14件、总访问量1.5亿,到2021年全市两会"千万+"作品22件、"百万+"作品97件、总访问量3.8亿,同比分别增长11倍、6.9倍和2.53倍,从2016年首次获得中国新闻奖一等奖,到2020年已有5件作品获中国新闻奖一等奖,并且30多件作品获得中国新闻奖,实现了从"零"到"一"、从少到多的重要突破,使主战场上的主旋律更响亮、正能量更强劲。

(五)坚持经营改革创新,持续优化经营结构,综合实力大幅提升

在顶住了传统广告收入断崖式下滑的巨大压力下,重报集团克服传统媒体经营前所未有的严峻困难和挑战,坚持走新路、大胆试、大胆闯,坚持多元发展、重点项目带动,坚持突出重点抓好经营平台建设,积极探索"传媒+政务商务服务""传媒+文旅""传媒+电商"等多元经营模式,发展质量明显提升,新媒体产业快速增长,资本资产经营不断创新。

2020年重报集团积极应对疫情挑战,降低运行成本,拓展线上服务和业态,实现营业总收入20.6亿元,同比增长4.41%,利润近2亿元,同比增长28%,资产总额61.27亿元,资产负债率控制在60%以内,努力把疫情带来的经营损失降到最低,保证了经营工作的总体稳定。

1. 巩固提升传统主业。广告方面,紧抓重要节会和宣传热点,加大广告营销力度,取得较好成效。比如重庆日报全年实现广告收入近7000万元。印刷方面,重报印务努力开拓报刊和商业印刷市场,全年实现收入1.07亿元。发行方面,重报发行(电商物流)建成双福生鲜配送基地,全力拓展生鲜客户市场,非报经营收入近3亿元,同比增幅53.9%。

2. 新媒体产业提速发展。一是积极拓展线上业态。打造"视觉重庆"图库、"重报上游电商直播中心"等合作项目平台,进军图片营销和直播带货等领域,成效显著,全国影响力实现大幅提升。二是新媒体广告运营保持稳健增长势头。都市报新媒体广告2020年实现总营收近3000万元,同比增幅25.14%。三是技术服务实现营收大幅提升。华龙网积极优化经营结构,2020年技术开发及服务板块与"互联网+"产业板块分别实现收入6606.59万元和2371.69万元。

3. 文创项目贡献明显。2020年,重报集团重点项目在疫情巨大压力下,加快推进文化产业项目建设,为报业发展提供了重要支撑。其中,重庆广告产业园四期建设全力推进,园区入驻率不断提升,2020年收入同比增加80%;重庆新闻创客公寓累计实现销售收入3.68亿元;万州文化创意产业园,入驻企业达到80多家,项目全年实现销售收入1.09亿元。

4. 多元产业质量进一步提升。2020年,重报集团在多元产业上狠下功夫,文旅产业实现良性发展,全年实现营收1.02亿元。户外产业稳中有进,全年实现营收7024万元。会展产业提档升级,高质量举办2020重庆国际文化旅游产业博览会,线下展会观展人次达到10.5万人次,现场交易金额达到8845万元。

(六)坚持加强党的建设,推进全面从严治党,干部队伍建设取得新成效

重报集团坚持把学习贯彻习近平新时代中国特色社会主义思想作为重中之重,强化党的政治建设,扎实开展政治理论学习,不断巩固"不忘初心、牢记使命"主题教育成果,切实增强"四个意识"、坚定"四个自信"、做到"两个维护",确保了正确政治方向、舆论导向和价值取向。

1. 坚持抓好党的基层组织建设,先后成立重庆日报党委、都市报党委、印务公司党委、发行公司党委,加强基层党组织建设,推动基层党组织运行更加科学、务实、高效。

2. 坚持强化制度建设,围绕党的建设、意识形态、新闻宣传、经营管理等方面先后制定完善了一大批文件和制度,形成了规范化、常态化、制度化的长效工作机制。

3. 坚持不懈推动党风廉政建设,认真落实党委主体责任和纪委监督责任,创新建立内部巡察和内部审计制度,认真做好日常监督、党风廉政教育和"以案四说",进一步扎牢"不敢腐不能腐不想腐"的笼子,持续营造风清气正良好政治生态。

4. 坚持正确选人用人导向,切实加强干部队伍建设,9 名 80 后干部进入党委管理干部序列,1 人入选中宣部"四个一批"人才,1 人获长江韬奋奖,2 人获评全国抗疫先进个人,1 集体获评我市抗疫先进集体,2 人获评我市抗疫先进个人(优秀共产党员),1 人获评"重庆市三八红旗手",1 人获"重庆市五一劳动奖章",干部结构更加优化,政治能力、专业能力、综合素质不断提升,面貌焕然一新。

党的十九大以来,重庆报业加快转型攻坚步伐,不断深化改革,在媒体平台建设、新闻产品质量、综合实力和对外形象等方面,都得到显著提升,这些成绩的取得,是习近平新时代中国特色社会主义思想科学指引的结果,是中央、市委和市委宣传部坚强领导、大力支持的结果,是重庆全体报业人自加压力、抢抓机遇、苦干实干的结果。

二、2020 年重庆报业发展存在的不足与问题

虽然重庆报业在 2020 年取得一些成绩,但对标习近平总书记和中央的新要求,对标"进入新发展阶段、贯彻新发展理念、构建新发展格局"的新要求,重庆报业还存在一些短板和不足。

(一)媒体深度融合提质增效急需提升

受制于技术实力相对弱、部门利益打破困难,媒体融合仍处于"物理融合"阶段,只是传统媒体与新媒体作简单嫁接,一些媒体左手一只鸡、右手一

只鸭,远没有达到融为一体、合而为一。传统媒体为了更好地分发和传播内容,积极搭建网、端、微等平台,纷纷采取全渠道传播的方式,但有特色、有影响力的媒体平台不多,在全国有影响力的媒体还不够多。

(二)主流媒体时度效把握存在差距

时、度、效三者是密切关联的,主流媒体在舆论场中要抢占话语权,当好引导者,必须做到三者有机统一。但面对受众阅读习惯和信息需求的深刻变化,一些主流媒体还是按老办法、老调调、老习惯写报道、讲故事,表达方式单一、传播对象过窄、回应能力不足。比如主流媒体对重大事件、突发事件反应"慢半拍",容易在"高大上"中脱离群众。

(三)支撑可持续发展的能力严重不足

虽然这些年,不少新闻媒体都积极探索,加快多元发展,但不管是"存量转型",还是"增量转型",离真正可持续发展还有不小差距,传统媒体市场仍然呈现持续衰落问题。一些主流媒体受众规模进一步缩小,影响力还在继续下降。新兴媒体虽然用户不少,爆款新闻能获得亿级甚至十亿级阅读量,但商业模式和盈利模式仍然没有建立。

(四)主流媒体的传播力影响力需进一步提升

主流媒体接地气不够,产品不够鲜活,网络引导力还不够强,尤其在网络空间,运用新技术创新产品生产,用网民喜闻乐见的方式和话语体系引导教育群众方面还有差距。

(五)全媒体人才队伍捉襟见肘

传统媒体多年发展,积淀下了丰厚的人力资源,看似是很大的优势,但面对媒体深刻格局变化,却成为了改革的包袱。一方面,传统主流媒体人才总量规模不小,但人才队伍整体素质不高,能力结构不优,存量中的人员技能单一,并且年龄结构偏大。另一方面,受编制、管理体制、薪酬水平等限制,优秀人才流失严重,转型急需人才引进困难。

(六)体制机制创新还需深入推进

一是传统媒体在基本实现技术平台打通、资源共享、中央厨房采编管理统筹调度等基础上,还存在新技术应用与内容生产深度结合不够,进一步解放新闻生产力,提高采编效率和提升新闻质量方面还有差距。二是在资源、平台、人力更好实现共享整合,突破利益固化藩篱,破除体制机制弊端方面还有差距。

三、2021年重庆报业发展趋势

面对媒体格局和生态变化,党中央站在国家战略高度推动媒体从"加快融合"向"深度融合"转变。新闻媒体必须按照新时期中央提出的新要求,突出解决"深度"融合中的难点和重点问题,确保媒体融合发展新目标的实现、新任务的落实。

(一)做大做强新型主流媒体

推动主力军全面挺进主战场,集中力量做优做大做强1报1端1网。

1. 重庆日报:聚焦主业,守正创新,办出政治性、人民性、时代性的新时代精品党报,加快重庆日报网络平台建设,进一步创新党的理论传播方式,让党的创新理论"飞入寻常百姓家",把重庆日报建成国内一流新型主流媒体,巩固壮大主流舆论强势。

2. 上游新闻:突出重点做大上游新闻,不断增强网络聚合能力,丰富政务、民生信息和服务、社交功能,用高质量服务和个性化体验吸引、黏住更多用户,进一步提升上游新闻视频化率和日活量,建成在全国有重要影响力,进入全国客户端第一阵营的新型主流媒体,充分占领网络舆论主阵地。

3. 华龙网:继续巩固网上传播阵地,强化华龙网"主流媒体、重庆门户"定位,深耕重庆区县,持续提升华龙网本地影响力,综合传播力保持全国省级新闻网站前茅。

4. 加快推进媒体改革。做好重庆晨报改版工作,充分发挥好报端融合优势,将重庆晨报打造成为服务重庆市民的新时代精品都市报;进一步优化资源配置,有序关停并转一批受众少、影响力弱的版面栏目、平台账号,集中力量打造精品内容和知名品牌,着力解决功能重复、内容同质等问题。

（二）建强全媒体传播体系

当前,在报、网、端、微等媒体形态齐全,传播体系完整的基础上,重点要在做"强"上下功夫。要坚持优化资源配置与淘汰落后产能相结合,强化互联网思维,调整传统纸媒结构,推动传统媒体在人才、技术、资金等方面加快向优势媒体平台汇集。要改变新兴媒体野蛮生长局面,加大对有条件、有实力的主流媒体投入力度,切实加强优势和特色媒体建设,真正打造一批新型主流媒体"航母""旗舰"和特色品牌。

按照"资源集约、结构合理、差异发展、协同高效"的原则,重点打造以重庆日报为龙头的党报党刊集群、华龙网为核心的党网集群、上游新闻为主的党端集群,重庆国际传播中心、户外传媒和轨道传媒为重点的"3+3"全媒体传播新格局。党报党刊集群:以《重庆日报》为龙头,《今日重庆》为代表,包括《重庆晨报》、《重庆晚报》、《重庆商报》、《重庆法治报》、《都市热报》、《新女报》、《红岩春秋》、《新闻研究导刊》、《当代金融》等,发挥好时政新闻报道主体功能和突出行业性特点,巩固报纸刊物发行量,守住纸媒阵地,做优党报党刊平台。党网集群:以华龙网为核心,包括重庆日报网、重庆晚报网、重庆晨报网、重庆商报网、今日重庆网、法治在线网、新女网、轨客网等,继续巩固网上阵地,做强网络平台。党端集群:以上游新闻为主,包括新重庆客户端、重庆日报客户端、厢遇客户端等,大力实施移动优先战略,突出重点做大移动端平台。重庆国际传播中心:加强国际传播能力建设,落实好重庆实施国际传播能力建设五年规划,努力建设中国西部国际传播中心,进一步做优做强外宣传播平台。户外传媒:以重报户外传媒公司为主平台,包括重报数字阅报屏、华龙网和重报传媒相关户外资源等,积极拓展户外传播平台,增加覆盖人群。轨道传媒:以"一端"(厢遇App)为龙头,"一报一屏"(都市热报、轨道短视频)为重点,打造服务轨道受众的全媒体渠道平台。

同时,要善于"借船出海"。积极用好人民日报、新华社、中央广播电视台等中央主流媒体的新媒体平台,讲好重庆故事,放大传播效应。支持各媒体加大与第三方商业头部平台合作,提升各媒体网上传播力和影响力,形成强大传播合力。利用2~3年时间,大幅提升重庆报业的传播力、引导力、公信力、影响力,形成线上线下一体、内宣外宣联动的主流舆论格局。

(三)推进内容生产供给侧结构性改革

主流媒体要发挥好主力军作用,就必须依托人才和专业优势,生产足够硬核的内容,在强化生产内容权威性、专业性、严谨性的同时,还必须紧跟网络阅读碎片化、移动化、视频化和智能化等主要特征,推动内容生产形式、形态创新。同时,在提升内容生产"量"的基础上,更加要突出内容生产"质"的提升。

1. 充分发挥主流媒体优势。发挥重庆报业采编优势,用专业人才打造精品内容,在及时性、权威性、准确性、思想性上下功夫,提高正面宣传和舆论引导的质量水平;发挥内容引领优势,把内容原创、权威报道、深度解读、言论评论等优势向新兴媒体延伸。

2. 精心打造品牌内容。以主流化、视频化、智能化和互动化为抓手,下大力气培育一批在全国有较大影响力、知名度的全媒体特色品牌栏目。持续加大投入,精心培养一批"网红"名编辑、名记者、名主播。用好用活"上游号"平台,鼓励更多用户、社会机构参与内容生产。特别是要优化调整新闻奖评选办法,强化融媒体新闻产品的奖励,加大对视频化、智能化产品核心技术应用的政策激励,提高产品影响力。

3. 全面提升采编生产水平。以重庆日报为重点,突出打造权威、优质的重大时政新闻产品;以华龙网、上游新闻为重点,顺应网络传播规律,加快视频化、可视化转型,使短视频内容生产成为主流;以重庆晚报、上游悦读频道、夜雨栏目等为重点,聚合市内外文艺人才,创作具有巴渝特色的文艺精品;以重庆商报、上游财经频道为重点,聚合优质财经资源,打造权威优质的财经深度报道,服务成渝地区双城经济圈建设;以视觉重庆、今日重庆、都市热报、新女报和上游新闻炫视频、美图等相关频道为重点,打造优质图片、时尚等信息产品,满足读者多层面信息需求;以重庆法制报、上游新闻法制频道为重点,打造权威专业法治产品,助力法治社会建设,服务读者法律需求。

(四)大力推进技术创新

媒体融合是一次以技术创新为引领的媒体变革,要始终保持对新技术的敏感性,紧盯技术前沿,瞄准发展趋势,加大技术创新投入,加强新闻传播领域新技术革命成果运用,以技术的不断革新推动媒体进一步转型升级,牢牢把握战略主动权。

1. 加强内部技术资源整合。加大信息化管理建设的统筹,建立技术合作及技术创新激励机制,保障技术与媒体的融合发展;统筹协调技术团队力量,强化核心技术团队的技术创新应用能力,在满足内部业务需求的同时开展技术输出。发挥技术支撑作用,健全各媒体技术部门沟通联系机制,加大对重庆日报、上游新闻、华龙网的技术协同交流,加强对重庆国际传播中心、重庆法治报、今日重庆、都市热报、新女报等媒体的技术指导,提升重庆报业新媒体技术应用发展水平。

2. 建设好"上游云"平台。在"上游云"现有平台基础上,抓紧规划建设数据中台,实现安全高效、大容量、多元异构的数据整合与应用,提升重庆报业信息数据资产管理能力,支持数据服务和智能化能力的扩展。

3. 建设好重点主流媒体技术平台。重庆日报客户端通过引入智能短视频生产平台、智能审校和智能语音识别等技术,进一步提升新媒体生产力。上游新闻加强技术改造,构建产品形态完整的基于"新闻+政务+服务+互动+商务"的智能媒体平台。华龙网坚持以技术驱动为核心,以大数据应用为基础,打造现代传播体系与大数据人工智能综合布局的新型媒体集团。

4. 加强对外技术交流合作。加强与国家重点实验室的交流合作,特别是与新华社实验室和人民日报实验室的联系与合作,争取在智能化内容生产和传播算法分析与应用等方面有更多的战略合作,共同研究未来传媒发展趋势,共享成果。加强与三大运营商及互联网头部企业的战略合作,借助其平台、技术、资源推动提升集团媒体生产力。

5. 建设好市区县两级融媒体平台。利用重报集团、广电集团的技术力量以及华龙网"1+41"客户端集群,整合传统媒体和新兴媒体技术优势,协助建设区县全媒体生产平台和构建区县融媒体中心市级技术平台,助力市区县两级宣传管理部门和媒体高效联动,内容共享。积极为区县媒体运营提供智力支持,尝试导入国内先进的媒体运营模式,助力区县融媒体中心立足媒体生产,结合政务服务,增强社区服务,形成"主流舆论阵地,综合服务平台和社区信息枢纽"于一体的融媒体中心。

(五)深化体制机制改革

当前,媒体融合已进入深水区、攻坚期,必须直面严峻挑战,着力深化改革,向改革要办法,向改革要效益,向改革要出路。

1. 进一步优化适应移动互联网传播的组织架构和工作机制。巩固提升集团"中央厨房"常态化统筹协调机制,建立集团层面对重大主题报道定期统筹策划、采编生产统一调度、媒体多元化传播、效果统一评估激励的新机制。改革内容生产传播流程,实现报、网、端、微、屏协同联动,形成集约高效的内容生产体系和全媒体传播链条。

2. 积极探索平台融合新机制。积极鼓励各媒体之间、各平台之间,增强融合意识,共同做优做强特色平台。大胆探索"新闻+政务服务商务"模式,努力提升全流程、一体化服务能力,增强自我造血机能。

3. 深化人事制度改革。完善党委领导与法人治理结构相结合的管理体制机制,坚持市场化改革方向,充分调动员工干事创业积极性。深化用工制度改革,建立更加灵活的人才管理机制,打通人才流动、使用、发挥作用中的体制机制障碍。进一步落实岗位管理、合同管理,打破用工身份差异,同岗同绩同酬。探索人才柔性管理机制,允许专业技术人才内部借用、兼职。深化薪酬分配制度改革,建立市场导向与效益挂钩联动机制,收入分配进一步向一线岗位和关键岗位倾斜。建立高层次人才奖励机制,探索充分体现知识、技术等创新要素价值的收益分配机制。

(六)走好全媒体时代群众路线

坚持以人民为中心的工作导向,深刻认识宣传工作本质上是群众工作,始终坚持一切为了群众、一切依靠群众,从群众中来、到群众中去,充分发挥全媒体时代主流媒体在党委和政府联系群众中的桥梁纽带作用。

1. 坚持贴近群众服务群众。生动记录群众生产生活,及时报道基层创造的鲜活经验,反映百姓所思所想所盼,有效回应群众关心关切。持之以恒转作风、改文风,坚持"短实新",构建群众喜闻乐见的话语体系。推动新闻信息与政务、服务紧密结合,更好满足群众需求。发展壮大通讯员、评论员队伍,提供生动鲜活的线索素材,生产更多真实客观的新闻报道,提供更多观点鲜明的言论评论,不断丰富优质信息内容。

2. 大兴"开门办报"之风。持续强化平台服务功能,用好民生热线、帮帮频道、网络问政平台等,践行网上群众路线,在政府与群众之间搭建直接、高效的互动平台。办好重庆日报"民生热线",打通重庆日报客户端"民生"频道,及时回应群众关切,提升服务能力;办好上游新闻"帮帮"频道,深度参与基层社会治理,疏导网民情绪,化解基层矛盾;办好华龙网网络问政平台,充分发挥大数据、舆情智库等优势,更好服务新形势、新要求。

(七)立足文化产业推动经营创新

坚持经营创新要深耕文旅,深耕本土,充分发挥主流媒体自身的政治优势、传播优势、文化优势,结合重庆经济社会发展实际,集中力量打造支撑性强和可持续性强的优势产业,加快经营转型发展。

1. 切实推动传统主业加快转型。立足印务、发行传统业务发展现状,着眼市场拓展具备的良好基础,坚持巩固现有业务与拓展新的市场相结合,积极推动加快转型发展。发行要抓住生鲜配送发展的良好态势,围绕生鲜平台拓展产业链布局。印刷要加大包装印刷市场开拓力度,进一步提升非报印刷经营收入。

2. 不断强化新媒体产业发展。抓住大数据智能化发展战略机遇,精心研究市场,进一步拓展新媒体产业布局,力争在智慧城市、民生服务和境外营销等方面取得明显成效。要积极推进"视觉重庆"影像大数据、视觉重庆南滨路影视产业园项目建设,充分整合重庆影像大数据资源,拓展影像培训、影像艺术品交易等服务;积极参与智慧政务、智慧城市建设,开拓"媒体+智库"信息服务,深度服务党委、政府部门信息化建设需求。积极布局"互联网+"产业,做大华龙数字文创孵创基地,全力推进游戏产业园建设;进一步加大资源统筹力度,积极稳妥推进华龙网上市。

3. 突出重点大力培育新兴产业。积极布局传媒多元产业,不断优化调整经济结构,寻求未来发展的战略支点,努力夯实媒体深度融合和经营转型的基础。坚持走特色之路、创强势品牌,大力发展会展、活动经济,持续做好中国西部旅游产业博览会、重庆国际文化旅游产业博览会、长江上游城市花卉艺术博览会等会展,提升展会水平。持续办好十大感动人物、年度经济人物、十大渝商、重庆小姐、成渝双城地区旅游形象推广大使等活动,做大做强品牌影响力。大力实施"旅游+文化""旅游+航空""旅游+时尚""旅游+康养",着力推进文旅融合。着眼资源和市场空间拓展,加快在主城核心区主要商圈、繁华地点、交通路段等重点区域的媒体布局,推动两江四岸核心区阵地建设;依托轨道渠道优势,加快轨道传媒发展。

4. 全力推进文旅康养项目建设。坚持去存量、找增量的原则,加快推进文旅康养重点项目建设,稳妥推进新产业项目论证策划储备,积极为可持续发展提供项目支撑。加快重庆创意公园、万州文化创意创业产业园、T23时装小镇等文化创意产业和文化康养产业项目建设,着力提升文创园区运营管理水平,不断深耕园区运营,形成园区运营品牌,拓展运营业务。加快重庆对外文化贸易基地打造,做好基地管理运营,构建以总部基地为核心,区县多点特色化贸易基地为支撑的对外文化贸易基地群。同时,按照实施一批、储备一批的要求,加快推进游戏产业园等新的文化产业项目的论证洽谈等工作。

(八)大力培养全媒体人才

1. 实施全媒体人才培养工程,坚持高素质、专业化方向,分层次、分类型培养全媒体人才,不断优化人才队伍结构。着力提升采编人员专业素养,扎实开展增强"四力"教育实践工作,组织全媒体采编技能培训,强化策采编发运专业培训,加强新媒体新技术应用实训,培养一专多能全媒体采编人才队伍。

2. 加强技术、经营、管理等方面人才培养力度,建立常态化培训交流机制,提升综合素质和专业能力。加大骨干人才培养使用力度,调整优化骨干人才库,建立点训、调训、轮训制度,进行多岗位锻炼,重用年轻人和"牛人""怪才",把更多熟悉互联网新媒体的中青年优秀人才充实到关键岗位。

3. 实施引智引才计划,实行更加积极、开放、有效的人才引进政策,发挥党报集团资源、平台、品牌优势,提高人才吸引力和竞争力。建立人才"蓄水池",探索与高校联合培养机制,把媒体一线实践岗位锻炼和高校新闻人才培养结合起来。建立人才发展专项资金,用于全媒体人才培养、引进和高层次人才、突出贡献人才奖励。努力建设一支政治坚定、业务精湛、作风优良、党和人民放心的善用现代传播手段、会使"十八般兵器"的全媒型、专家型新闻舆论工作队伍。

舵稳当奋楫,风劲好扬帆。第二个百年征程的号角已经吹响,2021年,让我们紧密地团结在以习近平同志为核心的党中央周围,在市委和市委宣传部的坚强领导下,响应党的伟大号召,传承好伟大建党精神,以赶考心态推进媒体深度融合发展,开创重庆报业新局面、迈上新台阶。

作者单位:
重庆日报报业集团

2020—2021年重庆广电产业发展报告

陈义东

一、2020年重庆广电产业发展概况

2020年,一场罕见的新冠疫情暴发,全国上下万众一心,共克时艰。疫情让城市静止,也按下了发展的"暂停键",重庆广电的经营创收也因此受到了重创,但在各方的共同努力下,最终实现了扭亏为盈。

重庆卫视正式开启广告自营,《谢谢你来了》等一批自办栏目提档升级,多次获得中宣部、国家广电总局的表扬,频道晚间收视排名第11位,同比上升1位,位居西部前列,全国覆盖人口达到11.5亿,同比增长0.44亿,其中卫视高清频道覆盖人口达7.1亿,同比增长2.5亿。各地面频道和广播频率紧贴市场积极转型,电视频道收视市场份额全天时段为18.61%,晚间时段为22.37%,较上年下滑明显;广播收听市场份额为95.36%,依然牢固占据绝对优势。按照"平台网络化、渠道生态化、内容产业化"的思路,积极推动媒体深度融合发展,"第1眼"App等一批新渠道构建取得显著成效,集群化改革加速启动,内容产业发展加快,一批影视剧投放市场,取得较好效益。

总体来看,重庆广电集团2020年实现总收入34.30亿元,利润0.04亿元,合并总资产93.05亿元,净资产25.05亿元,资产负债率73.08%。

表 1 重庆广电集团近 5 年收入情况

单位:亿元

	2016 年	2017 年	2018 年	2019 年	2020 年
总收入	39.71	43.68	42.29	39.57	34.30
合并总资产	92.19	92.69	94.72	97.02	93.05
利润总额	-0.17	2.11	1.66	2.58	0.04

注:数据来源于重庆广电集团内部统计数据。

二、2020 年重庆广电产业发展的基本情况

(一)渠道和平台业务

1. 重庆卫视收视"应疫而动",收视率稳中有升。2020 年,因为较长时间的全国性"居家抗疫",全国电视整体收视市场实现可观增长。根据 CSM 媒介研究调查数据,2020 年上半年,电视平均到达率为 51%,超出 2019 年同期 1.2 个百分点;人均收视时长和观众人均收视时长均大幅增长,其中观众人均收视时长达到 286 分钟,超出近 5 年同期 30 多分钟。就省级卫视而言,2020 年整体收视表现亦可圈可点。尤其是上半年,大量年轻受众群体回归大屏,带来省级卫视收视的显著攀升。

2020 年,对于重庆卫视来说,是极具挑战的一年。本来是广告自营的第一年,还在摸石子过河,却遭遇了新冠疫情剧烈冲击。上半年 4A 广告下滑严重,其他品牌广告明显减量,尤其在疫情最为严重的 2 月,广告播出量下滑至 439 万元,较 1 月份减少了 73%。在艰难的市场环境中,重庆卫视反应迅速,全频道积极配合,及时制定广告管理规则,积极与客户沟通,制定相关优惠政策,从 3 月开始,广告播出量快速回升,全年不仅完成了频道创收目标,整体收视还稳中有升,影响力持续提升。重庆卫视"经典剧场"全年播出电视剧 16 部,以主旋律多样性和类型化强情节电视剧交叉编排电视剧资源,剧场在全国 35 城市平均收视排位 11 位,同比上升 2 位。自制栏目《谢谢你来了》《财经壹资讯》《红岩本色》,坚持"小成本、大情怀、正能量"原则,"双效"成绩凸显。《谢谢你来了》多次获得中宣部、国家广电总局表扬,全国同时段排名稳居前 9 位,单期最高收视达全国第 5 位,外地观众占比 47%。《重庆新闻联

播》排名稳定在全国同时段前4位,其精心策划了"战疫"系列节目"美好终将来"、《红岩本色》特别节目"好日子""劳动者之歌""在希望的田野上"等主题节目和"劳动最光荣,脱贫靠奋斗"等系列扶贫宣传片,编播了优秀的少儿、体育、纪录片等节目,丰富了节目类型,提升了收视率和美誉度。

2020年,重庆卫视全天、白天、晚间收视率排名分别为第12位、第14位、第11位,同比2019年分别上升了2位、2位、1位,提档升级成效明显。

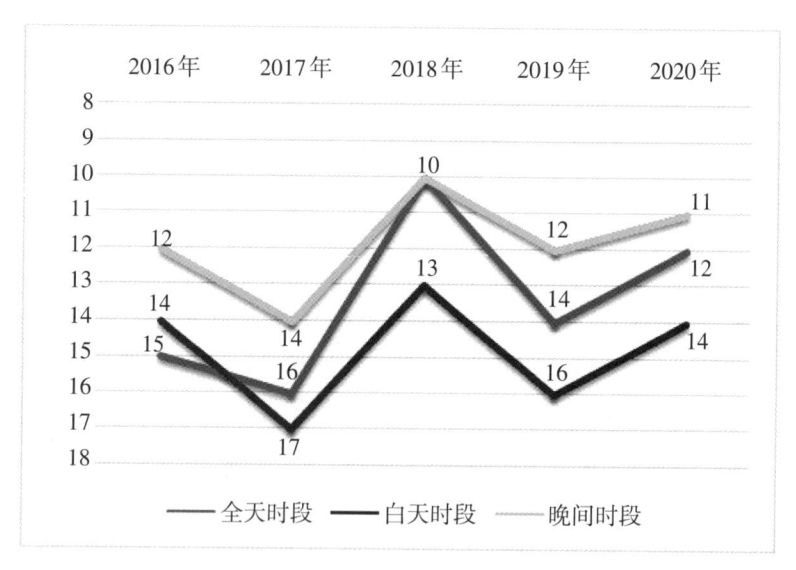

图1 重庆卫视近5年收视率排位情况(单位:位)

注:数据来源于CSM全国35中心城市收视率排位。

2. 地面频道创新发展理念。2020年,在新冠疫情和新媒体持续崛起的大环境中,全国各省级地面频道、城市台努力寻求发展突破口,出现了很多新变化:一是以内容建设为根本,彰显区域媒体独特价值。比如,为助力复工复产,贵州公共频道深入宣传并助力贵州省"多彩贵州促消费百日专项行动",刺激、引领餐饮消费。二是发力直播、短视频,向移动端全面进军。比如,山东齐鲁频道在2020年启动新媒体孵化器,探索教育、母婴、健康养生、法律咨询等垂直领域,孵化出"齐鲁名医堂""中医陶凯说""律师说"等账号矩阵;挺进直播带货风口,推出"齐鲁云逛街"项目,加速商业化变现。三是布局MCN领域,扩大融媒体阵地。比如,湖南娱乐MCN签约艺人近300人,涵盖传统明星艺人、节目主持人、网络达人等,粉丝群体超2亿。

2020年,重庆广电地面频道也积极创新发展理念,在改革发展上有较大突破。重庆新闻频道通过"630公开课云课堂"等特色专栏和"为爱撑腰·致敬教育战线突出人物"等项目,开展经营创收。影视频道拓展服务业态,相继启动MCN团队,寻找社群经济、直播带货创收机会,内容项目进一步下沉市场。都市频道和公共·农村频道运用"TV+"思维模式创新改版,丰富线下活动,努力打造品牌聚合力。"巴渝和事佬"App入选国家广播电视和网络视听产业发展项目库,获评"2020传媒中国年度广播电视优秀融媒体平台20佳",下载量超过90万次。文体娱乐频道自办栏目《渝乐耍大牌》《渝乐现场》《食全食美》等屡创历史新高,融媒传播和文旅融合项目增收明显。重视传媒公司以MCN为依托,开展多元经营,打造的自有跨平台的直播购物IP,向多个网络头部平台复制,为传统广告客户投放开辟了新战场;少儿事业部调整了少儿春晚运营模式,在节目招募和商业招商方面有新的增长。科教频道围绕健康、教育两大产业,依托线上节目、线下活动、新媒体平台开启融媒体营销模式。移动电视与长江传媒公司以"惠特集"电商平台为载体,以新的宣传模式将移动电视庞大的公域流量导入电商平台实现创收。

表2 重庆电视地面频道近5年收视份额情况

单位:%

	2016年	2017年	2018年	2019年	2020年
全天时段	24.34	22.53	23.59	21.31	18.61
白天时段	18.94	15.12	16.18	14.91	14.28
晚间时段	29.54	28.71	30.17	26.87	22.37

注:数据来源于CSM全国35中心城市收视份额数据。

3. 大力推动广播产业经营创新。2020年的中国广播业,在新冠疫情和媒体融合浪潮的双重影响下,逆境求生,不断探索。一是广播与音频市场正朝着互动化、多元化的方向深入发展。二是网络广播、车载广播、播客、流媒体音频等新兴业务呈现迅猛发展势头。比如,江苏广播电视总台"荔枝"新闻客户端等App平台办得有声有色。三是生活服务类广播节目与新媒体的深度融合能不断提升广播节目的质量,让广播节目的内容与表现形式完美结合,更好地满足用户需求。如湖北交通广播的《上班路上》《下班路上》将脱口秀、互动性、活力丰富趣味的资讯和精彩纷呈的互动环节融为一体,与受众深度互动,打造"互助""娱乐""沟通"平台,成效显著。

重庆广播频率紧跟趋势,广播重庆之声精心策划推出深度新闻节目《追问新闻》,继续办好《菲姐说》《身边说法》《边听边看》,受到多方好评。经济频率根据市场变化优化节目设置,推出了《物业面对面》《小日子》《读书》等新节目。交通频率加强俱乐部会员联盟商体系建设,陆续推出了"955 去养车""交广优服""交广房车会""亲子体验营"等产业合作项目创收。音乐频率正式上线 RCS 系统,启动"云春颂"等活动,多渠道拓宽营收。都市频率推出"我家大山有块地"和"暖心行动",在助力脱贫攻坚的同时,增大经营创收。文艺频率积极改版,使线上内容和线下活动均形成鲜明的文旅特色。精心打造的"第 1 眼逗听专区"紧扣重庆广播六频资源,更新节目 42 档,上架节目总数 11215 期,还为频率传统广播节目开展可视化直播如经济广播《创客帮》、文艺广播《玩转重庆城》等共 96 场,进一步丰富了"第 1 眼逗听专区"媒体融合内容形式。

表3 重庆广播近 5 年收听市场情况

单位:%

	2016 年	2017 年	2018 年	2019 年	2020 年
收听份额	93.94	96.47	96.26	94.19	95.36
收听率	2.03	2.45	2.41	2.42	2.34

注:数据来源于 CSM 重庆广播本地收听市场数据。

(二)内容产业

1. 影视剧、纪录片生产降幅明显。根据国家广电总局公布的《2020 年全国广播电视行业统计公报》的数据显示,受疫情影响,2020 年全国制作发行电视剧 202 部、7476 集,制作发行部数同比下降 20.47%,制作影视剧类电视节目时间 9.54 万小时,同比下降 20.70%。制作纪录片 8.70 万小时,同比增长 2.96%。传统广播电视节目销售收入 411.82 亿元,同比下降 17.25%。

2020 年,重庆广电涉及内容生产经营的收入为 8456 万元,较上年同期减少 3063 万元,其中,影视投资收入 1359 万元,较上年同期减少 55 万元,降幅 3.89%;节目生产制作收入 5168 万元,较上年同期减少 1489 万元,降幅 22.37%;影视版权销售本年创收 1431 万元,较上年同期减少 623 万元,降幅 30.33%。

一是在影视剧方面。近年来,受影视行业整顿的影响,影视投资风险加大,重庆广电下属的电影集团和银龙公司的项目储备较少,2020年的疫情致使在投或在制的一些影视项目不得不暂停或者取消。在这种情况下,电影集团和银龙公司进一步加大了对项目的投资论证力度,电影集团投资了《冰雪长津湖》《中国医生》等主旋律影片数字电影,《99万次拥抱》在2021年5月正式播出,"红岩"系列电影《战斗在山城》《不屈的自白书》《红色商行》等计划于2021年开机拍摄,策划的革命历史题材电影《王良军长》将作为建党100周年献礼影片在全国院线上映。银龙公司投资的电视剧《婚姻的两种猜想》《绝密使命》顺利杀青;推动电视剧《深潜》进入后期制作和全片审查阶段。

二是在网络剧、纪录片方面。反映抗击疫情的网络大电影《疫战》杀青,完成后期制作,即将在爱奇艺、腾讯上线。深挖巴渝文化、展现重庆特色的文旅融合项目与系列网络大电影《小镇风云》第一部《小镇风云之水煮青年》已完成剧本创作和主创搭建,2021年上半年开机;爱奇艺迷雾剧场定制网络刑侦剧《暗夜行者》,完成报批立项,2021年3月开机。2020年已拍摄制作的纪录片有《梦圆千年脱贫路——重庆市打赢脱贫攻坚战纪实》《破晓——重庆解放密档》,纪录片《卢作孚》正在拍摄,《刘少奇军事生涯》待审片,同时还承制了《记住乡愁第六季》《中国影像方志》纪录片项目。

2. 推进版权资源开发运营。全年实现版权发行、版权运营以及版权衍生收入近900万元。加强与区县台的内容生产合作,向全市36家区县电视台提供合法正版电视剧2427集、动画片408集、电影145部,实现收入1000余万元。

此外,集团还与多家海外电视台保持良好联系,2020年12月,首次成功向新西兰33电视台(Prime Media Corporation Ltd)销售《谢谢你来了》节目。与此同时,向新西兰环球中文台、加拿大国家电视台及澳大利亚天和电视台3家海外电视台宣推《微视频展播节目》;同时,集团还将自有版权节目及代理版权节目的销售成功拓展到了东北、华北、华东、西南地区,并为重庆市扶贫办搭建了重庆扶贫影像云平台。

3. 优势内容实现产业转化。各频率频道依托自身品牌节目,策划了"630进社区""渝见美品"等多个有影响力的线下活动,创新了形式和内容,开辟了新的经济增长点。

(三)有线传输产业

根据《2020年全国广播电视行业统计公报》,2020年,全国有线电视网络业务收入略有增长,收视维护费等传统业务收入降幅较大。有线电视网络收入756.98亿元,同比增长0.48%。其中,收视维护费、付费数字电视、落地费等传统有线电视网络业务收入520.61亿元,同比下降18.30%。

2020年,重庆有线电视积极应对疫情冲击下经济复苏期、行业发展低谷期、"全国一网"整合过渡期以及自身转型改革调整期等多重因素叠加交汇的特殊考验,加快转变经营方式、调整业务结构、推进网络重构、提升运营效能。

1. 突显内容差异化优势,拥抱、借力互联网,开放平台、合作共享,增强内容的市场竞争力和用户吸附力。巩固高清及4K业务优势,完成了中央数字电视传媒10套高清频道的标转高工作,在网传输频道中,高清频道占比55%,4K点播内容在线量近1万小时。大力发展宽带电视,宽带在线家庭用户数超过190万户。深耕电竞业务,创新大屏服务业态。与云技术相结合推出云游戏平台和游戏电竞大会员制,通过机顶盒畅玩3A游戏大作,积极引入LPL赛事直播和PCM、CF等国际顶级赛事直播。

2. 构建智慧广电生态链,着力打造智慧家庭、智慧社区、智慧城市3大生态圈。积极构建智慧广电生态链,智慧社区已完成40个区县的普覆盖,其中514个街镇完成了深度覆盖,新开通了大足智慧教育、涪陵人口普查项目等10个行业定制应用;智慧家庭上线"惠民家家乐"移网融合套餐,摸索移动业务发展模式,为发展广电5G移动业务探路;梁平智慧城市信息中心平台已正式投入使用。承建万盛"智慧社区融合平台",自上而下搭建智慧城市运营体系;全力推进市、区县、乡镇、村社四级应急广播信息发布体系的建设,截至2020年年底已完成巫溪、奉节等17个区县的建设。

3. 多头并进开拓新的产业领域及空间。与腾讯云合作引进游戏加速卡,推出"宽带+极速游戏""宽带+直播"产品;融合政企、商客业务,推出党教+商业宽带、企业有线电视+商业宽带产品。推进全光网、全IP建设,累计实现了全市6418个行政村光缆通达,通达率78.8%;全年新建FTTH端口10万个,累计完成FTTH端口98万个。稳步推进广电5G及物联网建设。开展了中兴5G试验网建设,建成SA独立组网的中兴5G核心网1套、覆盖广电大厦重点区域的700M和4.9G中兴5G室外宏基站2个,实现了两江云业务展示区内广电5G及物联网信号的开通与覆盖;实施了基于广电700M NB-IoT物联网的网络建设工作。

截至2020年底,全市数字电视在册用户达到547.6万户,另有模拟在册66.2万户,高清、互动终端在册用户为493.6万户,固定宽带在线用户186.7万户,其中大带宽(100M及以上的用户)用户累计发展60.8万户,业务规模和渗透率在全国同行业中处于领先地位。

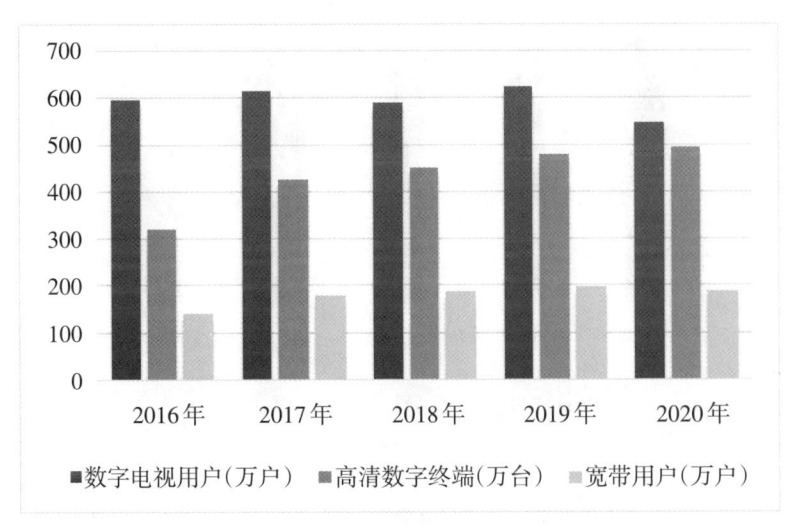

图2 重庆有线网络传输近5年业务发展情况

注:数据来源于重庆广电集团内部统计数据。

(四)广告产业

根据《2020年全国广播电视行业统计公报》,2020年全国广告收入1940.06亿元,同比下降6.52%。其中:传统广播电视广告收入789.58亿元,同比下降20.95%;广播电视和网络视听机构通过互联网取得的新媒体广告收入889.96亿元,同比增长7.38%。

从重庆广电来看,2020年度,受疫情影响,广告经营受挫严重,该部分收入4.74亿元(其中电视广告3.64亿元,广播广告0.7亿元),较上年减少了1.8亿元,降幅27.58%。

1. 广播广告。广播在疫情的冲击下沦为重灾区,全年累计收入7065万元,同比减少了6011万元,降幅高达45.97%;本年盈利618万元,同比减少利润4588万元,降幅88.13%。2020年,广播品牌广告大幅下滑,受损严重。广播集群总的收听率降低了3.31%,市场份额则略有1.2%的涨幅。从两年的经营数据来看,2019年到款1.3亿元,2020年到款7000万元,但根据各频率收入与播出情况,2019年和2020年度的播出量与到款量均出现了严重倒挂,播出量远远低于到款量,广播的实际下滑程度远大于账面数据所反映的额度。

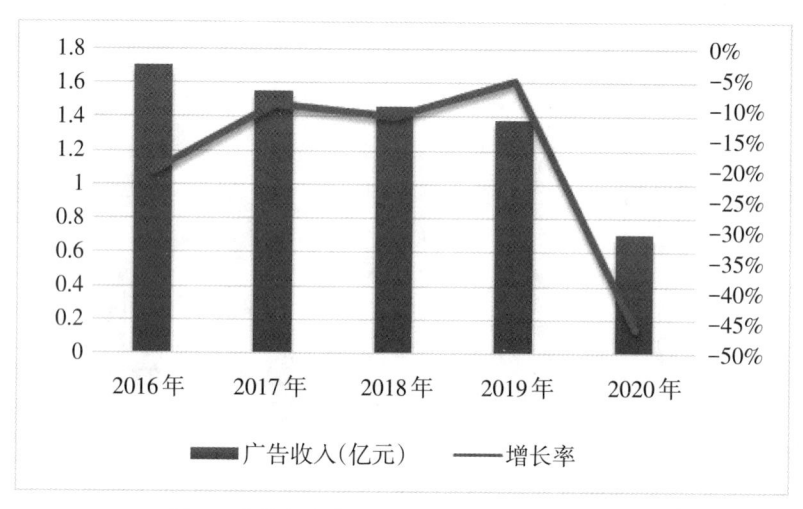

图3 重庆广电集团近5年广播广告创收情况

注:数据来源于重庆广电集团内部统计数据。

2. 电视广告。电视广告全年创收36377万元,较上年同期45086万元减少8709万元,降幅19.32%。营收占比从2019年的11.72%下滑到11.19%,缩减了0.53个百分点。

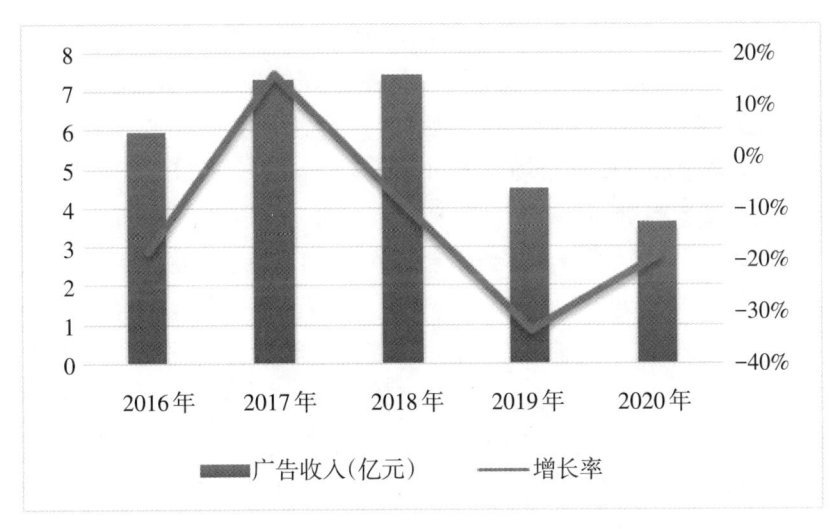

图4 重庆广电集团近5年电视广告创收情况

注：数据来源于重庆广电集团内部统计数据。

从整体来看，电视广告的下滑额度也基本反映了传统电视媒体的衰减程度。从2020年度收视数据来看，电视频道组晚间连续12个月本土收视份额都低于20%，竞争力持续弱化。

与此同时，重庆广电积极谋划实施广告产业多元化发展。在传统广告外，积极拓展市场空间，在节目制作、渠道开拓、新媒体打造等方面进行广电+电商、线上线下运营、电视购物的创新，如卫视策办的"国美电商节"，联合文体娱乐频道打造的《渝见美品》，纪实传媒策划的《妈妈的会客厅》；视美动画努力开发线上产品，积极和腾讯儿童等线上平台合作，希望通过开发流量产品、在线视频、电商销售等模式，探索新的收入增长点。

(五) 媒体融合业务

根据《2020年全国广播电视行业统计公报》，广播电视机构大力推进智慧广电建设，推进媒体深度融合，有效整合优质资源、生产要素，向互联网主阵地聚合、向移动端倾斜，在实际创收收入中，广播电视机构智慧广电及融合业务收入893.78亿元，同比增长38.14%。

从重庆广电的情况看，主要有3个方面的情况：

1. 推进"平台+互联网"重点项目。扩展"两江云"平台融媒体生产能力，更新现有的新闻制播网络，同步推进县级融媒中心建设，有效提升了"两江云"融合媒体云平台传播力度。广大融媒公司积极推进区县融媒体中心建设和市级技术平台建设,已完成大部分区县融媒体中心采编中心的建设,目前初步完成市级技术平台建设,并开始联网为区县融媒体中心提供服务。重庆群工·阳光重庆共受理市场主体和群众反映问题线索 21.85 万件,已办结 21.58 万件,满意率 96.80%。

2. 推动"台网融合"跨媒体跨平台合作。"i12 亲子社区""渝乐耍大牌"棋牌游戏项目等十大台网融合项目高效优质运营,强化了内容价值体现和扩大用户面等方面的合作探索,实现用户智能推送精准化高质量差异化的节目推荐服务,以提高节目的到达率和产品的转化率。在 2020 年全国广播电视媒体融合先导单位、典型案例、成长项目评选中,"i12 亲子社区+"获评全国广播电视媒体融合成长项目,重庆有线入选媒体融合先导单位终评,重视传媒 MCN 机构入选成长项目终评。

3. 不断拓展关联业务。移动电视在 500 条公交线路的 6200 辆公交车上安装了终端设备,在江北机场累计安装固定显示屏 600 余块。重庆网络广播电视联盟加快 5G 新应用新产品研发,网络直播业务取得突破,组织了"决胜全面小康 决战脱贫攻坚"知识大赛、第二届"山水之城·美丽之地"导游词讲解大赛等活动,影响力逐步增强。

(六)产业园区建设和发展情况

重视传媒总部基地位于渝北区空港工业园区,占地 38 亩,总投资 2.2 亿元。建设面积 46433 平方米。专业演播室 6 个,目前基地集聚了专业导演 40 名、原创编剧 50 名、专业制作人员 200 余名、签约演员 200 余名、群众演员 2000 余名,是西部地区影视专业功能最全、制作能力最强、专业人员最密集的影视文化产业基地。

重视传媒总部基地是整个西南地区影视创作、文艺教研实践、演艺经济、影视设备、新媒体内容创意、电竞产业等等全方位影视文化的核心基地,以广播电视传媒为突破点,在全国打响西部文化创意枢纽的品牌。目前,总部基地围绕内容、技术、模式、业态、体制机制创新等方面,正在重点打造重庆影视拍摄制片服务基地、重庆影视制作工场、影视研学培训基地、重庆影视项目投资交易平台、重庆影视文旅产业互联网及重庆影视主题文旅体验目的地等板块。

重视传媒总部基地力争通过 3~5 年时间,实现年接待影视剧组 50 个以上；引进或孵化扶持20~30家具备全国竞争力的影视编剧、导演、演员、摄影、后期制作、服化道等方面工作室和创作机构；每年产出3~5部立足重庆本土文化的、有影响力的影视剧作品；形成涵盖影视剧拍摄服务、研发制作、影视合作、产教融合、数据中台、节目贸易、节展经济、渠道整合等方面的全产业链业态。以影视剧作品为载体，实现重庆城市形象、特色文化和旅游资源的整合输出，打造具有国内乃至国际影响力的重庆文旅品牌。

（七）视听新媒体产业

1. IPTV视听新媒体产业得到长足发展

重庆广电不断拓展"互联网+广电"的视听新媒体产业体系，旗下重数传媒公司现有员工156人，2020年实现收入2.72亿元、利润1.19亿元。目前整个重数媒体集群注册用户为1040万（含IPTV 450万、手机电视150万、"学习强国"重庆学习平台340万、重庆新时代文明实践云平台100万），日均点击量超过1亿次，具体发展情况如下：

（1）积极构建融合发展业务支撑体系方面。基于"一云多屏"的技术架构，以大数据、智能化、5G等新技术为引领，重数传媒公司创新搭建了"两中心、三终端、四平台"业务及技术支撑体系。"两中心"即整合重庆广电自有内容和全国优质IP内容建设内容中心，依托平台用户所产生的数亿级行为数据建设大数据中心；"三终端"即利用IPTV专网、5G网、互联网等多种交互传输渠道，对接服务电视、手机、电脑三大终端；"四平台"即运用数字信息、人工智能和融媒互动等前沿技术，构建IPTV集成播控平台、新媒体内容服务与融合运营平台、"学习强国"重庆学习平台、重庆新时代文明实践云平台"四大平台"。其中IPTV集成播控平台是整个业务体系的基础平台。该平台是全国第3家通过广电总局验收的新媒体集成播控平台，总投资超过8000万元，具备百万小时内容的集成、存储、运营能力和300套以上电视频道的播控管理能力，能同时为500万IPTV用户提供视听服务访问能力。

（2）打造融合发展优质版权库方面。按照集约化原则汇聚优质内容，一是集成全国广电体系视听内容资源，二是引入腾讯、优酷土豆、爱奇艺、华视网聚、芒果TV、百视通等国内一线CP的头部资源，三是整合全市各区县、各行业视听内容资源。现已建成国内领先的优质版权资源库，总时长107万小时。基于海量优质版权资源，重数传媒公司按照分众化原则，面向电视、手机、电脑等不同终端打造新媒体传播矩阵。

（3）提升融合发展服务能力方面。通过不断完善云应用体系，充分发挥平台的纽带作用，提升服务能力，打造聚合视听内容智能服务以及产业应用的融媒体生态圈。除与电信、移动和联通实现对接，发展重庆IPTV业务外，还通过平台对接、自主研发及资源整合等多种方式，实现了与"渝快办"政务平台、"12320"卫生健康平台、"12348"重庆法网平台的互联互通，基于"文明实践"平台，可为广大群众提供在线社区服务和生活服务。

（4）探索融合发展创新模式方面。一是创新传播方式，在市委宣传部的领导下，在全国首创"学习强国"IPTV电视端学习平台，受到中宣部专题简报表扬。二是创新媒体产品，运用先进的物联网及人工智能技术自主开发智能中屏产品，用户可在移动中随时随地获得视听服务。三是创新联动机制，通过"市—区县—镇街—村和社区—人流密集场所"五级联动，设146家供稿管理单位、1481家供稿通讯站、5000多名供稿员，日均审核上线基层鲜活原创作品3000多部，中宣部"学习强国"总平台月均采用120多部，名列全国前茅。四是创新线上线下互动体系，全年统筹开展"决战脱贫攻坚 决胜全面小康"等多个系列主题宣传活动，有宣讲、有比赛、有投票，单个活动线下参与者超过100万、线上投票超过1200万。

2."第1眼""逗听"新媒体矩阵影响力全面提升

2020年底，"第1眼"移动客户端的下载量突破800万，"第1眼"新媒体矩阵（包含微博、微信、抖音、头条、快手、B站等平台号）全网粉丝已超过3000万。"第1眼"新媒体矩阵采取重庆广电融媒体新闻中心融合采编的方式进行运行发布，其所有采编力量同时向电视和移动互联网端供稿，发布的内容90%以上为自采，其中视频类稿件占绝大多数。2020年6月原广播移动客户端"逗听FM"整体入驻"第1眼"，设立逗听专区。专区为广播节目开展可视化直播107场，丰富了媒体融合内容形式。

（八）上市工作与其他产业

1. 推进重数传媒上市工作。重数传媒公司上市筹备工作进展顺利，完成了持续尽职调查、合法合规证明开具、募投项目备案、招股说明书撰写等基础工作，并通过券商内核，已于2020年12月向深圳证券交易所提交IPO上市申请，并得到受理反馈。

2. 提升付费频道IP价值。重庆汽摩频道是重庆广电集团唯一的数字付费频道。以汽车、摩托车、旅游、汽摩文化为主要内容，频道每天播出13个栏目共19个小时节目。全年制作节目近千小时,专业节目比例近90%。历经多次转型,频道从最早单纯依靠用户付费的产业模式到全媒体时代依托专业定位进行多模式产业经营,在用户订阅的付费模式基础上,大力发展多元化经营。目前,频道对整车业务打包,引入社会公司深度合作,共同制作了3档专业节目,共同进行市场开发,开展汽车销售业务。利用频道制作力量的优势,充分开发视频制作业务,成功中标多家重点企业及政府部门相关业务,视频制作创收不断增长。

3. 广电会展产业影响提升。9月30日至10月4日,2020中国西部动漫文化节在璧山区枫香湖儿童公园和重庆国际会展中心成功举办。本届动漫节吸引了中国动漫集团、爱奇艺、天闻角川等150余家企业参会、参展,展会期间举办了首届西部数字经济产业高峰论坛、全国二次元大赛成渝双城赛、全国配音大赛、知名动漫游戏品牌特展等四大类15项主题活动,现场观众达到30万人次。

4. 其他产业收入稳步提高。艺术培训努力降低疫情冲击,策划实施线上线下营销活动。商贸、施工、租赁、物业管理等业务受疫情影响,积极开展生产自救,技术设备租赁和转播项目完成创收287万元。

三、2021年重庆广电产业发展展望

（一）宏观上面临重大的机遇和挑战

2021年是中国共产党建党100周年,也是我国现代化建设进程中具有特殊重要性的一年。

1. 从国际国内的形势看。当今世界正经历百年未有之大变局,新冠肺炎疫情影响广泛深远,经济全球化遭遇逆流,世界进入动荡变革期,单边主义、保护主义、霸权主义对世界和平与发展构成威胁,不稳定性不确定性明显增加。2020年底召开的中央经济工作会议指出,今年世界经济形势仍然复杂严峻,复苏不稳定不平衡,疫情冲击导致的各类衍生风险不容忽视。我国将坚持稳中求进工作总基调,以深化供给侧结构性改革为主线,以改革创新为根本动力。加快构建以国内大循环为主体、国内国际双循环相互促进的新发展格局,紧紧扭住供给侧结构性改革这条主线,注重需求侧管理,打通堵点,补

齐短板,贯通生产、分配、流通、消费各环节,形成需求牵引供给、供给创造需求的更高水平动态平衡,提升国民经济体系整体效能。要更加注重以深化改革开放增强发展内生动力,在一些关键点上发力见效,起到牵一发而动全身的效果。

有专家认为,2021年是中国经济的大年。一是疫情之后,我国在消费方面有反弹的动力,二是2021年是"十四五"规划的起步之年,会出来一系列新项目、新举措,拉动我们的经济增长。三是国际形势至少相对过去一两年是朝着有利于中国经济发展的方向在逐步地转变。当前和今后一个时期,我国发展仍然处于重要战略机遇期,继续发展具有多方面优势和条件。

2. 从重庆的发展情况看。随着共建"一带一路"、长江经济带发展、西部大开发、成渝地区双城经济圈建设、西部(重庆)科学城等重大战略深入实施,供给侧结构性改革稳步推进,扩大内需战略深入实施,为重庆高质量发展赋予了全新优势、创造了更为有利的条件。同时,国家为应对疫情冲击、恢复经济发展出台一系列支持政策,有助于更好地保护和激发各类市场主体活力,巩固经济回升向好势头。新一轮科技革命和产业变革深入发展,有助于推动数字经济和实体经济深度融合。但也要清醒地看到,我市综合实力和竞争力仍与东部发达地区存在较大差距,基础设施瓶颈依然明显,城镇规模结构不尽合理,产业能级还不够高,科技创新支撑能力偏弱,适应高质量发展要求的体制机制还不健全,城乡区域发展差距仍然较大,生态环境保护任务艰巨,民生保障还存在不少短板,社会治理有待加强。

(二)行业内面临竞争新挑战

从传媒的行业发展上分析,2020年媒体融合进入纵深发展阶段,一批中央和省级专业媒体持续朝平台化和移动化运营方向发展,以短视频为代表的可视化产品带来海量关注,人工智能、大数据、算法推荐等技术,更深刻地影响到新闻生产和分发的各个环节。表现在于:

1. **专业媒体持续整合,有的传统媒体整建制转向新媒体**。中央广播电视总台推出了以短视频为主的"央视频"移动客户端,整体改革突出"台网并重、先网后台、移动优先",体现出全媒体平台的内容布局。人民日报加快了自身的平台化布局,成立了人民日报智慧媒体研究院。央媒改革的同时,省市级媒体也在加快整合。专业媒体的规模进一步整合收缩,有利于淘汰过剩产能、减少内耗,集中整合优质资源。

2. 网络视频用户快速增长。《中国互联网络发展状况统计报告》显示,截至2020年12月,我国网民规模达9.89亿,已占全球网民的五分之一;互联网普及率达70.4%,高于全球平均水平。截至2020年12月,我国网络视频(含短视频)用户规模达9.27亿,占网民整体的93.7%;其中,短视频用户规模达8.73亿,占网民整体的88.3%。

3. 媒体进入深度融合新阶段。目前我国媒体融合呈现以下鲜明的新特征:一是各传媒集团纷纷向移动端转移甚至倾斜,这不是随波逐流,也不是偶尔为之,而是刻意推进的战略举措;二是最初的媒体融合探索主要是做新媒体、做增量,现在改革向深层次突破,融合也到了啃"硬骨头"的时候;三是媒体融合由量的积累到质的变化,从点线突破到面的推进,对媒体行业整体而言既是一次剧烈的转型,也将是一次成功的跨越;四是媒体一方面积极扩大影响力,借道各大商业平台进行信息分发,另一方面更为重视客户端、云平台和全媒体指挥调度中心建设并取得成效,进一步掌握了主动权,提升了传播力。

省级媒体生存的现状是怎样呢?权威调查报告显示,省级媒体的新媒体收入整体呈增长态势,但重要营收来源广告收入持续下跌,生存发展形势严峻。

从政策支持情况看,疫情给媒体行业带来巨大冲击,国家和各省市相继出台了一些支持政策,比如国家发布了《关于电影等行业税费支持政策的公告》《关于暂免征收国家电影事业发展专项资金政策的公告》等措施,在行业税收方面予以政策优惠;全国两会《政府工作报告》中提出,要重点"发展广播影视行业";国家广电总局也发布了《关于统筹疫情防控和推动广播电视行业平稳发展有关政策措施的通知》;2020年9月,中共中央办公厅、国务院办公厅印发了《关于加快推进媒体深度融合发展的意见》(下称《意见》),从10个大的方面提出了总体要求,既全面又深刻,既有宏观思考,又有具体路径设计。市委宣传部也根据这个《意见》,出台了一些支持政策,比如,连续3年每年继续延续5000万元的媒体深度融合发展资金支持。

(三)重庆广电面临发展新局面

1. 新冠肺炎重大疫情影响深远,自身经营收入持续下降。疫情让重庆广电生产经营活动受到重创。2020年在几大主营业务板块中,除重数公司有小幅增长外,其余板块都存在不同程度的下滑,其中,各频率频道、影视剧制作和其他产业板块的下滑幅度都超过了平均降幅。广播频率、地面频道和网络传输成为减收的重灾区。广电是一个技术密集、资金密集、智能密集的行业,和其他文化企业相比,刚性成本支出不会因营收减少而降低,生产成本和运营成本下降的空间有限,这也是去年集团利润大幅下降的原因。即使没有疫情影响,集团的创收能力也持续走低。近3年来,重庆广电地面频道广告总计下降了40%。

2. 国网整合对重庆广电生产经营造成重大影响。整合后重庆广电资产规模、创收规模和盈利能力将大幅下降。国网整合后,由于重庆有线将不再并表,重庆广电资产总额将减少50多亿元,营业收入将减少26亿元,利润总额将减少1.5亿元以上。整合后,集团收入结构将发生较大变化,收入和盈利波动性加大。整合前,集团收入占比前三位分别是有线网络传输(占比59%)、广告经营(占比17%)和内容服务(占比11%),整合后,重庆广电经营收入将转变为以广告和内容服务为主,预计重庆广电未来收入及利润的波动幅度可能会随之加大,资金压力将增大。

3. 重庆广电媒体融合发展仍处于探索过程中。尽管移动客户端等新媒体产品的影响力有一定提升,但未形成成熟的商业模式和稳定的盈利方式,存在投入大、产出小的问题,持续发展动力不足。

4. 相关产业没有起到支撑作用。集团始终坚持做大主业、拓展延伸产业,但缺乏可以支撑集团发展的重大项目。此外,文化产业投资回报周期较长,并且要充分体现社会效益,在短期内实现盈利比较困难。

(四)重庆广电2021年的发展目标

1. 宣传舆论引导:紧扣"中国共产党成立100周年""脱贫攻坚和全面小康""重庆'十四五'开局""成渝地区双城经济圈建设"等重大主题,创新做好宣传报道,做大做强主流思想舆论。

2. 节目内容生产:坚持"小成本、大情怀、正能量"原则,各频率频道力争推出具有广泛社会影响力的品牌栏目2~3个。内容产业集群发展持续发力,内容品质和创收规模不断提升。重庆卫视力争保持较好的经营收入和排名。

3. 媒体融合发展:继续实施"平台网络化、渠道生态化、内容产业化",媒体深度融合取得阶段性成果,全媒体传播力影响力有较大提高。

4. 产业集群发展:采取集群化、规模化和效益化相统一模式,抓好经营创新,7大产业集群完成组建布局。做好重数传媒公司上市工作。

5. 综合经济实力:努力克服疫情影响,力争在收入、利润、净资产收益率等取得较好发展成绩,推进国有资产保值增值。

(五)着力推进五大重点工作

1. 做优内容精办频道频率。一是加强卫视节目创新创优,丰富节目内容,切实加强阵地建设。推进一批重点项目,稳住广告创收,开拓新市场。二是持续巩固提升广播和地面频道的节目内容这一核心,精办频率频道,全面提升媒体核心竞争力。

2. 全力推进媒体深度融合。构建新型采编流程,形成集约高效的内容生产体系和全媒体传播链条。改革内部组织架构,优化调整机构设置和人员配备,形成协同高效的工作格局,培养具有专业背景的复合型人才。大力开拓"媒体+"业务,充分发挥集团优势,围绕主业,做好"媒体+政务""媒体+教育""媒体+健康""媒体+商务"等业务。

3. 立足本业发展文旅融合产业。实现集团围绕主业发展延伸产业的转型和突破。重点抓好"文旅+线上节目""文旅+线下活动""文旅+影视体验中心""文旅+大型活动""文旅+数字娱乐基地"等5个方面的融合,推动集团发展提质增效。加快推进玉泉湖高新视频产业园、时尚传媒文化艺术中心、影视制片服务基地等项目。

4. 按照"小成本、大情怀、正能量"的创作原则,围绕建党100周年等重大主题策划创作一批影视剧、纪录片等文艺精品。继续做好《一江水》面向央视发行的各项工作,完成《婚姻的两种猜想》《绝密使命》《疫战》《小镇风云》《暗夜行者》等网台剧、网络大电影的策划、拍摄、制作、发行工作。有序推进《梦圆千年脱贫路》《卢作孚》《刘少奇军事生涯》等重点纪录片项目。做好版权内容开发,提升集团版权收益。做好品牌内容的创新和二次开发,引入或者自创IP类的活动或赛事,打造专业的MCN分发平台。继续办好西部动漫文化节。

5. 整合资源,加快实施集群化发展战略。合理配置资源,优化组织架构,创新工作流程,形成支撑集团发展的重庆卫视集群、影视剧制作集群、文旅融合服务集群、数字产业集群、智能服务业集群、融媒体新闻中心集群、现代广播集群等7大产业集群。

(六)相关建议

1. 出台政策明确省级广播电视台承担的公益职能的财政保障机制。目前,央视国家级媒体一家独大,区县融媒体中心纳入财政保障,而省级广播电视台尤其是西部省级广播电视台运转困难,有被边缘化、阵地失守、运转不动甚至生存困难的危机,这将在一定程度上影响国家文化安全。省级广播电视台承担了大量公益项目的生产服务,包括新闻宣传、舆论引导、落地覆盖、安全传输、4K超高清频道建设等,建议出台政策明确省级广播电视台承担的公益职能的财政保障机制。

2. 面对日益严峻的经营局面,一方面需要广电媒体积极努力调整经营模式和经营形态,同时也需要相关部门的支持和帮助。建议在符合新《广告法》的前提下,给予广播电视在广告播出形态、时长等方面更大的宽容,鼓励支持广播电视广告经营创新。

3. 出台政策明确广播电视媒体评价体系,建立广播电视特殊人才吸收引进和创收分成的制度设计。结合媒体融合发展的实际,按照分类考核的原则,根据媒体平台的不同属性,研究制定新的广播电视媒体评价体系。参照科技类、教育类、金融类行业为激励专业人才而采取"双轨制"、鼓励留薪留职创业、专利转化收益分成、股权激励等做法,探索建立广播电视特殊人才吸收引进和创收分成的制度设计,激活人才队伍活力。

4. 在贯彻我市文化产业高质量发展、服务业高质量发展、助力市场主体健康发展等政策时,能够在文旅融合相关政府公共产品、公共服务或公共项目的购买上,给予主流媒体更多参与机会。

2021年,重庆广电将以习近平新时代中国特色社会主义思想为指导,在市委市政府和市委宣传部的坚强领导下,把握新发展阶段、贯彻新发展理念、构建新发展格局,共克时艰、危中求机,加快建设全国有影响力、西部一流的新型主流媒体!

作者单位:

重庆广播电视集团(总台)

2020—2021年重庆出版业发展报告

温相勇　聂昌红　张　瑜　等

2020年,面对突如其来的新冠肺炎疫情冲击,重庆各出版单位坚持以习近平新时代中国特色社会主义思想为指导,全面落实习近平总书记对重庆提出的营造良好政治生态,坚持"两点"定位、"两地""两高"目标,发挥"三个作用"和推动成渝地区双城经济圈建设等重要指示要求,牢记出版工作责任使命,着力壮大主流舆论、服务疫情防控、推动精品生产、搭建宣介平台,抓亮点、突重点,实现了行业的良好发展。

一、2020年全市出版业基本情况

2020年,全市拥有3家图书出版、6家电子音像出版、138家期刊、700余家数字出版单位(含27家网络出版服务单位),实现相关收入272.9亿元,利润31.54亿元。其中,

图书:出版5431种,新书1732种。总印数13464.98万册,销售码洋191399.9万元,销售收入96464.48万元,利润9058.21万元。

音像电子:出版230种(其中音像出版物60种,电子出版物170种)。发行710.67万张(盒),销售收入3675.48万元,利润405.91万元。

期刊:总印量3389万册,总收入36667万元,利润0.58万元。

数字出版:相关产业收入249.75亿元,利润30.02亿元。

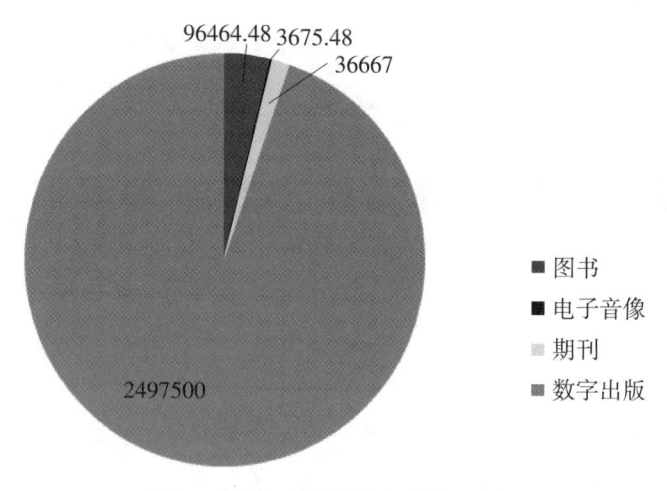

图 1　全市出版业营收占比图(万元)

数据来源:各出版单位 2020 年度核验数据。数字出版收入统计为行业统计,涉及企业多,收入类型统计为与数字出版相关收入,因此占比较高。

二、2020 年重庆出版业发展特征

(一)全市出版业整体发展保持基本平稳,出版品种结构进一步优化

2020 年全市出版图书 5431 种,同比下降 2.67%。图书总印数 13464.98 万册,同比增长 0.26%;图书销售码洋 191399.93 万元,同比增长 5.71%;销售收入 96464.48 万元,同比下降 0.65%;图书销售利润总额 9058.21 万元,同比下降 9.34%;库存码洋 104797.95 万元,增加 13.55%。从图书出版业全年生产数据上看,整体发展比较平稳,行业继续坚持控量提质、优化结构,出版品种(同比下降 2.67%)进一步压缩,销售码洋小幅增长。行业利润总额下滑,库存增加,从一定程度上反映了出版业结构调整和疫情带来的短期影响。

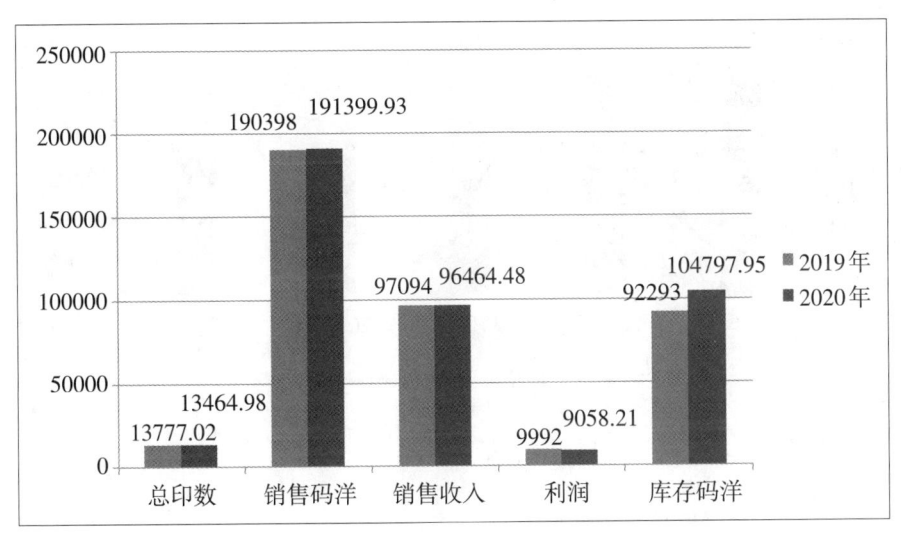

图2 2020年图书出版总印数、码洋、收入、利润及同比变化(万册,万元)

2020年,全市出版音像电子出版物230种,同比增加3.6%,出版种类稳中有升;发行音像电子出版物共计710.67万张(盒),同比减少2.31%;拥有资产总额9385.69万元,同比增幅为3.36%;实现销售收入3675.48万元,实现利润405.91万元,销售收入和利润下降幅度较大,降幅为14.03%、42.86%。虽然行业整体利润大幅下滑,从"十三五"期间行业的整体发展来看,2020年比2016年音像电子出版物出版品种、发行量、销售收入都下降,下降幅度分别为25.81%、6.63%、6.87%,但利润却有较大幅度增长,增幅为17.34%。这表明我市音像电子出版企业转型发展持续推进,传统的音像电子业务正在下降,来自其他业态的利润正在增加。单年的利润变动应属结构调整的短期效应。

图 3　2016—2020 年音像电子出版物品种及同比变化

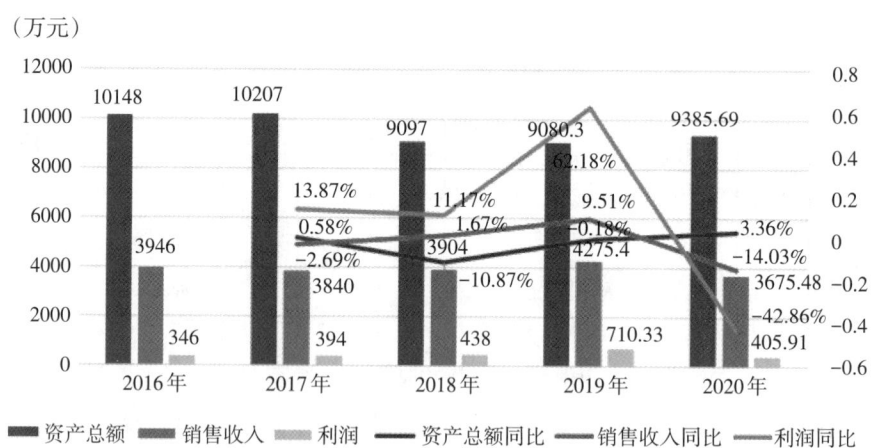

图 4　2016—2020 年音像电子出版业资产总额、销售收入、利润及同比变化

全市期刊总印数为 3389 万册,同比减少 11%。营业收入 36667 万元,同比减少 4%。其中,广告收入 4714 万元,同比减少 9%;发行收入 21026 万元,同比减少 0.6%;利润总额 5844 万元,同比增加 10%。总体上看,受疫情影响,期刊发行量、总收入有所下降,但利润保持了一定增长。

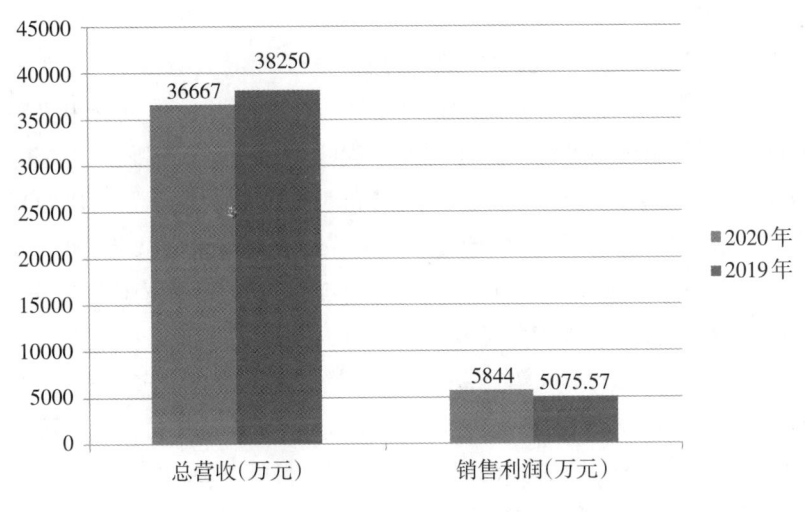

图 5　期刊出版销售情况

2020年,重庆数字出版业总产出249.75亿元,较上年增长10.94%;实现增加值129.83亿元,较上年增长10.27%;总产出和增加值增幅较上年有所加快,与2020年受疫情影响,用户线上文化活动增多,带动了相关数字内容的需求增长有关。

从2016—2020年的趋势看,重庆出版业增速整体减缓,与重庆推进数字出版业结构调整,提升数字出版发展质量有关。经过5年的调整,数字出版业正由高速发展向低速发展转型,基本步入了低速度高水平发展态势。

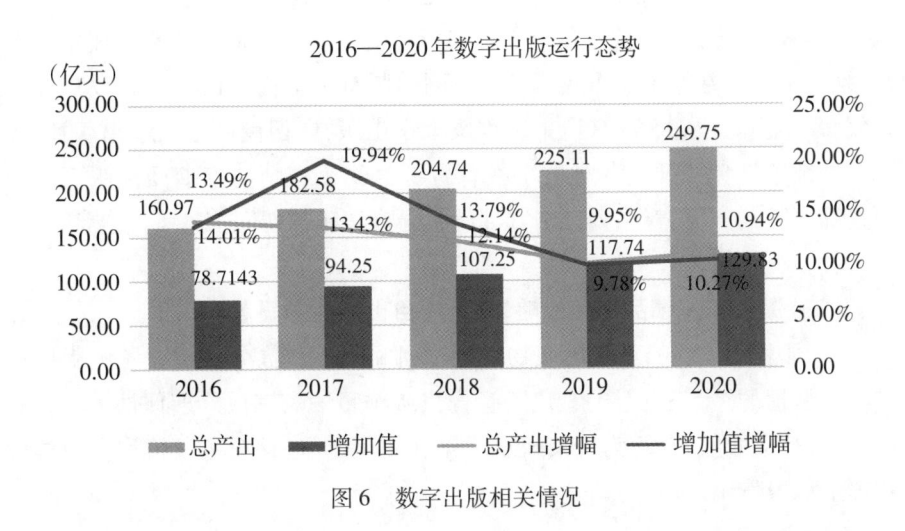

图 6　数字出版相关情况

（二）聚焦聚力工作主线，主题出版成果丰硕

1. 紧紧围绕全面建成小康社会、打赢脱贫攻坚战、宣传阐释中央精神和决策部署，策划出版《脱贫之道：中国共产党的治理密码》《解码智能时代》《大国小康路》《坪坝花开》等21种主题图书和5个期刊专栏。重庆出版集团策划的《脱贫之道：中国共产党的治理密码》通过中外作者联袂创作形式，生动阐释中国共产党带领人民告别贫困、建设小康社会的治理密码，该书入选中宣部对外推广项目。《当代党员》杂志推出的《为了总书记最牵挂的大事——重庆18个深度贫困乡镇3年攻坚故事》重大专题报道获中宣部"决胜全面小康、决战脱贫攻坚"期刊主题宣传优秀选题资助。《共同书写长江经济带高质量发展新答卷》入选中宣部第四届"期刊主题宣传好文章"。

2. 贯彻落实习近平新时代中国特色社会主义思想，加强通俗理论读物策划出版。策划出版《列宁画传》《恩格斯画传》《中国特色社会主义文化研究丛书》《"能""行""好"丛书》《国家治理——中国政府转型》等相关出版物15种。其中《列宁画传》《恩格斯画传》入选国家重点主题出版目录。

3. 主动担当作为，全力做好新冠肺炎疫情防控出版工作。新冠肺炎疫情发生后，全市各出版单位利用各社资源优势，开展出版服务，及时上线相关内容产品和免费开放数据资源，传播正能量，科普相关知识，努力为重庆人民提供更多有温度、有情感、有人文关怀的精神文化产品。共出版《人民战疫》《新冠肺炎医务人员心理防护手册》等服务防控疫情类相关图书8种，数字出版物1种，免费送书1万余册。医药类相关期刊充分利用专业优势陆续推出《口罩选配与使用方法》等抗疫科普文章和科普信息。维普资讯免费开放中文期刊、维普全系列数据库。重庆天健互联网出版有限责任公司在"渝书坊"免费开放98本电子书，15部有声书。重庆大学出版社、西南师范大学出版社、课堂内外杂志社免费开放各类数字教育资源。我市疫情防控期间出版工作受中宣部出版局充分肯定，列入中宣部出版局疫情防控期间信息工作内容。

（三）深入实施精品出版战略，重大项目出版成效显著

1. 国家"十三五"重点出版物规划项目相关工作高效完成。各出版单位对本社承担的"十三五"图书、电子音像出版项目顺利完成终期评估。项目完成率高，社会效益较大，为繁荣和发展先进文化，促进社会主义精神文明建设发挥了积极作用。

2. 两级出版基金项目策划管理有序推进。《初心探源——马克思主义在中国早期传播》《新时代马克思主义伦理学丛书》《巴蜀历史政区地理研究》等7个项目获2020年国家出版基金资助558万元。完成《特殊儿童教育康复指导丛书》《自主品牌汽车实践创新丛书》等18种国家项目年检工作，重庆被评为"认真履职的省级出版行政管理部门"。有8个图书项目、1个音像电子项目、27个期刊项目、7个数字出版项目，获市级出版资金资助，资助资金455万元。

3. 重点出版项目推进有力。《巴渝文库》文化出版工程推进工作取得实质性进展，由研究阶段正式进入出版阶段。《巴渝文库》出版规划顺利完成，其中有300种文献列入出版，确定《四库全书中的重庆史料选辑》《三峡古方志辑录》等18种年度出版计划，《重庆近代期刊提要》《重庆近代报纸提要》等15种拟于年底前正式出版。宣传智博会、普及大数据智能化产业的科普类丛书《解码智能时代》于9月智博会召开之际正式出版；《城市记忆文化大数据平台》文化新基建项目列入重庆建设国家数字经济创新发展试验区工作方案、入选重庆市首批智慧城市建设示范项目名单，基础平台建设取得实质性成果；数字出版"走出去"项目《国别化（泰国）汉语教学资源库及中华文化传播平台》已全面完成建设，11个汉语教学研究基地已经在泰国建成，纸质教材在泰国销售超40000册，目前下载用户数6.29万，付费用户数4.02万；《中小学分级阅读智能数字服务平台》项目按计划推进，目前已完成平台构建、开发、测试以及分级阅读标准建设，资源建设工作有序推进，平台已于2020年5月上线试运行，项目分级阅读图书已出版3套。

（四）创新发展理念，图书出版亮点频现

1. 献礼图书质量高。2020年，各出版单位把庆祝建党百年宣传教育与全面建成小康社会、纪念辛亥革命110周年、抗战爆发90周年、长征胜利85周年等宣传教育结合起来，聚焦社会主题、时代强音、发展趋势，在选题内容上坚持高质量要求，在板块特色上强调组团式结构，在读者定位上突出梯级化覆盖，在宣传营销上适应网络化移动化趋势，持续推出《大国小康路》《脱贫之道：中国共产党的治理密码》《脱贫攻坚手记》《下乡》《毛驴上树》《恩格斯画传》《列宁画传》《日本远东战争罪行丛书》《全民战疫》《民法典与百姓生活100问》等一批为党和国家立心、为新时代立言、为英雄人民立传、具有鲜明时代特征的出版精品，交出一份让党和人民满意的答卷。

2. 出版结构更优化。2020年我市上报年度选题较2019年减少了7%，其中新选题、再版选题都有明显缩减，重点选题占总申报量的21%，同比提升了2%，特别是主题出版选题，占总申报数量的近10%，系列丛书选题占总申报量的近80%，规模效应明显。2020年全市出版图书5431种，一般图书2103种，教材2095种，教辅863种，租型370种，占比分比为38.72%、38.57%、15.89%、6.81%；从销售码洋来看，2020年一般图书占比45%，教材占比18%，教辅占比19%，租型占18%，其中一般图书的销售码洋占绝对优势。纵观2016年至2020年的图书出版各项数据，不论是选题申报、出版品种还是销售码洋，全市图书出版业控量提质已取得明显成效。各出版单位在坚持正确导向的基础上，围绕"精品战略"的出版要求，突出重点，注重出版特色，在选题策划中优中选优，出版品种范围更加齐全，类别更加均衡，品牌化、系列化的趋势更加明显，出版单位的精品群和产品线已基本成形，整体出版结构正向更高水平迈进。

3. "双效"图书反响好。各图书出版单位坚持线上线下整合营销，提高线下活动质量，充分发挥快手、抖音、微博、微信、视频号等新兴传播媒介，创新营销宣传，打造线上线下全渠道服务平台，加强重点产品宣传。策划"《脱贫之道》出版座谈会"等线下活动，发起"印象重庆渝版好书"等"话题+直播"活动，实现以畅销书带动整个图书销售的格局。2020年全市三家图书出版单位畅销书前10名销量累计58.72万册。《禅与摩托车维修艺术》加印4.6万册，《饥饿的盛世》加印3.5万册，《王阳明大传》《中华史纲》《平行宇宙》等畅销图书也长销不衰；《我们为什么没有死掉》一书的樊登解读视频点击率超过300万次，获得"得到"、"知乎"、中华全国总工会、重庆全民阅读、重庆农家书屋等重磅推荐；《细胞的奇迹》获"洪晃抖音"推荐，视频点赞超过3万次，抖音单店销售5000余册；《"能""行""好"丛书》累计销售8万册，极大地增强了渝版图书品牌影响力和认知度。

4. 出版韧性不断增强。针对疫情暴露出传统出版在工作流程、内容传播等方面存在的短板，各图书出版单位努力加大出版融合发展力度，积极布局新媒体矩阵和产品矩阵规划，从"专、精、特、新、原创"的点上深入挖掘，不断提升出版内容创新的功能韧性、过程韧性、系统韧性。重庆出版集团拓展整合以IP为中心的上游文化资源，推出《远道苍苍》《镖师虎墩》《大鳄联盟》等一批具有市场优势、开发潜力的原创精品，推进纸电声一体化等数字出版业务，加速向影视、动漫等产业链延伸和多元化发展。西南大学出版社累计开发电子图书1365种,销售额41万余元,其运营"天生数学"新媒体矩阵,用户数达到100万,为近200万册图书提供增值服务,融合发展成效显著。

(五)期刊品牌建设持续加强,整体影响不断扩大

1. 综合发展能力进一步增强。优化市级出版专项资金引导扶持机制,分类扶持27种期刊,充分调动各期刊高质量发展动力。建立我市期刊综合质量评价指标体系,健全138种期刊管理档案,全面提升办刊水平。支持重庆医科大学杂志社创办中英文双语科技期刊,壮大科技期刊阵营,1种英文科技期刊顺利获批。

2. 核心期刊入选率再次位居全国第一。2020年11月,RCCSE《中国学术期刊评价研究报告(第六版)》正式发布,重庆市95种学术期刊中有5种入选权威期刊,39种入选核心期刊,权威和核心期刊入选率为46.32%,较2017年(第五版)上升4.38%,再次位居全国31个省区市第1名。

3. "渝刊"在国内外行业内部成绩突出。据2020年6月发布的JCR显示,重庆市4本SCIE期刊表现突出,《镁合金学报(英文)》影响因子7.115,位居"材料与冶金工程"全球79种同类期刊第2名。《烧伤与创伤(英文)》在Emergency Medicine和Surgery两个领域中均位于Q1区。《数字通信与网络(英文)》和《基因与疾病(英文)》作为新晋SCI期刊,首次获得影响因子,均位于本学科的Q1区。同时,《镁合金学报(英文)》《数字通信与网络(英文)》《材料导报》入选"中国最具国际影响力(优秀)学术期刊"(数据来源:《中国学术期刊国际引证年报(自然科学与工程技术)》),《镁合金学报(英文)》《中华肝脏病杂志》《中华消化外科杂志》等19种期刊入选中国科协高质量科技期刊分级目录。

(六)坚持融合出版发展方向,数字出版大力推动

1. 传统出版单位转型升级加快。各图书、音像电子、期刊等出版单位坚持融合发展战略,积极布局新媒体矩阵和数字产品矩阵,进一步拓宽营销渠道,加大推进融合出版力度。重庆出版集团已形成了"安全阅读云""学习强国"数字农家书屋、"渝书坊+渝教育+""我家小书柜""阅读重庆"全民阅读服务平台、"中国音乐史"数字阅读服务平台等数字化产品矩阵。西南大学出版社通过"图书+二维码"的方式加大资源的推广应用。重庆大学出版社整合公司资源,继续坚持平台运营、数字资源建设与融合产品并举,并拿出500

万元融合出版专项资金,加快推进融合出版工作。

2. 网络出版资源壮大。新增3家网络出版服务单位,其中华龙网、聚购科技2家获批网络游戏出版资质。至此,我市网络出版单位已达27家(具有网络游戏出版资质单位3家)。网络出版单位数量居西部前列,网络游戏研发、出版、运营整个产业链全面打通。

3. 以点带面,网络游戏产业发展有力推动。一是腾讯、网易集团、完美等头部企业逐步落户重庆,网游相关业务规模逐步扩大。腾讯光子(重庆)创新研发基地挂牌、王者荣耀职业联赛秋季总决赛落地重庆,游戏与扶贫、文创实现了有效结合。二是本土游戏企业发展信心逐渐恢复,发展速度明显增加。重庆帕斯亚开发的游戏创汇1030万美元。该公司被国家商务部、文化和旅游部认定为"2019—2020年度国家文化出口重点企业";被国家科技部认定为"高新技术企业";被重庆市政府认定为"专精特新企业"。三是游戏行业规范引领取得新突破。6月,市音像与数字出版协会成立游戏服务专委会,成为我市游戏业发展历程中的重要标志。游戏服务专委会充分发挥政企桥梁作用,形成管理部门、企业、行业协会和协会专委会的良性互动平台,为形成我市游戏产业发展的良好环境提供有力保障。

4. 数字出版产品不断丰富。坚持高质量发展主调,强调数字内容产品供给能力,各出版单位结合本社资源优势,策划开发多种优秀数字产品。一是加快数字出版项目向数字出版产品和服务转化,西信天元数据资讯有限公司整合多年建设的数字出版项目,形成基于互联网的智荟网和移动互联网智荟App,探索有效的知识服务模式。二是教育服务能力进一步提升,西南大学出版社开发的"天生数学"、课堂内外杂志社开发的"OC语文",得到市场高度认可。三是主题出版能力进一步增强。当代党员杂志社开发了"红色家书"系列。以视频、微纪录片、微电影、海报、图片、H5等推出《中国故事100部》和围绕中国共产党为什么"能"、马克思主义为什么"行"、中国特色社会主义为什么"好"等重大问题,陆续推出三个系列、共54个故事化融媒体产品。

(七)搭建宣传展示平台,重庆出版影响力有力提升

1. 积极开展评选推荐工作,各类专项推荐评比成果喜人。组织各出版单位参加中宣部主题出版重点出版物项目、数字出版精品遴选推荐项目、经典中国国际出版工程项目、丝路书香工程项目、有声读物精品出版工程项目、优秀通俗理论读物出版工程等9种优秀出版物评选活动,共推荐200余种图书、电子音像、数字出版项目参评,100余种出版物获国家级和省部级奖项。其中,《中国特色社会主义道路研究》《重庆之眼》《中国蜘蛛生态大图鉴》《中国外国文学研究的学术历程》《袁隆平传》《中国桑树栽培品种》《我们的家——回望巴渝建筑百年变迁图集》等7种图书获中华优秀出版物奖。《恩格斯画传》《列宁画传》入选主题出版重点项目;《三体》系列3种图书入选丝路书香工程;《超新星纪元》(德文版)等2种图书入选经典中国国际出版工程;《列宁画传:列宁诞辰150周年纪念版》入选优秀通俗理论读物出版工程;《脱贫攻坚手记》入选农家书屋重点出版物推荐目录;《BBC科普三部曲》入选科技部全国优秀科普作品;《新型冠状病毒肺炎公众应知50问(藏汉双语)》入选第十届中国数字出版博览会出版战"疫"数字内容精品展;《中国共产党关于抗战大后方工作文献选编》《中华史纲:从传说时代至辛亥革命》《影像中国70年·重庆卷》等25种图书荣获全国城市出版社优秀图书奖;《昆虫之美:勐海寻虫记》《混沌学》《量子理论》《人工智能》等11种图书荣获重庆市优秀科普图书奖。

2. 成功举办各类会议,全面展示重庆出版成果,提升重庆出版地位。11月举办了重庆数字出版年会(2020),年会集中展示我市数字出版产业发展新理念、新技术、新模式、新项目,提升我市数字出版产业在西部乃至全国的影响力、话语权,加快我市出版数字化转型发展步伐。年会上发布的《重庆数字出版产业报告(2019—2020)》入选《中国数字出版产业发展报告蓝皮书》。11月5—6日,由我市主(承)办的"第九届韬奋出版人才高端论坛""全国城市出版社第33届社长论坛""重庆出版社成立70周年暨重庆出版集团成立15周年文化创新服务大会"相继召开,充分展示了渝版图书的出版成果,拓展了重庆出版的品牌形象和知名度。10月至12月,我市承办了"第七届西部科技期刊发展论坛""中国学术期刊特色发展之路名家论坛""中国高校科技期刊研究会第24次年会暨渝沪湘高校科技期刊论坛"3个国家级会议,成立了西部科技期刊发展联盟,"渝刊"影响力进一步提升。

3. 出版"走出去"成绩突出。2020年,全市实现输出版权近100项,《大国论衡》《邓小平手迹故事》《国家治理——中国政府转型》等众多主题出版图书成功实现版权输出。《三体》系列(荷兰文版)、《快递中国》(阿拉伯文版)入选丝路书香工程;《超新星纪元》(德文版)、《球状闪电》(日文版)入选经典中国国际出版工程;《脱贫之道》入选中宣部2020年对外出版项目,成功输出到日本、俄罗斯、波兰、爱沙尼亚和斯里兰卡等国家。数字出版项目《国别化

(泰国)汉语教学资源库及中华文化传播平台》全面建成。网络游戏《波西亚时光》《原生体》《星球探险家》《海底深渠》海外平台上线,累计销售超过 196 万份,共实现销售收入 7078 万元。

三、存在的问题及发展建议

(一)图书出版创新性发展动力略显不足

2020 年我市图书单品种平均利润 1.67 万元,比 2019 年下降 6.70%;库存码洋 104798 万元,同比上升 13.55%。全市三家图书出版单位畅销书前 10 名销量累计 58.72 万册,同比下降 22.29%。单品种利润、畅销书销售量、库存码洋数据是出版单位可持续发展能力的重要体现。从以上统计数据可看出我市图书出版单位在出版结构调整大环境下,创新性发展能力还不足,原来生产经营发展模式瓶颈尚未突破。

建议:控量提质调控政策是大趋势,出版单位应在国家宏观调控政策下,结合自身发展特色,着力管理模式、精品图书策划的创新性发展,不断提升图书出版市场竞争力。一是更加注重内部成本的分析、控制与优化,包括人工成本、营销成本以及配套资源的开发成本等;二是除继续加大销售力度外,还需优化印数预估决策机制、及时获取在途库存数据、适时处理不良库存;三是加强市场调研,精品定位需求人群,并通过激励机制引导编辑打造畅销书。

(二)音像电子出版单位出版能力、盈利能力参差不齐

2020 年全市 6 家音像电子出版单位,规模参差不齐。企业员工 11～34 人,编辑人员 4～9 人,编辑人均出版新品 0.5～4.75 种,均值 2.28 种,全员人均利润 0.9 万～9.26 万元,均值 3.83 万元。从数据范围来看,企业出版能力和盈利能力差距较大。

建议:面对日渐式微的音像电子产品市场,音像电子出版单位应积极思考如何向数字化转型。充分利用本单位的编辑力量和数字技术基础,面向更广阔的市场,策划、出版特色化、数字化的产品,以更加开放的心态开展跨媒体、跨区域、跨行业的合作,走转型升级之路。

（三）出版业数字化转型面临瓶颈

一是数字化转型仍处于初级阶段，生产模式创新不足。出版业的数字化转型，包括生产过程数字化、传播渠道数字化、内容资源数字化和内容产品数字化。当前，重庆出版业数字化转型基本完成了生产过程数字化的初级阶段和传播渠道数字化。发展过程中还面临生产过程数字化中的平台化生产、协同化生产和内容监测智慧化、内容资源数字化和产品数字化的进度缓慢等问题。

二是传统出版单位转型动力不足。重庆传统出版单位中，图书出版单位转型进度稍快，期刊出版单位和电子音像社进度缓慢。期刊数字化转型呈现两极分化，转型驱动力强的期刊已进入数字化转型的高级阶段，且利用数字媒体实现了日刊化和资源数字化、产品数字化。转型驱动力不强的期刊只完成了生产过程的数字化，尤其学术期刊进度驱动力不足。重庆138种期刊，有95种是学术类期刊，多数出版单位非市场实体，单刊体量较小，无竞争性生存压力，没有加大数字化改造的原生动力。电子音像社生产模式化，运行相对稳定，出版物变化不大，受市场冲击的力度尚未形成谋变动力。非市场化运行模式和模式化生产过程正在成为重庆出版业数字化转型的瓶颈，若不突破，将成为重庆数字出版发展的短板。

建议：一是加快业态融合速度。促进重庆数字出版生产模式的深层转换。通过数字化生产、网络化传播、移动化接触牵引数字出版与读、看、听和互动诸业态融合的力度，以内容生产为核心，创新内容创作、传播模式，形成音、影、图、文、娱全业态融合发展，横向深度耕耘出版IP，衍生数字文化活动，借助不同业态优势传播数字内容；二是加强政策引导和项目扶持。对全国、全市产业政策研究，对现行各政策体系对数字业的适宜性和切入点进行研究和有效解读，引导行业应用相关政策，申报项目储备产业高质发展动能；三是构建数字化生产公共服务平台。可引导市内研发机构和出版单位共同建设数字出版公共服务平台。平台涵盖产品研发、实验评估、版权确权与交易、数据交易和项目评估与评价，以及面向终端消费者的诸多功能，吸引更多数字出版及相关活动单位、团队上平台研发与产品生产，同时培育数字出版产品研发与出版协同发展体系，探索内容生产与内容出版分离与协同的发展模式，构建更深层的内容生产、出版、传播协作模式，从而实现高质量内容驱动、高质量出版和高质量产业发展模式。

作者单位：

温相勇　重庆市新闻出版局
聂昌红　重庆市新闻出版局
张　瑜　重庆市新闻出版局
张　进　重庆市新闻出版局
蒋　曌　重庆市新闻出版局
陈　翰　重庆市新闻出版局
罗　敏　重庆市新闻出版局

2020—2021年重庆印刷发行产业发展报告

吴 扬 李治国

在危机中育先机、于变局中开新局,2020年度印刷发行产业在遭受新冠肺炎疫情冲击大背景下,逆流而上、殚精竭虑,彰显了进取精神、发展韧性和使命担当。印刷行业在2020年第二季度的经济数据率先反弹,增速由负转正,稳住了基本盘,年度经济数据与上年相比,仅总产值和利润有所下降,总资产、总产出、工业增加值均有上升。发行行业坚持以"书香"驱散疫情阴霾、温暖读者心灵,逐步扭转颓势,网络发行增幅加大,混业经营初具规模。

一、全市印刷和发行行业概况

(一)印刷行业概况

截至2021年5月底,全市有1619家印刷企业参加年度报告,印刷企业总量同比减少51家。其中出版物印刷企业66家,同比减少2家。内部资料印刷企业42家,同比减少2家。专项装订(制版或排版)企业41家,同比增加3家。包装装潢印刷企业647家,同比减少36家。专营数字印刷企业4家。其他印刷品印刷企业823家,同比增加10家。全市印刷企业资产总额200.15亿元,同比增加8.25%,工业总产值153.4亿元,同比减少4.26%,连续两年出现下滑。销售收入160.1亿元,同比增加1.91%。营业收入163.5亿元,同比增加2.63%;利润9.6亿元,同比减少3.96%;总产出165.2亿元,同比增加2.1%;工业增加值43.2亿元,同比增加14.3%。

2020年重庆市印刷企业管理类别情况

	企业数量（家）	销售收入（万元）	工业增加值（万元）	工业总产值（万元）	工业总产出（万元）
出版物印刷	66	143392	36372	143876	149195
包装装潢印刷品印刷	647	1367596	379045	1272717	1360752
其他印刷品印刷	823	211342	13660	110077	134732
排版、制版、装订专项	29	5694	1990	5317	5506
专营数字印刷	4	2213	1032	2071	2128

2020年重庆市印刷企业部分主营业务情况

	企业数量（家）	销售收入（万元）	工业增加值（万元）	工业总产值（万元）	工业总产出（万元）
书刊印刷	103	138010	30150	103775	110321
报纸印刷	6	51021	17703	47633	54172
纸包装印刷	560	851421	240012	821349	820019
金属罐包装印刷	3	28933	6542	26398	24932
塑料软包装印刷	89	182731	47632	189001	187916
玻璃、陶瓷包装印刷	6	10327	2787	10216	11127
标签印刷	3	21312	4029	25121	25610
普通票据印刷	11	40019	10008	40339	41899
安全印刷	7	10001	2574	11007	10101
其他包装装潢印刷	6	12193	2619	15008	15432

（二）发行行业概况

截至2021年5月底,全市有发行单位2991家,相对2019年增加225家,企业数量连续2年保持200家以上的增长。其中批发企业231家,同比增加7家。零售单位2761家,同比增加218家;按照经济性质划分,新华书店系统4家,出版系统6家,邮政系统1家,其他国有或国有控股17家,外资29家,民营或民营控股(包括个体工商户)2935家;全市出版物发行网点7397个,按照经营范围划分,批发网点4165个,零售网点3232个。按照经营区域划分,县及县以上网点4831个,乡镇及以下网点2566个;出版物销售总额52.36亿元,同比减少9.17%。按业态划分,批发为44.79亿元,与2019年基本持平。零售为7.57亿元,同比减少5.32亿元,下滑幅度达到了41.27%。按品种划分,图书42.6亿元,减少5.7亿元,同比下滑11.8%,是销售总额下滑幅度最大的类别。报纸期刊为9.43亿元,比2019年略有增长。电子音像为0.25亿元,同比增加20%。按经济性质划分,新华书店系统17.34亿元,出版系统5.03亿元,邮政系统5.33亿元,其他国有或国有控股4.73亿元,外商0.13亿元,民营或民营控股(包括个体工商户)25.11亿元;行业从业人员26837人,同比增加2857人,增幅达到11.9%,其中批发企业18136人,同比增加37.8%,增幅较大。零售单位8701人,同比减少2119人,减幅达到19.58%。

2020年重庆市发行行业部分经济指标情况

(单位:万元)

类别	营业收入	出版物营业收入	资产总额	出版物资产总额	利润总额	出版物利润总额
批发	2892792	447934	2161464	571315	100993	40466
零售	610946	75717	390186	98652	44811	2126
合计	3503738	523651	2551650	669967	145804	42592

二、全市印刷发行行业发展特点

(一)出版物印刷板块颓势明显

近年不单只是重庆,放眼全国的出版物印刷企业都处于一个比较尴尬的地位,在低端印刷产能严重过剩、电子书广泛普及、印刷工价持续走低、有声书悄然兴起、互联网摧城拔寨等多重因素的夹击下,出版物印刷板块举步维艰。究其本质原因,无外乎以下两点。一是印刷资源持续减少。出版物中的报纸、期刊面临着较大的困境,报纸中大量的"都市报"已成了"聋子的耳朵",侥幸活下来的其印量也近乎腰斩,大多数期刊的发行量相比高峰期来说,简直可以用"可怜"来形容。一般图书在"书号紧缩"的大环境影响下,自2018

年开始出现了种类下滑的现象。教材与教辅印刷这两大基本盘的竞争堪称白热化,教材的招投标改革、循环教材的使用让原本平稳的教材印刷市场突生变数,特别是中小学教材的政府采购直接造成了出版物印刷企业利润率的降低。种类繁多的教辅,其在发行端的残酷竞争导致了印刷端印刷工价的持续走低。在一个互联网信息大爆炸的时代,一部拥有网络的手机,报纸、期刊、其他图书在它的面前会显得如此的力不从心。电子书的广泛普及或多或少已固化了一定数量的拥趸,近几年有声书的异军突起也顺便带走了不少的纸质书阅读群体。而我市出版物印刷企业面对的形势更不乐观,全市只有3家图书出版社,130家期刊社和40多份地方报纸,且地方报纸中只有少数几种是公开发行出版物,其余全部为内部资料性出版物,以传统纸质出版物为依托的重庆出版物印刷市场可谓前景堪忧。二是印刷产能的严重过剩。作为我国印刷行业最基础的组成部分,出版物印刷板块门槛较低、起步较快,塑造了曾经属于自己的辉煌。但是也正因为出版物印刷门槛较低,大量的社会资金才会在90年代末期疯狂介入出版物印刷行业,导致低端印刷产能重复建设严重,只注重设备投资,忽视了企业的管理和产品质量。出版物印刷产能陡然间增长几十上百倍,而出版物印刷资源并没有相应增长且还不断减少,供需两端的严重不平衡,促使出版物印刷企业在竞争中频频使出"价格战"的招数,从而传导整个行业,印刷工价持续走低、利润率逐渐减低,让出版物印刷企业在市场端的话语权逐渐失守,从出版单位把印刷企业奉为圭臬到印刷企业把出版单位视为上帝,形成"甲方"变成"乙方"局面,也就短短十来年时间。"十三五"期间,重庆出版物印刷企业不管是数量还是产值均出现了大幅下降的现象,企业数量已由88家下降到65家,产值由18.6亿元下滑到14.3亿元。

(二)包装装潢印刷板块在整个印刷行业的比重逐步加大

2020年,全市包装装潢印刷企业产值在整个印刷行业产值的占比首次突破80%大关,达到了83.1%。包装装潢印刷是印刷行业中文化和工业属性最强的板块,同时也是我市整个印刷行业的中流砥柱。作为重要的国民经济中游行业,与国民经济的发展休戚相关,国民经济的快速发展带动了消费品市场的持续快速增长,并通过产业链逐级传导进一步带动包装装潢印刷产业的快速发展。2020年下半年,伴随着全市国民经济的快速回暖,包装装潢印刷呈现出强势复苏的势头。总体上看,在我市电子产品、快递物流、食品和药品消费等经济增长点的"保证"下,我市包装装潢印刷的市场需求仍将继续保持稳步增长的发展势头。

"十三五"期间重庆市包装装潢印刷板块发展概况

年份	企业数量(家)	印刷行业总产值(亿元)	包装装潢印刷板块产值(亿元)	产值占比
2016	615	147.1	108.7	73.9%
2017	660	155.7	118.5	76.1%
2018	698	163.6	127.2	77.7%
2019	683	159.8	125.1	78.3%
2020	647	153	127.3	83.1%

(三)印刷行业的产业集中度持续加强

2020年,全市规模以上印刷企业达到了78家,比2019年增加接近20家,占全行业企业数量的4.8%。按照类别划分,出版物印刷企业6家,包装装潢印刷企业72家;按照区域划分,主城都市区片区71家,渝东北三峡库区城镇群片区3家,渝东南武陵山城镇群片区2家;按经济性质划分,国有企业3家,外资企业19家,民营或民营控股企业66家。印刷产值102.6亿元,占全行业产值的66.9%。印刷产值5亿元以上企业2家,产值2亿元以上企业11家,产值1亿元以上企业37家。利润8.08亿元,占全行业利润的84.1%,利润超1000万元企业23家。从业人员数14862人,占全行业从业人员数的43.1%。4.8%的企业数量贡献了全行业66.9%的产值,利润占比占据了全行业的84.1%,这样的产业集中度不可谓不高。

2020年重庆市出版物印刷企业前5强概况

序号	企业名称	工业总产值(万元)	工业总产出(万元)	工业增加值(万元)	从业人员(人)
1	重庆升光电力印务有限公司	11414.6	11905.2	2652.3	190
2	重庆重报印务有限公司	10432	10750	2563.1	312
3	重庆市远大印务有限公司	9743	9983	4563.5	282
4	重庆俊蒲印务有限公司	9042.1	9311.7	2518.3	182
5	重庆新华印务有限责任公司	5419.3	5834.3	3117.8	309
	合计	46051	47784.2	15415	1275

2020年重庆市包装装潢印刷品企业前10强概况

序号	企业名称	工业总产值（万元）	工业总产出（万元）	工业增加值（万元）	职工人数（人）
1	重庆顶正包材有限公司	73120.6	75324.1	26163.1	545
2	重庆凯成科技有限公司	63375.6	64375	18431.6	1572
3	重庆昊翔纸制品有限公司	40147	42300	7628	312
4	重庆合信包装印刷有限公司	28145	29103	3546	320
5	重庆联合制罐有限公司	27443	27723	9530	138
6	重庆市美盈森环保包装工程有限公司	26106	28456	8479	274
7	上阳（重庆）包装制品有限公司	25581.6	26052.6	6278	218
8	重庆宏劲印务有限责任公司	23842	23842	7559	288
9	重庆秉信包装有限公司	21664	23885.3	6520	132
10	重庆裕同印刷包装有限公司	21622	26595	3298	552
	合计	351046.8	367656	97432.7	4351

在出版物和包装装潢印刷品领域，企业集中度也较为明显。5家出版物印刷企业的总产值达到了4.6亿元，占整个出版物印刷板块的31.9%。在我市出版物印刷市场总规模逐步缩小、少数企业不断扩大自身规模的双重因素的刺激下，出版物印刷行业集中度上升得更快。另外我市出版物印刷市场主要集中在教材教辅，出版物产品种类不多、差异化不高，市场的细分程度也不高，能提供给消费者的替代品不多，中小企业、新加入企业的生存和发展空间就会很受限制，再次推升行业集中度。我市包装装潢印刷企业的集中度情况与全国其他省市相比，存在极大的差异。重庆10家包装装潢印刷企业的总产值达到了35.1亿元，占整个包装装潢印刷板块的27.6%，27.6%的产值由企业数量占比1.5%的企业创造。而其他大部分省市在包装装潢印刷板块，因其门槛低、产品种类多、消费替代品多，产业集中度并不高。究其原因在于重庆本土包装装潢印刷企业的整体竞争力太低，基本没形成气候。重庆包装装潢印刷前10强企业中只有1家是重庆本土企业，全国印刷百强企业中已难觅重庆本土印刷企业的影子，相反全国印刷百强企业已有20余家在重庆建有生

产基地,并不断地加快自身扩张和合并本土企业的步伐,这些企业在印刷设备、企业管理、产品质量、生产技术、资金流转方面均有优势,在高端电子产品包装盒、食品和药品外包装、烟包装等领域具有垄断地位,加快推进形成产业规模、市场集中效益。

(四)重庆出版物发行行业在全国的定位

2020年,全国共有出版物发行单位146043家,重庆以2991家的数量位居全国第17,数量占比全国的2.04%;发行网点246351个,江苏省以24836个的数量位居全国第1,重庆以7397个的数量位居全国第15,数量占比全国的3.02%。全国每千人拥有发行网点0.17个,西部地区0.13个,重庆0.23个,居全国第6位,西部第1位;资产总额14851.86亿元,重庆占比1.71%;营业收入12283.68亿元,重庆占比2.85%;出版物销售总额4138.9亿元,重庆占比只有1.26%。作为出版物发行行业的核心经济指标,重庆以52.3亿元的成绩排名全国第23,在西部地区也仅仅排名第6,也是全国少数几个出版物销售总额出现负增长的省市之一;全国人均出版物销售额293.17元,西部地区172.63元,而重庆只有163.33元,位居全国第21位,不仅低于西部地区的人均水平,更远远低于全国的人均水平;利润总额488.13亿元,重庆占比2.97%;从业人员166.98万人,重庆占比1.61%。全国发行企业出版物资产总额4709.85亿元,重庆占比1.42%;出版物营业收入4584.53亿元,重庆占比1.14%;出版物利润328.52亿元,重庆占比1.29%;全国共有实体书店78594家,重庆2851家,占比3.67%,实体书店数量排名全国第12。2020年,全国出版物销售额排名前20的出版物发行单位中无重庆单位的身影,而西部地区甘肃、四川、云南、贵州、陕西、广西等省份均有单位进入。重庆新华书店2020年以28.1亿元的资产总额、17.3亿元的出版物销售额、19.2亿元的营业收入、3.85亿元的利润均居重庆出版物行业首位,但是这样的成绩单在全国新华书店的横向比较中均难以进入前10。海南凤凰以155.9亿元的资产总额位居全国第一,江苏凤凰以127.08亿元的出版物销售额、9.95亿元的利润位居全国第一,差距显而易见。

(五)印刷和发行行业遭受疫情冲击

在2005年前,互联网对印刷行业的影响还很局限,传统印刷正是传递信息的主流,"非典"暴发期间,报纸、期刊、宣传册还是人们获取新闻的主要方式,最大的不同在于停工停产只是针对个别企业,印刷企业在有订单的情况下,完全可以满负荷运行,一些企业因承接了大量的"非典"宣传品使印刷业务有所提升。加之"非典"时期对医药、消毒化学品等用量的大幅增加,与之配套的一些包装印刷企业,如药品包装厂、塑料软包装厂等生产需求都出现了较大幅度的增长,"非典"疫情对印刷行业的影响可谓是微乎其微。而新冠疫情截然不同的是,绝大部分企业停工停产了将近一个月的时间,"坐吃山空"的一个月,让很多企业在支付员工工资方面也显得捉襟见肘。印刷企业复工后,纸张、油墨等上游原辅材料变得极为紧缺,印刷企业在生产时,又必须花大量的财力和物力做好自身的疫情防控,诸多不利因素必然导致企业出现员工的低返工率和印刷设备的低开机率,继而造成大量订单的延迟交付和海外订单的取消。同时,新媒体的飞速发展导致纸质疫情宣传印刷品并未显著增加,与疫情防控物资配套的包装装潢印刷品也只是暂时出现一个小增长点,在整个产业链条不能正常运转的情况下,消费端的乏力意味着生产端的订单量会减少,回款周期的不确定性也会增强。在2020年上半年,我市印刷企业产值同比下降超过30%。

对于出版物发行行业来说,2020年可谓是喜忧参半,喜的是网上销售渠道无需"隔离",不受时间和空间的限制,低折扣的"杀手锏"永远都在吸引着消费者,再加上营销手段上的推陈出新,2020年上半年出版物网上销售出现了"井喷"现象。忧的是遭遇毁灭性打击的实体书店,大多数实体书店并未开展线上销售业务,部分仓促上线的线上销售方式,因物流限制、订单分类等问题的影响,实际效果也并不理想。实体书店需要开门才能营业,需要消费者实实在在的进店消费。也正因为实体书店"人群聚集"的特点直接导致了它复工的时间一再延迟。在实体书店不能开门的几十天里,忠实的实体书店消费者们已经被引流到了线上,更难的是当这些忠实的消费者慢慢习惯线上购书方式、对实体书店已经失去耐性的时候,意味着实体书店前几年积攒的消费群体已被消耗殆尽。复工后的实体书店首先要面对的就是"门可罗雀的时间"持续太久的问题,而员工工资又需按时支付,现金流这条生命线变得极度脆弱,部分出版商甚至出现了暂停供货的现象。在图书价格短期内不能立法、线上新书恶性竞价销售、门店租金高企等不利条件的夹击下,裁员和闭店提上了部分实体书店的日程。2020年上半年,我市实体书店营业收入同比下降超过65%。

(六)全民阅读服务体系建设进入加速期

2020年,我市在全民阅读阵地建设、内容供给、活动引领、政策保障等方面持续发力,全民阅读氛围渐趋浓厚、合力逐步加强、覆盖面和影响力显著提高,全民阅读服务体系建设进入加速期,全民阅读对出版物发行业的促进作用正在显现。一是夯实阵地建设。已建成的43个公共图书馆中,一级馆达到35个,一级馆等级率居西部第一且遥遥领先,43个公共图书馆的数字资源总量达2100TB;建成1445个图书馆分馆,全市乡镇(街道)实现100%覆盖;24小时自助图书馆(城市书房)达到了94个,总面积达12000平方米,藏书60万册,设置阅读席位4000余个,打造了市民阅读新空间,并实现了全市40个区县行政区域全覆盖;8031个农家书屋更新图书50多万册,是2012年来更新图书最多的一次;新建有声图书馆110个,当下最潮的"听书"资源遍布全市20个区县;持续扶持实体书店发展,15家代表性实体书店获得市区实体书店扶持资金支持;建设完毕115个新华书店农村发行网点,农村发行网点实现全市区县全覆盖,超额完成"新华书店农村发行网点应覆盖不少于本地区10%的乡镇"的目标。二是强化活动引领。2020年,我市紧跟阅读新趋势,不断推陈出新,整合线上线下资源,营造阅读氛围,强化活动引领,推出多项全民阅读推广项目。"百本好书送你读"活动推荐好书100本,电子书和有声书平台有效阅读人次突破300万,市内43家公共图书馆、370多家大型实体书店开设了"百本好书送你读"专区专柜,推荐好书在新华书店系统销量同比增加25%。各区县各部门各单位围绕"百本好书送你读"开展了一系列主题活动,组织开展各类全民阅读活动1800多场次,直接参与市民达到了50万人次。活动在全市的影响性、权威性、指引性正在形成,覆盖面和推广度逐步提高,已成为展现书香重庆建设新进展、新成效的重要活动。"学习强国"重庆农家书屋建设作为全国唯一试点项目,为农村干部群众提供了多样化、个性化、智能化、便捷化阅读服务,累计浏览量超1.4亿次,入选2020年重庆市"我最喜欢的10项改革",成为传播创新理论、传扬先进文化、传授致富技能的重要阅读阵地。另外"阅读之星"、"阅读马拉松"、"书香重庆"号地铁专列、"阅读之光点亮重庆"灯光秀、"红岩少年"读书活动、"书香润万家"等一大批全民阅读推广项目影响日益深远,带动效应逐步加强。我市2020年开展阅读活动8000场次以上,其中大型主题阅读活动1600场次,参与群众达到1300万人次。30多个市级部门开展了常态阅读活动,区县层面形成全民阅读"一区一品、一县一特色"。三是加强政策保障。2020年,我市将"各级人民政府以及有关部门应当积极推进全民阅读,完善并充分利用全民阅读设施,组织开展全民阅读活动,提供全民阅读服务,培养公众阅读习惯"写入《重庆市实施〈中华人民共和国公共文化服务保障法〉办法》,推进全民阅读工作法治化建设。"构建'书香重庆'全民阅读服务体系"写入《中共重庆市委关于制定重庆市国民经济和社会发展"十四五"规划和二〇三五年远景目标的建议》,"推进全民阅读,建设'书香重庆'"写入《重庆市国民经济和社会发展十四个五年规范纲要和二〇三五年远景目标意见》,并将全民阅读工作作为"全面从严治党"考核指标内容,纳入全市各区县考核指标体系。

三、重庆市印刷和发行行业展望

(一)印刷企业的转型之路

通过近年的持续投入,我市印刷行业在印刷设备方面已处于国内先进水平,难能可贵的是,我市印刷企业近两年在印刷工艺改造、生产场地更新、员工技能培训等方面越来越重视。过去那种家庭作坊式的、散乱差的局面得到了较大的改观,璧山璧泉、涪陵李渡、南岸茶园、渝北回兴、北碚水土等地聚集了一大批印刷设备精良、产品质量优秀、生产工艺有序、厂区环境绿色的印刷企业。重庆市印刷行业的整体水平大幅提升、竞争力不断加强。梳理近年来我市印刷企业的转型之路,可以发现三条鲜明的主线。一是坚持印刷产品的精品化。精品印刷品仅从视觉感官方面就远远超过低端印刷品给消费者带来的吸引力。通过管理水平、印刷工艺、员工素质的提升,不断地加强自身产品质量,把自己擅长的印刷品做精做透,逐步摆脱低端产能、低附加值的印刷产品,做出高附加值的印刷产品,迎合客户的高质量要求,印刷企业与客户之间形成良性互动。二是寻求印刷产品的多元化。这更多地体现在传统出版物印刷企业上,加大其他种类印刷产品的市场开拓力度,逐步降低对传统出版物印刷的依赖性,从传统出版物印刷转移到包装装潢印刷或其他印刷品印刷(包括商业印刷、安全印刷、社会杂件等)。虽说包装装潢印刷领域的竞争也是日趋激烈,但相对来说,包装装潢印刷的利润率是远大于传统出版物印刷的。毕竟以工业生产和商品流通为依托的包装印刷市场在未来仍有较大的上升空间。三是更为直接的"去印刷化"。在本身印刷业务不做"加法"的前提下,跳出"纯加工"的圈子,根据自身情况,做产品前端设计、广告宣传、设备租赁、行业融资、印刷耗材生产等。这是原有印刷产业链条的延伸,原有印刷业务的拓展,值得在业内借鉴和效仿。比如雅昌(文化)集团,中国文化发展集团就是"去印刷化"后向更高端的产业链方向拓展的代表,特别是向文化创意方向转变。他们原有的印刷业务并未减弱,扩展出的内容又与原有的印刷业务有一定的渊源,企业为此拥有了比原有传统印刷业务更为宽阔的发展前景。

然而,必须面对的现实是,印刷企业短期内实现产品精品化几乎不可能,包装装潢印刷利润高不一定意味着每一家企业都能创收增效,"去印刷"后的领域虽看似一片蓝海,但实则波涛汹涌,竞争更为惨烈。印刷企业要走好转型之路,每一步都需要走得踏实。一是提前布局市场。包装装潢印刷、商务印刷、保密印刷等领域对质量、服务、时间的要求极高,在没有客户和市场资源储备的前提下,盲目上马设备将得不偿失。二是保证资金链安全。转型离不开雄厚资金的支持,现金流短缺的企业选择匆忙转型无疑"病急乱投医"。印刷作为一个"重资产"行业,做印刷精品最重要的就是印刷设备的更新换代,这显然离不开资金的投入。传统出版物印刷几乎全是出版单位来料加工,而包装装潢印刷大多需要企业自身先垫付印刷耗材,加上回款周期的延长,这对印刷企业现金流是极大的考验。三是注重人才培养。转型到一个陌生的领域,企业或多或少缺乏市场经验和专业水平的人才队伍,要快速适应一个陌生的领域,这对企业员工的综合能力要求极高。开展高效的员工培训,积极组织员工参观学习,借鉴转型成功企业的先进经验,相关领域进行深度合作,这需要企业管理者更多的思考。四是整合资源形成合力。每年秋季学期教材教辅的印制生产一直是我市老大难的问题,大量的教材教辅印刷后,装订和转运环节马上掉链子,"课前到书"险象环生。印刷企业要积极转变发展思路,抛弃之前"单打独斗""一家全干完"的思维定势,通过重组、并购、合作等方式整合资源、优势互补。

(二)绿色发展成为印刷行业共同的话题

自2012年国家大力提倡绿色印刷以来,"绿色化"已成为印刷行业最热门的话题。我市自2014年秋季学期即实现了中小学教材绿色印刷全覆盖,2015年开始强力推进票据票证绿色印刷。2019年,国家新闻出版署、国家发展和改革委等5部委联合出台《关于推进印刷业绿色化发展的意见》,《意见》突出问题导向和效果导向,对发展体制机制、区域协同发展、培育新动能、实施重大项目、产业发展基金设立等方面作出了系统设计、统筹规划,切实为解决多年来影响产业发展的基础性、瓶颈性问题探索出了方法。可以说,这次的《意见》中的绿色化,不仅是单纯的绿色化的产品、技术和服务,而且是绿色化发展理念、发展模式和发展路径的完整阐释和设计。《意见》的出台恰逢其时,是今后印刷业发展改革的纲领性、指导性意见。印刷业绿色化发展被提升到了国家战略发展高度,这让业界为之振奋。2020年,我市开始把教辅、少儿出版物逐步纳入了绿色印刷范围。每年绿色印刷扶持资金提高到了200万元。现全市已有绿色印刷企业35家,出版物印刷企业中绿色印刷企业的占比达到了49%,占比率在处于全国前列。2020年全市9490多万册图书、1200多吨票据票证实施绿色印刷。新华印务、远大印务、太极印务3家公司被评为印刷业绿色化发展示范企业,凯成科技印务被评为市级绿色工厂。绿色化是对绿色经济与发展生态文明理念的继承,是"科技含量高、资源消耗低、环境污染少"的生产方式,绿色印刷是印刷行业未来的必然方向,正以其强大的影响力引导并推动着印刷行业的健康发展。

(三)民营书业与出版社合作出版的几点思考

中国民营经济是伴随着改革开放的进程不断发展壮大的,而民营书业亦是如此。党的十八届三中全会通过的《中共中央关于全面深化改革若干重大问题的决定》明确提出:"在坚持出版权、播出权特许经营的前提下,允许制作和出版、制作和播出分开。"这是民营书业近年快速发展的最大利好政策。既为民营书业提供了强而有效的政策环境,又在很大程度上给民营书业提供了更加公平的竞争机会。当今民营书业在出版业的角色已经不是配角,而是不可或缺的重要力量。2020年,全国民营发行单位数量占发行单位总数的88.5%,而重庆这一占比达到了98.1%。

与能够满足自身发展需求的出版社进行合作,成为了民营书业产品数量急剧增多、发展规模迅速壮大的重要原因。民营书业机制灵活,经营效率较高,市场触觉敏锐,最贴近市场。他们根据读者需求进行文化产品的创造和选择,策划和销售的图书受到读者的广泛欢迎,市场反响强烈。我市五洲世纪集团与人民出版社合作出版的"五洲彩虹名著"系列丛书,一经面世,就受到市场的追捧。西西弗书店与重庆大学出版社合作的"惜福"日历,每年基本上都会成为"日历"市场上的爆品。但是民营书业在合作出版中并非一帆风顺,在不断的探索过程中,总会遇到各种难题。一是民营教辅同质化严重问题。民营教辅是合作出版的重头戏,市场占有率高,但是同质化严重,又需赶在开学前上市,合作出版中任何一个环节出现问题,即会错过图书的最佳销售节点。二是合作出版图书的内容质量问题。《图书出版单位社会效益评价考核实行办法》中规定"出版质量"占了一半权重,而政治导向出问题一票否决。在民营书业自身编校团队水平有限的情况下,合作出版图书的内容质量无不考验着出版社的"三审三校"。三是合作出版图书的印装质量问题。合作出版图书要靠印刷环节最终呈现到消费者眼前,印装质量不合格、交货时间不能保证都严重影响到图书的销售。综上所述,民营书业与出版社的合作能否实现共赢,还需要在以下几个方面下功夫。一是深入调研出版社的核心竞争力。出版社选题通过率、出版专业性是保证图书销售和发展前景的重要因素。找准各自特点、优势互补才是长期合作的关键点。二是提升自身编校质量。出版社在社内编审任务极其繁重的情况下,再花更多时间对合作出版图书进行"三审三校"显得极不现实,民营书业应建立一支属于自己的编审队伍,减少合作出版中因内容反复修改导致的时间滞后难题。三是合理编制年度选题计划。合作出版社越专业,底气就越足,其资源就越丰富,对合作出版的要求就越高。民营书业应提前就年度选题计划与出版社充分沟通,避免出现选题计划"打架"的情况。四是严选质量可靠的印刷企业。印装质量是判定图书整体质量的重要环节,也是吸引消费者的第一因素。要从印装工艺、交货时间、纸张材料等方面对承印企业进行考量,确保图书印装质量。习近平总书记在民营企业座谈会上的讲话充分肯定了民营经济的地位和作用。在新时代的背景下,民营书业在整个出版物发行业将有更大的发展空间和更好的发展前景,民营书业与出版社的合作也将不只限于传统的纸质出版物,制作、配送、营销等服务领域的合作甚至是"书业"外的合作也成为可能,形式也更加丰富多彩。

作者单位:
重庆市新闻出版局

2020—2021年重庆影视产业发展报告

刘贵明　黄　亮　杨松辉

2020年是全面建成小康社会和"十三五"规划的收官之年,是实现第一个百年奋斗目标的关键之年,也是脱贫攻坚决胜之年。同时,年初新冠肺炎疫情暴发给世界经济带来巨大冲击,给影视行业带来重大影响。在这样的时代背景下,重庆影视行业针对新冠疫情防控,及时出台促进影视行业积极复苏的有效措施,着力突出巴渝本土特色,深入挖掘重庆红色文化和历史文化资源,紧紧围绕庆祝建党百年抓创作生产,极力引导多方力量保行业稳定,切实满足市民公共文化需求,力求把疫情对重庆影视行业受到的影响降低到最低。

一、2020年重庆影视产业回顾

(一)电视剧创作主题更加突出

全年备案公示电视剧9部231集,审查发行电视剧6部229集。出台《重庆市加强重大时间节点广播电视和网络视听文艺创作规划实施方案》,重点推进一批讴歌党、讴歌祖国、讴歌人民、讴歌英雄的优秀电视剧。开展2020年度重庆市文艺创作项目广播电视类资助工作,扶持《共产党人刘少奇》《勇者无惧》《绝境铸剑》《浴血十四年》《烈火战马》《晚安,亲爱的你》等6部完成片,以及《曙光之裔》《幸福中路》等2部剧本。重大革命历史题材电视剧《共产党人刘少奇》于3月19日登陆CCTV-1黄金时段播出,收视率和口碑节节攀升,创同时段收视率第一的佳绩。《麦香》于5月18日登陆CCTV-1黄金时段播出。电视剧《绝境铸剑》于12月26日在央视一套黄金时段播出,《陪读妈妈》在浙江卫视播出。《一路上有你》《幸福约定》《烈火战马》等即将上星播出。电视剧《一江水》入选国家广电总局第三批2018—2022年重点电视剧规划选题。《共产党人刘少奇》《绝境铸剑》获第32届电视剧"飞天奖"优秀电视剧大奖。

值得一提的是,在新冠疫情非常严重的特殊时期,重视传媒集团以抗击疫情为主题,组织精兵强将及时编写剧本,及时组建剧组,在克服重重困难的情况下,拍摄成了国内第一部抗疫主题的电视剧《晚安,亲爱的你》。故事通过特别报道组中"70后""80后""90后"三位媒体人的视角,讲述他们亲历各种新闻事件,与爱人、亲友、群众以及医护人员、公安干警等一线抗疫工作者一起相伴成长,共抗疫情,完成各自的责任与坚守,牺牲与奉献。该剧16集,在重庆卫视首播后,产生非常积极的影响,激发了广大观众抗击疫情的信心和力量,也展示了重庆影视团队在关键特殊时期挺身而出、敢于担当、不怕困难、不辱使命的精神面貌。

(二)电影创作逆势快速增长

全年备案电影76部,同比增长17%;拍成电影完成片20部。围绕建党100周年、全面建成小康社会等重要节点,加强革命历史题材和脱贫攻坚题材创作指导,重点推进拍摄《王良军长》《橙妹儿的时代》《牧蜂姑娘》等重点影片。首次征集建设重点题材电影项目库,从54个电影项目中评出重点推进类项目8个、重点培育类项目4个。顺利开展2020年度电影扶垚计划申报评审,从六大类33个电影项目中评审出17个项目给予扶持。扶贫题材重点影片《橙妹儿的时代》顺利公映,《东溪突击》等4部重庆影片在央视电影频道播映,《妈妈和七天的时间》入围第77届威尼斯国际电影节、第25届釜山国际电影节"亚洲电影之窗"单元,入围第4届平遥国际电影展主竞赛"藏龙"单元并获费穆荣誉最佳影片。

2020年重庆创作的电影项目中,最有代表性的是电影《橙妹儿的时代》。该片由艺真文化产业集团有限公司出品,奉节县委宣传部、重庆优剧文化传媒有限公司联合摄制。2020年1月18日开机,11月20日上映。获得中国文学艺术基金会、中国文学艺术发展专项基金资助,还获得重庆市电影扶垚计划资助。从创作角度来看,采用青春视角来讲述脱贫故事契合观众审美期待。影片以海归农业博士橙妹儿、长年研究柑橘种植技术的关怡、橙妹儿的爷爷奶奶等三代人为主线,以扶贫干部楚黎明、农业技术员江文玲、追随橙妹儿而来的乡村建设研究人士郑明磊等为副线,贯穿电商扶贫、观念转变、产业开发等,生动讲述了青年人才扎根乡村,帮助群众脱贫致富的故事。中国电影评论学会会长饶曙光认为,为了契合当下观众的心理及期望,创作者在视觉表意和叙事张力两个方面作出了突破。在视觉表意层面,创作者并不止于对景观和空镜头的表现,而是将当地诸多人文历史和古典诗句融入其中,凸显出了夔州作为"诗城"的历史地位和身份。从社会意义来看,《橙妹儿的时代》取得较好社会评价。全片充满暖色调,情节跌宕起伏、感人至深、催人泪下,既展现好山好水的峡谷风光、良"橙"美景,又反映扶贫干部、青年创业者和山村群众不屈不挠,敢于奋斗、勇于奋斗的精神,具有很强的代入感和现实意义,观众评价良好。成片获得国家电影局肯定。从经济效益来看,《橙妹儿的时代》的拍摄宣传发行应总结经验,提升工作水平。该片定位为小成本电影,开机后恰逢疫情暴发,拍摄工作受到疫情巨大影响,11月上映也深受疫情困扰。同时宣传发行经费不足制作成本10%,市场知晓率和影响力严重不足。总体来看,《橙妹儿的时代》拍摄成本虽小,但其通过共同体的营造、现实主义、类型化叙事以及诗性化的镜语表达与观众建立起了共同体美学,为脱贫攻坚主题电影创作作出了有益探索。

(三)影视对外交流不断拓展

认真贯彻落实成渝地区双城经济圈战略决策,与四川省电影局达成"巴蜀电影联盟"战略合作框架协议。积极推动重庆电影集团与峨眉电影集团、江津区与郫都区结成战略合作关系,在影视项目、院线建设、基地建设、人才交流、版权购买等方面展开深度合作。重庆影视城(江津白沙)与成都影视城正式签署成渝影视双引擎战略合作框架协议,以推动西南地区影视文化全产业链高质量发展。开展第七届重庆青年电影展、第三届重庆先锋艺术电影展,组织参加第24届香港国际影视展线上展,审批开展单一国家电影交流活动5场次。与哥伦比亚国家广播电视台就中国影视作品在哥伦比亚落地播放及未来合作达成协议,授权哥伦比亚国家电视台在两年内通过该台电视频道免费向哥伦比亚公众播出包括电视剧《推拿》《李小龙传奇》在内的多部影视作品。

这一年,在疫情防控压力常态下,如期举办的第七届重庆青年电影展非常不容易。10月30日,第七届重庆青年电影展在九龙坡区越界影城仁悦天地店拉开帷幕,著名电影导演、北京电影学院教授谢飞作为影展名誉主席来到现场宣布影展开幕。本届影展由重庆市电影局、重庆市文学艺术界联合会主办,四川外国语大学新闻传播学院、重庆市电影家协会、四川外国语大学教务处、重庆跳轴影视文化有限公司共同承办。共收到全球范围内496部竞赛影片,制片地区涵盖了美国、日本、韩国、澳大利亚、加拿大、马来西亚等国家与地区,最终短片入围16部、长片入围5部。本届影展竞赛单元的终审评委由谢飞、陈德森、阿尼秋吉、李霄峰、张翀、杨子姗等多名国内知名电影人担任,评选出最佳影片奖、最佳剧情短片等15个竞赛奖项。在疫情突发的特殊情况下第七届重庆青年电影展能够顺利开幕太不容易!首先是疫情下影院受到了管控,其次影展的资金和资源都受到了影响,一些计划中的国际交流也不得不缩减了规模,或者暂停,或选择线上开展。重庆青年电影展确定了线下活动由五天缩减为三天,线上方面则是与网络平台合作,设立线上短片展映单元,对66部短片作品进行展映。本届重庆青年电影展的开幕影片选择了《灰烬重生》,本片2016年在重庆开机拍摄,这是这部影片在内地的大银幕第一次播放。本届影展除了竞赛单元还设立了多个展映板块,考虑到2020年是"成渝地区双城经济圈"建设和"巴蜀电影联盟"建立的开局之年,特别设立"巴蜀印象"特别展映单元,展映了来自成渝两地的两部优秀影片,分别是著名导演章明1996年的作品《巫山云雨》和独立电影导演高屯子历时十年拍摄的纪录片《寻羌》,也是希望利用两城互补互利的特质与优势,不断丰富城市影像的维度、加速文旅产业的融合发展。此次重庆青年电影展还与乌拉圭领事馆、匈牙利方面接洽,特别引入了"新视野"单元和布达佩斯短片电影节单元。自2014年创办至今,重庆青年电影展共邀请了百余名行业嘉宾及电影从业人员参与影片展映及论坛活动,目前共放映了近500部境内外影片,组织了400余场线下活动,先后联动全国70所高校、10余个文创园区和多家院线,总参与人数已超10万人次,成为西部地区最具规模和影响力的专业型电影节展之一。

(四)抗击疫情取得积极成效

通过座谈、电话沟通、发放问卷等形式,两次形成影视行业受损情况报告,向国家电影局和市委宣传部汇报。积极协调市财政等部门,提前启动2019年度放映国产片优秀奖励,并向全市影院发放了政策性补贴。针对影视行业受到疫情的严重影响情况,及时印发《重庆市电影行业恢复营业工作指南》《应对新冠肺炎疫情影响优化重庆影视拍摄管理服务措施》,促进影视行业企业有序复工,为来渝影视拍摄组提供重点宗教活动场所、少数民族特色村镇、旅游景区等免费拍摄场地（景）。当年全市影院复工242家，复工率85.82%，放映影片121.46万场，票房4.14亿元。虽然影视行业蒙受巨大直接经济损失，甚至出现个别影院关停等现象，但我市电影行业总体情绪平稳，没有出现突发公共安全事故。

（五）影视产业链条不断完善

打造以"一核两带"为中心的全域影视基地，编制《重庆市影视拍摄服务资源指南》，建设覆盖全市的"文旅融合"影视拍摄服务资源平台。在渝中区挂牌成立山城影视产业园，在铜梁、武隆、綦江、彭水等区县建设影视产业园，初步建成永川"全国大数据智能影像产业基地"，吸引优秀创作者和影视企业落地重庆。着力打造影视拍摄公共服务平台，全面细化、优化和专业化重庆影视拍摄一站式平台服务流程，完善专管员制度，提升服务效率，提高服务质量，让来渝剧组感到更加热心、更加贴心、更加舒心。虽然受到疫情影响，但是影视行业复苏后，重庆吸引了大量剧组来渝拍摄，一站式服务平台服务《彷徨之刃》《花甲合伙人》等20多个影视项目，开具行政协调函80余份，协调拍摄场景200余处，有效地助推重庆影视事业、城市品牌、文旅产业的发展。随着一大批在重庆取景的影视剧热播，让重庆这座城市的魅力更加彰显，重庆成为名副其实的"网红"影视拍摄取景地。

随着重庆影视产业快速发展，各区县积极参与影视产业发展，规划建设或建成了一批影视制作基地、文化产业园，重庆武隆影视文化创意产业园成为当年涌现出的一个新典型。该影视产业园2020年7月提出"一地、一园、一节、一校、多点、多产业"的建设思路。即建设"一地"（武隆生态全域影视基地）、"一园"（重庆武隆影视文化创意产业园）、"一节"（武隆国际电影文化节）、"一校"（武隆影视传媒院校）、"多城"（欧洲风情影视城、乌江文化影视城、民俗文化影视城、乡村风情影视城等）、"多产业"（剧本创作、影视拍摄、后期制作、大型演艺和文化交流），打造影视文化综合产业区目标。力争1年初见成效，2年建成市级、5年建成全国知名的集拍摄、制作、体验、旅游等为一体的特色综合影视基地。产业园配套措施包括在白马山度假区、羊角古镇等地新建影视项目，引进国内电影制作企业，形成剧本创作、影视拍摄、后期制作、大型演艺和文化交流的多产业发展模式。武隆区将相关项目作为文旅农项目申报，项目建成后企业自主创建申报A级景区，经评定为3A、4A、5A级景区的，分别给予20万元、50万元、200万元一次性奖励；当年被评为三星级、四星级、五星级旅游饭店的,一次性分别给予10万元、20万元、100万元的奖励;企业主办或承办国际、国内高端论坛和峰会,且规模在300人(含300人)及以上的,在度假区或景区内举办的,一次性给予5万元的奖励;在城区内举办的,一次性给予3万元的奖励。2020年入园影视企业达到129户,企业累计实现产值10.52亿元。

二、2020年电影发行放映市场受到新冠疫情的严重影响

2020年突发新冠疫情,电影行业复工的时间相对最晚,疫情防控期间电影院全部暂停,我市电影发行放映市场和企业也遭受重创。2019年票房过亿影投公司有万达院线旗下影院,票房收入总计约2.5亿元;华人文化旗下UME影院,票房收入总计约1.9亿元;本土新三板上市公司越界影业旗下影院,票房收入总计达1亿元;还有外资影投公司CGV、本土国企影投重庆电影集团和市电影公司,以及规模相对有限的影投公司(影院),受损情况都非常严重。

(一)规模影视企业受到严重影响

如万达院线,旗下影院在渝共23家,原有全职员工231人,2020年减员较少,但因疫情持续,计划2021年减员50%左右,员工月工资在2500元到2800元之间,每月需承担各项支出800万元左右。23家影院中的12家陷入经营困难。还有UME,旗下影院在渝共14家,原有全职员工292人,减员45人,员工月工资人均约1800元,每月需承担各项支出约近500万元。

(二)本土规模影视企业面临重大困难

越界影业是本土电影放映业中影院数量最多、经营规模(影院体量、座位数、银幕数)最大、营业收入最高的影投企业,现有在渝影院15家。近年,越界影业在渝扩展迅速,新建的影院项目大多在主城拥有较好的地理位置,建成的项目体量(规模)、品质均属较高档次。其中拥有IMAX银幕的影院就有4家,每套IMAX设备投资近1000万元。在高速发展的过程中,越界影业融资规模扩大,经营成本的增加较快,主要是较高的场地租金,影响了企业的现金流量,造成极大经营困难。原有全职员工180人,减员100人以上。员工月

工资在 1200 元到 1700 元之间,拖欠现象严重。15 家影院仅一家正常营业。

(三)国有影视企业经营风险增大

比如,重庆电影集团以电影内容生产为主,亦涉足电影放映(电影院的投建和经营),目前旗下有 3 家电影院 13 张银幕(分别在两江新区、渝北区和綦江区),2019 年票房收入 685 万元。影院全职员工共 25 人,少量减员,员工月工资人均约 2900 元。每月需承担各项支出约 60 万元,影院也打算开始转让。再比如,市电影公司近年来投资的几家影院陆续开业,经营情况逐年好转,并不断拓展电影院项目。现已建成 8 家电影院,53 张银幕,2019 年票房收入 5500 万元。受疫情影响,公司经营也出现困难。公司各影院原有全职员工 97%,已减员 55 人。员工月工资人均约 2400 元,每月需承担各项支出约 120 万元。虽然各家影院均没有关闭打算,但现金流断裂风险也逐步较高。

(四)外资影投企业困难重重

比如,CGV 为外资影投企业,在渝共 8 家影院,原有全职员工 68 人,减员 50%。员工月工资人均约 3000 元,每月需承担各项支出约 300 万元,8 家影院中 4 家暂停营业,面临较高的房租费用,也出现经营困难的局面。

(五)非规模以上影投公司影院影响较大

主要包括各区县国营影院和其他民营资本投资的影院,全市大约有 90 家。这些影院 2019 年票房收入总体约 2.4 亿元,占全市份额的 15%,虽然市场份额较小,但数量多、分布广,是为区县和乡镇群众提供电影服务的重要力量,也是受疫情影响最大的群体。原有全职员工约 1100 人,人均每月工资约 2300 元,这些影院承担风险能力较差,也陷入了拖欠工程款、片租、房租、员工工资等困境。

2020 年,在新冠疫情得到有效控制后,市电影局筹措多方力量保障市场和企业稳定,积极推动影院复工复业。282 家影院中 245 家恢复正常营业,复工率 87%。电影票房大幅下降,总收入 5.02 亿元,仅为 2019 年的三分之一。票房收入下降,同时影响国家电影发展专项资金的收取,电影主管部门投入电影创作扶持和保障市场稳定的能力也大幅下降,从而对行业稳定带来了严重影响。

三、重庆影视产业发展的挑战与契机

目前,重庆城市电影银幕数居于全国前列,电影票房收入稳居全国城市前六,优秀影视佳作不断涌现,但有影响力的影视作品数量总体还不多,尤其是有全国影响力原创影视作品还不突出。

(一) 影视市场主体不强

全市 500 余家影视企业,发展时间短、基础弱、成熟度低,规模仅为北京的 1/12,上海的 1/10。市场主体大多是中小企业,龙头骨干企业少。注册资本过千万的影视公司不到 10 家。制片公司投资能力弱、抗风险性差,电影投资体量小,整体上尚未达到国产电影平均制作投入水平。目前我国中等规模的商业电影成本大约在 5000 万元人民币以上,大制作的电影需投入上亿元,比如,电影《长津湖》投入 13 亿元。而大多数重庆影视公司都是超低成本制作,无法达到国产电影平均制作投入水平。

(二) 影视扶持政策滞后

与周边省市相比,我市电影发展政策扶持力度仍显不足、扶持体量和水平较低。据调研,全市仅九龙坡、江津、奉节、铜梁等 4 个区县有影视产业相关扶持政策,大多数区县吸引影视企业落户发展的动力不足,推动影视产业发展的办法举措不多。市级扶持政策和资金高度依赖于国家电影事业发展专项资金(简称电影专资),一旦遇到新冠肺炎疫情等不可抗力因素影响,就面临电影专资没有收入,扶持资金没有着落的境况。

(三) 影视工业化程度不高

我市影视制作环境及条件相对落后,专业化程度不高,产业链条和工业化水平有待完善。影视基地合作效能偏低,存在着同质化发展竞争、侧重文旅开发、缺少影视专业价值、基地基础建设弱且利用率低等问题。影视人才培养模式缺乏针对性,人才队伍建设滞后,缺乏专业化、高素质人才,尤其缺乏具有创新意识的创作人才、能够准确把握市场的营销人才、熟练掌握高科技的专业技术人才,以及全国有代表性的重量级制片人、导演和编剧。

（四）影视供需习惯深刻变化

受疫情影响，影视拍摄、发行放映、群众观影习惯等方面出现深刻改变。首先是国内部分商业电影由院线转战网络播映。徐峥导演的影片《囧妈》于2020年1月25日开创了商业电影网络免费首播的先河。随后，由王晶监制、甄子丹主演的《肥龙过江》也改为网络收费播出。由于森执导的电影《大赢家》于3月20日晚8点在西瓜视频、抖音等客户端免费上映。未来，院线电影的发行渠道或许不再限于影院放映。疫情防控期间观众越来越习惯于通过互联网来更加自由、方便地选择影视内容，从而使更多的线下实地消费转化为线上点击消费，特别是那些缺乏影院必看性的电影。这种改变既会影响到影视行业的渠道价值、窗口规律、版权意义，也会影响到影视产品的类型、形态的生产和营销、推广的方式。

电影，仍然是深受群众喜爱的艺术形式，是综合国力和国家文化软实力的重要标志，我市在"十四五"期间也迎来影视业发展契机，有以下有利发展条件：

市委市政府高度重视。《重庆市国民经济和社会发展第十四个五年规划和二〇三五年远景目标纲要》明确提出，"全面繁荣新闻出版、广播影视、文学艺术、哲学社会科学事业。实施文艺作品质量提升工程，不断推出反映时代新气象、讴歌人民新创造的文艺精品"，"合理规划和规范发展文化产业园区，实施文化产业园区、基地聚集发展工程，建设全国重要影视基地"。充分体现了市委市政府对电影产业的重视、厚望和支持。

最热门的取景地。重庆主城都市有风光，大江大河有风景、渝东南少数民族地区有风情。山清水秀生态带，立体的城市景观，吸引了摄影机的镜头。重庆悠久而厚重的巴渝文化、三峡文化、革命文化、抗战大后方文化、统战文化、移民文化、民族文化等也为电影创作提供了源源不断的素材。"山水之城·美丽之地"，重庆已成为国内最热门的电影取景地。

活跃的终端市场。通过本土院线、电影节展、公益放映、惠民电影等多种举措长期培育终端市场，促进重庆跃升全国电影票房重仓。2019年，共放映城市电影359.17万场、观众4480.02万人次、15.87亿的票房创历史新高，同比增长2.63%，居全国城市电影票房榜第六位。

积极的政策扶持。市委市政府印发《关于推动文化产业高质量发展的意见》，通过扶持政策、专项资金、行业协会、剧本评选和嫁接扶强、龙头企业等措施,大力发展电影产业。市电影局制定实施"重庆市电影扶垚计划",有力推动本土电影生产发力。各区县陆续出台影视业发展的优惠和扶持政策,逐步形成多点开花、全面发展局面。

便捷的"一站式"服务。重庆市影视拍摄一站式服务平台为剧组报批、取景、拍摄、运作、送审等各环节提供了一站式解决方案,为市内外影视单位与摄制团队提供政策咨询、人才推荐,提供设备器材、取景场地、影视基金资源对接等服务。仅2018—2019年,100余部在重庆摄制的影视剧通过一站式服务平台获得了制片方面相关支持,包括《坚如磐石》《少年的你》等名导名作。

四、2021年全市影视产业展望

2021年,是中国共产党成立一百周年,是"十四五"规划开局之年,是开启全面建设社会主义现代化国家新征程的第一年。重庆影视产业必须坚持与时代同步伐、以人民为中心、以精品奉献人民、用明德引领风尚,必须进一步优化政策环境,完善产业链条,打造影视精品,扩大品牌影响,努力实现高质量发展。

(一)持续完善影视产业发展扶持政策

认真贯彻落实市委关于"坚定文化自信,加快建设文化强市,不断推出文艺精品力作,深入推进文化惠民,推动文化产业高质量发展,在讲好讲新重庆故事上抓落实见成效,进一步提升重庆对外影响力和美誉度"的要求,真正做到"在重庆的文旅产业中,优先发展影视业",构建起成渝地区双城经济圈背景下区域影视产业发展新格局。细化《关于推动文化产业高质量发展的意见》,充分发挥重庆市文艺创作项目资助和重庆电影扶垚计划的杠杆作用。推动《重庆市"十四五"电影业发展规划》起好步,努力把重庆打造为中国电影的重要增长极和推动中国电影高质量发展的新动力源。印发《重庆市影视示范基地申报命名管理暂行办法》,启动申报命名工作,吸引重点影视企业、影视项目落户重庆。

(二)着力加强重点影视题材创作

围绕庆祝建党100周年、乡村振兴、成渝地区双城经济圈建设等,着力策划、充分反映当代重庆工作成绩、展现重庆建设成就的影视作品创作,继续建设重点题材影视项目库。加强选题策划,深入挖掘提炼巴渝文化、三峡文化、革命文化、抗战文化等题材资源,指导重庆电影集团和民营影视企业,积极创作红岩题材、革命历史题材影视作品创作。做好影视项目跟踪推进,推动电视剧《智能大时代》《中国军医》《曙光之裔》、电影《开山》《最后58天》《最后的真相》拍摄制作和播出,打造一批思想精深、艺术精湛、制作精良的优秀佳作。

(三)不断厚植影视产业发展良好环境

深化影视拍摄一站式服务平台作用,构建一体化的影视产业管理服务支撑体系,实现对在渝拍摄电影、电视剧、网络剧剧组提供景区推介、拍摄手续办理、拍摄技术服务、群演服务、服化道摄录美等方面的综合性"一站式"服务。探索建立文旅融合影视拍摄资源数据库,积极宣传推介重庆景区资源,形成宣传重庆城市形象,剧组、景区"双赢"的良好局面。进一步强化重庆大学、西南大学、重庆师范大学、重庆邮电大学等高校影视类专业与重庆本土企业的校地、校企合作,带动本土影视全产业链人才培育。

(四)稳步推进影视示范基地建设

全面打造以"一核两带"为中心的全域影视基地。整合市内影视基地和旅游景区资源,建设影视拍摄资源大数据库。在增强市场竞争力、创新驱动力和文化辐射力上下功夫,不断完善渝北龙兴、荣昌万灵等重庆特色影视基地,推动江津白沙影视基地产业升级,推进建设重庆影视城(江津白沙),着力打造西部数字化影城、科技中心、后期制作中心。推进建设重庆长江文旅影视产业园,推出特色化、专业化的影视基地服务产品,积极推介在渝拍摄剧组到两江影视城、磁器口景区等成熟景区拍摄广播电视作品,着力推动全市文化旅游产业提质增效。

(五)大力提升影视活动品牌影响力

高起点定位,高标准实施重庆青年电影展、巫山艺术电影周、重庆先锋艺术电影展、中国(白沙)影视工业电影周等节展活动,以品牌电影节展为契机,提升重庆电影辐射力和美誉度。开展重庆影视"走出去"工程,以建设内陆开放高地,打造世界旅游目的地为目标,以影视文化产品走出去助力我市提升文化旅游对外影响力和国际传播力。遴选适合对外推广的电视剧项目进行译配,向东盟、南美等地区国家持续输出播映版权,向全球推广展示重庆深厚的历史文化底蕴,让中华文化、中国声音、重庆映像通过电视剧这一大众媒介"走出去"并形成持续影响。

作者单位:
  刘贵明 重庆市电影局
  黄 亮 重庆市电影局
  杨松辉 重庆市文化和旅游发展委员会

2020—2021年重庆互联网文化产业发展报告

唐鱼跃

当前,互联网成为推动文化大发展大繁荣的重要力量,文化消费的线上业态服务线上模式勃兴。近年来,重庆坚持以社会主义核心价值观为引领,数字化、网络化、智能化为方向,深入实施网络内容建设工程,推动建立网络综合治理体系,全市网络空间正能量充沛、主旋律高昂,网络生态积极向好,网络文化产业规模快速扩大,产业链也在不断发展完善。据有关部门统计,2020年我市共有1336家单位申请办理网络文化经营许可事项,同比增加121.6%。

一、2020年以来重庆互联网文化产业发展情况

(一)信息基础设施建设成效显著

据通信管理部门统计,重庆网民数量达到1900万,用户规模的扩大使得各类数字文化服务应用保持高速增长,动漫游戏、网络文学、网络音乐、网络视频等数字文化消费市场不断扩大。"光网·重庆"工程扎实推进,截至2020年底,固定宽带家庭普及率和光纤入户占宽带用户比率分别达到99.2%和92.6%,移动宽带用户普及率达到100.9%,贫困村光纤宽带网络覆盖率保持在100%。"无线·重庆"工程深度覆盖,5G发展进入全国第一梯队,累计建成5G基站4.9万个。国内互联网枢纽地位进一步巩固,国家互联网骨干直联点出省直联城市达到35个,互联网省际出口带宽达到27.2Tbps。国际信息枢纽能力全面提升,建成中新(重庆)国际互联网数据专用通道。工业互联网国家顶级节点(重庆)标识注册总量达到6.31亿,接入西部十省市19个二

级节点,接入企业节点数量1000余家。区块链发展综合竞争力排名全国第五,全国域名F根镜像节点、国家"星火·链网"区块链超级节点落户重庆。信息基础设施不断完善以及互联网技术的进步极大地促进了互联网文化产业发展,不断催生出互联网文化产业的新业态、新模式。

(二)传统媒体与新兴媒体深度融合发展

加快推进媒体深度融合发展,重点网络媒体传播力、引导力、影响力和公信力不断提升。重庆日报报业集团、重庆广电集团(总台)媒体融合重点项目有序推进,"报、台、网、端、号、屏"全媒体传播链条基本形成。华龙网综合传播稳居省级新闻网站前列。"1+41"新重庆客户端集群下载量超2600万,成为覆盖所有区县的移动互联网阵地。上游新闻下载量突破3900万,成为在国内具有影响力的新闻客户端。第1眼、重庆日报网全媒体矩阵粉丝量分别突破3500万、2000万。iChongqing海外曝光量超7亿人次,在省级同类平台中保持领先。各区县均成立融媒体中心,基层网上阵地巩固拓展。全市已有35家单位取得互联网新闻信息服务许可,具体服务形式包括34个互联网站,32个应用程序,3个论坛,48个公众账号,共计117个服务项。全市网络媒体中,共14家纳入国家网信办《互联网新闻信息稿源单位名单》。

(三)网络新闻传播力影响力不断提升

精心开展网上重大主题宣传,强化议题设置,创新加强优质内容生产。同时通过技术赋能,紧盯前沿应用,运用新技术、新机制、新模式,实现宣传效果的最大化和最优化。2020年联动四川等6省市策划发起"你笑起来真好看——决战脱贫攻坚看西部"网络主题活动,首次在西部省际层面开展脱贫攻坚网上大型联动宣传,累计刊发转载有关报道3.06万篇,总阅读量6.13亿人次。聚焦"高质量"发展主题,成功举办第四届"共舞长江经济带"网络主题宣传,刊发原创稿件189篇,累计阅读量超1.5亿人次。开展的"2020线上智博会""行走自贸区""2020·指尖城市"等重大主题活动,组织各网络媒体创作新媒体产品,开设微博、抖音话题,利用全媒体矩阵加大传播推送力度,阅读量均突破千万级别,全网唱响重庆好声音。2021年聚焦庆祝建党百年,开设"奋斗百年路·启航新征程""千秋伟业·百年风华"等网络专题专栏,累计集纳重点稿件9.3万篇,总阅读量达15.5亿人次。制作推出的主题微视频《重庆这百年》,全网观看量达1.02亿人次。创新推出全国首款党史宣传沉浸式互动视频产品《党员，请选择！》，全网点击量达1.08亿人次。组织开展的"双晒""网民文化季""V动巴渝""打卡巴渝美景"等活动，进一步提升了重庆的传播力和美誉度。

（四）公共数字文化服务加快推进

加强文化惠民服务，持续利用互联网、电视、手机等终端推送公共文化服务，全市43家图书馆、41家文化馆积极开展"重庆文图数字集群服务"，实现市区（县）两级"线上服务"全覆盖。公共图书馆系统开展"共克时艰·喜马拉雅VIP免费送"等线上活动120余个，开辟"抗疫专题"数据库和电子书柜，提供电子书25万本、有声书和视频资源30万小时。"重庆群众文化云"免费提供500门优质网络艺术课程，上线数字资源40.6万个，用户达88.5万个，累计访问量4600余万次。"巴渝文旅云"完善数字文旅服务资源，开设"杂技云艺馆"专区，新开发大小屏区县文旅产品，精心打造"云上文旅馆"。

（五）网络文化产业活力不断迸发

重庆数字出版业发展位居西部前列。2019年，重庆数字出版业总产出225.11亿元，较上年增长9.95%；数字出版业已聚集相关企业2000余家，形成了互联网出版、教育数字出版、资源数据库建设、网络游戏研发出版、数字内容创意五大产业集群，总产出对地区国民经济贡献率为0.95%，有力助推了重庆数字经济发展。软件产业发展态势良好。2020年，全市软件产业业务收入首次突破2000亿元门槛，达到2008.2亿元，同比增长17.1%，特别是区块链等新一代信息技术产业，占全市软件业务收入总额近两成，产业结构持续优化。

（六）网络文化产业园区建设不断加快

重庆经开区颁布了全市首个游戏产业专项支持办法。根据该专项支持政策，落户重庆软件园的游戏公司可享受重庆经开区游戏产业专项政策，该政策对游戏企业从创立到产品研发再到出版发行，以及融资环节都给予了政策支持。资金支持方面，将对优秀的游戏产品，给予一次性奖励等方式，让一家优秀的游戏企业，每年在重庆软件园享受的资金支持，最高可达400多万元。经过一年的努力，重庆软件园数字文创产业园已初具规模，汇聚了灏瀚网络、瞾悟科技、乐矿科技、小牛互娱、游侠精灵、优易思、煜颜文化、烨影文化、指动星辰、进托邦信息科技等游戏开发、发行、美术制作以及生态服务企业。南岸区推进数字文创产业发展形成集群优势,出台促进游戏产业发展的支持办法,围绕游戏公司创立、研发、发行等全过程提供支持,优秀头部企业前三年最高可获奖励1500万元。投资50亿元建设西南区域息意综合体——重庆新文侧电意数爆中心,构建"电竞+"园区生态模式,将新建国家级专业惠意焦、科技体育运动馆2万平方米,引进亚洲宝想超级赛等赛事IP,打造覆盖西南地区的息意透效集散、休闲体验地。目前落地腾讯王者荣耀线下体验中心等31个数字文创项目,南滨路文化产业园区累计入驻文创企业2134家。

(七)网络文化产业发展环境持续向好

从2018年起,重庆市连续三年相继出台了《重庆市以大数据智能化为引领的创新驱动发展战略行动计划(2018—2020)》《关于推动文化产业高质量发展的意见》《关于加快线上业态线上服务线上管理发展的意见》等政策性文件,明确提出要抓住数字内容产业发展"风口期",发挥综合优势,全力打造全国数字内容产业高地。2019年,重庆获批国家数字经济创新发展试验区,把数字文创产业发展作为特色产业发展,提出构建数字创意产业全链条。2021年,国家制定出台《成渝地区双城经济圈建设规划纲要》,明确要推动传统文化和全新科技元素融入创意设计产业,提升传媒影视、动漫游戏、音乐演艺等产业发展水平。这些政策为重庆数字文化产业发展提供了新动力。同时,重庆不断加强互联网生态治理,持续开展"清朗·巴渝"系列专项行动和推进网络综合治理体系建设,加强对网络视听领域节目内容及人员管理,加大对网络侵权、传播低俗内容等违法违规行为的打击力度,为互联网文化产业发展提供了良好的网络生态环境。

二、互联网文化产业发展展望

网络文化产业是通过信息技术、数字技术与文化创意高度融合,为人们提供网络化、数字化精神文化产品和服务的产业形态,涵盖了网络游戏、网络音乐、网络文学、网络视频、网络直播、数字学习、数字出版、数字典藏、数字艺术等新业态新模式。

2020年受疫情影响,线上经济、"宅经济"呈爆发式增长,全国的网络文化产业也逆势上扬。根据中国互联网络信息中心（CNNIC）发布的第47次《中国互联网络发展状况统计报告》，2020年我国网络文化产业实现较快增长。截至2020年底，我国网络游戏用户规模达5.18亿人，占网民整体的52.4%，2020年游戏市场实际销售收入达2786.87亿元，其中移动游戏市场份额占比高达75.24%，收入同比增长32.61%；网络音乐用户规模达6.58亿人，占网民整体的66.6%，网络音乐付费用户规模持续增长；网络文学用户规模达4.60亿人，占网民整体的46.5%，用户付费意愿显著提升，作者创作环境持续改善；网络视频（含短视频）用户规模达9.27亿人，占网民整体的93.7%，网络视频节目内容品质进一步提升；网络直播用户规模达6.17亿人，占网民整体的62.4%，特别是以电商直播为代表的网络直播行业实现蓬勃发展。根据国家统计局发布的数据，2020年，数字出版、动漫、游戏数字内容服务、互联网文化娱乐平台等文化新业态特征较为明显的16个行业小类实现营业收入31425亿元，比上年增长22.1%。随着大数据、云计算、5G、人工智能等新一代信息技术在文化产业领域的深度应用，网络文化产业发展的平台和环境将进一步优化。

就重庆而言，互联网文化产业发展还具有很大的上升空间。一方面，随着创新驱动发展战略的进一步实施，新一轮科技革命和产业变革必将催生大量新产业、新业态和新商业模式的出现，有利于促进文化产业的创新发展。另一方面，重庆拥有国家战略定位优势、特殊区位优势、良好生态优势和大数据智能化先行优势。成渝地区双城经济圈建设、服务业扩大开放综合试点、国际消费中心城市建设等国家战略，为重庆互联网文化产业发展提供诸多的政策利好、投资利好、项目利好。同时，重庆是西部重要的国家中心城市和历史文化名城，文化资源丰富，拥有发展互联网文化产业的良好基础条件。但同时也要清醒地认识，重庆互联网文化产业发展规模还偏小、企业整体实力偏弱、龙头骨干企业数量较少、产业集聚功能不强、政策供给不优、园区建设有待进一步强化，与推动高质量发展、创造高品质生活的"两高"目标存在一定差距，需要抓住互联网产业发展新机遇、改革创新、积极作为，推动互联网文化产业发展不断开创新局面、迈上新台阶。

（一）要着力提升网络文化产品的供给质量

网络文化产业是互联网消费的重要内容，是推进供给侧结构性改革的重要领域。要坚持以人民为中心的创作导向,发展社会主义先进文化,运用互联网思维和现代化科技手段,将中华传统文化因素融入相关产品和服务,培育和塑造一批具有鲜明重庆文化特色的网络原创IP。要开展对巴渝文化、三峡文化、抗战文化、革命文化、统战文化、移民文化的研究,做好相关创新成果的网上宣传推广。要顺应居民消费升级趋势,丰富网络音乐、网络游戏、网络文学、网络直播等数字消费,创新文化消费场景,创造更多既能满足人民文化需求又能增强人民精神力量的网络文化产品。

(二)要加快培育网络文化传播平台

重视龙头骨干企业的引领示范作用,积极推动网络文化企业兼并重组,加快培育更多具有国际竞争力的大型企业,不断壮大网络文化产业规模,打造更多具有广泛影响力的网络文化品牌。以龙头骨干企业带动中小网络文化企业发展,实现重点企业、上下游相关配套企业的协同发展,构建可持续发展的网络文化产业生态链和价值链,推动网络文化产业高质量发展。

(三)要大力培养和引进高层次人才

立足网络文化产业快速发展对复合型高层次人才提出的新要求,研究制定符合网络文化产业人才发展需求的中长期规划,加大人才培养和引进力度。加快构建政府、企业、高校"三位一体"的网络文化产业人才培养体系,政府要加强对高层次人才培养和引进的政策引导与支持,企业要积极推动并完善网络文化产业人才的培训开发工作,高校要发挥在网络文化产业人才培养中的主渠道作用,不断完善人才培养模式。同时,要密切关注周边省市对网络文化产业人才的吸引政策,改善网络文化产业人才政策环境,加强优秀人才引进,为网络文化产业高质量发展提供智力支撑。

(四)要加强对网络文化产业的秩序治理

加强网络综合治理体系建设,落实互联网平台的主体责任,加强执法部门、社会组织、行业协会等主体的协同治理,提高对网络文化产业秩序治理的效率。在严格执行国家已有相关法规和行业管理政策的基础上,不断完善互联网立法和行业管理政策。比如网络直播行业、网络游戏行业、网络出版行业的治理。应在执行中不断调整完善相关制度和管理办法,为治理网络文化产业的行业乱象与秩序失范问题提供制度保障。建立健全有效的网络文化产业知识产权保护体系，推动互联网文化产业可持续创新发展。

作者单位：
中共重庆市委网络安全和信息化委员会办公室

2020—2021年重庆文化旅游融合发展报告

王 榆

2020年,突如其来的新冠肺炎疫情肆虐全球,文化和旅游产业遭受沉重打击,不仅生产、消费陷入停滞,产业链、供应链亦受到巨大冲击。同时,2020年也是"十三五"收官之年和"十四五"谋划之年,面对复杂严峻的形势和艰巨繁重的任务,全市文化和旅游领域坚决贯彻党中央"六稳""六保"的重大决策部署,组织市场主体抗疫自救、复工复产,加快推进文化产业和旅游产业融合发展,多措并举促进生产和消费,有效推动了全市文化和旅游产业逐步复苏回暖。

一、文化产业和旅游产业整体概况

由于新冠疫情影响,全年文化产业和旅游产业均呈现"陡降-缓升"的走势。2020年1月底,文化和旅游行业停工停产,导致一季度全市文化产业和旅游产业增加值同比分别下降9.8%、25.6%,降幅为有统计以来最低点。自3月份陆续复工复产后,后三个季度的增加值降幅持续收窄,市场表现出巨大韧性。预计全年实现文化产业增加值969.37亿元,小幅增长0.3%,与2019年基本持平;文化产业增加值占GDP比重较2019年下降2%~3.9%;全年实现文化产业营业收入2532.15亿元,同比增长6.7%;1045家规上文化企业全年营业总收入、总利润、总资产分别增长9.3%、4.22%、7.29%。旅游产业预计全年实现增加值979.18亿元,同比下降4.8%;旅游产业增加值占GDP比重较2019年下降5%~3.9%;全市接待境内外游客数量和旅游收入仅相当于2019年的七成左右;244家规上文化企业全年营业总收入、总利润、总资产分别下降26.92%、206.54%、8.46%。

2020年1—4季度文化、旅游产业增加值整体走势

	1季度		1—2季度		1—3季度		1—4季度	
	绝对值（亿元）	现价增速	绝对值（亿元）	现价增速	绝对值（亿元）	现价增速	绝对值（亿元）	现价增速
文化产业	196.73	－9.8%	421.68	－6.2%	651.72	－3.5%	969.37	0.3%
旅游产业	177.39	－25.6%	416.01	－14.3%	671.91	－9.6%	979.18	－4.8%

二、文旅企业纾困解难有效推进

疫情发生以来，各级文化旅游部门积极落实市委市政府部署和应对措施，认真研究现场服务类文化和旅游企业受疫情影响陷入困境的共同特性，积极推动出台《关于应对新冠肺炎疫情影响恢复提振文旅企业发展的政策措施》（渝文旅发〔2020〕82号），统筹推进文旅行业纾困解难、复苏回暖。

（一）有效缓解文旅企业资金压力

市文化旅游委与市财政局等7部门联合制定出台疫情防控期间中小微企业贷款贴息政策，市级文化产业专项资金为89家文旅企业落实贷款贴息893.32万元；遴选受疫情影响严重并有融资需求的140家规上文旅企业，向金融机构推荐并解决融资难题，与市金融办联合发布《重庆市金融机构支持文旅企业复工复产信贷政策和产品汇编》；各级各部门综合运用减税、降费、缓缴、减租、债券、贷款等多种手段，帮助文旅企业获取各类扶持资金近百亿元。

（二）配套重点行业专项纾困政策

编制景区、温泉、旅行社、文化娱乐等现场服务型企业防疫指南，并根据疫情形势不断更新。暂退全市530家旅行社旅游服务质量保证金1.28亿元，减免410家旅行社2020年旅行社责任保险费用200余万元。积极争取市级相关部门每年为温泉企业降低水资源费用约600万元。通过政府购买方式，

将1636名援鄂医务工作者回渝疗养安排在优质温泉酒店，致敬"逆行者"的同时有效支持温泉企业复工复产。

（三）实施"重庆文旅数字赋能帮扶行动"

市文化旅游委与腾讯深度合作，依托强大而开放的数字生态体系和技术能力，为文旅行业布局数字营销"新基建"。截至2020年底，免费为276家文旅单位搭建企业私有化"云商城"预售平台，实现线上自助运营；免费为54家文旅单位开通腾讯"云直播"权限，高效促进线上交易；免费为52家文旅单位安装部署企业微信和预售小程序，快速实现预售产品的自助管理以及产品、员工、客户三向互通；免费为121家文旅单位开通腾讯新闻·企鹅号及微信视频号，为企业搭建新闻"云发布"阵地，将优质内容便捷推送到腾讯新闻等流量平台。

三、文旅融合发展格局加快构建

以文化旅游"十四五"系列规划编制为契机，切实贯彻落实成渝双城经济圈和"一区两群"发展布局，深度参与"两江四岸"城市提升、国际消费中心城市建设、数字经济创新发展等全市重大谋划，加快形成文旅融合发展新格局。

（一）巴蜀文化旅游走廊建设全面推进

重庆、四川文旅部门共同建立定期例会制度，联合协同文化和旅游部编制《巴蜀文化旅游走廊建设规划》，实施40项文旅合作事项。成立巴蜀文化旅游推广联盟，串联区域内优质景区（点），开发川渝两地一程多站精品旅游线路产品，先后发布乡村旅游、红色研学、生态康养等精品线路70余条。联合开展线上线下系列活动，联合承办"第六届中国诗歌节"活动，共同开展"巴蜀文化旅游走廊自由行"、2020重庆文旅大篷车四川巡游营销推广活动、"川渝乐翻天"喜剧幽默节目交流展演、川渝两地文创首次联展，携手打造"双城文创旅游直通车"。深入推进川渝城市群无障碍旅游合作，联袂打造"智游天府"和"惠游重庆"公共服务平台，打通平台数据壁垒，川渝游客可凭借"一码"游览两地660余家景区和文化旅游场馆，有力促进了成渝两城游客互游消费。

(二)"一区两群"文旅融合发展全面实施

聚焦"大都市",开展《长嘉汇大景区规划》编制,加强"两江四岸"重点文物保护利用和文旅融合产品打造,推动"两江游"提档升级,努力打造世界级都市文旅产品体系和服务体系。聚焦"大三峡",在"三峡库心·长江盆景""万开云"旅游核心区、奉巫巫城旅游"金三角"、大巴山—明月山乡村文旅带等重点板块打造中,注重提升旅游产业的文化体验感、文化附加值、文化竞争力和文化影响力,加快推动长江三峡国际黄金旅游带以文旅融合为方向升级发展。聚焦"大武陵",以加快推进武陵山区(渝东南)土家族苗族文化生态保护实验区建设为基础,启动建设渝东南武陵山区文旅产业融合发展示范区。

四、文旅融合招商引资全面推进

市文化旅游委印发《重点文旅项目招商工作方案》,明确了重点文旅项目招商工作领导小组组织架构和工作职责,招商引资取得良好成效。一是高水平策划奠定招商基础。规划建设重大文旅项目142个。安排专项经费,推动三千年文旅城、巴国古都、凤凰山寨、中华廉城、巴蜀民俗文化村、三峡老家、天宫小镇等项目委托专业机构开展前期策划规划水平,吸引招商落地。二是搭建对接平台提升招商效率。举办文化和旅游部产业项目服务平台第二十二期精品项目交流对接会暨重庆市文化和旅游产业重点项目推介会,共推介精品项目186个,现场签约项目20个,签约总金额达601.5亿元。三是细分化专场助力精准对接。先后与渝中区、璧山区、巫山县、渝北区、北碚区、永川区、忠县等区县政府共同主办文旅装备、数字文化、文化创意、电子竞技专场招商推介会共10场,组织市内外共1000余家文旅企业参会,促成100余个项目落地相关区县。四是主动上门招商促进项目落地。先后组织赴无锡、杭州、上海、南昌等地开展专题招商10次,举办相关招商推介活动20次;市文化旅游委与区县联合招商促成垫江卧龙康养小镇、白马山康养小镇等项目签订正式协议,协议金额达110亿元。

五、文旅融合供给创新明显提速

市政府出台《加快发展新型消费释放消费潜力的若干措施》(渝府办发〔2021〕41号),大力扶持文创产品、研学旅游、数字文旅、沉浸式体验、夜间文旅消费等新业态新场景,全市143个在建重大文旅项目加快推进。

(一)文化遗产旅游开发不断深化

推进"红色三岩"保护提升,启动红岩文化公园和长征国家文化公园重庆段建设,实施红一军团等革命文物保护利用片区连片保护展示项目,新增开放5处红岩革命旧址。大田湾–文化宫–大礼堂文化风貌片区和广阳岛抗战遗址保护提升加快推进,开埠文化遗址公园开工建设;十八梯传统风貌街区、金刚碑传统古村落开发、大足石刻文创产业园、洋炮局1862文创园等加快推进;故宫文物南迁纪念馆、龙门浩街区、山城巷、磁器口后街建成开放;完成八路军重庆办事处旧址、曾家岩50号(周公馆)、《新华日报》营业部旧址等保护修缮和陈列布展。

(二)文旅融合发展空间不断拓展

一是大力拓展立体消费空间,做强山城专属文化旅游。积极推出来福士探索舱·观景台、skywalk云中漫步、重庆之眼观景台、空中芭蕾、WFC观景台等云端消费场景;打造山城巷、南山黄桷垭、戴家巷崖壁栈道、虎头岩—佛图关崖脊步道等,带动沿线历史遗迹开发利用,营造山城特色步道消费空间;利用闲置防空洞资源,推出博物馆、纪念馆,策划打造神仙洞演艺等地下洞藏文旅场景。二是拓展消费新时段,繁荣发展夜间文旅经济。制定下发《夜间文化旅游消费集聚区建设试点工作实施方案》,探索建立评估考核体系,提出了"七个夜"推进任务和发展指标,评选命名首批7个市级夜间文化旅游消费集聚区,举办全国首次夜间文旅消费考察交流活动和首届"夜景文化节",有力推动了各区县积极提升城市夜景、延时开放文博场馆和景区景点、规范夜间娱乐场所、培育夜间艺培和康养空间、举办夜间文创集市,形成了培育夜间文旅经济,抢占消费新阵地的共识和合力。

（三）文旅融合业态模式不断升级

一方面，地方戏曲、话剧、儿童剧、独立音乐、相声、脱口秀等特色化、精品化、轻量化的小剧场演出不断涌现，并不断进入商圈商场、景区景点。推出原创文旅曲艺大型驻场演出《记艺·山城》，首部新创排经典抗战话剧《雾重庆》在抗建堂剧场驻场演出，持续打造沉浸式芭蕾舞剧《云中芭蕾》；重磅打造《重庆·1949》大型红色旅游演艺，演艺消费已经成为文旅消费重要组成部分。另一方面，汉服体验、角色扮演、剧本推理、密室逃脱等沉浸式体验业态大量兴起，相关类型门店已超过300家，位列全国前茅，内容IP原创和输出规模全国第一；沉浸式剧本杀全国交易大会暨成渝剧本杀联展在璧山区成功举办，聚集了来自全国各地2000余名店家和160余家发行单位，共发行原创剧本300余个；重庆文旅城《飞越重庆》VR影院、画游千里江山——故宫沉浸艺术展、鹅岭贰厂沉浸式游戏、山城巷仁爱荒野剧场、南川大观原点太虚世界沉浸式自然剧场等前沿业态成为引领文旅消费迭代升级的爆款产品。

六、文旅融合市场消费逐渐回暖

（一）文旅融合节会平台助力市场复苏

一是2020重庆国际文化旅游产业博览会首次采用线上线下联动模式，展览面积3.5万平方米，市内各区县、20余个国内城市、7个外国领事馆等组团参展，参展企业达1024家，观展人次达到10.5万人次，现场交易达8845万元。二是第十二届西部动漫文化节在璧山区举办，共举办四大类14项主题活动，第一次实现全免费开放，短短五天收获上百家媒体的关注，累计到场人数突破30万，全网流量破亿。三是举办"舞动山城"国际街舞大赛，开展国际街舞大赛、中国街舞盛典、城市快闪秀等5大主题文化活动，累计吸引阅读量11.5亿多次，视频播放量1.7亿多次。

（二）文旅消费促进机制发挥作用明显

举办第五届重庆文化旅游惠民消费季，其中夏季活动因疫情"转战"线上、推向"云端"，先后举办了重庆文旅专场推介直播、巴蜀文创潮集专场直播、云上音乐节等活动。秋冬活动以提振夜间经济、促进夜间文旅消费为主题,统筹开展9项夜间文旅主题活动。全年消费季活动坚持通过"惠游重庆"平台发放线上惠民补贴,逐渐形成"财政补贴+平台配资+企业让利"的长效机制,先后开展了线上活动50余场次,发放文旅消费抵扣券137.75万份,共计优惠补贴1670.6万元,其中财政补贴569.39万元,带动企业让利1101.21万元,拉动文旅消费5.75亿元。渝中区成功创建国家文化和旅游消费示范城市,沙坪坝区、北碚区成功创建为试点城市。启动市级夜间文旅消费集聚区评选命名,首批命名7个集聚区。

(三)文旅整合营销宣传推介效果明显

市委宣传部、市委网信办、市文化旅游委联合开展"晒旅游精品·晒文创产品"大型文旅推介活动,区县长"双晒"直播在线观看超6.2亿人次,全媒体传播受众37亿人次,云上文旅馆展销区县文旅精品2500多种,实现直接文旅消费上亿元。文化旅游宣传展示推广和国际交流交往服务为一体的综合性外宣平台启动建设,联合丹麦哥本哈根中国文化中心线上宣传推介重庆美食、云游重庆,与中国驻新加坡旅游办事处联合开展"双晒"专题展播,川渝采取联合设展、联动宣传、联袂推广模式参加第八届澳门国际旅展,提升了"山水之城·美丽之地"城市品牌的国际知名度美誉度。

七、文旅融合要素配置逐步健全

一是全市旅游资源普查圆满结束,形成《重庆市旅游资源普查报告》系列成果,建立重庆市旅游资源数据库;摸底调查全市文化产业、旅游产业项目可用物业,并建立数据库动态管理招商情况。二是文旅产业统计监测不断升级,统筹建立文旅产业数据季报网络平台和制度机制,开展统计基础工作培训,优化完善与市统计局、市市场监管局的产业数据统计合作,基本建立起文化和旅游一体化统计监测体系,为每月、每季度开展文旅经济形势研判奠定了基础。三是文旅金融合作进一步深化。重庆银行成立重庆首家文旅特色支行,并举办"文旅金融服务推介会",专门为80家文旅企业开展特色文旅金融产品宣讲和融资辅导,提供乡村旅游贷、精品民宿贷等特色金融产品。四是强化人才培养,与四川共同举办文化和旅游部"高质量产业人才培养扶持项目"——"巴蜀文化和旅游产业人才专题培训班",围绕"疫情之变"主题,共计培训重庆、四川学员104人;举办八期文化旅游产业发展大讲坛,聚焦文旅领域热门话题,近800人线下集中聆听,300万人次在线上收看。

总的来说,2020年全市文化产业和旅游产业融合发展取得显著成效,但依然存在诸多问题。一是疫情影响将长期持续,市场回暖尚待时日。国际市场仍然停滞,国内形势常有反复,导致文旅消费仍然疲软,受影响较大的景区、酒店、游轮、旅行社、演出、电影和节展活动等部分企业仍未完全摆脱生存危机,保供应链、产业链仍是长期任务。二是产业体系存在短板,资源配置效率不高。各级财政对文旅产业搭建平台、打响品牌、扶持企业、提振消费的投入力度较弱;现行金融、土地、人才等资源配置机制不能完全契合文旅产业特点,轻资产融资困局、规划用地保障不力、人才利用机制缺失等一些关键痛点仍然存在。三是推动业态创新有差距,促进文旅消费任重道远。缺少文化旅游拳头产品,旅游人均消费仍然偏低、不足千元;对动漫、游戏、研学、康养、沉浸式体验,在招商、落地、审批、培育、宣传等方面对新业态不够重视和宽容;促进文旅消费的措施和手段仍需创新。

"十四五"期间,全市将围绕"山水之城·美丽之地"目标定位和"行千里·致广大"价值定位,统筹文化和旅游资源发掘利用,抓住文化产业和旅游产业各环节的有效对接点,推动以"一区两群"为布局拓展扩面、全域融合,加快构建全市各区县协调发展、各具特色的文化产业和旅游产业融合发展新格局。

一方面,优化文旅产业融合发展重点布局。围绕全市打造大都市、大三峡、大武陵旅游目的地,提升文化内涵,丰富文化业态,布局特色差异明显的文旅产业融合发展集群。

主城都市区。全面接轨世界知名都市旅游目的地建设,打造世界级文旅地标,培育"一核两带"文旅融合创新引领地和文旅融合消费集聚地。立足主城中心城区人文资源富集优势,将山水格局和文化底蕴深度融合,引导文旅融合业态向广阳岛、长嘉汇大景区、歌乐山·磁器口大景区高度集聚,辐射带动渝中母城历史文化街区、"两江四岸"滨江路沿线文旅业态布局发展,实施山城夜景和两江游轮文化提升行动,构建"两江四岸"都市文旅产业融合发展核心区。推进主城"四山"及城中山景区、度假区整体提升文化品位,打造高品质都市文化时尚业态与独特山城景观交相辉映的都市山地文旅观光带。立足主城新区大足石刻、钓鱼城、白鹤梁、816工程等世界级文化遗产和金佛山、四面山、巴岳山、长寿湖、龙水湖等自然生态胜地,丰富旅游演艺、传统工艺、乡村文化、特色节会等文旅融合业态，推动打造享誉国内、文化景观富集的旅游大环线，形成环中心城区文旅休闲带。

渝东北三峡库区城镇群。紧跟"三峡游轮为牵引，核心库体为主轴，次级河流为支干，两侧纵深为腹地"的大三峡旅游发展布局，推动文化元素、创意设计和文化业态上游轮、进景区、创品牌、覆全域，彰显三峡历史、巴人文化、大河民俗及当代移民精神。在"三峡库心·长江盆景"、"万开云"旅游核心区、"奉巫巫城"旅游"金三角"、大巴山-明月山乡村文旅带等重点板块打造中，注重提升旅游产业的文化体验感、文化附加值、文化竞争力和文化影响力，加快推动长江三峡国际黄金旅游带以文旅融合为方向升级发展。

渝东南武陵山区城镇群。牢牢抓住"一心一带一区"旅游发展布局，推动武隆作为武陵山区旅游集散中心在文旅产业融合发展上的先行示范作用，并带动乌江画廊生态文化旅游带和武陵山区民俗风情旅游带以土家族、苗族多彩民族文化为核心创新发展，布局一批民族工艺、民俗演艺、民族节会、民俗体验等新型业态和示范项目，集成、实践一体化文旅产业融合发展政策和市场培育行动，将自然生态美景和浓郁民族风情融为一体，加快建设国家文化产业和旅游产业融合发展示范区，打造文旅融合发展新标杆。

另一方面，明确文旅产业融合发展重点任务。突出载体建设、精品培育和整合营销等关键环节，落实融合空间，做强文化底色，避免空心化、同质化，打造文旅融合优质品牌、优势品牌。

打造文旅产业融合发展载体。推进历史文化名镇、历史文化街区、传统风貌街区、传统村落等整体开发文化旅游产业，推动博物馆、文保单位、文艺院团、非遗机构开发创新旅游产品，对接旅游市场。大力提升旅游目的地文化内涵，建设一批文化品位较高、富有中国文化特色、体现重庆文化元素的旅游景区和度假区、旅游休闲城市和街区、乡村文化乐园、文化旅游特色小镇等，规范发展主题文化公园。推动多元文化元素和特色文化体验融入食、住、行、游、购、娱等环节，建设文化和旅游资源丰富、文化产业和旅游产业优势明显、产业链深度融合互促、社会效益和经济效益显著的国家文化产业和旅游产业融合发展示范区。

培育文旅产业融合发展精品。鼓励各区县因地制宜发展中小型、主题性、特色化、沉浸式、定制类旅游演艺产品，鼓励合理规划建设旅游演艺集聚区。对接文化和旅游部旅游演艺提质升级计划，培育3个旅游演艺精品项目进入全国旅游演艺精品名录和品牌排行榜。整合非遗项目工艺优势、文创产品创意优势和旅游商品市场优势,扶持开发一批兼备传统工艺和时尚创意,兼顾艺术性和实用性,同时又有趣味性和互动性的新型文创旅游商品。鼓励各地因地制宜打造地方特色鲜明、文化内容突出、市场化程度高、游客参与度高的品牌文化活动。引导、支持旅游目的地和民宿酒店等导入剧本推理、角色扮演、密室解密等沉浸式娱乐新业态,将故事背景、百科知识、传统文化融入其中,增强旅游体验感,打造新一代文旅融合精品。

用活文化创意做强旅游品牌。秉承重庆文化资源特色和旅游发展定位,注重以文化产业的创意策划力和传播影响力策划系列化旅游产品、做强旅游优势品牌。深挖各地文化内涵,支持创作一批融入各地自然美景、人文历史和风土人情的文学、影视、动漫、游戏、舞台等文化产品,并结合文化产品深入人心的内容情节打造旅游场景。用好用活互联网、自媒体等现代传播手段,强化旅游营销的文化植入和创意策划,增强重庆旅游品牌的知名度、好感度、接受度,不断吸引海内外游客。

作者单位:

重庆市文化和旅游发展委员会

改革论坛

重庆"双晒"第二季
打造文旅产业复苏城市样板

中共重庆市委宣传部文化产业处

为深入贯彻中央关于统筹推进常态化疫情防控和经济社会发展的部署,按照市委市政府安排,中共重庆市委宣传部会同市委网信办、市文化旅游委,在总结2019年"晒文化·晒风景"活动经验的基础上,创新开展2020年全市区县"晒旅游精品·晒文创产品"大型文旅推介活动(以下称"双晒"第二季)。本次活动自6月11日启动,每周一、四各"晒"出1个区县,到10月29日41个区县(含两江新区、高新区、万盛经开区)悉数亮相,圆满收官:区长县长"双晒"直播在线观看6.2亿人次,云上文旅馆展销区县文旅精品2500多种,全媒体传播受众达37亿人次,建立起常态化疫情防控条件下重庆文旅推介新机制,央媒称赞"重庆'双晒'为中国文旅产业复苏'打了个样'"。

一、高标准设计,创新打造"双晒"第二季

(一)高站位谋划

开展"双晒"第二季,是深入贯彻习近平总书记对重庆提出的"两点"定位、"两地""两高"目标、发挥"三个作用"的重要指示要求,推动成渝地区双城经济圈建设的具体举措,是常态化疫情防控条件下推动文旅行业快速回暖的创新之举。陈敏尔书记亲自部署、亲自谋划,多次在全市重要会议上作出指示要求。市委常委、宣传部部长张鸣同志一线指挥,多次召开专题会、协调会、现场观摩会,研究活动方案、策划活动产品、指导活动开展。市委宣传部会同市文化旅游委、市委网信办成立活动办公室,下设6个工作组,各司其职,确保了活动有序开展有效运行。

（二）高质量出品

"双晒"第二季全面升级内容挖掘，策划推出五大作品。《重庆日报》通版刊发"区县文旅精品荟"、重庆卫视播出专题节目"区长县长晒精品"和"区县文旅精品90秒"系列公益短视频，既延续第一季"以文塑旅、以旅彰文"风格，又在内容形式上深化创新，进一步聚焦文旅产品营销。创新推出"区长县长'双晒'直播"，11家知名网络平台全程同步直播，41名区长县长出镜与网友互动，为本地文旅产业代言，平均每场在线观看超过1500万人次，成为全国产业宣传的新范式、直播营销的现象级作品。创新打造"重庆云上文旅馆"，荟萃41个区县2500多款文旅资源，集文旅宣传、产品展销、惠民服务、实景体验于一体，运用融媒体技术实现一部手机"云游"重庆，获得2700万网友入馆体验。

（三）全媒介推广

"双晒"第二季实施全媒体、全平台、全渠道的立体式宣传。16家媒体集团和网络平台全程集中推介，70多家市内外媒体参与宣传，数百个知名公众号、网络大V参与推广，实现传统媒体、网络媒体、社会媒体、海外传播平台、自媒体等各类媒介资源联动造势。重庆"双晒"，在四个月时间里，从报刊、电视、广播、网络，到公益海报、户外大屏、车载电视、手机客户端，甚至到航空、保险、电子支付等社会生活众领域，共鸣响应，余音绕梁。其中既有统一的作品发布、新闻报道、评论引导，又不断鼓励媒体和网民再创作再分享，衍生出新媒体、自媒体作品上万件，极大增强了"双晒"宣传的参与度感染力。

（四）社会化运作

"双晒"第二季在政府引导下进行社会化运作，做到市与区县联动、各界共建共享。市级宣传、网信、文旅部门共同搭台，41个区县作为"主角"带着辖区内众多文旅企业登台"合唱"，重庆日报报业集团、重庆广电集团、华龙网集团、重庆旅游集团等倾情"伴奏"，腾讯、百度、抖音、淘宝、新浪、网易、"去哪儿"等头部平台全程参与、各施所长、各具特色，网民互动积极、反响热烈。本次"双晒"落实常态化疫情防控要求，以线上"晒"为主、线上"晒"与线下推相结合，不仅以精彩丰富的内容作品展示城市形象，更有质优价廉的文旅产品供市民选购，掀起了全市大"探矿"、大"赛宝"的热潮，体现了文化性、服务性、普惠性与社会化、市场化、智能化相结合。

(五)高标准引导

活动办印发《总体方案》《工作指南》,建立了作品审改机制、舆情导控机制、工作提示机制,严把"双晒"第二季导向关、内容关、质量关。召开专家改稿会18次,梳理专家意见1600余条,对各区县的作品一一把关,确保每件作品定位准确、表达清晰、艺术精湛、制作精良。调动全市三级网络监测力量,全网全屏全时段加强"双晒"信息巡查调控。前后编发88期工作提示、动态信息,不断规范工作流程,及时总结推广活动经验。特别是对"区长县长'双晒'直播",明确"区长县长推介"+"专业团队销售"的节目分段形态,领导干部为文旅产业代言,不"带货",更不"带"特定厂家商品,由直播带货专业团队负责网络营销,形成了公信力强、关注更高、传播更广的良好氛围。

二、全媒体传播,扩大"双晒"品牌影响力

(一)中央媒体密集发声,为"双晒"打Call

中央电视台"新闻直播间"播出《重庆"双晒"为中国文旅产业复苏"打了个样"》,新华每日电讯报道《重庆"双晒"让"近者悦远者来"》,光明日报头版报道《重庆过双节晒风景也要晒文化》,都给予重庆"双晒"高度评价。中国政府网刊发《重庆"双晒"推动流量变销量》,彰显"双晒"资源变产品、人气变财气的成果。中国经济网主动加盟"区长县长'双晒'直播"。据不完全统计,中央媒体报道重庆"双晒"第二季稿件超过300篇。重庆"双晒"还受到市外兄弟媒体广泛关注,四川《封面新闻》等开辟专栏,全国70多家省级以上重点新闻网站刊登稿件4800多篇,受众超过6.65亿人次。

(二)网络媒体首屏首页加推,营造"双晒"氛围

主办方组织在渝各类网媒,统一在PC端首页要闻区、手机客户端首屏及微信抖音公众号,持续推送"双晒"讯息,累计刊发转载稿件2.8万篇次,点击量12.2亿人次。对"区长县长'双晒'直播",全方位做好网上预热,矩阵式引导流量,让每一场直播都成为高流量"刷屏之作"。发起微博、抖音"双晒"话

题,引来众多网民跟帖评论,阅读量超 1.5 亿人次。组织全市网评队伍对"双晒"重点稿件开展跟帖引导,发酵形成正面舆论场。

(三)社会宣传地毯式铺送,覆盖"双晒""最后一公里"

依托全市商圈超市、地标建筑、交通枢纽 5000 多块 LED 屏和 460 条公交线路 1.5 万台车载电视,滚动播放"双晒"公益海报及"区县文旅精品 90 秒"视频。通过宣传单、车身广告、轻轨拉手、产品包装等日常生活载体铺送"双晒"讯息,打造全天候、全息化的受众环境,日均覆盖人群超过 700 万人次。本次"双晒"还走进社区,通过全市 2.6 万个业主微信群 QQ 群广泛推送,并在朋友圈、QQ 空间等衍生传播,直抵社会宣传的"神经末梢"。

(四)重庆"双晒"走出去,提升城市美誉度

重庆"双晒"被"信达雅"地翻译为 Chongqing Showcase,统揽活动品牌输出,铸就中国文化的海外观景台。"双晒"主题外宣片由外籍记者配音,新华网、iChongqing 等全程推出各区县英文专题报道,在 Facebook、YouTube、Twitter 等平台上广泛推广,海外受众超过 900 万人次。iChongqing 双语栏目《"双晒"面孔》,展示了重庆城市宣传志愿者的风采,被海外受众评价"人美故事美"。YouTube 直播节目 *Let's Talk about China*(中国话题)介绍重庆"双晒",众多国际友人跟帖评论"重庆是很棒的城市!"。

(五)"双晒"好评如潮,社会反响积极向上

据市思想动态研究中心面向 8500 多名各界市民的问卷调查,92% 的受访者对"双晒"点赞,正能量占绝对主流。很多市民提到,今年重庆"双晒"心意多多、诚意满满,把更多旅游精品和文创产品实实在在地推向了市场。有的农村群众表示,"双晒"让基层干部和群众能够更加娴熟地运用"互联网+"模式发展农村电商,帮助农民增收。有的商户表示,参与"双晒",为本地文旅行业重新找回了高人气和高流量。中国旅游研究院长江旅游研究基地首席专家罗兹柏表示,彰显城市新形象、促进文旅行业复苏、推动消费转型升级等,只是"双晒"的显性成果,隐性聚集效应还将会持续释放巨大能量。

三、全方位营销,助力文旅产业回暖复苏

(一)打卡"双晒"热点,提升景区人气

各区县依托"双晒"第二季,热推本地新景区和文旅节庆,新推周末游、自驾游、研学游、夕阳红体验游等特色线路200多条,吸引游客纷至沓来。如沙坪坝区融创文旅城火爆开业,首个周末迎客40万;铜梁区同期举办中华龙灯艺术节,吸引100多万人打卡;开州区组织"千车万人游开州",众多自驾迷来开体验区长推介线路;武隆区更把"双晒"直播场地安排在新开业的懒坝艺术中心。市文旅委统筹"周末游重庆"活动,陆续推出六个批次100条周末游线路,串联了区县旅游资源。国庆中秋节假期8天,全市253家A级旅游景区接待游客1108.6万人次,同比恢复86.3%,高于全国平均值7.3个百分点。武陵山大裂谷、蚩尤九黎城、酉阳桃花源等新景区和丰都南天湖、荣昌安陶小镇、璧山秀湖公园、城口亢谷景区等新线路游客均大幅增长。

(二)借势"双晒"营销,拉动文旅消费

各区县、企业把"双晒"品牌植入文旅会展、节庆、活动,带来了更多人流量钱流量。首届重庆国际文旅博览会和第十二届西部动漫节均开设"双晒"展馆,对区县文旅精品集中再"晒",交易额超过8000万元。江北区在"双晒"中推出"游、购、娱"等16款新品,联合商家放送5000万元优惠活动。万州区举办三峡国际旅游节和世界大河歌会,涪陵区举办"绣球花节""白鹤梁文化节",南岸区举办"重庆国际时尚周"和"南滨戏剧节",江津区打造"七夕东方爱情节""四面山淘金节",引来八方宾客,点燃消费引擎。渝北区举办"文旅让生活更美好"展销会,渝中区、巴南区、丰都县举办文创产品设计大赛,众多企业参展参赛。云阳县举办龙缸云端彩虹秋千吉尼斯纪录认证活动,在抖音上引爆关注。巴南区研发"巴巴虎"IP系列文创产品。"双晒"期间,全市各区县文旅行业营收和消费增长超过220亿元。

(三)推介地方特产,助力脱贫攻坚

本次"双晒",各区县把乡村文旅与脱贫攻坚衔接起来,积极推介因为疫

情滞销的文创产品。酉阳苗绣团扇、黔江西兰卡普、长寿柚、城口漆器、丰都麻辣鸡等诸多文创好物、"伴手礼"借助"双晒"直播打开了销路,引得众多客商慕名采购。云阳县延伸举办乡镇"双晒"直播40场,劳动农特产品销售约3000万元。丰都县联合大足区、长寿区,连开5场"旅游+扶贫"帮扶专场,实现销售1200万元。黔江区围绕"生态原乡"加大文创产品培育。梁平区、垫江县、巫溪县、石柱县纷纷开展"乡村自驾游助力扶贫",各电商平台加盟带游带货,持续话人文、推美景、聊美食,让消费扶贫搭上了"旅游+""互联网+"的快车,助农销售上亿元。

(四)深化川渝协作,促进双城一体

本次"双晒",成为川渝文旅业界密切交流交往的契机。市文旅委与四川省文旅厅签订合作协议,确立"巴蜀文化旅游走廊"协同建设机制,首先启动自由行互动。重庆文旅"大篷车"赴川巡游,分3条线路深入四川17个地市州开展路演营销,送上景区门票、住宿、消费券等"重庆大礼包"。合川区联手广安、南充、遂宁等地市打造发展共同体,共建文旅"朋友圈"。大足区与四川多地开通旅游直通车。江津区协同毗邻的泸州、遵义,打造康养旅游"金三角"。綦江区邀请四川媒体采访团走进王良故居、农民版画院。梁平区携手达州、广安,开启"庆五谷丰登·晒小康生活"晒秋节。永川区与泸州市、南川区与内江市、彭水县与阆中市等纷纷结成对子,实现资源共享、政策互惠、游客互送,加速川渝文旅一体化。

(五)引导深度旅游,繁荣夜间经济

借力"双晒",各区县加快打造夜间文旅消费集聚区,星罗棋布地开展"夜游、夜景、夜秀、夜读、夜市、夜娱、夜养"活动,让众多"过境"游客在渝"过夜",有逛事、有耍事。如九龙坡区以万象城为中心开展"夜话、夜戏、夜市",系列专场销售超过2亿元。江北区打造三洞桥、大九街等"夜经济"IP,联动鎏嘉码头等夜间消费场所人气全面复苏。特别是"双晒"期间发起首届山水重庆夜景文化节,全市夜间文旅项目集中亮相,让"留得住、深度游"成为重庆文旅新标签。国庆中秋假期,全市接待过夜游客人数189.91万人,已同比恢复82.2%。

(六)品牌辐射全国,"重庆热"持续

本次"双晒",各区县创作的主题作品累计获得12亿人次观看、点赞,"重庆双晒""重庆旅游"频上头条关注、微博热搜。美团研究院"2020年热门旅游目的地"重庆排名第一;高德"全国十大夜游城市"、抖音"中国最热门旅游城市"重庆位列第二。重庆还进入"去哪儿网"、"2020年国庆黄金周热门目的地"TOP5、飞猪数据"国庆全国热门目的地"TOP6、携程大数据"疫情后旅游热门目的地"TOP10。重庆作为知名文化旅游目的地的热度经久持续。

四、线上线下联动,构建文旅推介长效机制

(一)打造线上推介平台,带火文旅精品

重庆"云上文旅馆"在本次"双晒"中上线,经过持续引流,已初步聚合全市文旅资源、呈现文旅"万事通"的形态。41个区县"云上文旅馆"悉数开通,开展惠民消费活动上千场,吸引进店5亿人次,收获上亿点赞,沉淀会员超过400万。"云上文旅馆"直营精品馆,连通淘宝、抖音、飞猪等电商平台,长期上架"双晒"精品1800余款,已直接销售2700多万元。依托"云上文旅馆"等平台,市文化旅游委发放惠民补贴280万元,开通12条便民服务通道,让更多市内外游客享受到"惠游重庆"政策。

(二)开展线下路演行动,推动项目落地

本次"双晒",不仅带火了产品商品,还整体宣传了重庆文旅产业禀赋。两江新区、沙坪坝区、江北区、九龙坡区、大渡口区等纷纷借"双晒"契机开展文旅项目招商活动。南岸区成功引进腾讯"王者荣耀"线下博物馆、阅文网络文学平台、网易游戏平台,数字文旅全面开花。开州区一口气引进返乡投资创业项目20个。高新区举办2020重庆国际创投大会,向辖区文旅企业介绍了IDG、高瓴、高通等知名创投机构,协力打造"科学城"的文旅业态。重庆旅游集团在长江黄金游轮、洪崖洞、江北国际机场T3航站楼等一线口岸布局"双晒"线下体验馆,创造市民亲近的文旅消费场景。11月2日,我市集中组织文旅精品项目对接推介会,一揽子向全球推介重庆非遗博览园、十八梯传

统风貌区、九龙美术半岛、永川数字文创园等186个项目,现场签约20个项目金额达601.5亿元。

(三)策划主题宣传接棒"双晒",影响力持续释放

"双晒"推介过程中,酉阳叠石花谷、奉节三峡之巅、北碚金刚碑小镇等大批新景区新景点走进镜头、人气爆棚,有的还成为新的"打卡"胜地。应市民需求,宣传文旅部门已酝酿发起"打卡巴渝胜景(拟)"主题宣传活动接力"双晒",对全市2018年以来新开发建设推出的景区、度假区、乡村旅游点及老景区提档升级后的新景点进行集中推广,促进全市旅游均衡化发展。目前,约200个新景区预热宣传已启动,"双晒"舞台继续闪亮。

五、持续加劲发力,做好"双晒"后续工作

(一)深化"双晒"影响,抓实文旅推介机制建设

拟持续引导"双晒"话题,做好"双晒"作品结集出版,组织"双晒"作品再创作再传播再分享。指导区县"双晒"向基层延伸、与周边联动、与文旅行业发展的日常融合,推动"双晒"文创产品、旅游精品再研发再设计再推广。以"双晒"这张城市名片为引领,构建品牌化实体化常态化的文旅推介新机制。

(二)转化"双晒"成果,促进文旅智能化融合化发展

以大数据智能化方式将"双晒"挖掘的资源汇集利用起来,高标准建设市级"云上文旅馆",长效运维41个区县"云上文旅馆",构建全市"1+41"网上文旅推介服务矩阵,使重庆智慧文旅发展走在全国前列。深耕"双晒"口碑,着力推进人文旅游、文明旅游,提升旅游服务品质,彰显"山水之城·美丽之地"的独特魅力,让重庆文旅风行天下。

(三)总结"双晒"经验,推动宣传思想文化工作再上新台阶

进一步总结"双晒"在"围绕中心服务大局""政府设置议题""城市形象营销"等方面的好经验好做法。深入学习宣传贯彻党的十九届五中全会精神,在改进重大主题宣传工作、提升媒体传播力影响力、推动文旅融合高质量

发展上不断激发新活力凝聚新动能,促进满足人民文化需求和增强人民精神力量相统一,为我市决战脱贫攻坚、决胜全面小康、实现"十四五"开好局起好步贡献力量。

执笔：

  李为祎 中共重庆市委宣传部

  岳 磊 中共重庆市委宣传部

突出制度建设主线
推进重庆市文化治理体系现代化

重庆市文化体制改革和发展办公室

党的十八届三中全会把推进文化体制机制创新纳入"完善和发展中国特色社会主义制度,推进国家治理体系和治理能力现代化"之一全面深化改革的总目标。党的十九届四中全会《决定》指出,"发展社会主义先进文化、广泛凝聚人民精神力量,是国家治理体系和治理能力现代化的深厚支撑"。全面深化文化体制改革,建立健全文化体制机制,促进文化发展的良性制度体系构建,有利于将文化制度优势转化为文化治理效能,对于深厚支撑国家治理体系和治理能力现代化有着十分重要的作用。

关于文化体制改革,习近平总书记指出:要坚定不移将文化体制改革引向深入,不断激发文化创新创造活力。同时,强调要把握好意识形态属性和产业属性、社会效益和经济效益的关系,始终坚持社会主义先进文化的前进方向,始终把社会效益放在首位。无论改什么、怎么改,导向不能改,阵地不能丢。这为我国全面深化文化体制改革指明了方向。

近年来,重庆市遵照党中央和习近平总书记对文化体制改革的重大部署及重要指示,紧密结合实际,不断深化文化体制改革,取得了显著成效,但仍然存在不足。面对新阶段、新理念、新格局背景下,重庆市"十四五"继续全面深化文化体制改革、推动文化治理体系和治理能力现代化,应在以下方面重点发力。

一、坚持和加强党对宣传思想工作的全面领导

(一)健全党委宣传部归口领导和管理的工作制度

完善宣传口机构职能体系,把党的领导贯彻到宣传口所有机构履行职责全过程,制定《关于建立中共重庆市委宣传部归口领导和代管市级宣传文化单位有关工作机制的意见》《关于建立中共重庆市委宣传部归口领导和代管单位请示报告制度实施意见》,进一步理顺宣传系统干部管理体制,加强规范管理。

(二)建立统筹加强宣传思想文化人才培养工作机制

制定出台《"十四五"时期全市宣传思想文化人才培养计划》,采取引进人才与培养人才、"请进来"培训和"走出去"培训相结合的办法,与相关高校联合,落实责任单位,打造一支政治过硬、本领高强、求实创新、能打胜仗的宣传思想文化工作队伍。结合宣传文化人才的特殊性,制定出台《重庆市宣传文化系统引进优秀人才暂行办法》,加强宣传文化系统领军人才队伍建设。

二、坚持马克思主义在意识形态领域的指导地位

(一)巩固完善理论宣传普及工作机制

继续实行集中宣讲与基层"微宣讲"相结合的工作机制,持续推进科学理论大众化,广泛有效开展接地气的宣传普及,适应对象化、分众化、差异化趋势,建立健全精准传播、有效覆盖的工作机制,用"大白话"讲清"大道理",深化对热点难点问题的宣传引导,更好推动党的创新理论进基层进群众。

(二)健全意识形态安全工作机制

经常性开展意识形态领域风险点排查工作,坚持和完善意识形态领域分析研判制度,完善舆情监测预警、综合研判和情况通报制度。加强意识形态

阵地管理,确保各级各类意识形态阵地内容可管、风险可控。出台《机关网上信息发布管理办法》,引导机关党员干部自觉抵制网络谣言和错误言论。充分发挥市委教育领导协调组的作用,建立市委宣传部和市教育委员会共管共治的意识形态工作机制,加强对教育领域意识形态工作的管控。

三、坚持以社会主义核心价值观引领文化建设

(一)推动理想信念教育常态化、制度化

围绕贯彻中共中央印发的《关于在全党开展党史学习教育的通知》精神,持续加强党史学习教育,构建全市党史学习教育长效机制,坚持科学历史观,旗帜鲜明地反对历史虚无主义。围绕中国共产党为什么"能"、马克思主义为什么"行"、中国特色社会主义为什么"好"等重大问题,持续开展理论学习、宣传普及、研究阐释,加强新中国史、改革开放史、社会主义发展史教育,做到常态化开展、制度化推进,筑牢共同的理想信念。重点引导广大青年坚定理想信念,建立健全由市委宣传部牵头,共青团市委、市妇联、市教委等部门协同的青少年理想信念教育齐抓共管机制。

(二)加强诚信制度化建设

把讲诚实、重信用、守规则要求融入市民行为准则,推动各行业各领域制定诚信公约,积极构建覆盖全社会的征信体系。广泛开展"诚信建设万里行""诚信兴商宣传月"等活动,评选发布"诚信好人""诚实守信模范",宣传推介诚信先进集体。组织发布守信联合激励和失信联合惩戒备忘录,开展诚信等级评价,建立信用"红黑名单"制度。

(三)建立健全综合性的惩戒失德行为常态化机制

运用经济、法律、技术、行政和社会管理、舆论监督等手段,综合施策、标本兼治,有力惩治失德败德、突破道德底线的行为。建立联合惩戒机制,组织开展道德领域突出问题专项治理,以案警示教育,不断净化社会文化环境。探索建立重大公共政策道德风险评估和纠偏机制,加强道德领域重大理论和实践问题研究。

(四)建立完善非遗保护利用机制

建立非遗代表性项目保护监督、评估和退出机制。完善非遗代表性项目名录和代表性传承人评定办法。建立渝东南文化生态保护实验区建设、中国非遗传承人群研培计划绩效评估机制。加强非物质文化遗产系统性保护和传承发展机制。

四、加强满足人民美好生活新期待的文化权益保障

(一)推进基层公共文化与新时代文明实践中心融合发展

采取新建、改建、扩建、合建、租赁、利用现有公共设施等多种方式,加强乡镇(街道)、村(社区)基层综合性文化服务中心建设,探索以新时代文明实践中心(站、所)统领基层宣传文化工作的新模式,协调推进公共文化服务与新时代文明实践中心融合发展,强化基层综合性文化服务中心的文明实践功能。

(二)建立重点文化惠民工程效能发挥机制

统筹推进城乡文化发展,优化城乡文化资源配置,推动基层文化设施达标建设、功能提升,探索以城带乡、城乡融合的文化发展体制机制。建立完善广播电视制作播出、传输覆盖体系,建设智慧广电,发展"智慧广电+公共服务",提升广播电视传播力和公共服务承载力。推动文化信息资源共享工程从电脑端向手机端运用转型,推动农村电影惠民放映工程与综合性文化活动开展相结合,推进农家书屋工程与数字化建设和"全民阅读"深度融合;主动适应城乡居民对高品质文化生活的期待,创新打造一批融合图书阅读、艺术展览、文化沙龙、轻食餐饮等服务的"城市书房""文化驿站"等新型文化空间;引导群众开展广场舞、"乡村村晚"、"群众歌咏"等接地气、正能量的文化活动;提高文化惠民工程的覆盖面和实效性,不断提高群众满意度,助力乡村文化振兴。

(三)建立健全社会力量参与公共文化服务机制

扩大政府购买服务范围,鼓励社会力量提供更多优质公共服务产品。积极探索基层综合性文化服务中心社会化运营,提升基层公共文化设施使用效益。规范推广公共文化领域政府和社会资本合作(PPP)机制,培育、引导有公共文化项目运营管理经验的企业参与公共文化 PPP 项目,加强全生命周期监管。探索和完善吸纳社会资金投入文物事业和相关产业的有效途径。引导、扶持和规范非国有博物馆发展。

(四)深入推进县级文化馆图书馆总分馆制建设

强化县级总馆建设,加强资源整合,实现总分馆图书资源的通借通还、数字服务的共享、文艺活动的联动和人员的统一培训。合理布局分馆建设,不搞乡乡全覆盖,鼓励将若干人口集中,工作基础好的乡镇(街道)的综合文化站建设为主题性分馆,使之成为覆盖周边乡镇(街道)的区域分中心;有条件的可在人口聚居的村(社区)基层综合性文化服务中心建设基层服务点;鼓励将符合条件的新型公共文化空间作为公共图书馆、文化馆分馆。

(五)建立优秀文化进校园机制

推进全民阅读、全民艺术普及、优秀传统文化传承活动进学校,促进学生德智体美全面发展。充分利用文化场馆、非遗传承基地、红色旅游基地、历史文化名城名镇等各类文化场所,建立优秀传统文化传播基地,开发研学课程,组织学生开展学习体验活动。由市委宣传部牵头,建立考核机制,对各级文化、教育部门推动优秀文化进校园活动绩效予以评定。

五、强化坚持正确导向的舆论引导工作

(一)加强新闻舆论管理制度

完善重大主题宣传、重大会议活动报道协调机制以及经济宣传、科技报道、典型宣传等专项协调机制。建立市级部门季度新闻舆论会商机制,推进媒体自评、媒体互评与重点点评"三位一体"的新闻阅评体系建设。健全舆情

快速反应机制和突发事件舆论引导机制,完善舆情监测预警体系。

(二)建立健全网络综合治理体系

形成党委领导、政府管理、企业履责、社会监督、网民自律等多主体参与,经济、法律、技术等多种手段相结合的综合治网格局。建立统一的传媒监管体制;创新网络内容建设工作机制;完善互联网新闻信息稿源单位"白名单"制度。加强和创新互联网内容建设,落实互联网企业信息管理主体责任,加强技术支撑能力建设,不断提升网络综合治理能力。

(三)深入推进媒体融合发展

加快流程优化、平台再造和媒介资源、生产要素有效整合,实现信息内容、技术应用、平台终端、管理手段的共融互通,推动媒体融合向纵深发展,持续做强市级融媒体平台,深入推进县级融媒体中心建设,构建全媒体传播体系,发挥好各方管理作用,建强用好县级融媒体中心。稳步探索重庆日报报业集团、重庆广电集团新型媒体平台的融合,做大做强做精,走集约化发展之路。

六、加强社会效益优先的文化创作生产

(一)推动公共文化设施机构整合与资源流动

探索区县内所有公共文化设施机构整合,新组建区县公共文化服务中心,管理区域内公益性事业单位,原有公共文化设施管理单位机构建制保持不变;公共文化服务中心作为政府直属事业单位,可委托同级党委宣传部门管理,其他相关部门进行行业管理,推动政府部门由办文化向管文化转变,实现资源共建共享,推进管人管事管资产统一。探索组建政府主导、社会力量参与的公共文化服务配送平台,推动资源流动,实现资源的最大化利用。

(二)深化国有文化企业改革

分类深化国有文化企业改革,推进有条件的国有文化企业进行股份制改造。建立健全国有文化企业把社会效益放在首位、社会效益和经济效益相统一的评价考核体系,完善社会效益评价考核办法。建立国有文化企业经营风险警示报告制度。

(三)促进文旅产业高质量发展

出台《重庆市文化产业促进条例》。建立健全文化要素市场,在充分开展市场调研的基础上,鼓励建立重点文化产业领域全要素市场,实现人、财、物、技术等资源最佳组合,提高文化生产效能。推进文化与科技融合发展。着力推进城旅、农旅、商旅、文旅、交旅、体旅融合,延伸旅游产业发展链条。积极利用文旅部建立的国际文化产业合作对话机制,探索开展对外文化贸易基地建设,促进重庆文化产品走出去。围绕建设成渝地区双城经济圈,建立完善川渝文化旅游业发展协作机制,与四川合作加快打造巴蜀文化旅游走廊,联合打造推介一批具有浓郁巴蜀特色的国家文化地标和精神标识,力争创建国家级文物保护利用示范区,打造新时代中华文明的文化高地、世界知名的旅游目的地。

(四)建立公共文化设施和旅游设施"双进入"机制

推进公共文化资源进入旅游景区、旅游线路、游客住地、旅游交通服务区域;在旅游公共服务设施修建、改造中,增加公共文化服务功能,将旅游宣传推广功能植入公共文化设施;统筹博物馆、非遗传习场所等公共文化设施与研学旅行结合发展;大力推动文化活动进入景区,发挥景区的平台作用,设置演艺、休闲、娱乐、阅览、观展项目,让游客共享公共文化服务。

课题组以习近平新时代中国特色社会主义思想为指导,认真学习领会党的十九届五中全会和市委九届五次全会、市委深改委第十次会议精神,遵照我国文化领域"四梁八柱"性质的改革主体框架,系统评估了我市文化体制改革现状。在此基础上,同中央和市委关于全面深化改革部署对标对表,坚持正确政治导向和改革方向,做到"从全局谋一域,以一域服务全局",围绕开启"十四五"全市文化改革发展新时代新征程,着眼改革是解放和发展社会生产力的关键,立足文化领域制度性根本性建设,突出问题导向,聚焦重点领域,提出了"十四五"重庆市全面深化文化体制改革、推动文化治理体系和治理能力现代化需高度重视的六方面20个重点问题。所提问题更多体现改革的思路性、方向性,有的问题涉及面广,还需深入研究,加强顶层设计,提供可操作性方案。

执笔:

  李为祎 中共重庆市委宣传部
  岳 磊 中共重庆市委宣传部
  杨晓莉 中共重庆市委宣传部
  彭泽民 西南政法大学

迎难而上　精准施策
——2020年重庆市文化体制改革工作综述

杨晓莉

2020年，是全面完成"十三五"文化改革发展任务、科学谋划"十四五"的关键之年，也是文化领域奋力抗疫、积极作为的极不平凡之年。在中央和市委的坚强领导下，重庆宣传文化战线坚持以习近平新时代中国特色社会主义思想为指导，深入学习贯彻十九大和十九届二中、三中、四中、五中全会精神，全面落实习近平总书记视察重庆重要讲话精神，坚持对标改革路线图时间表，统筹落实中央和市委部署任务，各项工作蹄疾步稳、取得较好成效。重庆文化体制改革《应对疫情冲击推进文旅融合高质量发展》《完善"三项机制"强化网络综合治理》《"美德靓城"行动推进公民道德建设》等经验做法，得到中央部委肯定和向社会展示。重庆文化产业投资集团有限公司获"全国文化企业30强"提名。2020年，全市文化体制改革领域获中央有关方面肯定共80次。

一、以习近平新时代中国特色社会主义思想为引领，党的理论武装制度建设进一步完善

深入学习贯彻习近平新时代中国特色社会主义思想，坚持以习近平总书记重要讲话精神引领文化改革发展。建立理论中心组学习巡听旁听机制，对45个中心组开展巡听旁听。修订《党委（党组）意识形态工作责任制实施细则》，在五届市委第六轮、第七轮巡视中对45个市管党组织开展意识形态工作责任制专项督察，配合中央巡视组意识形态专项检查。深入开展党的十九届五中全会、市委五届九次全会精神宣传宣讲，开展集中宣讲1.1万余场，累

计受众69.2万余人次。推进"学习强国"学习平台进高校、进企业、进社区、进农村,192万名党员干部和干部群众通过平台开展自学。推进新型智库建设,出台《重庆市级重点智库建设工作实施方案(2020—2022)》,支持西南大学建设全国重点马克思主义学院,增设中共重庆市委党史研究室、重庆日报报业集团、四川外国语大学3个市中特中心分中心,分中心总数达15个。加强社科成果立项培育,申报获准立项国家社科基金项目193项。深化拓展新时代文明实践中心建设,建立新时代文明指导中心32个,配齐配强"中心-站-所"三级工作力量,打造新时代文明实践中心云矩阵,30个区县云平台上线。制定贯彻落实《新时代公民道德建设实施纲要》《新时代爱国主义教育实施纲要》方案措施,培育打造核心价值观主题公园97个,《重庆大渡口区:"美德靓城"行动推进公民道德建设落地落实》等2篇案例入选全国《宣传思想文化工作案例选编》,毛相林同志被中宣部授予"时代楷模"。出台《重庆市文明行为促进条例》,于2021年3月1日正式实施。构建高校思想政治工作体系,指导学校思政课改革创新,《重庆上好"三堂课"助力中小学复学复课》经验被中宣部《每日要情》刊载。

二、完善文化管理体制机制,文化领域治理能力进一步提高

制定实施"三重一大"决策、违规经营投资责任追究等规章,加强对市属文化企业对外投资、产权管理等事项的常态化监管,指导企业规范内部管理。制定《建立健全文化类划转企业管理机制方案》,完成重庆科普集团、睿读科技、市电影公司、今日教育、市版权代理公司等5家文化类企业全部资产划转,党组织关系、领导人员管理、"双效"考核等机制基本健全。细化优化市属文化企业社会效益考核体系,将新闻阅评、导向监管、风险排查等日常考核纳入其中,在媒体考核中引入了社会评价反馈。深化文化领域"放管服",清理出版、电影三级行政权力和责任事项51项,将《电影拍摄许可》调整为发放《剧本备案回执》,将审批新建影院加入院线调整为事前备案。深化自贸区"证照分离"试点,对文化旅游、广电、文物25项许可事项实行全覆盖清单管理、全部网上办理,办理时间平均压缩70%。广播电视节目制作经营审批"一件事一次办"在"渝快办"上线。制定加强广播电视和网络视听文艺节目一体化管理方案,实行同标准、同尺度管理,建立违规机构黑名单。完成市文化市场执

法总队内设机构调整,38个区县组建文化市场综合行政执法队伍。制定《文化旅游行业社会组织分类管理方案》,由市文化旅游委建立综合党委,完成9家行业社会组织脱钩改革工作。改组市文化旅游产业协会和重庆宣传文化基金会,完成6家单位的更名和换届选举。

三、健全经营管理体制机制,国有文化企事业单位改革进一步深化

深化市属文化企业内部改革,督导各企业进一步完善公司章程,落实党的建设、"双效"统一、规范治理等要求,推进企业机构扁平化管理、业务集群化发展、加强对外合作监管,清理僵尸企业20余家,管理层级均已压缩至3级以内。完善企业内控规范体系,制度化开展经营管理风险事项排查,建立动态台账。结合经济责任审计整改,加强对所属企业和对外项目投资管理。指导集团修订完善"三重一大"决策制度,在重大经营、资金监管、资产管理、对外采购等建章立制。如期完成新女报社、健康人报社、渝州服务导报社、重庆人居报社和商界杂志社等5家经营性文化事业单位改革。出台《重庆市国有文艺院团社会效益评价考核实施办法》,在市属文艺院团开展考核试点。推进重庆演出公司股份制改革,完成事业身份人员剥离、组织架构设定、业务功能定位等。制定《重庆市参与"全国一网"股份公司发起人方案和"一市一网"整合方案》《重庆市有线电视网络整合发展工作方案》,完成重庆市参与"全国一网"股份公司发起设立工作,稳妥推进全市"一市一网"整合,重庆市税务局一企一策精准支持整合重组工作,相关企业享受税收优惠政策3.36亿元。华龙网调整战投,回购华融瑞泽股权,与两江产业集团达成战投引进意向,对照创业板注册制改革要求研究上市方案。重数传媒完成持续尽职调查、辅导备案登记、合法合规证明开具等基础工作,向深交所递交上市申请。

四、舆论引导机制持续强化,媒体融合发展迈出新步伐

出台《贯彻落实〈关于加快建立网络综合治理体系的意见〉的具体措施》,完善网络内容发布、引导、监管机制。创新开设《网信说法》栏目,阅读量达1860万人次。建立宣传、网信、政法、公安等部门信息共享、会商研判、联动协

作机制。抗击疫情期间,做到"每日一例会、每日一研判、每日一发布、每日一快报",市政府新闻办举办专题发布会71场,协调中央媒体刊发重庆报道7300余条,市属媒体推出8万多篇报道。建成商业网站、自媒体、移动应用程序、直播平台等8类网络基础资源数据库。开展"清网"专项行动,处置违法违规信息9.2万余条、问题账号4.9万余个。构建"重庆辟谣"网络新矩阵,发布《谣言,别信!》80余期。市属媒体全面挺进互联网主阵地,打通"报台网端微屏"。《重庆日报》全媒体矩阵覆盖用户超过2000万;上游新闻下载量超过3500万,日均访问量2200万;"上游云"平台完成验收。重庆广电集团"第1眼"App下载量达800万;打造车载4K融合生产中心。"华龙芯"融媒体平台上线运行,重庆客户端集群总下载量超2500万。新媒体矩阵助力抗击疫情、智博会、"双晒"活动等重要宣传表现出色,涌现大量传播量过百万、超千万、破亿的融媒体爆款产品。推进区县融媒体中心建设,加强资金配套、人才培训、技术指导,38个区县融媒体中心挂牌。完善党委政府新闻发言人制度,制定行政机关新闻发布、政策解读工作办法。推进重庆国际传播中心iChongqing海外传播矩阵建设,英文网站和社交账号用户达429万,海外网络曝光量3.73亿次,Facebook官方账号粉丝量突破157万。

五、完善创作生产引导支持机制,文化产品创新创造动力有效激活

开展文艺创作项目资助,共扶持项目75个。制定《当代文学艺术创作工作规划》,围绕抗击疫情、脱贫攻坚、全面小康、建党百年、成渝地区双城经济圈建设等重大节点和主题,规划创作重点作品101件。打造重大题材电视剧《重庆谈判》,创作电视剧《一江水》、纪录片《刘少奇的军事生涯》《破晓》《卢作孚》、歌剧《一江清水向东流》等重点作品。推出《太阳出来喜洋洋》等13部反映脱贫攻坚和全面小康题材的文学作品。我市作者梁芒作词作品《坚信爱会赢》在抖音播放量超44.5亿次。川剧《江姐》、京剧《秦良玉》入选全国舞台艺术重点创作剧目。决战脱贫攻坚重点影片《橙妹儿的时代》顺利公演。文艺影片《妈妈和七天的时间》入围第77届威尼斯国际电影节。《列宁画传》(纪念版)入选2020年"优秀通俗理论读物出版工程"。打造文学网媒传播体系,指导成立网络文学创作委员会、网络作家协会,支持打造网络文学创作基地、文学网站"盛世阅读",签约作家450余人。制定《重庆市电影扶赣计划项

目申报评审和后续管理工作规程》，开展扶垚计划项目资助，共资助19个项目，资助金融425万元。优化影视拍摄一站式服务平台功能，按照"西部影都"目标规范打造一批电影小镇、影视制片服务中心，为来渝剧组提供政企协调、版权登记、场景拍摄、器材租赁、项目推介等全套服务。制发《重庆市贯彻落实〈关于加强和改进出版工作的意见〉的工作措施》，对我市43种优秀数字出版物给予455万元引导资金资助。支持"城市文化记忆大数据""阅读重庆""党刊+智慧党建"等数字出版平台建设。

六、创新和完善运行机制，公共文化服务效能进一步提升

出台《关于提高基层文化惠民工程覆盖面和实效性的实施意见》，着力数字化建设、品牌打造、文旅融合、服务双城经济圈战略，提升文旅改革服务效能扩大文旅惠民覆盖面。"重庆群众文化云"功能优化升级，累计用户89.5万个，访问量达5503.5万次，提供文化服务产品1.38万个，完成文化配送10.69万次，惠及群众2546.8万人次。"巴渝文旅云"打造"云上文旅馆"，推出精品数字展览及互动活动400余个，开展社教活动1608场次，惠及群众670余万人次。实施"百乡千村"示范工程，开展"十校结百村艺术美乡村"活动，新建乡情陈列馆110个，培育"一村一品"文化活动品牌110个。新建区县图书馆分馆44个、文化馆分馆48个、24小时图书馆8个，推进图书馆"一卡通"。南岸、忠县、丰都成功创建第四批国家公共文化服务体系示范区、示范项目。新建成乡镇影院20家，设置银幕69块，全市室内固定放映厅达800个，增投480万元为18个深度贫困乡镇影院配置设施设备，提升数字化服务能力。开展"百本好书送你读"活动，推荐好书100种，刊发名家书评90多篇，免费电子书、有声书平台阅读量超过180万人次。举办"阅读马拉松"线上大赛，上传诵读音频3.2万条，累计播放3372万次，对市内12家品牌、特色实体书店给予共计225万元的资金扶持。开展"学习强国"数字农家书屋建设试点，建成数字农家书屋408个，开通运行"重庆农家书屋"手机端、电脑端、电视端"一体三端"，上线各类图文、视频作品17000余件，累计浏览量达8340万人次，试点工作获评"2020年重庆市'我最喜欢的10项改革'"。推进旅游"厕所革命"，全市新、改、扩建旅游厕所275座。

七、完善保护传承发展体系,传统文化与现代产业实现有机融合

贯彻我市文物保护利用改革实施意见,开展区县政府文物保护责任评估,进一步强化文物保护主体责任。市文物局会同市公安局、市检察院、市消防总队,建立文物安全保卫、公益诉讼、消防救援等协作机制。出台我市非遗传承发展工程实施方案,完成非遗基础数据调查统计。新增100个市级非遗保护传承基地,"铜梁龙舞进校园"入选全国"非遗进校园"十大优秀实践案例,9个非遗项目进入第五批国家级非遗代表性项目名录公示名单。举办重庆非遗购物节,带货直播167场,销售额1959万元。建设博物馆数字展陈平台,打造重庆文物基础资源库,推进博物馆文创产品开发试点,新开发本土特色文创产品约500款。张自忠烈士陵园、特园入选第三批国家级抗战纪念设施、遗址名录。钓鱼城遗址、白鹤梁题刻进入国家申遗重点培育项目。大足石刻研究院升格挂牌,与四川美术学院联合成立大足学研究院。故宫学院重庆分院、故宫文物南迁纪念馆落户南岸。开展红色基因库试点,重庆三峡移民纪念馆作为改革开放时期唯一代表入选全国首批红色基因库试点单位,获中央专项资金支持48万元。推进长征国家文化公园建设,制定出台《长征国家文化公园(重庆段)建设实施方案》,编制专项规划,指导綦江、城口、酉阳等7个区县深入推进长征文物和文化资源保护利用,建立全市长征文物和文化资源数据库。

八、深化供给侧结构性改革,赋能文化旅游融合高质量发展

出台《重庆市进一步激发文化和旅游消费的行动计划》《关于应对新冠肺炎疫情影响支持文旅企业平稳健康发展的政策措施》,积极落实普惠政策、统筹优化专项资金使用、改进政务服务。2020年度市级文化产业发展专项资金突出转型升级、抗疫纾困,评审支持项目99个,总额3100.5万元。为全市89家文旅企业发放贷款贴息补助894.98万元。减免全市文化企业税收5.24亿元,同比增长54%,减免文化事业建设费9059万元,帮助文旅企业提振复苏加快发展。市属文化企业为民营企业减免租金超过6000万元。围绕成渝地

区双城经济圈建设,联动四川组建"巴蜀文化旅游走廊"专项工作组,联合主办"巴蜀文化旅游走廊自由行"活动。组织文旅"大篷车"赴川巡游路演,发放"重庆大礼包"。编制渝东南武陵山区文旅融合发展示范区规划。推进"两江四岸"文旅提升,编制长嘉汇大景区规划。布局搭建海外工作阵地,设立17个境外推广中心,常态化开展国际精准营销。组织"晒旅游精品·晒文创产品"大型文旅推介活动,区长县长"双晒"直播在线观看6.2亿人次,云上文旅馆展销文旅精品2500多种,全媒体传播受众达37亿人次,建立起常态化疫情防控条件下重庆文旅推介新机制。搭建重庆智慧文旅云平台,首批接入35家重点景区资源。举办第五届重庆文化旅游惠民消费季、首届夜景文化节,开展创建夜间文化旅游消费集聚区的试点。新增市级文化产业示范园区8个、市级数字文化产业园区4个。南滨路文化产业园区成功创建国家级示范园区。重庆艺术大市场走向线上线下一体化,成立艺术版权孵化中心,在重庆市税务局支持下申报建设税收服务系统。重庆纪录片基地向影视制片综合服务基地拓展,完善影视制作全产业链功能。重庆智慧广电数据中心对标国家文化大数据体系,升级建设。重庆文创设计小镇完成经营业态调整,启动招商。重庆两江新华产业园完成投资、环保备案和设计报审。重庆智慧出版(安全阅读云)一期上线,二期试运行。解放碑时尚文化城、"永川里"等加快建设。成功举办重庆国际文化旅游产业博览会、第十二届西部动漫文化节。加强文化产业统计核算,2019年重庆文化产业实现增加值956.98亿元,同比增长10.7%,占全市GDP的4.1%,文化市场主体12.8万余家。

2021年是"十四五"规划开局之年。全市文化体制改革工作将以习近平新时代中国特色社会主义思想为指导,继续深入贯彻党的十九大和十九届二中、三中、四中、五中全会精神,进一步全面落实习近平总书记对重庆提出的营造良好政治生态,坚持"两点"定位、"两地""两高"目标、发挥"三个作用"和推动成渝地区双城经济圈建设等重要指示要求,围绕立足新阶段、贯彻新理念、构建新格局,聚焦举旗帜、聚民心、育新人、兴文化、展形象的使命任务,努力做到高质量高标准完成中央和市委部署的各项改革任务,进一步推动改革工作走深走实。

作者单位:
中共重庆市委宣传部

REPORT ON DEVELOPMENT OF
CHONGQING'S CULTURAL INDUSTRY (2020–2021)

理论争鸣

新时代红色文化传承与发展研究

文丰安

习近平总书记指出:"共和国是红色的,不能淡化这个颜色。"红色文化,从广义而言,就是指中国共产党在长期领导广大人民进行民主革命、社会主义建设、改革和发展进程中所创造出来的以马克思主义中国化为核心的一种文化,是 20 世纪以来中国文化发展的主流和前进方向,是中国共产党人的精神支柱和理想、信念、精神、意志的凝练与总结。红色文化是中国共产党人的精神家园,是在文化价值认同基础上形成的精神寄托和心灵归属,是广大人民对中国共产党人精神文化的确认、信任和认同,表现为文化上的自信、情感上的支持、心理上的认同和行为上的追随。红色文化吸收和发展了中华民族精神,经过历史的选择、历练,潜移默化地影响着人们尤其是党员的精气神、生活方式和行为方式,是党巩固执政地位、提高执政能力、保持先进性的持续精神动力,是中国共产党生存和发展的重要力量,是凝聚党员精神的纽带。红色文化代表了中国共产党为人民谋幸福的优良传统和价值追求,代表了党和人民为实现中华民族伟大复兴深入探索、艰苦奋斗的光辉历程。红色文化映射过去,连接未来,串起了中国人百年的奋斗记忆。作为中国共产党人的精神基因,红色文化的认同与传承有利于党员建立正确的身份认知,深切融入党的集体,从而形成强烈的归属感、幸福感,使党员形成良好的价值理念、道德意识、精神信仰和行为习惯;红色文化的发展与创新有利于党员形成共同的身份认同、价值认同、价值取向和行为自觉,不断增强中国共产党的凝聚力和向心力。

一、中国共产党红色文化传承内容的三维形态

红色文化传承指中国共产党在领导人民进行革命、建设和改革过程中体现出的精神形态、文化传统以及表现精神形态和文化传统的物质符号在空间上的传播和代际之间的传承。精神形态、物质符号、文化记忆构成红色文化传承内容的三维形态,其中精神形态是核心,物质符号是载体,文化记忆是重要形式。

(一)精神形态是传承内容的核心

张岱年先生指出:"文化的基本精神就是文化发展过程中精微的内在动力,也就是指导民族文化不断前进的基本思想。"红色文化的核心是其蕴含的精神形态及其展现的价值理念。红色文化的精神形态主要是指附着在物质形态之上的、五四运动以来中国共产党领导中国人民在顽强奋斗过程中形成的精神形态及价值理念。在不同时期,红色文化呈现出具有时代个性的精神表现形态,这些精神形态虽然在内涵和意义上有所不同,但都是相互融合、一脉相承的,在本质上具有一致性。在革命时期,中国共产党领导人民将马克思主义基本原理与中国革命的具体实际相结合,形成了以民族独立和人民解放为奋斗目标的红色革命精神,如红船精神、井冈山精神、苏区精神、长征精神、延安精神、红岩精神等,这些精神体现了中国人民对独立、平等、自由的向往。在社会主义建设时期,中国共产党带领人民披荆斩棘、艰苦创业,形成了铁人精神、大庆精神、雷锋精神、焦裕禄精神、"两弹一星"精神等,这些精神体现了奋斗、奉献、廉洁等价值取向;在改革开放时期,中国共产党领导人民解放思想、改革创新,进行了社会主义现代化的伟大探索和实践,形成了小岗精神、浦东精神、抗击非典精神、奥运精神、航天精神、抗疫精神等,体现了敢为人先、追求卓越、以人民为中心的价值理念。起源于革命时代的红色文化精神与中国特色社会主义建设不断融合、与时俱进,实现了传承、创新与发展。从革命时代到建设与发展时代,再到改革开放时代,体现时代特色与时代气息的红色文化虽然在形态上发生了变化,但其精神形态和价值理念却保持着内在的传承逻辑。因此,红色文化遗产的保护传承与全体党员的归属感休戚相关,红色文化的发展与创新就是构筑和保护中国共产党人的精神家园。

(二)物质符号是传承内容的载体

红色文化物质符号就是承载红色文化精神、呈现红色文化价值理念、直接或间接再现红色文化历史的符号形式。它是中国共产党人精神家园的物质性实体,可以分为直接物质符号和间接物质符号两种类型。直接物质符号指曾经在历史中出现的实体形式,包括红色历史遗址、烈士故居、历史文物,如"朱德的扁担""赵一曼的粗瓷大碗"等,后人通过对这些直接物质符号的感触来体验历史,感受红色文化的魅力和革命英雄的伟大,在体验中接受精神的洗礼。间接物质符号是根据直接的物质符号和符号背后的精神形态再加工衍生出来的物质符号,是直接物质符号和红色精神的艺术再生产,如文学作品、艺术作品、影视作品等红色文艺作品。间接物质符号是对直接物质符号和红色精神的传承与创新。物质符号是红色文化精神的物化成果,见证了中国共产党领导人民进行革命和建设的每一个历程。对于直接性物质符号的传承应该做到保护好、传承好、利用好,在城市化建设过程中,应该将直接物质符号如历史遗址、烈士故居的保护与城市发展有机融合,既留住红色文化的根基又能享受现代化带来的利好。在传承过程中要注重内容与形式相结合,避免将红色文化仅仅当成娱乐和旅游活动,而忽视其蕴藏的精神形态,消解了红色文化认同。

(三)文化记忆是传承内容的重要形式

文化记忆是一种以文化事件相关的时间、地点、人物为回忆对象,以物质符号为主要表现载体,以文化精神形态和价值理念的传承为目的的精神性活动。所有文化的传承都是记忆的再现,所有文化记忆都是文化传承的表现形式和内容。从表现形态来看,文化记忆可以分为外在载体和内在价值,没有价值的物质载体是没有传承意义的,不能具体化、不能附着于一定外在符号的价值理念就没有存在的现实合理性。对传承类型而言,文化记忆可以分为个人记忆和集体记忆。形态万千的个体记忆是文化记忆的主体,是最真实的状态;集体记忆来源于个体记忆,是个体记忆在权威的主导下相互融合而形成的总体性记忆。从外在表现形式来看,红色文化记忆包括历史事件、人物、物件、仪式、遗址、作品,等等。红色文化记忆并不是一种简单的历史回顾,也不是纯粹的信息整理,作为一种重要的文化类型,红色文化记忆的核心是价值理念的传递。个体记忆真实具体,关注个体生活的微观世界,可以再现经历者对当时历史的体验、感受和理解,在情感通道上更容易引起文化接受者的共鸣;个体记忆将视角由关键人物、精英人士转向普通大众,更多地表现为普通人的经历和记忆;展现个体记忆的重要方法是口述史,口述史并不是有闻必记,而要对个体记忆的材料去伪存真。个体记忆受不同利益需求的影响会表现出形态差异性,对于同一个事件也会表现出不同的感受,记忆中蕴藏的价值理念也会有极大的差别;个体记忆是具体历史材料的重要来源,个体记忆固然重要,但是红色文化更需要传承的是集体记忆,传承的前提是建构体现中国共产党的信仰、制度、作风、道德、精神、传统的集体历史记忆,并使之成为中国共产党的记忆和国家记忆。"符号的发送者(党和政府的宣传、教育部门)依托红色文化信息,通过符号的编码机制(选择、解释和再现),向符号的接收者(广大人民群众)传递信息(红色文化的外在形态),引导其感悟信息所表征的指代对象(红色文化蕴含的崇高精神),实现红色文化的社会记忆建构。"只有通过有效的社会记忆建构,才能修正个体记忆的凌乱,减少社会记忆的遗忘和磨损,避免集体失忆,不断凝聚共识,形成中国特色社会主义共同的价值理念,使人们更加珍惜中国共产党领导人民在革命、建设、改革过程中形成的物质财富和精神财富,在共同为中国特色社会主义事业奋斗的过程中发扬优良红色传统,践行、传承和发展红色文化。

二、中国共产党红色文化传承过程

认识、理解红色文化,进而认同红色文化并积极践行红色文化,是红色文化传承的基本过程。文化理解、文化认同和文化践行是红色文化传承三个层层递进的过程。

(一)文化理解是红色文化传承的认知基础

文化理解指深刻认识文化的内涵、意义、历史发展脉络,鉴别文化间的差异,反思文化的发展路径与轨迹。红色文化理解就是理解什么是红色文化,把握红色文化与其他文化的差异,明确红色文化在中国共产党发展、中华民族伟大复兴、中国特色社会主义事业建设中的重要作用。具体而言,既要认识红色文化的物质符号,又要理解物质符号所代表的精神形态;既要通晓本地区红色文化的发展历程,又要了解域外红色文化的发展现状。从横向来看,话语表达、代际沟通、空间融合是理解红色文化的三个重要元素。

1. 话语表达是理解红色文化的关键。"话语"就是指人们说出来的话,既包括有声话语又包括无声话语。巴赫金认为:"言语,话语,这就是人类生活的全部。"现代社会中人类的生活离不开话语,红色文化只有通过话语的介入才能传导其精神价值。如何才能真正地理解话语表达?按照哈贝马斯的观点,话语表达有两个核心要素:一是达到语言交流的基本要求,即表达的可领会性、陈述的真实性、言说的正当性、表达的真诚性,只有话语表达达到这四个基本原则,理解与共识才能形成;二是建构以"主体间性"为核心的交往模式,主体间性即主体间的相互作用。只有做到交互性、可领会性、真实性、正当性、真诚性,话语才能真正被理解。传承红色文化,不仅仅要传承历史记忆,更要在话语主体与话语受众积极有效的互动中,运用最符合受众话语接受特点的语言表达方式,增强话语的生动性和吸引力,使受众产生思想上的共鸣、精神上的共频和行为上的共振。红色文化话语建构要清楚表达内容、表达方式以及运用符号所期望达到的表达效果,既要清楚表达红色文化的语法规则,又要了解随时代变换的非语法规则。在不同的时代环境下,面对不同的受众,要使用不同的话语表达形式,只有这样,受众才可能真正理解话语表达背后蕴藏的精神价值,才能实践和认同红色文化,红色文化才能在不同的时代语境下焕发出强大的生命力。植根于中国土壤的红色文化应该体现中国特色和中国风格,同时也需要与时俱进,适应新的国内外话语语境,使话语表达面向改革发展、面向大众现实生活、面向当代媒体,使红色文化的话语表达在新时代融媒体的作用下浸润人的精神世界。

2. 代际沟通是红色文化理解的前提条件。"代"代表时期,一代就是一个出生于同一时期、打上共同历史烙印、体现相似社会历史特点的群体。"人的本质是一切社会关系的总和",不同历史时代背景下的群体受特定社会模式和历史条件的影响会形成不同的思维模式、价值理念和行为习惯,不同时代的群体在面对同一事件、同一事物会产生不同的情感反馈,形成不同的社会认知,这种在一代代群体间客观存在的差异就是代际矛盾。代际矛盾既体现代际之间的继承关系,又体现代际之间的冲突。同样,对于红色文化的理解,老年人、中年人、青年人由于直接或间接接触的历史事件不同,代际之间的摩擦和碰撞也会显现出来,老一代以成熟和权威自居,而青年一代有时会认为老一代守旧、过时,会以各种形式对老一代留下的传统和文化进行反抗。红色文化是一代代传承下来的文化精髓,形成了与每一个时代相符合的特定的代表符号和语言习惯。正确理解红色文化、传承红色文化需要消解代际之间的冲突和隔阂,使红色文化基因能一代代传承下来,这就需要跨越代际鸿沟、实现代际沟通。被青年人打上"老一代"标签的红色文化应主动以真诚平等的姿态充分借助互联网和自媒体,与年轻人的新文化进行恰当的融合,在代际文化融合中引领年轻人建构精神世界。

3. 时空融合是理解红色文化的重要因素。纵观红色文化发展的历史可以发现,红色文化精神内涵带有明显的时代痕迹和地域特色。只有从整体性视角对红色文化进行时空融合,才能消减时间效度和地域差异对红色文化造成的理解隔阂,将零落在各个地区、分散在各个时期的红色文化整合起来,从整体上挖掘其蕴藏的精神形态和价值理念,形成红色文化的物质符号。这个实践过程就是以中国共产党领导人民进行革命、建设和改革的历史为串线,以各个地区典型的红色文化精神为串珠,按照历史发展脉络选择重点物质符号,将红色文化联结起来。只有这样,人们才可能纠正和改进对红色文化凌乱且不成体系的理解,从而形成红色文化的集体意识,保护红色文化发展活力。

(二)文化认同是红色文化传承的情感保障

文化认同是指文化群体或成员承认群内文化或群外文化因素的价值效用符合传统文化价值标准的态度与方式,经过认同的新文化因素将被普遍接受和广泛传播。而红色文化认同是行为者对红色文化所代表的价值理念、精神表象、道德要求、行为习惯的接纳,并将红色文化所代表的具体要求内化于心。红色文化认同是理解和践行红色文化的重要桥梁和枢纽,红色文化认同包括接纳、同化、自信三个层面。文化接纳是红色文化认同的条件,文化同化是红色文化的具体要求,文化自信是红色文化认同的高级层次。接纳是指对红色文化所代表的思想观念和行为规范的接受,接纳包括无意识渗透式接受和理性选择下的接受,含有被动成分;同化是指在接受和认可的基础上,主动吸收红色文化中的精神理念和价值观念,使之成为自身的价值理念,并最终外化为行为;自信是指对红色文化的精神形态、价值理念、生命力和发展前景的充分认可和坚定信心。文化认同的形成需要情动机制、场域体验、价值认同、政治认同的共同作用。

1. 情动机制是红色文化认同的核心触点。情动是"个体的情感、欲望等人类普遍的感性力(sensibility)如何在与他人的相遇和身体互动的感知过程中激发人的潜能",以及这种潜能如何通过激发人类对美好生活的想象(good life fantasy)推动社会的变革。情动是个体行为最深刻最强烈的推动源之一,表达了人与人之间情相连、心互动的精神状态。情动体现了个体情感或集体情感被激发而转化成内在驱动力的流变过程。红色文化的情动过程需要人们通过物质符号进行互动,让符号释放的精神能量在互动中触及感受者的情感,使其产生认同、反感、感动、愤怒等情绪。情动并非必然的心理反应,人也可能会出现情感上的空白和麻木,无法产生任何正向或负向的情感。为此,应尽量激发人们对英雄事迹的正向情感,也可适当地用反面的事例激发人们的负向情感,避免在红色文化宣传和教育过程中出现情感麻木。在中国人民进行社会主义革命、建设和改革中涌现出的无数感人的英雄事迹就是进行情感教育最好的素材,在坚持实事求是的基础上,用多种方式积极传播和宣传这些感人事迹,以情感人,以情动人,从情感上使人们对红色文化蕴藏的价值产生共鸣,唤起人们内心深处的情动,进而不断强化认同。

2. 场域体验是红色文化认同的加速器。场域体验是指人们通过参观历史场景、还原历史情节、参与历史仪式等行为感受历史事实,使人们达到认知上的强化、情感上的触动。红色文化的场域体验形式繁多,如参观历史文化遗址、举行文化仪式、听亲历者口述历史,等等。场域体验是红色文化认同的加速器,在体验中人们以最直接、最有效的方式接触红色文化所蕴含的精神世界。体验的过程是认知和感悟的过程,也是情感迸发的过程,体验使人们在认知上理解并接受红色文化的知识和内容,通过感受、换位、想象、移情等方式感受先辈们高尚的理想信念、崇高的精神和强烈的爱党爱国情怀,在体验中逐步树立马克思主义信仰,强化爱国主义情感,激发艰苦创业精神。文化对于个体的教化往往是"润物细无声"的,大众通过场域体验能够使红色文化内含的精神力量转化为人们的精神形态和行为习惯。因此,应当进一步保护好历史遗址,挖掘遗址的价值,创新体验形式,丰富体验内容,使场域体验成为红色文化教育和传播的重要手段。

3. 价值认同是红色文化认同的主要内容。人们对于红色文化的认同是一个长期的过程,需要价值领域的不断强化。红色文化只有在价值上达成共识,才能成为中国人民共同的精神财富。主体对客体是否有价值、有什么价值以及价值大小的判断直接决定着价值认同的形成。红色文化的价值认同是人们自觉或非自觉地赞同和接受文化所传导的价值理念、被价值理念所同化的过程。红色文化价值认同的关键在于"求同",即对红色文化中所传导的可认同和可接受的价值理念达成共识。但是,"求同"并不妨碍"存异",共同的文化背景和社会生活条件可以使人们在价值上达成共识,使价值认同成为可能;文化和社会经历的差异性同样使人们在价值观念上产生差异,"求同"实际是"存异"基础上的认同,对红色文化价值认同的追求也应该在差异性的价值理念上寻求最大公约数,形成红色文化精神共同体,扩大红色文化价值认同的群体。单向的、单纯的价值灌输并不能达到真正的价值认同,红色文化价值认同的构建需要由单向灌输逐步转向以尊重差异为基础的"平等对话"。

4. 政治认同是红色文化认同的基础。作为一种独特的文化形式,红色文化除了承载精神和价值形态外,还承担传播和延续政治理念的任务。红色文化认同不仅仅表现在价值理念上,也表现在具体实践中,它是中国共产党获取政治认同的重要路径之一,是加强党的政治建设的文化路径选择,红色文化的精神内涵、政治理念与党的性质、宗旨、执政理念具有高度的内在契合性,对于巩固党在意识形态领域的领导权具有重要意义。"红色文化可以对偏离正确方向的政治心理进行矫治和纠偏,能够对社会成员进行方向性引导……从而转化为意识形态的重要组成部分。"人们在红色文化的教育和影响下会自觉或不自觉地纠正自己的政治观念,在政治意识形态上逐步向主流意识形态靠近,红色文化内含的特定政治文化只有在心理和思想上被人们认可,才能获得传播和延续。红色文化的政治认同程度就是个体的政治观念与红色文化中蕴藏的中国共产党执政理念达成的内在一致性程度,红色文化政治认同的形成需要经历政治上的认知、情感上的认可和精神上的信仰三个阶段,共产主义政治信仰是红色文化认同的最高形态。

(三)文化践行是红色文化传承的最终目的

红色文化践行是社会群体主动传播红色文化精神,自觉按照红色文化要求规范自身行为,并根据时代要求和社会需要,在延续传统的基础上对红色文化的表现方式、体验场域进行创造性改造的过程。红色文化践行是理性地接纳、广泛地传播、积极地实践和科学地创新。文化践行包括传播、实践与创新三个层面。红色文化传播指通过家庭教育、学校教育、社会教育和大众传媒等形式传递和扩散红色文化,使之影响范围进一步扩大。红色文化实践是指人对红色文化精神理念和价值形态的践行,包括主动实践和被动实践。主动实践又可划分为自在性实践和自为性实践:自在性实践是指人在外界影响下自发而不自知的实践行为;而自为性实践是指人在教育和媒介的共同作用下,在个体自我意识的主导下自觉地、有意识地、能动地践行红色文化精神的行为。被动实践指人在权威个体或团体的要求下被动地从事某些与红色文化相关的实践要求。红色文化创新是对红色文化的创造性转化,其过程即是文化践行的过程,红色文化的真正践行离不开系统教育、科学传播和自觉践行行为。

1. 教育是红色文化践行的核心策略,践行红色文化必须教育先行。红色文化的现代践行,核心策略在于红色文化教育,一部红色文化发展历史也是一部红色文化教育史。红色文化教育是指国家按照红色文化的规范和要求对人们进行有组织、有计划的知识传播活动,其目的是使人们形成良好的精神理念,养成良好的行为习惯。红色文化教育的实施主体主要有学校、党组织、社区。能够自觉自为地践行红色文化,既需要内在的觉悟和禀赋,也需要外在良好的教育环境,两者结合才能成就红色文化需要的人格并成为自觉的践行者。教育对红色文化践行的内驱力在于教育主体使人们形成荣耻观念,并择善而行。红色文化教育转化为红色文化践行的路径可以表述为精神理念分析—文化认知—个体反省—文化认同—文化践行。红色文化教育必须面向生活。脱离现实、高高在上、传经布道式的教育模式无法吸引受教育者,无法唤起受教育者的共鸣。陶行知先生认为:"没有生活作中心的教育是死教育,没有生活作中心的学校是死学校,没有生活作中心的书本是死书本。"陶行知先生的观点表明,红色文化教育必须根植于生活,没有以生活为中心的红色文化教育不可能引起受教育者自觉的践行行为,也不可能真正达到知行的统一。红色文化教育不可能在空中游离,必须面向大众、面向生活,做到大众化、生活化。红色文化教育是红色文化践行的先导,红色文化践行是红色文化教育的目标。脱离践行的现实根基、单纯的说教和教育的现实靶向不明确,就会使红色文化教育成效甚微,不能充分转化为红色文化践行。红色文化教育必须以红色文化践行为明确靶向,根据不同层次受教育者的特点和不同阶段的教育环境制定教育规划。

2. 科学传播是红色文化践行的重要手段。信息化时代,媒体以其传播的便利性和广泛性连接着社会,覆盖社会生活的方方面面。与传统教育相比较,媒体的辐射范围更广、与受众之间的交互性更强,在广度和黏度上有着传统教育所不具备的优势,媒体传播可以成为人们践行红色文化的中介,积极且科学地传播红色文化就是践行红色文化。积极体现个体的主体性、文化认知,科学地传播红色文化需要社会个体树立红色文化自觉、红色文化自信和红色文化自强的理念。红色文化传播在红色文化自觉的推动下,以红色文化自信为立足点,以红色文化自强为落脚点,以尊重史实为前提,以情感互动为支撑,根据受众需求和选择的差异性,运用电视、报刊、图书、广播、移动互联网、互联网等多种媒介平台,创新红色影视、红色动漫、红色景点等多种传播形式,讲好红色故事,增强红色记忆,运用紧跟时代、贴近受众心理的内容增强红色文化的感染力,形成广泛的红色文化认同和强大的红色文化舆论场,使人们在红色文化的浸润下自觉将红色文化内化为心、外化于行。

3. 自觉践行是红色文化践行的终极目的。按照费孝通先生的观点,文化自觉就是要对自己的文化有"自知之明","明白它的来历、形成过程、所具有的特色和发展的趋向"。文化自觉是红色文化自觉践行的前提,红色文化的自觉践行是指主体将红色文化的精神形态和价值形态内化为自身的理想信念、精神价值和政治信仰,并自觉将红色文化应用于自己的学习、生活和工作等实践活动之中。主体的自觉践行是红色文化传承创新的必要条件,红色文化自觉践行意味着社会个体对红色文化的高度肯定,这既是红色文化魅力的具体表现,也是红色文化固本培元作用的根本表现,通过提升红色文化自觉践行度可提高红色文化的自我修复、发展和创新能力。但在现实中,一些人并不愿意践行红色文化,虽然人们对于红色文化蕴藏的如忠诚、奉献、爱国等精神理念耳熟能详,但现实的行为却截然不同,这是因为在功利主义的影响下,人通常会选择符合个人利益的行为。如果他选择了红色文化倡导的精神理念,就意味着奉献和牺牲个人利益,就会陷入高尚精神和个人利益的两难选择,从而消解人们践行红色文化的意志。所以,红色文化的教育和传播应该由单向灌输、单向传播红色文化的内涵、知识、价值理念,转向在受众平等对话中了解受众践行红色文化的心理冲突,从而减少受众践行红色文化的心理负担和利益矛盾,最终实现个人利益与红色文化传承的相互促进,推动新时代红色文化的发展创新。

三、中国共产党红色文化传承机制的建构

红色文化的传承与创新是一个系统性工程,不仅由诸多要素构成,而且需要这些要素的协调互动,这就要求建立完善的保障机制以推动红色文化沿

着正确的方向发展。

（一）建立健全红色文化传承的制度保障

习近平同志曾指出,"一个国家、一个民族的强盛,总是以文化兴盛为支撑的,中华民族伟大复兴需要以中华文化发展繁荣为条件"。《中共中央关于深化文化体制改革推动社会主义文化大发展大繁荣若干重大问题的决定》指出,"建设优秀传统文化传承体系",必须"坚持保护利用、普及弘扬并重",使其和当代社会的实际相吻合。促进文化的发展创新并使之体现出时代性和实践性特征,既需要法律的全面保障,也需要制度的具体推动,从而形成完善的体制和机制,保障红色文化持续有序地传承发展。

1. 以知识产权法保障红色文化的传承体系建设。有着五千年文明史的中华民族在长期的生产生活实践中创造了辉煌璀璨的文化,既有有形的物质文化遗产,如遗址、文物、历史典籍等,也有无形的非物质文化遗产,如民俗活动、民间传说、民间工艺、传统艺术等。无论是有形的物质文化还是无形的非物质文化,都是红色文化的重要载体。保护红色文化就是保护中华民族千百年来所积淀的传统优秀文化的根基。我们要用知识产权法保护这些文化遗产,为红色文化的传承与创新奠定坚实的基础。

2. 以健全的文化政策建构红色文化传承体系。文化政策是全方位、多层面的,它包含文化的整理和普查、文化的研究和鉴定、文化的传播和继承以及文化的发展和利用。红色文化的传承和弘扬以及建立在传统文化基础上的文化创新必须依托一套规范的文化管理体制和制度,只有这样才能保障红色文化经久传承。建立健全文化管理机制和制度,应做到四个方面:一是政策管理制度必须体现出权威性,二是建立以专家管理为基础的制度体系,三是健全文化领域的知识产权保护体系,四是完善人才培训和管理方面的常规制度。

3. 以科技融入促进红色文化传承机制创新。红色文化的发展和繁荣需要不断进行文化创新,不断塑造新的文化题材,以满足人民群众的精神文化需求。为此,应根据受众的审美情趣对红色文化的形式和内容进行创新。在网络技术、数字技术日益普及的背景下,更要充分运用现代科技手段,推动各种文化活动与艺术要素的有机融合,使风格流派、体裁、题材以及表现方法等向多样化发展。积极运用现代科技手段开发民族文化资源,加强红色文化的创意与策划,尤其是促进网络文化博览、动漫游戏等领域的创新发展,使之融入更多的时代风格和科技元素,为红色文化繁荣发展提供良好的基础环境。此外,还要进一步加强红色文化与数字技术的整合,构建一种传播更为快捷、覆盖面更为广泛的红色文化传播体系。

(二)红色文化传承与教育机制融合并进

红色文化是中国共产党在领导新民主主义革命和社会主义建设的基础上发展起来的,是我国先进文化的重要组成部分,对于促进社会发展、国家建设、提振国民士气具有重要意义。因此,利用红色文化资源开展国情教育,既是传承和发展红色文化的有效方式,也是培育国民精神的重要途径。

1. 红色文化教育具有培养高尚道德的教化功能。文化在社会发展中发挥着牵引力和推动力的作用,先进的文化必然对整个社会的发展起着重要的促进作用。所谓的道德其实并非是那种作为超历史和超现实的抽象概念,就其本质而言是指人在社会方面的一种特质。人不可能孤立地存在,每个人都是生活在集体和社会之中的独立个体,个人的行为必然对他人和集体产生影响。一个人的道德水平决定了其行为对他人和社会产生什么样的影响。因此,红色文化教育是提升人的道德修养和内在涵养的重要途径之一。红色文化在现代社会中也可以说是一种具有广泛适用性的道德规范和行为准则,其背后所蕴含的优良革命传统和历史题材可以激发人们强烈的爱国主义情怀,培育勇于为真理而牺牲的大无畏奉献精神和为人类的事业而奋斗的顽强意志。而红色廉洁文化所蕴含的道德规范、行为方式和理想的目标可以发挥积极的教化功能,引导人民深入思考人生的价值、目的和意义,从而促使人们积极追求人生价值、塑造高尚情操。总之,红色文化教育能够引导人们成为一个高尚的人、一个纯粹的人、一个有道德的人、一个脱离低级趣味的人、一个有益于人民的人。

2. 红色文化教育具有提升国民创新意识的锻造功能。就其内容而言,创新意识主要表现为主体所具备的创造动机、创造兴趣、创造情感和创造意志,这些要素是一个国家一个民族实现创新发展不可或缺的。只有不断地创新发展,一个国家才能走向强大,一个民族才能迈入世界先进民族之列,其重要性不言而喻。红色文化的传承和发展也必须立足于对传统文化的创新基础上。习近平说:"不忘历史才能开辟未来,善于继承才能善于创新。"红色文化是以马克思主义作为指导的,代表了中国特色的先进文化,对于培育民族的理性思维和提升人民的创新意识具有重要作用。红色文化要求我们具备与时俱进的品质和不断创新的勇气、精神,坚决反对固化思维、迷信权威的思想桎梏。对于这些蕴含在红色文化之中的精华,我们要通过系统的文化教育不断内化其特质,使其成为提升创新能力、拓展创新思维的重要资源。

3. 红色文化教育具有陶冶健康情感的功能。个人的发展、事业成功必须拥有健康的情感,只有具备了健康情感,个人才能提升自身素质,不断提升道德水准和精神修养,养成社会发展所需要的自主意识、竞争意识、创新意识等。当然,健康乐观、积极向上的情感需要先进文化的陶冶和培育,红色文化作为中国当代先进文化之重要组成部分,是中华民族经过长期的革命、建设和改革实践而形成的宝贵文化资源和精神财富,能够启迪人们的智慧,激励人们的行为,实现心灵的升华。红色文化中的革命气概、革命情谊和奋斗精神能够激发人们正向的情感表达;红色廉洁文化可以使人们的心灵更加纯洁,使政坛更加清明,使人们更加热爱生活,从而形成健全的人格,促进人的全面发展。

(三)健全红色文化传播机制

红色文化作为中华民族宝贵的精神财富,应不断健全传播机制,使其在满足人民精神文化生活的同时,促进马克思主义价值观广泛传播,积极服务于中国特色社会主义建设。

1. 建立红色文化产品体系。红色文化要长期有效传播,产品质量和产品体系尤为重要,这就需要大力加强承载和传播红色文化的影视剧、文章、歌曲和电脑游戏等的策划与开发,通过资源优势和产品质量打造高质量的精神产品以占领文化市场。尤其是利用电视剧的优势制作更多的文艺作品,不断增强红色文化的宣传功能和教育意义。总之,文化产品体系的形成与健全一方面能够促进文化产业发展,另一方面能够推动文化有效传播。

2. 构建红色文化产业体系。大力发展有关红色故事、遗址等方面的旅游产业,着力打造完善的新型文化产业体系,使红色教育与市场发展协调互动、相互促进,形成文化产业发展与红色文化传承的双赢局面,使人们在文化体验中陶冶情操、接受教育、提升思想境界。因此,红色文化产业的发展无论对于个人还是对于国家都具有重要意义。例如,红色文化旅游就是将本地的红色文化资源进行科学开发、合理利用,将适合旅游者心理需求以及审美情趣方面的形态充分表达出来,吸引更多的人来这里参观体验,从而达到革命情怀得到真实体验、革命历史得到缅怀、廉洁故事得到代代相传的传播效果。

3. 积极借助传播媒介弘扬红色文化。传统的红色文化传播媒介主要有电视、报刊、图书、广播、移动互联网等,但随着传播技术的发展,新传播媒介的功能日益凸显,并在全社会迅速普及,由此推动了红色文化生产与传播方式的深刻变革。因此,要充分利用微信、微博、客户端等新媒体工具,为社会提供充足的终端文化信息和服务。同时,进一步拓展传播范围,提升传播效果,为红色文化的受众尤其是青少年群体提供更多更好的精神文化产品。

(四)创新红色文化宏观管理体制与微观运行机制

文化是一个国家活的灵魂,也是一个民族赖以生存、发展的精神载体和生命底蕴。改革开放以来,我国经济社会得到了全面发展,人民的物质文化生活水平获得了质的飞跃,精神文化需求日益增长且呈现出多样性、多样化的态势,这对我国文化事业发展提出了更高的要求。为此,必须创新文化管理体制和运行机制,促进文化生产力发展。

1. 创新红色文化的宏观管理体制。社会的发展、科技的进步,要求进一步转变红色文化管理方式,逐步加强宏观管理,实现由微观管理向宏观管理、直接管理向间接管理转变。着力创新管理手段,进一步推进红色文化发展的多元化保障,不再单纯依靠行政手段,而是综合运用多种管理方式加强保障,如经济手段、政策鼓励、法律法规保障、技术提升等,充分发挥计划、指挥、协调、监督等作用,积极推进红色文化繁荣发展。同时,红色文化的发展也要同地域性的特色联系起来,因地制宜,突出特色,加快构建红色文化特色发展之路。

2. 转换红色文化微观运营机制。科技的发展推动着文化生产方式、传播机制的转变,促进了文化运营机制的革新,使各生产要素充分地融合。因此,要通过政策引导,进一步加强资本、产权、人才、信息、技术等文化生产要素的市场建设,提高资本、人才在文化生产中的基础性地位,提升信息、技术在文化传播中的促进性作用;通过机制创新,打破市场垄断,突破区域封锁,尤其要进一步开辟农村红色文化市场、加快培育网络文化市场,以更加宽广的视野科学配置红色文化资源。同时,要不断深化区域间红色文化产业发展的合作和交流。

总之,红色文化的发展要遵循社会效益与经济效益相结合的原则,积极借鉴有益的发展经验,坚持改革、发展、稳定三者的一致和协调均衡,唯有如此,才能不断创新完善红色文化发展的机制和制度。

作者单位:
　　重庆社会科学院

新时代弘扬三峡移民精神的价值意蕴和实践路径

黄意武　江优优　王广锋

三峡工程是跨世纪的伟大工程,三峡工程关键在于移民。在破解百万移民这个世界级难题的过程中,全国人民尤其是三峡移民和移民干部共同创造了可歌可泣的三峡移民精神。三峡移民精神既形成于三峡移民,也推动三峡移民工程的顺利实施,构筑成民族精神和时代精神中的一支特别力量,集中体现了爱国主义精神和改革创新精神。三峡移民精神蕴含着丰富的时代价值和生动内涵,是新时代激发人民奋发作为,全面建设社会主义现代化强国的重要精神力量。新时代需要进一步传承与弘扬三峡移民精神,丰富传承与弘扬的现实路径,深刻感受百万三峡移民朴实的爱国情怀,充分彰显中国特色社会主义制度的显著优势,更好展现中国精神、中国力量。

一、相关文献综述

三峡移民精神是我们党领导百万三峡移民创造伟大壮举进程中所呈现出的独特精神风貌。它并非与生俱来,而是适应我国建设三峡大坝这个"世纪工程"的需要,在传承伟大民族精神和时代精神的基础上,历经十余年的艰苦奋战,逐步形成与发展起来的。起初,学界更多关注三峡移民工作如何开展。随着三峡移民实践的深度推进,三峡移民精神逐步孕育和发展,引起学术界较为广泛的关注,形成了一系列具有一定影响力的文献。一是前期重在理论阐发。自一期移民开始,就有学者从多个维度解读与阐发三峡移民精神的基本内涵及本质要义。邹云峰从概念界定、要素构成、显著特点等方面对三峡移民精神进行了深入系统的阐释,较为全面地构建了三峡移民精神的研究路线与理论框架。鲜于煌将三峡移民精神归纳为自我牺牲、无私奉献、开拓拼搏、创新、协作、人文关怀、节约等方面。肖长富则从三峡移民精神的丰富内涵和时代价值进行阐释，认为三峡移民精神作为新时期伟大事业的实践产物，生动体现了民族精神和时代精神，是我们党和国家、人民的一笔极为珍贵的精神财富。项明权对三峡移民精神进行拓展性的解读，认为爱国、奉献、协作、拼搏四个方面构成了三峡移民精神的前提、灵魂、保证和关键。二是后期侧重实践探讨。刘晋飞、黄东东选取社会建构主义理论这个崭新视角，理解和阐释三峡移民动迁和三峡移民文化。吴大兵则从现实基础、主要内涵、重大价值等多重维度探析三峡移民精神，更进一步拓展了三峡移民精神的理论研究内涵与外延。还有学者重在分析三峡移民精神的价值融合与实践应用。黄悦将三峡移民精神同青年政治文化之间构建深层联结，认为可以通过拓展三峡移民精神传播途径，优化青年政治文化生态。此外，需要指出的是，三峡移民精神并非移民精神的唯一承载形态，比如，建设南水北调工程形成了南水北调移民精神，学界也给予了较高的关注。有学者指出，南水北调移民精神是广大移民和各级干部用信念、忠诚和奉献谱写的伟大赞歌，集中展示满怀赤子深情、勇担民族大义的崇高风范和精神境界。有人认为南水北调这个战略性工程所孕育和催生的移民精神已超越工程本身。还有学者则从社会主义核心价值观的培育和践行双重视角出发，系统分析南水北调移民精神所带来的深刻启示。事实上，三峡大坝移民和南水北调工程移民都是工程性迁移，尽管这两项伟大实践所处地域，以及发生的时间不同，在具体的实践中却孕育出了内容颇为类似的伟大移民精神，所凝练与表达的精神内核有着一定的相似性。

  从已有成果可以看出，三峡移民精神研究在内涵界定、外延拓展等方面已取得较为丰富的成果。但在如何接续历史，传承弘扬三峡移民精神方面还不够，需要立足于新时代的历史方位，从历史的维度深化三峡移民精神的整体性研究，将弘扬三峡移民精神与第二个百年奋斗目标相结合，真正意义上发挥其在全面建设社会主义现代化国家新征程中的精神激励作用，这正是本文研究的主题与旨趣。

二、新时代传承弘扬三峡移民精神的独特价值

百万移民的伟大实践,孕育出以"顾全大局的爱国精神、舍己为公的奉献精神、万众一心的协作精神、艰苦创业的拼搏精神、开拓开放的创新精神"为主要内容的三峡移民精神,其不仅反映了时代本身的发展和演进逻辑,更具有面向未来的价值意义。

(一)三峡移民精神作为一种精神丰碑,铸就奋斗底色,迸发耀眼光芒

三峡工程涉及百万移民迁徙,数量多、规模大、跨度长、区域广,这在世界水利水电工程建设史上是极其罕见的。三峡移民精神是在社会主义现代化建设和改革开放的时代背景下产生并形成起来的,它凝聚着新时期中华儿女报效祖国的深沉情感,饱含着三峡儿女与全国人民一道共创美好生活的不懈追求,展示了中国人民开拓创新、创造未来的雄伟气魄,是我们党在改革开放时期的宝贵精神财富,构成了人民勇于担当的不朽精神丰碑。三峡移民精神具有独特的历史价值、理论价值和实践价值,在五千年赓续不断的伟大民族精神发展史、百年传承的中国共产党革命精神演进史、七十余年社会主义先进文化递变史中具有重要的地位,树立独特的精神丰碑,深刻体现了中国人民爱国、奉献、奋斗等旗帜鲜明的民族性质,并体现为一种积极主动的行动自觉,在新时代继续彰显其独特价值。

(二)三峡移民精神作为一种精神动力,回应时代之需,激发创新创造

伟大实践孕育伟大精神,伟大精神驱动伟大事业。三峡移民精神在新世纪初期以来的中国特色社会主义伟大实践中写下了浓墨重彩的一笔,也正是对复杂多端国际环境的一种映射和反映。百万移民伟大实践过程中涌现出来的平凡而又不凡的人物、事件,成为推动"移民、扶贫、稳定、发展"的强大精神动力。在三峡百万大移民进程中,移民新城日新月异,经济社会得到长足发展,三峡移民精神已成为团结和激励库区人民强大的精神动力,促进了三峡库区经济社会的全面发展。新时代是一个船到中流浪更急,人到半山路更陡的时代,是一个愈进愈难、愈进愈险而又不进则退、非进不可的时代,实现中华民族伟大复兴的中国梦,依然需要亿万人民"携手奋进"与"接续奔跑"。

三峡移民精神绝非是符号化的精神标签,而是作为时代发展的精神动力,融入中国特色社会主义伟大实践中,不断激发广大干部群众创新创造,增强实现民族复兴的历史使命感和时代责任感,勇于战胜前进中的困难和挑战。

(三)三峡移民精神作为一种精神纽带,延续民族文化,厚植家国情怀

三峡移民精神凸显了中华民族传统优秀文化的历史积淀,又融合三峡文化、长江文化等地域文化的精髓,更是在中国特色社会主义文化熏陶下形成和发展起来的。三峡移民精神继承了中华民族优秀传统文化中的优良传统和品质,表现出中华民族在重大历史关头精诚团结、无坚不摧的凝聚力。长江上游的流域文化展现出与中下游地区典型的不同文化特质,地理上的封闭性使得其地域文化很难与周边文化交流,三峡移民精神传承了三峡文化和长江文化的精神特质,进一步延续了三峡人强悍劲勇、热情豪放、淳朴善良、忍辱负重的人文品格。三峡移民精神是中华民族博大精深的中国精神在中国特色社会主义伟大实践时期的弘扬与发展,没有中国共产党领导全国各民族所开创的中国精神,就不会有伟大的三峡移民精神的产生。中国精神在三峡移民精神的形成与发展中得到升华,三峡移民精神在中国精神的继承与弘扬中得到发展。从本质上来说,精神是一个纽带,是维系民族生存与发展的内生力量。深刻把握三峡移民精神的本然价值,对新时代厚植家国情怀、传承民族文化具有重要的现实价值。

三、新时代传承弘扬三峡移民精神的时代内涵

三峡移民精神作为一种典型的时代精神,丰富了以爱国主义为核心的民族精神和以改革创新为核心的时代精神的内涵,是社会主义先进文化的重要组成部分。新时代传承弘扬好三峡移民精神,关键把握好三峡移民精神与时代发展之间的内在关系,厘清三峡移民精神在弘扬中国精神中的时代内涵。

(一)广大党员移民干部将舍己为公和开拓开放一以贯之,深刻诠释立党为公、执政为民、无私奉献的政治品格,构成新时代激发砥砺奋进的精神力量

在三峡移民工程的推进过程中,从中国共产党这个"领导核心"到移民干部这个"关键少数",始终将舍己为公和开拓开放一以贯之,深刻诠释立党为

公、执政为民、无私奉献的政治品格。三峡移民工程中充分发挥党的领导核心作用，党的领导这个最本质的特征和最大优势得以充分发挥。党中央、国务院创新提出并实施"对口支援三峡"的战略、"开发性移民"的方针，以及创新思想政治工作模式，各级党组织以及广大党员移民干部以对党和人民高度负责的态度，主动担当起三峡移民的使命与责任。事实证明，没有中国共产党这个核心领导，移民不可能"迁得出""稳得住"，更不可能"逐步能致富"。正是由于充分发挥了党组织的引领作用，使党组织建设与三峡移民工作有机结合，凝聚强大的战斗力。在三峡移民实践中，广大党员移民干部坚持"以移民为先、以移民为重"，走村串户、跋山涉水、诚心诚意倾听移民意见、苦口婆心宣传移民政策、一心一意解决移民难题，用真诚实意打动人心、用满腔热情攻坚克难，在关键时候挺身而出，充分践行了共产党人全心全意为人民服务的根本宗旨，彰显了中国共产党立党为公、执政为民的崇高理念。在三峡移民实践中，广大党员移民干部勇于自我革命，抛除私心杂念，做到大公无私、公而忘私，能够舍弃个人利益甚至生命，以保全和实现党、国家和民族的整体利益，充分彰显了舍己为公的奉献精神，用实际行动赋予奉献精神新的时代内涵。

三峡移民精神蕴含舍己为公和开拓开放的精神品质，构成新时代激发砥砺奋进的精神力量。舍己为公的奉献精神充分彰显的是对国家、民族、政党兴衰的高度责任感和奉献意识，是个体生命践行奉献精神的最高体现。毋庸置疑，广大党员移民干部践行舍己为公的奉献精神，是奉献精神价值层次的生动表现。三峡移民精神中的舍己为公的奉献精神，既是对中国共产党革命精神的继承，也是在改革开放背景下的精神超越与实践升华。广大党员移民干部身上所蕴藏的精神力量，是我们党接续奋斗的动力源泉，是中国共产党赓续始终的血脉。舍己为公的奉献精神的历史生成，既是百万移民伟大实践的精神呈现，体现了时代精神对伟大历史实践的思想反映，也是对中华民族优秀传统文化精神要素的时代传承和开拓创新。在新时代，传承与弘扬舍己为公的奉献精神，引导与指引每一个劳动者以无限的奋斗热情和创造力，激发社会的整体奋斗活力，满足人民对美好生活的内在追求。特别是在实现中华民族伟大复兴这场新的伟大征程中，没有现成的经验可循。需要我们坚守和大力弘扬三峡移民干部所践行的舍己为公的奉献精神和开拓开放的创新精神，以高度的历史使命感、强烈的事业心、自觉献身的奋斗精神，开创新时代的光辉事业。

(二)百万移民将顾全大局和艰苦创业一以贯之,深刻诠释为国分忧、自力更生、不畏艰辛的坚毅品格,构成新时代弘扬爱国主义精神的思想内核

在三峡移民工程的推进过程中,百万移民这个"特殊群体"将顾全大局和艰苦创业一以贯之,深刻诠释为国分忧、自力更生、不畏艰辛的坚毅品格。三峡工程建设是经济效益巨大的经济工程,又是彪炳史册的民生工程,是国家、民族的整体利益和长远利益所在。全景梳理三峡移民进程,百万移民这个"特殊群体"以顾全大局的包容、锐意进取的姿态成就了彪炳史册的伟业。一方面,顾全大局,共克时艰。安土重迁是中华民族的文化传统,而为保证三峡库区建设又不得不让部分人民群众举家搬迁。广大库区移民从社会发展和国家需要这个政治大局出发,不讲"价钱",不言回报,"舍小家、为大家",藏起"三天不见长江、吃饭都不香"的故土情怀,毅然决然地踏上了离乡别土、举家搬迁的艰难之路。库区百万移民的成功实践充分彰显了广大移民"毁家纾难"、舍家为国的爱国主义情怀。另一方面,艰苦创业,奋勇拼搏。三峡移民属于开发性移民,就根本而言,需要依靠三峡移民自力更生、奋发图强、迎难而上、艰苦创业,在苦干中开创自己的富裕生活,在开发中创造自己的美好未来。绝大多数移民文化知识素养、专业技术水平不高,异地生活能力、创业能力、发展能力有限。然而,他们并没有消极抱怨、等待观望,而是积极进取、自力更生,学习新技能、掌握新本领、开创新事业,以开创美好家园的志向、敢闯敢干敢拼的精神,走出一条艰苦创业、人生出彩的移民之路。

百万移民用实际行动践行了爱国主义精神。概括来讲,爱国主义精神是伟大民族精神的核心,也是三峡移民精神的灵魂。从发展逻辑说,爱国主义精神表现为四个递增层次:第一层次,表现为一种纯粹的精神情感、价值认知,这是一种对于国家、民族的归属感、认同感、荣誉感、自豪感,具有感性化、情结式特征。第二层次,表现为一种思想体系,基于对国家、民族的历史发展和现实呈现有着全面而科学的认识,并形成一种较为稳定、积极、理性的思想认知。这一层次,超越了感性认知阶段,进入了理性化、科学化境界。第三层次,表现为一种爱国行动,尤其是能够在处理小家与国家、情结与道义、局部利益与全局利益等方面,做出符合国家利益、全局利益的爱国主义行动。第四层次,表现为一种崇高的精神境界,为了国家利益可以牺牲自身生命,这是爱国主义的最高境界。可以发现,在伟大移民实践中,广大移民所践行的顾全大局的爱国精神,彰显的是爱国主义的最高层次,是为了国家利益而背井

离乡,牺牲自身巨大利益的爱国主义行动,这也是最值得我们永远珍视和大力弘扬传承的。

三峡移民精神蕴含顾全大局和艰苦创业等精神品质,是新时代弘扬爱国主义精神的思想内核。人民群众是真正意义上的历史"剧中人"和"剧作者",其所蕴藏的智慧与力量是无穷尽的。回顾中国共产党百年发展历程,保持艰苦奋斗的拼搏精神状态是我们党战胜一切艰难险阻、保持一往无前的动力源泉,是推动"中国号"巨轮从"站起来"到"富起来"再到"强起来"的精神支柱,更是推进三峡库区百万移民伟大实践的根本力量。在建设社会主义现代化强国的征程上,我们还会面临很多"腊子口""娄山关",需要发挥好三峡移民不畏艰辛、艰苦奋斗的拼搏精神。关键要深入挖掘百万移民集中展现出来的爱国精神、拼搏精神的精髓元素。中华民族素有"国家兴亡、匹夫有责"的崇高爱国主义精神追求,"天下为公""大公无私"的集体主义奉献主义情怀,以及"自强不息""刚健笃实""艰难困苦玉汝于成"的奋力向上的积极奋斗精神。诸如此类的思想精髓构成了三峡移民精神的传统文化根脉和思想形成源头。新时代传承爱国精神和拼搏精神,要充分激活内蕴其中的有效传统文化基因与特质,有助于独具中国风格、民族气派的传承体系的生成和培育,应该要以艰苦奋斗、进取拼搏为荣,以不思进取、好逸恶劳为耻,树立积极向上、科学文明的生活方式。要将艰苦奋斗的拼搏精神化为思想境界。要自觉弘扬艰苦奋斗的拼搏精神,丰富精神世界、提升思想境界,始终保持奋发有为、知难而进的干事创业激情,以昂扬向上、丰厚饱满的精神状态推动各项工作顺利开展。要将艰苦奋斗的拼搏精神化为实践行动,落实到实践中,创造出无愧于时代要求、经得起实践检验的业绩。

(三)全国人民将团结协作和万众一心一以贯之,深刻诠释全员行动、内外协作、协同推进的光荣传统,构成新时代凝聚民族复兴的磅礴伟力

在三峡移民工程的推进过程中,全国人民这个"最强后盾"将团结协作和万众一心一以贯之,深刻诠释全员行动、内外协作、协同推进的光荣传统。中华民族向来拥有"一方有难,八方支援"的光荣传统。万众一心、通力协作是中华民族取得历史辉煌的重要精神动力,更是生动地体现在整个三峡移民伟大实践中,构成了三峡移民精神的内核。库区移民伟大实践是一项涉及库区内外、众多领域的庞大系统工程。从国家层面,在党中央集中统一领导下,全国先后有20个省市、29个国家部委对口支援移民工作,形成了全社会、宽领域、多方位支援库区移民开发和安置的生动局面。在民众层面,广大移民群众积极响应国家号召,为三峡工程的顺利建设,舍小家顾大家,毅然诀别故土家园;迁入地群众能够从各个方面为外来移民提供力所能及的帮扶,逐步消除地域、文化、生活习惯等差异,帮助广大移民尽快融入当地生活。在整个移民安置过程中,全国人民充分彰显了中华民族团结一致、万众一心、共克难关的大团结大协作精神。协作精神呈现于我们社会建设各个领域和部门,是社会进步、事业发展的基本需要。小到个人日常生活,大到国家建设发展,协作精神体现在各个地方。三峡移民工程的成功实践,集中反映了中国人民万众一心、勤力前行的精神意志,是人类践行大团结大协作精神的生动写照。

三峡移民精神蕴含团结协作和万众一心等精神品质,构成新时代凝聚民族复兴的磅礴伟力。建设社会主义现代化强国,实现中华民族伟大复兴征程,更加需要传承好、弘扬好万众一心的协作精神。一是从个人层面,要继续发扬奋力实现中国梦的热情和干劲,同舟共济、齐心协力,心往一处想、力往一处发,自觉将个人发展与社会进步和民族复兴伟业结合起来,将个人之"小我"融入国家发展之"大我"之中。二是从社会层面,社会组织要积极造就团结一致、齐心协力的大团结大协作舆论空间,最大限度地凝聚社会共识,营造万众一心、通力协作、共谋发展的良好社会氛围。三是从国家层面来看,构筑共谋中华民族伟大复兴的最大同心圆,汇聚起亿万民众建设社会主义事业的磅礴伟力。在新时代,需要统筹部署与精准把握弘扬三峡移民精神的阶段任务,把传承与弘扬三峡移民精神作为一种担当和责任。

四、新时代传承弘扬三峡移民精神的实践路径

三峡移民精神内涵丰富、意义重大,但随着三峡移民工程的结束,一些干部群众认为三峡移民精神没有存续的必要性,且弘扬意义不大,目前开展三峡移民精神宣传弘扬主要集中在三峡库区,没有形成系统协同效应,不少承载物态精神的载体在清库的过程中遭到毁坏,导致三峡移民精神弘扬有所"停滞"。在新时代背景下,应该找准传承弘扬路径,构建时代语境下科学合理、运转有效的三峡移民精神传承体系。在实践中重点抓住党员干部和人民群众这两个"关键",从丰富形式、创新载体等多个方面进行深入探索和完善,让传承与弘扬三峡移民精神成为一种思想上和行动上的自觉。

(一)永葆党员本色,赓续共产党人精神血脉

回望征程,正是无数党员移民干部以坚定的信仰、无私的奉献,以及更加自觉的担当,书写了三峡移民的丰功伟绩。在新时代,赓续三峡移民精神血脉,要靠共产党人躬身践行。一是党员干部要传承与弘扬三峡移民精神走在前、做表率。深刻认识与精准把握新时代传承与弘扬三峡移民精神的精髓要义,重点依托"四史"学习教育,将三峡移民精神与红旗渠精神、伟大抗疫精神等时代精神一起融入学习教育中,展现中国共产党人坚定的理想信念、执着的人民立场和崇高的道德品质。二是党员干部要在三峡移民精神中汲取实践智慧与奋进力量。党员干部把传承与弘扬三峡移民精神摆在更加重要的位置,从三峡移民的非凡实践中,领会我们党和人民如何运用马克思主义基本原理解决百万移民各项难题,感悟真理与信仰的力量。要注重从三峡移民的历史实践中总结成功经验,不断增强党员干部应对与破解复杂问题的能力。三是党员干部要用三峡移民精神约束行为,带头保持先进性纯洁性。党员干部要把三峡移民精神作为加强党性修养的生动教材,自觉抵制腐朽享乐的侵蚀,时刻以优秀党员的高标准、严要求来规范言行举止,把对党忠诚浸入灵魂,把无私奉献融入血液,把忠诚干净担当铸入骨髓。

(二)发挥人民作用,建构支撑性弘扬主体

三峡移民群体作为三峡移民精神缔造者的身份和特殊的生命体悟,在建构及弘扬三峡移民精神的生成逻辑中,有着更为深切的影响力和感染力。他们的有效参与,赋予了三峡移民精神鲜活的生命温度和价值底色,也为新时代三峡移民精神叙事性阐释提供了重要的现实资源和表达场域。一是充分发挥移民群体的精神叙事支撑性作用。要聚焦于"三峡移民精神"与"三峡移民实践"之间的内在互动机制,发挥群体性传承的重要联动功能。在激发社会群体这一精神传承主体的活力时,应根据三峡移民精神要素的基本内涵和价值要求,推动"从精神回归实践"与"从实践升华精神"的叙事逻辑契合,从历史三峡移民斗争事件中激活群体的生命体验和精神表达,实现三峡移民精神的社会集体性传承和发展。二是激活民众个体的基础性作用。要从民众对三峡移民精神的感性认知、表达热情及传承自觉出发,更进一步地激发民众个体参与到党政国家层面、社会群体层面精神传承的自觉性和积极性,激活普通个体以三峡移民精神要素为价值标准,进行生命追忆、问题定位、国际

比较、成就归因等思想活动反思，提升民众个体的积极认知、正向情感以及行为自觉，进而实现"自己教育自己"以及自觉弘扬三峡移民精神的价值目标。当然，由于民众个体认知层面的复杂性和差别性，在引领不同人群个体自我传承的过程中，应坚持问题意识、目标导向以及历史思维，因人而异、因时而异、因势而异，做到系统规划、分类引导。三是抓住青少年这个"关键群体"。青少年是传承与弘扬三峡移民精神的未来。要注重运用好三峡移民精神资源，做好青少年一代中传承伟大精神的各项工作，帮助青少年一代将爱国精神、奉献精神、协作精神、拼搏精神内化于心，努力做到提高认知、完善知识、强化情感。同时，还应激发青少年一代自觉传承三峡移民精神的积极性主动性，也就是落实到行为行动中去。重视认知性培养、知识性传授、情感性培育，将三峡移民精神体现的精神特质，融入自身生活、学习的行为行动，真正地将爱国主义情感、奉献主义精神、团结协作意识、奋力拼搏精神融入社会主义现代化强国建设的接班人培育工作。

（三）丰富传承形式，形成立体式弘扬格局

以发展的眼光审视三峡移民实践，深化对三峡移民精神的深刻体验，挖掘更具借鉴意义的智慧与力量，更好地发挥三峡移民精神资政育人的作用，让三峡移民精神成为涵养道德与净化心灵的文化资源库。重点从线上线下相结合的维度，创新三峡移民精神的传承与弘扬形式。一是融入学校教育。可积极探索三峡移民精神与学科教学整合新模式。建议编写出版《三峡移民精神》《三峡移民故事》大学生读本、中小学生读本，使典型人物和事迹进入大学生的心中，推进中小学生读本进课堂，着力开展三峡移民精神文化课程建设，将三峡移民精神融入学科教学和德育活动，使之与教学整合，与活动整合，与艺术实践整合，与校园环境整合，引导学生走进历史、了解历史、感悟历史。二是融入社区建设。社区应当积极宣扬三峡移民精神并组织社区居民参与到了解三峡移民精神，学习三峡移民精神的队伍当中去，可以在社区开展各种各样的活动来弘扬三峡移民精神。例如，在社区开展"周末故事会""社区文化晚会"等活动，通过社区居民讲述三峡移民时期的故事，讲述现在生活和以前生活的对比，歌颂感人的英雄事迹。三是融入网络宣传。要建设弘扬三峡移民精神的网上传播基地，重点开发利用三峡移民短视频，以市场化方式、专业化手段，再现三峡移民的实践推演过程，三峡工程的建设历程等，切身感悟整个三峡移民过程中的艰辛历程。可以进行更好的情景模拟，将三峡移民精神融入一个个具体的模拟事件,通过模拟事件对参与的网民进行三峡移民精神的渗透,推动弘扬三峡移民精神取得进展。把三峡移民精神引入数字图书馆,拓宽三峡移民精神的传播途径,为大众理解、学习和传承三峡移民精神开辟了更广阔的信息渠道。

(四)依托优质资源,创新多样化传承载体

一是保护三峡移民精神的物态载体。全面系统梳理三峡移民物态文化资源,为三峡移民精神提供重要保障。重点组织开展三峡库区文物探寻发掘工程,要保护好三峡库区文物和文化遗产,特别是保护好已淹没的水下文物古迹,实施三峡文物遗迹发掘计划,适当开发水下游览观光项目。完善三峡库区文物研究和保护工作。实施三峡文化艺术历史记录工程,将文物资源纳入三峡移民文化资源大数据库。二是开发三峡移民精神的精神载体。就本质上说,三峡移民精神以"人、事、物"为史料载体。按照专题方式,深入开展三峡移民精神史料的分类整理。适时开展对《三峡移民史料征集》重大专项,全面梳理三峡移民精神的基础性、全面性、代表性的资料整理、资源开发,可以重点围绕移民重大事件、移民典型人物、移民优秀干部进行开展。三是培植三峡移民精神的活动载体。满足社会各个阶层的不同需求,创新多种形式和方法,展开一系列的教育活动。在社会层面可以举办三峡移民精神报告会等,还可在传统节日时,将三峡移民精神和中国传统节日相结合,开展一系列的实践活动,让大众更加深刻地理解三峡移民精神的内涵;精心打造系列文艺精品,包括话剧、影视剧等,讲好三峡移民故事,重点通过艺术的加工与提炼,将三峡移民中的人和事"活化"起来,极大地感染大众,使其在不知不觉中受到三峡移民精神的熏陶,使其爱国、奉献、协作、拼搏的意识不断提高,呈现出一种不断增长的态势。

作者单位:

黄意武　重庆社会科学院马克思主义研究所
江优优　重庆城市管理职业学院马克思主义学院
王广锋　重庆三峡学院马克思主义学院

合广长协同发展示范区文旅产业联动发展研究

丁忠兵

合川、广安、长寿紧邻重庆中心城区，是重庆中心城区的北大门。2020年7月，为深入贯彻习近平总书记关于推动成渝地区双城经济圈建设重要讲话精神和《成渝地区双城经济圈建设规划纲要》要求，重庆市人民政府办公厅、四川省人民政府办公厅印发《川渝毗邻地区合作共建区域发展功能平台推进方案》，提出支持合川、广安、长寿打造环重庆主城都市区经济协同发展示范区。该示范区作为围绕成渝中部地区协同发展而布局建设的四大功能平台之一，承担着"推进成渝中部地区产业布局一体化谋划，主动承接成渝地区和东部沿海地区产业转移，强化为成渝'双核'配套服务的能力"等重要改革发展功能。合川、广安、长寿土地面积共10107平方公里，2020年有户籍人口数710万人，常住人口550万人，地区生产总值共3005亿元。三地山水相连、人文相亲、经济相融，长期保持紧密联系。特别是在文化资源、旅游资源方面，三地的资源互补性很强，协同发展的空间很大，推动三地文旅产业联动发展是建设合广长协同发展示范区的重要方向。

一、合广长文旅产业联动发展的交通区位及资源条件

（一）交通区位条件

合川、广安、长寿北向环绕重庆中心城区，交通区位条件总体较好，是重庆中心城区西北向、北向、东北向的重要通道，游客进出十分便捷。襄渝、兰渝、渝遂、渝利、渝万等铁路在三地过境设站，兰海、银昆、沪蓉、沪渝、包茂等

高速公路和国省干道纵横交错,有36个乡镇接壤,合川港、广安港、长寿港等"铁公水"多式联运港口功能完善,千吨级轮船可在三地通航并直达上海,三地城区距重庆江北国际机场均在1小时车程之内。未来几年,随着合长、合璧津、合安等高速公路的建成通车及渝西高铁的规划建设,三地的内外通道将更加畅通,三地文旅产业联动发展的交通区位条件将更加优越。

(二)资源条件

合川、广安、长寿历史悠久、人文厚重、旅游资源丰富,推动三地文旅产业联动发展的资源条件较好。

其中,合川是巴文化发源地之一,理学文化、廉政文化、龙舟文化久负盛名,孕育了张森楷、卢作孚等杰出人物,周敦颐、陶行知等历代名人。全区旅游资源单体435个,各级文物保护单位74处,4A级景区2个。拥有大量优质旅游文化资源,如国家重点风景名胜区、全国重点文物保护单位、国家考古遗址公园——钓鱼城遗址,全国首批十大历史文化名镇、中国禅宗古镇、国家级重点文物保护单位——涞滩古镇,佛道名山——龙多山,重庆第二大人工湖——双龙湖,三江国家湿地公园,等等。

广安有3000多年历史,是巴文化的重要区域和全国知名红色旅游胜地,被纳入全国12个"重点红色旅游区"和30条红色旅游精品线路,邓小平同志故居、邓小平故居陈列馆和华蓥山游击队遗址被列为全国重点打造的100个"红色旅游经典景区",有全国重点文化保护单位9处、省级文物保护单位46处和以神龙山巴人石头城、武胜苏家坝遗址等为代表的巴文化遗存。广安是中国优秀旅游城市,共有5A级景区1个,4A级景区7个,全国休闲农业与乡村旅游示范点1个,全国乡村旅游重点村2个,还有华蓥山国家级森林公园、华蓥山国家级地质公园、白云湖国家湿地公园(试点)。

长寿区是全国唯一以"长寿"命名的区(市、县),有秦代女实业家巴寡妇清、宋代理学大家谯定、现代武侠小说开山鼻祖还珠楼主李寿民等历史名人。长寿旅游资源禀赋得天独厚,是重庆主城近郊半小时旅游圈重要目的地和长江三峡游第一站,有长寿湖、长寿菩提古镇、长寿菩提山三大国家4A级旅游景区,清迈良园、田园乐温、橘香悦动村、渔乐仙谷等一大批乡村旅游示范点,"长寿慢城"正在成为长寿农旅文融合发展新地标,"长寿·人人向往"旅游品牌和"长寿人家"乡村旅游品牌初具影响力。

二、合广长文旅产业发展现状

近年来,随着交通基础设施的改善和居民消费需求的不断升级,合川、广安、长寿的文旅产业较快发展,正在成为全国重要旅游目的地和重庆主城区市民休闲度假的"后花园"。

(一)旅游收入和游客接待规模大幅增长

据相关统计资料显示,2019年,合川区全年综合接待游客2326.52万人次,同比增长32.0%。广安市全年接待旅游人数4485.68万人次,同比增长10.7%;全年旅游收入463.1亿元,同比增长14.9%。长寿区全年接待国内外游客1050万人次,同比增长12.3%;全年旅游收入71亿元,同比增长24.3%。2019年三地的旅游收入和游客接待人数都保持两位数以上增长,增速均高于同期地区生产总值增速,旅游业正在成为拉动当地经济发展的重要产业支撑。2020年,受新冠肺炎疫情影响,三地旅游产业发展受到较大影响,旅游接待人数和旅游收入出现一定下滑。如长寿区2020年接待游客775万人次,实现旅游综合收入65.1亿元,较2019年有明显下降,但较"十三五"末仍分别增长了10.71%和55%,特别是过夜游客达到80万人次,创历史新高。2021年,随着疫情防控形势的整体好转,三地旅游产业逐渐恢复发展。

(二)品牌打造成效显著

近年,合川持续举办钓鱼城旅游文化节,持续承办中华龙舟大赛分站赛、总决赛、龙舟世界杯等国际国内龙舟运动顶级赛事,并举办了首届嘉陵江国际文化旅游节,合川龙舟已成为重庆市体育项目招牌赛事,合川文旅品牌的影响力、美誉度不断攀升。广安市持续加强伟人故里、滨江之城、川东门户、红色旅游胜地"四张名片"宣传推介,成功举办华蓥山文化旅游节、广安国际红色马拉松赛、广安龙安柚文化旅游节等节庆活动30余次,参加旅博会、西博会、香港国际旅游展等推介活动20余次,"四张名片"网络点击率达到2500万以上,五华山旅游区、岳池农家生态文化旅游区成功打造为国家4A级旅游景区,小平故里品牌影响力不断提升。长寿围绕长寿湖、长寿菩提古镇、长寿菩提山三大国家4A级旅游景区,着力提升和完善景区度假功能,推动景区高质量发展,品牌吸引力大大提升。

(三)文旅融合发展初见成效

近年来,合川区扎实开展文物、非遗、文旅资源普查,积极整合网络、电视、户外、节会等多种资源拓展文旅游营销方式,大力推进"旅游+"和智慧文旅建设,着力创新图书馆、文化馆、钓鱼城、涞滩古镇、三江游船等场馆和景区的数字化服务,组织举办了"歌唱祖国""致敬2019"等专题晚会,初步实现了文旅产业的融合发展。广安市围绕加快建设红色旅游胜地目标,启动实施文化旅游产业倍增计划和项目带动战略,大力发展乡村旅游,着力加强优秀文化传承发展,全市新打造铜锣山生态文化旅游区、渠江印象休闲旅游区、欢喜坪旅游度假区等一大批景区景点,建成神龙山美食街、天上街市等10条文旅特色街区,成功创建全国休闲农业与乡村旅游示范点1个、全国乡村旅游重点村2个,"华蓥山滑竿抬幺妹"被列入国家级非遗代表性项目创建库,川剧《南海李准》荣获省第15届精神文明建设"五个一工程"奖。长寿区以长寿文化为核心,坚持文旅游融合发展之路,全面启动全国工业版画之乡、全国书法之乡创建工作,成功举办中国"文化和自然遗产日"主题系列活动,旅游微电影《长寿湖之恋》《不老城》成功拍摄,《穿越千年·品味长寿》大型文化旅游实景剧实现巡演,长寿菩提古镇特色餐饮街、特色小吃街、酒吧风情街、韩国街、文化创意产业一条街等打造初具规模,长寿湖郁金香展、农民丰收节、邻封长寿柚子节和油菜花节成为农旅文融合发展重要节会。

(四)跨区域文旅产业联动发展开始起步

近年来,合川、广安、长寿立足巴渝文化、长江文化及旅游大通道,积极加强与周边地区的开放合作,推动文旅产业跨区域联动发展,取得了初步成效。2018年8月3日,由重庆市合川区人民政府、四川省南充市人民政府、甘肃省陇南市人民政府和陕西省凤县人民政府共同发起,沿江30余个区县共同参与的"嘉陵江国际文化旅游产业联盟"正式成立,将以"纪录片+"的全新模式助推嘉陵江流域"生态发展、绿色崛起",整合各地优势资源助推沿江各地区的文旅融合、联动发展,合川为联盟首任轮值主席单位。2019年9月6日,首届嘉陵江国际文化旅游节暨2019钓鱼城文化旅游节在合川区拉开帷幕,重庆合川钓鱼城、四川阆中古城、四川广元明月峡、陕西凤县凤凰湖景区成为首批"嘉陵江十大旅游地理坐标",合川区涞滩古镇获全国摄影小镇授牌。广安市充分发挥紧邻重庆的区位优势,着力构建川东渝北区域综合交通枢纽,全面推进与重庆一体化发展,打造重庆主城空间拓展区、重大产业配套区、农副产品供应区、休闲度假"后花园",成为了川渝合发展先导区,跨区域联动发展初见成效。全市50%的工业项目为重庆配套,每年75%的农产品销往重庆,60%的游客来自重庆。2020年习近平总书记专题部署推动成渝地区双城经济圈建设之后,川渝两地文旅部门提出携手打造巴蜀文化旅游走廊,共同推进巴蜀文化的保护传承弘扬,共同建设巴蜀文化旅游重大工程和重大项目,共同完善巴蜀文化旅游共建共享机制。根据川渝两地文旅部门协议,双方将以嘉陵江生态文化旅游区、华蓥山生态旅游度假区、巴文化旅游艺术长廊建设等为重点,规划巴蜀文化旅游走廊精品线路,实施"成渝地·巴蜀情"区域品牌培塑、实施巴蜀文创产品开发工程,合力打造文旅节会和巴蜀文艺品牌。建设巴蜀文化旅游走廊为合川、广安、长寿开展跨区域文旅游联动发展提供了平台空间和方向指引。

三、合广长文旅产业发展面临的困境

受市场环境变化、体制机制制约等多种因素影响,当前合川、广安、长寿文旅产业发展也还面临不少困境,突出表现在以下三方面。

(一)优质文旅产品的发掘、打造、供给总体不足

三地目前仅1处5A级旅游景区,4A级旅游景区也只有10余处,多数景区景点的全国知名度偏低,缺乏龙头品牌、领军企业、精品工程,对国外游客及东部发达地区游客的吸引力较为有限,难以带动外来客流的持续较快增长。部分景区既缺乏好看耐看的自然景观,也缺乏体验性强的新奇项目,更缺乏民宿型、农庄型、避暑型、亲水型、露营型等热点项目,"吃、住、行、游、购、娱"和"商、养、学、闲、情、奇"等旅游要素存在短板,回头客少。一些景区产品开发水平不高,文化科技体验、康养度假、研学教育等新业态产品开发不够,产品单一,门票经济依赖性较强,游客停留时间短,游客多、消费少,难以拉动经济发展。如广安市经营性住宿单位接待游客平均停留1.19天,远低于全省平均水平2.94天。一些景点打造缺乏精益求精的工匠精神,景点建设精细化不够,制作粗放,急就章的色彩很重,既浪费了题材,又影响了景区景点品质,

难以满足消费者多元化、品质化的旅游消费需求。

(二)文旅融合发展还处于起步阶段

三地文化资源的产品化、市场化开发普遍不足,旅游的文化内涵提炼不深,文化的旅游价值提升不高,文化和旅游商品研发、生产、推广、销售体系不健全,不少景区存在"有说头、少看头、没玩头、欠赚头"的发展困境。文化产业整体发展不足,缺乏骨干企业和专业化平台,业态比较单一,文化创新产品供给不足,以数字化为基础的新兴业态还没有起步,文化产业增加值在国民经济中占比较低。如广安市64家规模以上文化企业中,产值过亿的仅1家。长寿区的长寿历史文化资源挖掘不够,"长寿文化"与长寿旅游的深度融合尚未到位,不少乡村旅游景点缺乏文化灵魂和文化品位,同质化竞争严重。

(三)产业发展的外部环境有待改善

三地文旅产业发展的支撑体系尚不完善,一些地方文旅产业发展缺乏总体规划及顶层设计,资源整合不力,融合发展进展缓慢,品牌打造、市场营销各自为政,难以形成产业发展合力。部门景区景点旅游配套服务设施不完善,游客集散中心、交通换乘、咨询问讯、住宿设施、夜游产品等配套服务存在缺失,目的地接待服务体系不健全,游客进出不方便,旅游体验差。一些景区景点因历史原因,存在多头管理、定位不清、权责不明等问题,造成低水平开发和资源浪费。金融政策支撑不够,多渠道投入旅游建设的机制尚未形成,资本化运作进展缓慢,制约了旅游产业的可持续发展。如长寿区的长寿湖、菩提山、滨江长寿谷和长寿慢城等大型项目,建设运营资金全都来自政府平台公司,项目经营收入与建设运营投入之间严重不成正比,追加投入压力较大。创新型复合人才普遍缺乏,市场主体培育不足,文旅产业发展的市场化程度总体较低。

四、推动合广长文旅产业联动发展的几点建议

文旅产业是具有巨大发展空间的朝阳产业、绿色产业,也是成渝地区双城经济圈规划发展的重点产业。合川、广安、长寿三地历史同脉、文化同源、地理相边、人缘相亲,三地联动发展文旅游产业具有很强的现实可行性。

（一）联合构建互联互通的旅游交通网络

以三地相关合作平台为载体，加强三地交通基础设施规划衔接，协同推进旅游交通路网建设。一是加快推进合长高速、合安高速、合璧津高速等在建高速公路建设，积极推动钱双高速、大武高速、渝西高铁、合川城际铁路等重大交通基础设施的规划建设，争取重庆轻轨三号线渝北区举人坝延伸至高滩·茨竹新区，规划建设华蓥山山地轨道，着力打通各大龙头景区的便捷通道，构建便捷、快速、舒适的"快旅慢游"对外交通网络体系。二是加强三地国、省干道的改造升级，打通断头路、宽窄路，加大毗邻地区公路网络建设力度和农村公路建设，按照旅游业发展需求改造提升农村路网，为三地文旅产业联动发展创造更加便捷的内部交通条件。三是加快完善旅游目的地客运交通基础设施，推动实现三地3A级以上景区景点公交或客运线路全覆盖。加强景区景点内部风景道、自行车道、人行步道建设，支持建设自驾车营地，构建景区内深度游、自驾游道路体系。充分考虑新能源汽车普及趋势，加快新能源汽车充电桩建设，配备景区内专用电动旅游观光车，更好满足地游客便捷、安全、舒适的交通需求。

（二）联合打造文旅品牌

瞄准共建"巴蜀文化旅游走廊"重大机遇，以"成渝地·巴蜀情"品牌为统领，以三地区域品牌为支撑，联合打造具有更大影响力的文旅游品牌。一是整合"伟人故里""红岩精神""三线建设"等重要红色旅游资源，充分利用"红色旅游新高峰""革命老区振兴发展""邓小平同志诞辰120周年"等重大契机，加强邓小平故里景区改造提质和红色文化旅游资源保护利用，深度挖掘小平故里、改革开放、华蓥山等红色文化元素内涵，创作研发推广关于伟人、红岩的故事绘本、动漫、主题歌曲、舞台剧、影视作品等红色系列主题文创产品，塑强红色旅游核心，提升红色文创产品，建设世界知名的伟人故里，联合打造全国知名的红色旅游品牌。二是以华蓥山、铜锣山、明月山为重点，突出休闲避暑、登山健身、养身养心等康养功能，整合提升华蓥山石林、天意谷、五华山三大4A级景区，加快推进华蓥山宝鼎、黑龙峡、蓝莓基地、明月山民宿群等景区基地建设，全力创建华蓥山国家级旅游度假区，打造中国知名的生态康养旅游品牌。三是以钓鱼城、涞滩古镇、菩提山、菩提古镇四大4A级景区为支撑，提档升级陶行知先生纪念馆、卢作孚旧居、河街印象怀旧街区、三倒拐巴蜀文博街区、嘉陵江渠江古镇群落、大良城历史文化旅游区、安丙家族墓地国家考古遗址公园等景区景点，打造具有全国影响力的巴蜀文化旅游品牌。四是依托长江、嘉陵江、渠江、涪江、长寿湖、大洪湖、双龙湖等大江大湖，加强水生态环境保护，绿化、美化江岸、湖岸，开发水上运动、游船观光、纤夫号子展演、河鲜湖鲜品尝等休闲旅游产品，打造具有较强区域影响力的滨水休闲旅游品牌。五是依托三地丰富的现代农业、特色村落、美丽乡村、精品民宿等乡村旅游资源，大力开发赏花观光、摘果体验、垂钓露营、风味美食、农耕文化传承等文旅游产品，提升添宝寨风情蓝莓园、习丫帝柑木湾农业、龙安柚田园综合体、汤巴丘最美传统村落、岳池农家生态文化旅游区等景区景点接待能力，打造在成渝地区具有较大影响力的乡村旅游品牌。

（三）联合开发精品旅游线路

以合广长经济协同发展示范区平台及川渝共建明月山绿色发展示范带合作平台为依托，加强合川、广安、长寿文旅部门及旅行社合作，共同开发跨区域精品旅游线路，共同培育壮大游客规模，推动实现互利共赢。一是以兰海高速、合长高速为交通骨架，串连邓小平故里—华蓥山—钓鱼城—长寿湖领袖群雕—杨克明故居等景区景点，突出红色文化、历史文化，打造红色文化旅游精品线路。二是以包茂高速、沪渝高速、合长高速为交通骨架，串连华蓥山—五华山—蓝莓康养小镇—清迈良园—长寿慢城—长寿湖—双龙湖—大洪湖等景区景点，突出观光、休闲、健身等功能，打造生态康养精品旅游线路。三是以兰海高速、沪渝高速为交通骨架，串连涞滩古镇—陶行知先生纪念馆—卢作孚旧居—菩提古镇—三倒拐巴蜀文博街区—河街印象怀旧街区—大良城历史文化旅游区—肖溪古镇—龙女古镇—安丙家族墓地国家考古遗址公园等景区景点，突出巴蜀文化，打造巴蜀文化精品旅游线路。

（四）共同打造良好外部环境

坚持依法依规、优势互补、资源共享、产品共建、市场共享、共同发展的战略合作基本原则，完善旅游共建共享机制和跨区域联合执法协作机制，联合开发文旅产品，共塑文旅品牌，共享公共文化资源和文旅市场，为三地文旅游产业健康发展打造良好外部环境。一是加强市场监管协同。建立三地文旅游产业发展联席会议制度，共同完善旅游市场综合监管机制，定期开展集中专项治理，鼓励新闻媒体通过暗访等方式反映旅游市场乱象，全面应用文化市场技术监管与服务平台、全国旅游监管服务平台,促进监管规范化、精准化、智能化,严厉打击扰乱旅游市场秩序的违法违规行为,切实维护旅游者合法权益。二是共同推进信用体系建设。完善市场主体信用信息基础数据,落实旅游市场黑名单管理制度、信用承诺制度和信用修复机制,鼓励行业协会、商会等社会组织建立健全行业经营自律规范、自律公约和职业道德准则,探索实施文化和旅游市场信用分级分类监管。三是加强文旅游产业发展信息化建设。共建包括旅游产品、旅行线路、风险提示等内容的综合旅游信息库,完善信息报送渠道,健全旅游安全风险监测、评估制度,探索建立假日旅游、旅游景区大客流预警等信息联合发布机制,为旅游供需双方高效对接、安全出行提供有效的信息支撑。

作者单位:
　　重庆社会科学院

文旅融合背景下重庆自驾游营地发展的机遇与挑战

张伟进

一、相关概念界定

自驾车旅游专指旅游者或者其中部分人自己驾驶汽车开展的旅游活动，包括驾驶私家车旅游、租车旅游、家庭式旅行房车旅游以及拖车旅游等形式。自驾车旅游最早出现在上世纪的美国，后逐渐流行于各发达国家。最初人们把周末开车出游叫做"周末驾车游"（Sunday-drive），后逐渐演变为至今更追求自由和个性化的"自驾车旅游"（Drive Travel）。伴随着自驾车旅游发展而兴起的还有汽车露营旅游，汽车露营旅游本质上就是以娱乐露营旅游活动为主要内容的自驾车旅游，旅游者在露营地过夜大多居住在自己的房车内或者露营地的木屋、帐篷里，露营旅游产品主要涵盖露营地的建设和户外活动。

从自驾车旅游发展历程看，可分为早期初始、国家公园发展、高速发展及整合、再次兴起四个阶段。

早期初始阶段：20世纪初，随着汽车工业的兴起，拥有属于自己的汽车并驾车旅游就成为了一种时尚。借助汽车，人们在有限的假期可以比以前走得更远、看得更多。从那时候起，欧美发达国家就出现了汽车露营活动。1910年，"美国露营地管理者协会"成立，这标志着在西方国家露营成为一个行业的开始。

国家公园发展阶段：20世纪30年代，为了在经济大萧条后恢复人们的休闲娱乐需求，美国在其许多国家公园中划定了相应的区域供人们驾车旅游时露营、休闲，从而将汽车露营活动推向了一个新的发展阶段。

高速发展及整合阶段：1932年，由英国发起的国际露营总会（FICC）成立。20世纪五六十年代，美国的许多运动和休闲俱乐部开始联合组成大型露营协会和联合体,具有代表性的"全国露营与步行者协会"(NCHA)和"北美家庭露营协会"两大组织及"加拿大露营俱乐部"等先后加入了"国际露营总会"。

再次兴起阶段:近些年来,美国和一些西方国家的人在家庭观念上有新的认识及在生活方式上有一些改变,家庭式自驾车旅游再获青睐。人们更加追求高强度工作之余的休闲生活,与家人一起以帐篷露营或房车旅游的方式贴近自然,共享天伦之乐,美国每年约有1/2的家庭至少自驾游一次,这再次掀起了自驾车露营旅游的高潮。

二、国内外自驾游营地发展背景简析

(一)国外自驾游营地发展情况

国外对自驾车营地建设比较重视,且起步时间较国内早。欧美国家经过多年的发展与沉淀,不但建设了便捷高效、健全优质的营地服务网络,甚至形成了独特的露营文化。国外自驾车营地根据资源景观的不同主要分为乡村营地、湖畔营地、海滨营地、山地营地、林区营地、沙漠营地六大类。各个国家由于景观资源及生活方式等不同,其营地的建设重点和风格也不一样,房车营地是目前国外较为流行的自驾车营地。美国、德国、挪威、瑞士等国家在自驾车营地建设方面发展得最好。国外自驾游营地的类型相对完善,各种类型均有典型代表,比如美国拉斯维加斯五星级乡村型Motorcoach Resort露营地、德国巴登-符滕堡五星级森林型Kur Erlebnis露营地、挪威盖伦格五星级峡湾型Geirangerfjord露营地、瑞士雪山型Whitepod Resort露营地等。美国汽车营地建设十分重视对游客的吸引以及游客的体验,认为首先要从旅游者的角度出发,完善营地的各种配套设施,同时打造营地独有的自驾旅游特色并进行人性化的服务体系建设。规范的汽车营地其经营管理和酒店类似有五星评级,同时需要遵守严格的建设和管理标准。

(二)国内自驾游营地发展

随着我国经济持续稳定发展,旅游个性化需求出现显著增长,旅游者不再满足于简单的观光型旅游,而是向休闲旅游、自驾游发展。在追求个性化的旅游诉求之下,旅游方式正在从"跟团游""纯玩游"过渡到自驾游。特别是近几年家用轿车保有量的快速增长,国内的自驾游营地迅猛发展。自驾游在选择对象、参与程序和体验自由等方面给旅行者提供了充裕的伸缩空间。自驾游本身的自由化、个性化、灵活性、舒适性、选择性、季节性等内在特点与传统的参团方式相比,极具特点与魅力。然而,在自驾游快速兴起的带动下,国内的自驾游营地数量虽然在成倍地增长,但相对于国内的需求而言其供给仍难以满足市场。

我国较早明确提到自驾游发展的是2009年出台的《国务院关于加快发展旅游业的意见》(41号文件),其中有多处涉及自驾游发展。文件提出"公路服务区要拓展旅游服务功能。进一步完善自驾车旅游服务体系。规范引导自发性旅游活动"。2016年"十三五"旅游业发展规划被确定为国家重点专项规划,党中央、国务院、国家旅游局、国家发改委等政府部门对旅游业发展高度重视,房车露营地的规划建设更是重中之重,在国家政策的鼓励及规范下,截至2020年底,我国汽车营地数量有望突破2000个。

目前,越来越多的房车露营地已正式投入运营,并且越来越多的房车露营地从以前的目的地房车露营地转入驿站型房车露营地的建设之中。华东、东北地区仍为露营地发展的领头羊,北京、广东、山东位列露营地总量前三。2018年近半数营地平均接待量高于7万人,与2017年3万人次相比有了显著增长。2018年淡季出租率为21%,旺季出租率为96%,淡旺季出租率悬殊;93%的露营地在线消费者选择住宿一晚,营位出租占总收入比例50%,增加配套项目的营收占比仍是业者未来努力的方向。泛"80、90后",热爱自然体验及户外运动的中产阶层,及重视教育与亲子关系的家庭成为露营地的主流消费人群,其中30至50岁几乎占了露营地人口的90%。这些人每年露营频次约1~2次,较能接受的出行距离在3小时车程半径。同时,烧烤、户外运动以及篝火晚会是最受欢迎的三项露营地活动。

在全国各省份露营地数量排行榜上,北京、内蒙古、河北位列露营地总量前三。浙江省拥有最多已建成露营地;未来供给露营地主要分布在西部地区,内蒙古和新疆在建营地数量靠前。在2017年全国各省份已建露营地数量排行榜上浙江省以64个露营地占据全国榜首,北京市62个,以微弱差距位居第二。福建省排名第三,2017年共有露营地50个。

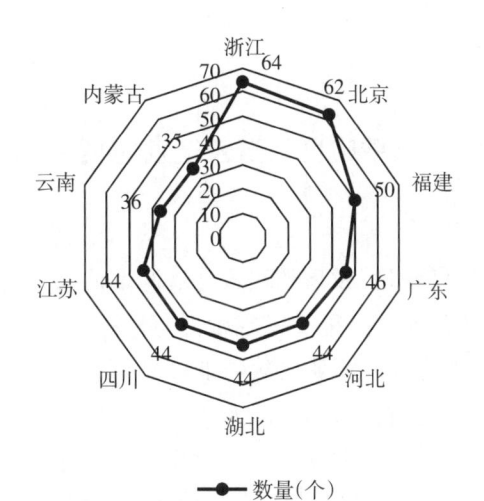

图1 2017年全国部分省市已建成营地数量排行榜

数据来源：露营天下

在2017年中国露营地综合竞争力排行榜中,北京龙湾国际露营公园位居榜首,其综合指数得分80.5分。安徽途居黄山房车露营地以76.6的总得分排名第二位,江苏省太湖一号房车露营公园综合得分75.8分,排名第三位。

表1 2017年中国露营地综合竞争力排行榜(TOP 9)

排名	露营地	所在地区	综合指数得分
1	北京龙湾国际露营公园	北京	80.5
2	途居黄山房车露营地	安徽	76.6
3	太湖一号房车露营公园	江苏	75.8
4	上海联怡枇杷生态园	上海	75.7
5	中华麋鹿园自驾游营地	江苏	75
6	自由家黄山齐云营地	安徽	74.4
7	东平国家森林公园房车露营地	上海	73.9
8	山东星河潍坊白浪河露营地	山东	73.5
9	金水台温泉房车露营地	广东	73.4

数据来源：华龙网

理论争鸣 233

三、重庆自驾游营地发展情况

(一)推动"自驾游营地"发展的政策法规制定情况

近年来,随着自驾游的快速发展旅游,国务院及相关部门通过出台一系列政策鼓励和支持自驾游以及乡村旅游业的发展。自驾车房车营地项目土地用途按旅馆用地管理,按旅游用地确定供应底价、供应方式和使用年限。在不改变用地主体、规划条件的前提下,市场主体利用旧厂房、仓库提供符合全域旅游发展需要的旅游休闲服务的,可执行在五年内继续按原用途和土地权利类型使用土地的过渡期政策。重庆市积极响应国家全域旅游政策的同时,涉及自驾游营地建设政策最早于2014年,"十三五"期间出台了比较全面的有关自驾游发展政策,包括总体规划、旅游用地政策和鼓励支持类等各项政策,着力打造完整的自驾游产业链,推动了自驾游营地快速发展。

表2 重庆市自驾车房车营地政策汇总

类型	文件名称	发文单位	发文时间	发文字号
用地政策	关于支持旅游发展用地政策的意见	重庆市国土房管局、重庆市规划局、重庆市旅游局	2017年	渝国土房管规发〔2017〕6号
鼓励类政策	重庆市人民政府办公厅关于促进旅游投资和消费的实施意见	重庆市人民政府办公厅	2015年	渝府办发〔2015〕177号
鼓励类政策	重庆市人民政府办公厅关于推进长江三峡旅游金三角一体化建设的实施意见	重庆市人民政府办公厅	2016年	渝府办发〔2016〕213号
鼓励类政策	重庆市旅游经济发展领导小组办公室关于加快推进重庆旅游云建设有关工作的通知	重庆市旅游经济发展领导小组办公室	2018年	渝旅经办〔2018〕25号

续表

类型	文件名称	发文单位	发文时间	发文字号
规划类政策	重庆市旅游发展总体规划	重庆市人民政府办公厅	2016年	渝府办发〔2016〕276号
	关于印发重庆市贯彻落实国务院"十三五"旅游业发展规划重点任务分工的通知	重庆市人民政府办公厅	2017年	渝府办发〔2017〕138号
	贯彻落实国务院办公厅关于促进全域旅游发展指导意见重点任务分工的通知	重庆市人民政府办公厅	2018年	渝府办发〔2018〕98号

(二)自驾游营地建设情况

重庆是世界上最大的内陆特大型山水城市,也是世界上景观最奇特的峡谷城市,全市拥有一批高品位的旅游资源,市场垄断性强、知名度高,发展自驾车房车旅游有得天独厚的资源优势。十一黄金周等节假日,重庆市旅游市场主要亮点之一就是自驾游完全成为中短途游客的主要旅游方式,武隆仙女山、南川金佛山、永川野生动物世界和万盛黑山谷以及主城周边的乡村旅游区的自驾车游客比例达到80%以上。中短途旅游、乡村旅游、城市周边旅游已经完全成为重庆自驾车旅游的首选。

"十三五"时期,特别是党的十九大以来,重庆市文化建设和旅游发展深入贯彻创新、协调、绿色、开放、共享的理念,守正创新,积极进取,取得了显著成效,呈现出良好的发展态势。重庆文化产业增加值从540.5亿元增加到956.98亿元,占GDP的比重达到4%;规上企业达到1000家,文化产业法人单位由2.97万个增加到6.05万个,拥有资产5962.5亿元,全年实现营业收入3137.8亿元。产业集聚效应明显,全市已建有7个国家级、85个市级文化产业示范基地和21个市级文化产业示范园区、13个市级文化创意产业园、49个乡村文化乐园,南岸区南滨路文化产业园区获得国家级文化产业示范园区创建资格。截至目前,重庆市建成自驾车房车营地项目37个,占地3万亩,投资总额20亿元,营位数量3万个。其中,自驾车营位21000个,房车营位500个,帐篷地营位5500个,木屋营位3000余个。建成后年接待能力将达5500万人次。此外,还将规划新建自驾车房车营地项目30个,占地1.5万亩,预计投资总额达30亿元。重庆市内一批重点景区和旅游度假区均在筹建自驾车

理论争鸣 235

房车露营地。特别是全国自驾车房车营地建设推进会召开以后,各地、各方面发展自驾车房车营地积极性高涨,信心大增。重庆市自驾旅游协会联合各营地开展自驾游产品线路设计,积极推动全市自驾车房车旅游规范化发展。

四、重庆自驾游营地发展机遇与挑战分析

(一)行业基本面貌

近年来,随着我国经济快速发展和人民生活水平日益提高,体验旅游深入人心,自驾游因其"更自由,更节约,更真切"特性,已作为游览景区的主要方式之一蓬勃发展。相对于跟团游或者借助飞机、高铁等公共交通工具出行的自助游而言,自驾游在出行时间安排和景点选择上都更自由,更节约,想停就停,想走就走,想住就住的出行方式使得游客能更根据自身规划和现场感受来灵活地调整行程,不仅能与同行者拥有更多交流机会,亦能更加深度、真切地体验当地的风土人情,因此对于朋友、情侣和亲子、公司团建主体都十分合适,逐渐成为现代人青睐的旅行方式之一。从客观数据上来看,2015年自驾游所占比重继续攀升,游客通过旅行社进入景区的比例已经由2010年的60%~70%下降至2015年的20%~30%,自驾为主的自由行已成为游客到达景区的主要方式,占景区接待游客总人数的75%。

近年来,在我国经济发展速度放缓但旅游产业却持续快速增长的大背景下,国内旅游40亿人次中,自驾游人数已占到了58.5%以上,达到了23.4亿人次。自驾游作为一个新兴的市场,其市场规模也在不断扩大。

图 2 2016—2018 年中国自驾游行业市场规模分析

(二) 自驾游行业基本特征分析

一是女性用户占比上升, 用户年龄两极分化。全国自驾游用户中, 男性用户仍然占主流, 占比 68%。但女性自驾用户的比例每年正在以较快的速度攀升, 男女比例差距进一步缩小。自驾游不再是男性用户的专利, 女性用户的出行决策地位不容忽视。

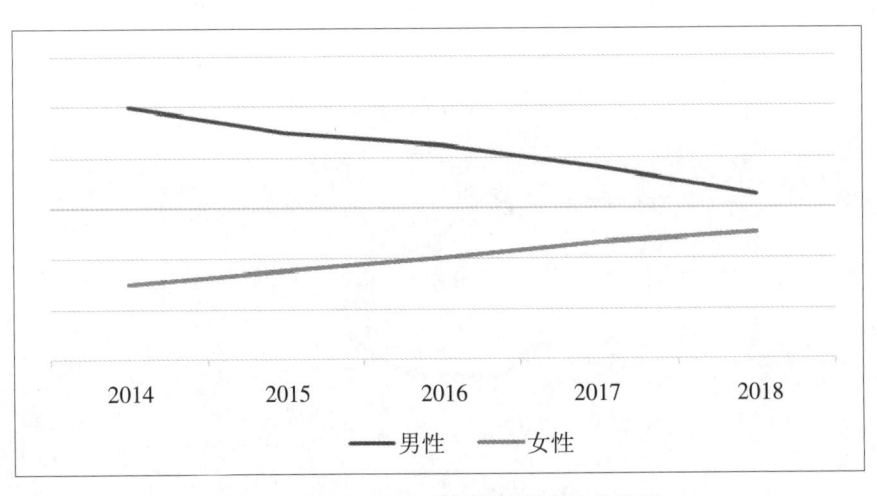

图 3 2014—2018 年自驾游性别占比曲线图

二是自驾游用户年龄两极分化明显,中产家庭和候鸟老人成主力军。在用户年龄分布上,33~37岁的用户所占比例最大,占总用户数43.7%,以有稳定的经济来源的"80后"中产家庭为主;另外,18.2%的用户为53~57岁的"候鸟族"老人,此类人群有充足的休闲时间及经济基础,有较强烈的出游需求(例如南下避寒等)。自驾游用户结构呈两极化趋势,高频次、高消费、高复购成为周边自驾游用户的行为特性。

三是组织主体多元化。从自驾游客的组织形式来看,这个组织主体不再是旅行社组织的团队旅游的形式,可能是4S店,也可能是汽车俱乐部等等,组织主体也非常多元。甚至一个做教育产业,比如说做教育培训的机构,有了这样的一个人群以后,也延伸到做自驾游的组织活动。所以它的主体是多元化的。

四是出游时间以节假日为重要导向。2018年全年的出游仍然以节庆放假为重要导向,在4月、5月、10月、12月出现自驾游高峰;其中,暑期为亲子自驾出游的重要时间节点。而全年的购买曲线走向较出游前置,走向趋势与出游基本保持一致。从出游的动机来看,可以发现,自驾游实际上是一种度假旅游,不再是以往的观光旅游。从目的地的选择上来看,比如说去一个城市或者去田园、郊野。从组织方式来看,自驾游中有很大一部分是自主出游,不需要组织的。俱乐部组织的其实占到自驾游的比例不是很高。从自驾游的车型以及信息获取的方式上,我们其实可以看到,新媒体和网络媒体已经成为自驾游新客群这个游客获取信息的主流方式。

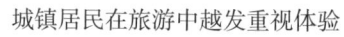

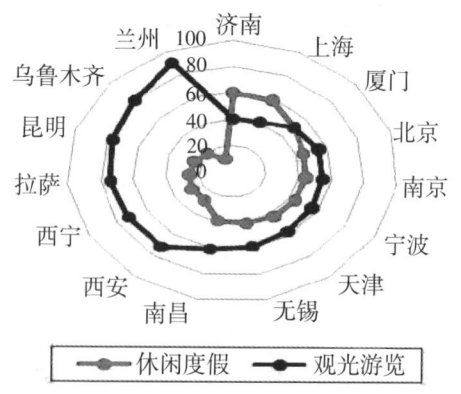

图4 我国城镇居民旅游体验

五是自驾出游决策期缩短。与往年相比,自驾游的决策期呈缩短趋势。其中周边自驾游平均决策期为4.5天左右,而中长线自驾游平均决策期为22天。决策期的缩短现象表示自驾游用户追求自由个性化的出游体验,越来越崇尚说走就走的旅行。

六是发散状的地域消费互动模式。现在自驾游和传统游客相比,它的出游是以中心城市驱动,沿着高速路向外辐射的这么一个发散状的地域消费互动。自驾游是一个一程多站式的消费,所以自驾游与传统游客不同的是,自驾游者在目的地有消费,在出行前有准备,可能会拉动两端的消费。自驾游者可能是一个链条,一个消费的链条。所以从出发到中途,到目的地,整体都对经济有很大的带动。

(三) 自驾游未来趋势分析

一是品牌化运作,标准化经营。现有经营自驾游产品的企业繁杂,服务标准不同、经营水平不一,自驾游者只能根据经验和口碑进行选择。未来,自驾游的市场发展需要高品质的自驾游服务,而品牌无疑是企业经营内容和品质最好的标识。从政府层面来看,标准化是提升自驾游产业管理水平的必然路径。随着自驾车旅游服务业务的逐步发展和成熟,政府也将逐步建立和完善行业标准与规范。从行业层面来看,标准化也是自驾游产业发展的内在要求。自驾游经营与服务要通过标准化形成规模扩张,通过规模扩张形成旅游资源产品共享的可能,通过旅游资源产品共享来解决创新问题。

二是互补式合作,资本化联动。旅游产品从来都是多产业产品与服务的组合,在自驾游发展的需求背景下,单靠某几家企业的推动是无法实现的。只有找到一种机制可以将不同企业的优势有效地进行组合,才能推动自驾游快速发展。资本是自驾游产业发展的内生动力,通过高效的资本设计,俱乐部、旅行社、相关服务企业才能形成多方利益机制,才能抓住自驾游井喷的市场机遇。

三是兴趣式组织、全程式互联。伴随着中产阶级旅游方式的改变,越来越多基于兴趣的社交活动会通过自驾游来实现。自驾游旅游者们开始通过互联网来认识、交流并形成兴趣组织,最后通过自驾游来达到社交体验的高潮,实现共同的价值分享和情感交流。移动互联网时代,自驾游进入了"双移动模式"(汽车和手机同时伴随旅游者移动)。对于旅游企业来说,这种"双移动模式"也将带来自驾游商业模式的改变。旅游企业将利用高速移动通信技术和智能终端设备、云计算、物联网等技术手段,打造出智慧型自驾游产品,构建管理智能化、服务主动化、产品定制化的自驾游产业发展新模式。

四是多元化驱动,跨界式竞争。目前来看,自驾游产业的驱动力将从单一化走向多元化,未来能够在自驾游产业中占据主导地位的主要是这四方力量:旅游企业、汽车企业、交通企业以及其他企业或组织。这四方力量形成的跨界竞争格局下,不同的企业都在根据自身情况进行经营要素、经营方式的调整和变革,一方面是为了满足消费者的需求,另一方面则是为了巩固和重建自己的竞争壁垒。

五是圈层式拓展,跨越式辐射。自驾游爱好者分为两类,一类是轻度自驾游爱好者,以家庭为主要群体,追求全家出游的幸福感,这类人群一般喜欢以居住城市为中心进行中短途自驾游。另一类是重度自驾游爱好者,以特定兴趣集结成群,追求特定的娱乐体验和探险体验,这类人群一般喜欢以兴趣为主导选择跨地域、跨国界、跨文化的中长途自驾游。轻度自驾游群体分布在不同的中心城市,他们的自驾游行为以圈层的方式不断在城市周边拓展。在重度自驾游群体的推动下,自驾游全球格局将呈现出跨越式辐射的特征。这种跨越不仅仅是城市圈层的跨越,也不仅仅是国界的跨越,更是文化的跨越。跨越式辐射的另一个趋势是落地式自驾。调查显示,60%以上的自驾游都是短途旅游。随着高铁网络密度的增强、民航客运业发展速度的加快、自驾服务网络的不断完善,落地自驾游的发展空间也越来越大。

六是分层式消费,分流式休闲。目前的统计表明,我国自驾游的目的地还相对较为集中,设施和服务的需求上也多有重叠,各地自驾游群体都愿意选择较为成熟的知名景区和知名目的地,并且出游时间相对趋同。未来随着带薪休假制度的落实,随着各地景区自驾游服务体系的完善,随着自驾游消费者的不断成熟,单一化、同质化、同步化的自驾游模式将逐步改变,具体体现就是分层式消费和分流式休闲。

七是群落式成长,区域式循环。我国自驾游需求的形成与城市群的兴起密不可分。首先,城市群带动了高速公路网的完善,形成了自驾游的必要基础条件。此外,城市群的发展也带来了人口向中心城市的聚集,这种聚集必然会形成逆向的区域微循环,这个微循环的正向运动就是人口的城市化聚集,反向运动则是以旅游名义形成的逆向人口疏散,也就是自驾游为主的旅游活动。随着中国经济结构的优化,旅游及文化、体育等相关产业快速发展,引导旅游业等相关产业发展的政策纷纷出台,产业政策对促进旅游业的发展发挥了积极作用。产业政策是国家制定的，引导国家产业发展方向、引导推动产业结构升级、协调国家产业结构、使国民经济健康可持续发展的政策。近年来，旅游相关产业政策运用多种政策工具，从产业发展规划、产业结构调整、产业扶持计划、财政投融资、项目审批等多个维度对旅游业进行了产业发展"大调整"的指导和"小调整"的引领，取得了显著的成效。

五、重庆自驾游营地发展的对策建议

（一）加快文旅融合发展

坚持"以文塑旅，以旅彰文"，按照宜融则融、能融尽融的要求，打好"人文牌"，推动文化和旅游深度融合，把文化元素植入景区景点、融入城市街区，嵌入美丽乡村，强化文化记忆，传承历史文脉，彰显城市文化魅力，增强发展新动能、新优势，把重庆打造成为具有世界影响力和吸引力的历史文化名城，成为西部文旅融合发展新标杆。

推进现有旅游景观镇、村提档升级，按照A级旅游景区要求，推动一批历史文化名镇向旅游景区、一批传统村落向旅游村转型；加快对非物质文化遗产创新性、体验性、功能性开发，打造一批以安陶小镇等为代表的文旅特色小镇；打造一批基于重庆特色文化、都市时尚文化为本底，文旅商融合、旅游功能完整、业态齐全的商圈旅游景区；结合城市更新，支持社会资本对文化资源进行片区式、族群式、单体式旅游开发与利用。加快建设旅游主题高速公路服务区，依托重点旅游道路，加密停靠点、观景台，配套建设游憩设施，美化两侧绿化，打造一批自驾游"旅游风景道"；加快自驾车旅居车配套服务体系建设，争创国家级自驾车旅居车目的地和营地；依托机场体系，完善配套设施，发展低空旅游。着力围绕重点旅游景区和度假区、国家森林公园等，支持和鼓励各区县因地制宜规划建设一批5C、4C、3C自驾车旅居车营地。

（二）制定品牌发展规划

结合重庆发展实际情况，对已经成熟的旅游产品、已获地理标志认证和"三品一标"认证的特色农产品进行统一整合。做好自驾游营地的规划设计，围绕自驾游企业发展需要，委托专业设计单位开展营地布局，对展览台、企业文化、LOGO等进行设计,建设有特色有内涵的品牌企业。

充分借鉴国内外自驾游营地品牌打造的发展经验,避免同质恶意竞争,选出各区县内分行业、类型的优秀旅游产品、特色绿色生态产品或项目进行品牌提升。对入选的优秀产品和项目进行品牌纳入公司战略发展的重点项目,积极对接行业主管部门和各区县政府,在必要用地、用工、培训、宣传、保护等方面得到有力的政策支持。

结合乡村人居环境整治、《乡村振兴战略规划(2018—2022年)》等要求,完善营地的基础设施,对打造绿色生态品牌所必需的交通道路、垃圾污水处理、公共卫生服务、冷链仓储、产品包装、互联网和移动互联网等公共基础设施进行建设或完善,为品牌建设奠定必要的物质基础。

(三)加大土地供给保障

自驾游营地建设用地保障要认真研究《土地管理法》《土地管理法实施条例》等法律法规,充分运用好中央和重庆有关全域旅游和乡村振兴战略两方面的土地政策,注重生态优先、绿色发展,精心组织调研,认真筛选项目实施地,主动对接重庆市规划、土地、生态环保等行业主管部门,积极争取有利的土地供给政策。《土地管理法》第43条:"任何单位和个人进行建设,需要使用土地的,必须依法申请使用国有土地;但是,兴办乡镇企业和村民建设住宅经依法批准使用本集体经济组织农民集体所有的土地的,或者乡(镇)村公共设施和公益事业建设经依法批准使用农民集体所有的土地的除外。"从调研重庆的实际情况,现暂无通过招拍挂方式使用国有建设用地的自驾房车营地项目和以协议出让方式利用码头用地增设商服设施的项目落地,但是在渝中、铜梁、忠县、奉节等区县有成功开展文化研学活动的配套接待设施落地的项目,对自驾游营地项目的实施有较好的借鉴意义。

要精心组织项目总体规划的设计,以全域旅游模式为引领,以多规合一为支撑,以生态与文化保护为前提,坚持保护优先,以重点流域保护、生态环境保护为底线,以保护本土文化特色为前提,理清上位规划的多重空间约束因素,并划分为底线类、限制类、发展类空间管制类型,以解决问题、科学发展为导向,采取旅游空间拓展、旅游产品升级、引擎项目驱动、品牌形象塑造、旅游扶贫富民的发展策略。比如,要与《重庆"十四五"旅游规划》《重庆全域旅游规划》做好衔接,发挥总规对旅游项目空间布局的指导作用,明确发展定位、空间位置和建设时序。要与区县各个部门加强沟通协调,充分做好与旅游发展规划对接,引导各类专项规划落地;坚守自然保护区、生态红线、基本农田保护红线、地质灾害安全线等底线,以"共抓大保护、不搞大开发"为导向,要统筹好"三生"空间与旅游发展的协同关系,严禁占用红线内空间。要与目标村规划衔接。注重农村地区发展定位的长远考虑,调查摸清资源本底,优化各类产业布局空间,充分征求目标镇乡、村干部群众意愿,配合目标镇乡科学布局生产、生活、生态空间。结合现行城乡用地分类体系,科学制定旅游项目公益性的基础设施、服务设施、管理设施和经营性的接待服务、人造景观等建设用地控制指标、配建比例,严格控制用地房产增设餐饮、娱乐等商业服务设施的配套建设比例、建设条件等。

作者单位:
重庆社会科学院

巴蜀文化旅游走廊品牌形象塑造与协同传播[①]

许志敏　廖杉杉　刘静怡

　　成渝地区双城经济圈建设是党中央作出的重大战略部署。习近平总书记特别提出要"支持重庆、成都共建巴蜀文化旅游走廊",国家"十四五"规划中将"巴蜀文化旅游走廊"纳入社会主义文化繁荣工程。巴蜀文化旅游走廊已被列入《成渝地区双城经济圈建设》20项重点改革工作之一,是成渝两地文化旅游领域的重大任务。重庆、成都共建巴蜀文化旅游走廊必将对两地文化旅游产业升级发展和巴蜀文化影响力全面提升产生重大而深远的影响。巴蜀文化旅游走廊建设工作自启动以来,成渝两地携手共建,国家、省际、省内三级联动取得明显成效。从整体布局上,打造具有国际影响力的巴蜀文化旅游走廊品牌对推进成渝地区双城经济圈建设和新时代的西部大开发具有极其重要的意义。网络技术和信息技术革命使得媒介传播方式和用户生活思维方式发生了很大变化。面对这些变化,巴蜀文化旅游走廊应如何建设,其品牌形象应该如何定位和传播,媒介在其中应该发挥怎样的作用等,这些问题都值得我们深入思考。目前学界相关研究仍寥寥无几,本文基于品牌传播互动理论,从形象塑造、协同传播与用户认同的角度,探讨巴蜀文化旅游走廊品牌形象定位、塑造的内在机制及协同传播策略。

[①] 本文系重庆市社科规划重点项目"提升主流媒体融合传播能力研究"(2020ZDZT10)阶段性成果;2021年重庆市科技局技术预见与制度创新项目"成渝地区双城经济圈'乡村旅游'+'农产品电商'联动发展研究"阶段性成果。

一、区域文化带文旅品牌建构与传播理论研究

(一)文化带理论

文化带是"指具有相似地理单位的文化区域、文化类型及文化模式",文化区域是"由人、文化和自然环境等要素之间相互作用的系统,其核心是共同性文化要素"。文化带就是在相似单位区域、在共同的自然地理环境影响下,人们在生活、生产、交流过程中逐渐形成的、具有独特的文化模式的空间区域。费孝通曾提出了"藏彝走廊""南岭走廊"等概念。近年来,国家又提出了长江文化带、黄河文化带、大运河文化带、巴蜀文化带、滇藏文化带、贵州文化带等水运文化带以及民族民俗文化带多种形态的文化带概念。这些文化带集聚了丰富的历史文化遗产,展现了独特多样的民族民俗文化,是我国整合资源、协同推动区域文化建设的一个重要途径和有力抓手。为了推动成渝地区双城经济圈建设,习近平总书记特别提出要"支持重庆、成都共建巴蜀文化旅游走廊",国家"十四五"规划中也将"巴蜀文化旅游走廊"纳入社会主义文化繁荣工程,毋庸置疑,巴蜀文化旅游走廊建设已经成为成渝两地文化旅游领域协同发展的重大抓手和重要任务。

(二)区域文化带文旅品牌建设理论

广告大师大卫·奥格威将品牌定义为一种错综复杂的象征——它是产品属性、名称、包装、价格、历史声誉、广告方式的无形总和,品牌同时也因消费者对其使用的印象以及自身的经验而有所界定。美国营销学者菲利普·科特勒认为"品牌是一个名字、名词、符号或设计,或是上述的总和。其目的是要使自己的产品或服务有别于其他竞争者"。品牌专家大卫·艾克认为"品牌就是产品、符号、人、企业与消费者之间的联结和沟通"。营销学家莱威则认为"品牌不仅是用以区别不同制造商品的标签,它还是一个复杂的符号,代表了不同的意义和特征,最后的结果是变成商品的公众形象、名声或个性"。近年来,国外对以地理区域命名的公共品牌的研究逐渐形成了"国家/区域品牌"理论,Journal of Brand Management, Journal of Place Management and Development, Place Branding and Public Diplomacy 等发表了大量城市品牌化、国

家品牌化、集群品牌化、目的地品牌化的论文。区域文化带文旅品牌是基于文化带区域内形成的文旅产业集群的品牌形态,既体现了文旅产业集群的属性,又体现了品牌营销的特征。其本质在于通过塑造和反映区域文化带文旅产业的独特性,使其在受众心目中获得感知和认同,从而获得竞争优势。国内已有学者对黄河文化旅游带、大运河文化旅游带的品牌形象建构与传播进行了研究,但对巴蜀文化旅游走廊品牌形象建构与传播的研究较少。

(三)品牌传播的双向互动理论

形象是公众对某种事物的特征及属性的感知或投射。Henry Assael 认为,品牌形象是消费者对于产品品牌相关推断而形成的,这种推断源于外部信息对消费者认知的刺激或消费者对品牌相关信息的联想,是消费者从以往经验中逐渐形成的对产品的信任和忠诚,这是品牌形象的核心。Max Blackston 认为品牌关系中存在客观品牌和主观品牌,品牌关系就是品牌的客观面与主观面相互作用的结果。客观品牌指的是品牌对消费者的态度和行为,主观品牌则是指消费者对品牌的态度和行为。J. Thomas Russell 和 W. Ronald Lane 认为"未来的广告和传播的标志是消费者参与程度更高、控制力更强,广告和传播由单向传播向双向沟通转变"。从中可以看出,在媒体深度融合的今天,品牌传播中应突出"双向对称沟通"的真谛。本文基于品牌传播双向互动理论,从主观和客观两个维度,从三个层面提出巴蜀文化旅游走廊品牌形象构建与传播的路径和方略。一是明确巴蜀文化旅游走廊的品牌定位。通过深挖巴蜀特色历史文化无形资产,发掘其价值内涵和价值主张,形成巴蜀文化旅游走廊的客观品牌形象的战略定位。二是品牌形象符号建构与传播。将巴蜀文化旅游走廊的品牌价值意涵外化为形象符号,并通过多渠道实现有效传播。三是社会公众的认知建构。即传播中客观品牌形象与受众主观感知的形象,如何能够实现最大程度的契合是品牌形象传播中最重要的问题,通过传播和说服,提升品牌传播的效果,增强品牌对用户的说服,实现公众的文化认同。

二、巴蜀文化旅游走廊的文化基因及其品牌形象定位

巴蜀文化旅游走廊植根于巴蜀文化,是对巴蜀文化精神内涵时空表达和

表现形态核心提炼,具有独特的民族民俗特点。巴蜀文化旅游走廊品牌形象塑造的核心通过区域的共同性文化要素——历史文化遗产的标识符号体系得以系统呈现。这些具有独特性、多样性、在地性的历史文化遗产是巴蜀文化旅游走廊品牌形象塑造的无形资产。

(一)巴蜀文化旅游走廊的文化基因

英国生物学家理查德·道金斯将文化基因表述为"meme",认为文化基因是"能够描述'模仿'行为的一个单位"。王东认为"文化基因就是决定文化系统传承与变化的基本因子、基本要素;其中最重要的是结晶在一个民族语言文字系统中、升华为哲学核心理念的思维方式与价值观念"。巴蜀文化旅游走廊植根于巴蜀文化,是对巴蜀文化精神内涵的时空表达和表现形态的核心提炼。巴蜀文化指四川盆地的地域文化,是巴文化和蜀文化的结合体,不仅是优秀的地域文化,也是中国优秀传统文化的一员。巴蜀文化有以下几个特点:第一,物质文化发达。四川是目前已知的最早进行人工茶叶种植、制作的地方;巴蜀之酒古今闻名;汉代时已有"井火"煮盐;蚕桑业发展较早,汉代蜀锦天下闻名;等等。第二,文化教育后来居上。先秦时,蜀中几乎没有文学之士;汉景帝时,蜀学可与齐鲁地区相比,汉代蜀中人文特盛,名人众多;六朝以后,巴蜀人文蔚然,代不乏人。蜀中史学颇为发达,比如陈寿的《三国志》、常璩的《华阳国志》等。天文历术颇有成就,比如汉代落下闳等人议造了《太初历》。印刷业发达,现存《陀罗尼经咒》是国内发现得较早的版印作品。第三,儒风偏薄、宗教气氛浓,非正统化倾向明显。巫风颇盛;蜀中为道教发源地之一;蜀人接受儒家经典较晚所受影响也不大;蜀中多奇才;等等。第四,巴蜀文化有很强的包容性,也具有抗争性。巴蜀民风淳朴,不排外;蜀人好客,尊贤爱才;不固执守旧,学习外界先进事物较快;民族精神较强,巴蜀地区的起义不少;等等。

(二)巴蜀文化旅游走廊的品牌形象定位与符号建构

1. 品牌形象定位。品牌定位就是要根据目标消费者心理的空隙,为品牌确定一个与众不同的主张,遵从我有、你需、他无的定位规则。"我有"体现了品牌所具有的特色,"你需"体现了用户的需求和市场的卖点;"他无"体现了竞争对手的不足。巴蜀地区具有古老、浓厚的民族文化色彩,具有神秘的少数民族文化气息,给人以神秘莫测感,容易吸引用户的注意力,这是巴蜀文化旅游走廊品牌建构中的优势所在。因此,在巴蜀文化旅游走廊的整体形象的符号建构上,我们认为应该突出其古老、神秘、包容和民族性特点。具体来说可以通过物质形态、非物质形态和文化空间形态三个方面提炼、塑造,实现品牌形象的多维塑造。物质形态形象塑造,是指文化的物质载体,如遗址、纪念地、标志性物件等。物质载体承载了丰富的文化价值和思想内核。巴蜀文化旅游走廊的物质文化景观包括武陵山桃花源、少数民族的吊脚楼、峡谷人家、逐盐而居、滩流聚落、军事城堡、剑门蜀道、攀西风情、天府之城等等。非物质形态形象塑造包括各种口耳相传的叙事、表演艺术、运河实践、文化仪式、文化活动等。如巴蜀饮食习俗、服饰民俗、婚丧劳动民俗、节日习俗与巫鬼神话、文学艺术等。巴蜀地区独特的人居环境、建筑风格、精湛的手工技艺、众多的名人故事、丰富的民间艺术和民风民俗等等。文化空间形态,不仅是物理性的地域空间,还包含具有文化意义的"隐喻性空间",文化空间形象特指依托巴蜀独特的物质和非物质文化遗产,形成的独具特色的文化标识体系与话语表达体系的公共文化载体。围绕巴蜀文化的关键内核,形成一系列主题明确、内涵清晰、影响突出的文化符号体系与民族话语表达体系,这种体系能够形成以空间为中心的文物和文化资源主干,包括位于城市的文化脉络和位于乡村的传统村落。物质形态、非物质形态和文化空间形态塑造三个方面是互为依托、彼此相联系,共同构建巴蜀文化旅游走廊品牌的立体形象。

2. 品牌符号建构。巴蜀文化旅游走廊品牌已然是一个名称,同时其更是一个集合性概念,包括品牌标志,品牌商标和版权,品牌产品内容等各个方面。品牌标志是品牌中可被识别但不能用语言表达的部分,包括符号、图形、专门设计的颜色、字体等。美国标志专家艾丽娜·惠勒说道:"一个强大的品牌标志可以通过日益增加的识别度、认知度和客户忠诚度来帮助品牌资产的建立。"品牌标志已经成为是一个组织机构或商品、活动的象征性符号,在品牌传播中具有举足轻重的地位。因此,巴蜀文化旅游走廊品牌形象建构还必须做好标志设计,通过品牌标志实现品牌信息的整体传播。在设计过程中,通过最佳的视觉元素编排,让用户在视觉和心理上产生特定的联想。相关部门可以通过有奖征集等方式进行品牌标志的征集和设计。在品牌文化旅游产品的打造上,既要有形式,更要接地气。要借助现代创意思维和 AI、AR、VR 等新技术创新和升级巴蜀文化旅游走廊的品牌业态和文化产品,增强对巴蜀文化旅游产品的传播力、感染力和吸引力,提升用户体验感、获得感,实现精准推送和高质量传播。

三、巴蜀文化旅游走廊品牌形象的公众认同与协同传播策略

融媒体时代,依靠单一主体的单向传播模式早已行不通。品牌形象塑造和传播需要突出公众的主体地位,让公众参与到品牌形象的建构与传播中,通过对用户需求调查和数据采集进行画像,为协同传播和整合营销提供依据。

(一)传播效果与公众认同

1. 公众参与品牌形象塑造和传播。传播效果是指传播对人的行为产生的有效结果,是指受传者在接受信息后,在知识、情感、态度、行为等方面发生的变化,通常意味着传播活动在多大程度上实现了传播者的意图或目的。效果又可以分为浅层效果、中层效果和深层效果。品牌认同和品牌忠诚是深层传播效果的体现。传统媒介时代,为了达到更好的效果,人们往往将注意力放在传播主体和信源端。而在融媒体时代,要实现传播效果的最大化,必须要洞察用户,从主观和客观两个维度切入,通过形象定位、形象传播和用户感知,实现自我形象与受众感知的最大程度契合。因此,在巴蜀文化旅游走廊品牌形象塑造与传播过程中,除了发挥政府等传播主体的作用以外,更要发挥用户的作用。一方面让用户参与其中进行内容和产品的生产,对品牌价值进行提炼和传播;另一方面,对用户进行细分和精准化定位,通过大数据采集用户信息,实现对用户的分众化和精准化传播。如,为了提高国家公共文化云项目品牌形象,2021年9月文化和旅游部全国公共文化发展中心面向社会征集品牌名称。这种品牌征集活动本身就是让用户参与品牌形象建构的过程。巴蜀文化旅游走廊品牌形象建构和传播过程中,可以借鉴这种方式,在主流媒体、国内社交媒体平台,广泛征集其品牌形象标识和品牌内容定位等相关方案。

2. 用户细分与用户定位。针对不同用户群体的年龄、性别和区域文化差异,对用户群体进行细分和定位。在巴蜀文化旅游走廊品牌形象建构的过程中要打破传统的景点配置方式,而根据用户群体的特点进行重组,并进行精准推送。从区域来看,可将用户分为海外用户、成渝地区用户和成渝以外本国用户。这三类人群的传播策略和传播内容应该有所区别。成渝地区用户对巴蜀文化有一定的了解和接触,可推送更为细致和深入的内容。对海外用

户在语言和叙事方式上与国内传播应该形成较大差异。二是年龄和性别用户。对男性用户,则需要推送他们更为感兴趣的战争等方面的内容,如巴蜀军事战争文化等。对女性用户,则需要推送文化艺术、服饰民俗、饮食习俗等,如川剧评书、蜀绣蜀锦、盐制美味等。对于儿童可以推送糖艺面人等趣味性和知识性文化内容。

总体来说,从品牌传播互动的角度来说,官方层面要搭建巴蜀文化旅游走廊品牌传播的整体性框架,制定导向品牌传播的导向性战略;与此同时,要积极吸引和调动普通公众参与,通过用户细分和定位,依托大众媒体和社交媒体形成个人化、个性化的微观叙事,将用户原创内容搭载全媒体传播渠道,鲜活地展现巴蜀文化的民俗风貌,填充巴蜀文化旅游走廊的"血肉",形成官方话语和民间话语相互依靠的全媒体传播格局。

(二)巴蜀文化旅游走廊品牌形象塑造与协同传播策略

1. 巴蜀文化旅游走廊品牌形象塑造与传播现状。传播主体方面,当前,文化旅游主管部门依然是巴蜀文化旅游走廊品牌建设的倡导者和品牌形象的塑造者。在两地文化旅游主管部门的推动下,巴蜀文化旅游走廊品牌形象塑造与传播取得显著成效。巴蜀文化旅游走廊建设得到国家层面的支持,《巴蜀文化旅游走廊建设规划》正在编制,顶层设计正在启动。横向联动不断深入。2020年4月,巴蜀文化旅游走廊建设专项工作组联席会审议通过了《推动巴蜀文化旅游走廊建设工作机制》《深化四川重庆合作推动巴蜀文化旅游走廊建设工作方案》《深化四川重庆合作推动巴蜀文化旅游走廊建设2020年重点工作》《川渝共同争取国家支持巴蜀文化旅游走廊建设重点事项》等方案和事项。同年5—6月,川渝两地文化和旅游发展"十四五"规划编制调研座谈会、巴蜀文化旅游走廊建设推进工作会召开,两地签署多项协议,丰富了巴蜀文化旅游走廊建设内容。川渝两地组织一系列线上线下活动,共同打造巴蜀文化旅游线路。如两地联合举办"巴蜀文化走廊自由行""川渝双城艺术季"活动、共同举办第五届川剧节、第六届中国诗歌节等活动,进一步深化话剧、川剧、歌舞、音乐、曲艺等艺术领域的合作;组织川渝省级专业艺术院团,联合创编"成渝地·巴蜀情"主题文艺晚会;推出"成渝双城记"作品,开展川渝品牌文学活动,助推成渝文学文化旅游经典品牌打造。成都宽窄巷子、重庆洪崖洞组成"宽洪大量CP"联合营销。借助国际性展会赛事等平台,扩大长江三峡、九寨沟、武隆喀斯特、都江堰—青城山、峨眉山—乐山大佛推广巴蜀国际旅游精品,扩大品牌影响力。区县也积极互动,如北碚区和绵阳市、江津区和宜宾市等多个县市签订文旅合作协议,进一步推进文旅融合发展。川渝携手搭建文化旅游公共服务平台,基于两地智慧旅游展示系统,推动实现"一码通",逐步实现区域公共数字文化资源联动共享。传播渠道来看,四川省广播电视台、重庆广电集团(总台)正式签署战略合作协议,进一步推进深入合作。重庆广电和四川广电围绕成渝地区双城经济圈建设开展合作报道,通过融媒体平台分发形成声势,扩大协同传播辐射面。重庆广电集团"第1眼"App与四川广电开设《两会云访谈》《唱好双城记 建好经济圈》等专题。此外,除两地广电融媒体系统外,两地多家媒体达成合作:重庆晨报上游新闻与成都传媒集团红星新闻共建选题策划联动推广机制,共同发起"双城新发现"系列报道;重庆市报业协会与四川省报业协会签订合作框架协议,将共同推进成渝地区报业协会协同发展;重庆日报携手四川日报启动"重走成渝古驿道 感受双城新变化"大型全媒体采访。协同合作促进资源整合,构建两地省市级播出机构合作框架,联合打造"巴蜀电影联盟""成渝地区双城经济圈时尚产业联盟",签订"万达开""泸江永荣"等区域性融媒体合作协议,形成"抱团"宣传合力。聚焦内容打造精品节目,启动《双城春晚》筹备,联合制作《双城热恋》《我和重庆有个约会》等影视剧,推出《成渝方言话双城》《成渝区县联动微访谈》等网络节目,启动两地公益广告创意制作和展播活动,唱响"双城品牌"。

2. 巴蜀文化旅游走廊品牌形象协同传播策略。一是巴蜀文化旅游走廊品牌建构过程中必须更加突出用户的需求,进行用户细分和用户定位,围绕用户提供高品质的品牌产品和服务。新媒体时代,社会公众的文化需求和消费行为发生了较大变化,因此在巴蜀文化旅游走廊品牌建设的过程中,必须更加重视社会公众的具体需求,从传播主体、内容、渠道和效果等多种维度出发,以提高社会公众的认知度和认同度为目标。二是进一步明晰巴蜀文化旅游走廊的品牌定位和强化整体标识设计。当前,巴蜀文化旅游走廊的品牌定位和整体形象总体仍不够突出和清晰,在自我形象定位方面,进一步明晰巴蜀文化旅游走廊的整体形象标识,在做好品牌定位的前提下,做好物质、非物质文化旅游点的遴选,并深入挖掘巴蜀文化的内在价值,进行数字化转化,提高用户的沉浸式体验。在文化旅游产品线路的设定上,要跳出原有的城市地理空间概念,而从用户需求的角度或基于历史的、文化的、民俗的角度进行空间化的呈现,构建适合特定目标群体的新型的、精准的旅游线路框架。三是进一步拓展巴蜀文化旅游走廊品牌传播范围。首先,进一步拓展传播对象的范围。当前巴蜀文化旅游走廊的区域外认知度不够,成渝融媒体协同传播范围主要集中在四川、重庆两地。而成渝地区双城经济圈、巴蜀文化旅游走廊的建设虽然立足巴蜀,但是更需要放眼全国走向国际,进而吸引来自全国及国际范围内的投资及旅客。因此,要进一步打破区位化思路的局限,将巴蜀作为整体进行对外传播,让巴蜀文化旅游走廊品牌具有全国性、国际性认知度,如,利用 iChongqing 等对外传播平台进行品牌形象的对外传播。四是进一步增强巴蜀文化旅游走廊品牌传播的协同度。首先要构建起成渝两地品牌传播的合作与协同的长效机制。目前双方以"项目制""不定期"的方式进行合作,不利于成渝双城经济圈、巴蜀文化旅游走廊相关内容的稳定性、持续性输出,缺乏持续曝光度同样不利于品牌打造。随着成渝双城经济圈和巴蜀文化旅游走廊建设的不断推进,成渝融媒体要形成常态化合作机制,丰富报道内容。在宣传中统一使用品牌标识,统一称谓与口径,这既能够减少信息重复采集,提升资源利用效率,也能强化公众的整体印象,提升传播效果。其次,增强文化旅游部门与农业、大数据等部门的协同。如在传统文化村落的挖掘与保护方面需要与农业部门协同合作。最后,做好传统媒体和新兴媒体的协同。在巴蜀文化旅游走廊品牌传播中,加强与网信部门的联动,强化成渝两地 KOL 等意见领袖的作用,充分发挥国家文化云、抖音、B 站以及国外各种社交网络平台的协同传播作用。通过纪录片、短视频、电影电视剧等不同题材的音视频节目在巴蜀文化旅游走廊品牌传播中形成合力,同时形成 IP 产品衍生。

作者单位:

重庆社会科学院

成渝地区双城经济圈建设背景下文化旅游业协同发展研究

廖玉姣

2020年初,国家明确提出推动成渝地区双城经济圈建设,在西部形成高质量发展的重要增长极,这是我国继京津冀、长三角、粤港澳大湾区三大城市群之后规划部署的中国经济"第四极"。成渝地区在我国中西部拥有良好的自然禀赋和经济基础比较雄厚的学校,这一国家战略的提出,为成渝地区进一步发展带来良好机遇,同时形成"重要增长极"的目标任务也使成渝两地发展动力与压力并存。成渝地区文化底蕴深厚、旅游资源丰富,文化旅游产业是最具活力的产业,在成渝地区优势比较突出、特色较为明显。在成渝地区双城经济圈建设背景下,加强成渝文化旅游产业合作,推进成渝两地文化旅游产业协同发展,将成渝两地建设成为具有国际范、中国味、巴蜀韵的世界重要旅游目的地,既是两地文化旅游产业本身发展的重要契机,也是借两地文化旅游繁荣发展推动成渝地区双城经济圈建设的重要力量,两方面将形成良性互动,相得益彰。(注:本文所指文化旅游产业是指以人文旅游资源为元素而开发出来的旅游产品,是旅游产业的一部分。)

一、成渝两地文化旅游产业发展基础与发展现状

(一)发展基础

成渝地区双城经济圈总面积18.5万平方公里,2019年常住人口9600万人,地区总产值6.3万亿元,积累了良好的经济社会基础。成渝之间已开通四条高速公路、有八条高铁线路和三大国际机场,"铁公机水运"等交通运输方

式相互衔接配套,形成了对外快捷交通干线和区域内2小时旅游交通圈,奠定了良好的旅游交通基础。自古至今川渝地区在政治经济文化上具有重要的战略地位,处在"一带一路"的重要联结点上,是与长江经济带的对接枢纽之一,文化旅游业发展的区位优势明显。川渝历史同脉、文化同源、地理同域、经济同体,两地历史文化沉淀深厚、自然山水资源风格独特,孕育了神秘的古代巴蜀文明和丰富多样的山水景观,形成了优良的文化旅游资源基础。目前川渝两地共有世界文化遗产2项、世界自然遗产4项、世界自然文化双遗产1项、世界地质公园3处、人类非物质文化遗产代表作名录8项。有世界文化遗产类的石窟寺乐山大佛、大足石刻,有巴蜀文化最具代表性名片三苏文化、三国文化,有20世纪最伟大的考古发现之一三星堆,有邓小平、聂荣臻等一大批无产阶级革命家等伟大名人,等等。

2020年1月,成渝地区双城经济圈建设上升为国家战略层面,10月中共中央政治局会议审议《成渝地区双城经济圈建设规划纲要》。基于《纲要》,两地按照一体化发展目标,进行了系统谋划与全面布局,有条不紊推进各项任务落实,形成了横向快速铺开、纵向各个突破的协同推进的工作局面。仅一年多,签订协议已达200多份,涉及交通、产业、公共服务、环保等方方面面;重点工作迅速行动,交通方面启动建设,产业合作方面签订方案并落实任务,生态治理方面联合执法、联防联控;成渝两地城市之间、部门之间也展开了多方面联合与协同发展。成渝地区双城经济圈战略的顺利推进为两地文化旅游产业协同发展奠定了制度基础。

(二)发展现状

近年来,川渝两地文化旅游产业发展较快,已形成一定规模,两地共有5A级景区21个、国家级旅游度假区5个,分别形成了"天府三九大、安逸走四川"、"山水之城、美丽之地"独具特色的旅游形象。2019年,川渝两地共接待国内外游客14.12亿人次,共实现旅游总收入17333.39亿元,两指标分别占全国的22.94%和26.14%,文化旅游产业的发展现状已成为川渝两地经济增长的重要支撑。

区域经济的协同发展是成渝地区双城经济圈建设最为关键的突破口,围绕成渝地区双城经济圈建设,川渝两地文旅部门提出携手打造巴蜀文化旅游走廊,成渝两地文化旅游产业协同发展迈出关键性的一大步。在巴蜀文化旅游走廊建设专项工作组联席会上,双方共同通过了工作方案和工作机制、达成了系列合作协议,签署了《推动成渝地区双城经济圈文物保护利用战略合作协议》、《成渝地区文化旅游公共服务协同发展"12343"合作协议》等协议,共同探索文物保护利用改革新路径,力争创建国家级文物保护利用示范区,确定共同开展巴蜀文献保护利用工程、共育三大区域品牌、建立成渝地区公共图书馆联盟、加快推动广播电视产业协同发展等内容。与此同时,成渝地区各城市迅速行动,大足与资阳、自贡、乐至等市县签署文旅发展合作协议,推动了游客互认、门票互惠、宣传互动、线路互通等方面工作,推出了一批如"巴蜀文脉"人文旅游、"巴山蜀水"生态康养、"巴蜀风韵"民俗旅游等大文旅项目;峨眉山、乐山大佛、大足石刻、金佛山等一同成立巴蜀世界遗产联盟;江津、荣昌区、泸州、内江等地签订《川南渝西七市区文化旅游战略合作协议》;重庆影视城(江津白沙)与成都影视城签署《成渝影视双引擎战略合作框架协议》;合川区积极联动周边城市群以及三江流域的城市,以各种合作方式推进文化旅游共享发展;成渝两地开展了文化旅游互动活动,涌现出"巴蜀文化旅游走廊自由行""一码游遍巴蜀"等合作品牌;等等。《巴蜀文化旅游走廊建设规划》正编制成稿,将从空间布局、文化传承、重点区域建设、品牌建设、公共服务等方面进行顶层设计,通过开发精品线路、建立产业联盟、组合营销、重大工程和项目共建共享等形式促进两地文化旅游协同发展的制度保障,推动全域实行144小时过境免签,构建"蓉进渝出""渝进蓉出"机制等。

二、成渝文化旅游协同发展存在的障碍与挑战

由于相同的独特历史文化背景,成渝两地在多方面均形成了一定的合作基础,随着成渝地区双城经济圈建设的推动,成渝两地文化旅游业合作更加频繁、更加深入,向着协同发展的方向迈进。但是,由于长期的行政壁垒的存在,文化旅游产业发展难免各自为政,形成一些两地文化旅游产业协同发展的障碍和挑战,推进两地协同合作的道路走深走实并非一蹴而就,还需久久为功。

体制机制的壁垒形成协调的复杂性。成渝两地各自的行政区域在文化旅游产业多年的发展过程中采取了差异化的管理体制和运行机制,两地文化旅游协同发展需要协调出台重大规划、深化重大改革、推进重大项目、搭建重大平台、共建合作机制、统一规范管理标准等多方面的问题,由于体制机制壁

垒的存在,跨行政区域的协调以及行动上的配合一致等方面均面临挑战。

文化认同的壁垒可能形成发展目标协同难。成渝两地虽然历史文化同宗同源,但随着各自的发展及历史的演变,逐渐形成了各具特色的蜀文化和巴文化两种文化类型,在文化认同上彼此存在较大差异,在思想认识上难免为各自发展目标形成竞争意识,抱团发展、合作共赢的协同发展意识的形成和固化需要一定的过程,形成利益共享、风险共担的协同化发展目标需要一定的时间和实践来检验。

文化旅游产业综合发展实力需提升。一方面,成渝两地文化旅游资源既具有差异性也具有相同点,各自发展的过程中难免存在一定程度的同质化现象,消减了部分综合实力。另一方面,从整体上看,两地文化旅游产业在产业布局上和产业结构上需持续完善,优质产品供给有欠缺、精品线路打造不充分、品牌IP还未树立,综合竞争力不强,需下足功夫、协同推进、形成合力。

圈内各城市经济社会发展不平衡。成渝地区双城经济圈除两个极核成都和重庆地区生产总值突破万亿外,其余城市经济总量均相对较小。2019年成都和重庆两地GDP分别为17012.65亿元和23605.77亿元,分别占经济圈经济总量的26.15%和36.28%,而广安、绵阳、南充等地的GDP只有千亿级,且这些城市内部之间也存在差距。经济圈内存在交通基础设施短板、公共服务水平参差不齐、重大文化旅游设施投建升级慢等问题,可能阻碍协同发展的步伐。

要避免表面上的协同。目前的协同主要有建合作机制、共建共享、联合联动等方面,景区之间有互送互演、客源互送,节庆活动有互邀互展,合作形式不够多样、不够深入,配套支撑政策还不明确、系统规划管理缺乏、考核评价机制没有建立,需要避免联盟主体之间因为各自利益而处于表面协同的状态。另外要避免行政主动、企业被动的状况,在构建好联盟运行机制的同时,需要充分激发调动文旅企业、景区、旅行社等各主体的积极性,需要协调好多方利益分配保障。

文化旅游产业协同发展任重道远。一是文旅产业发展涉及的纵向横向部门多、主体多,涉及的相关利益群体大,本身存在协调难度大、工作任务多的情况。二是两地协同发展还处于探索阶段,需要在实践中不断总结经验、积累经验,不断摸索更加有效的协同方式和推进路径,因此这是一个两地长期合作和共同探索的过程,任重而道远。

三、推进成渝地区文化旅游产业协同发展的建议

围绕成渝地区双城经济圈建设的重大机遇,把文化旅游产业作为成渝地区双城经济圈建设的重要任务来抓,深入谋划和大力推进成渝两地文化旅游产业协同发展。充分挖掘成渝地区文化资源禀赋、文化底蕴、历史沉淀,充分利用区位条件,在现有协同发展的基础上,持续完善合作发展的体制机制,合力传承好、利用好区域内人文旅游资源,走实走深成渝两地文化旅游产业协同发展之路,共同推进区域内文化旅游产业一体化发展、可持续发展,形成富有巴蜀特色的文化旅游产业形态,建设具有高度吸引力的文化休闲旅游胜地,为建设高品质生活宜居地、文化旅游消费中心发挥重要作用。

切实增强协同发展意识。推进成渝地区双城经济圈建设,既需要各行业各司其职,集中精力把本行业的事情做好,也需要各行业系统内部加强协同合作,共同把区域内的事情做好。推进成渝地区文化旅游产业协同发展,需要紧紧围绕成渝经济圈文化旅游产业体系发展要求,切实增强政府之间、部门之间、景区及企业等主体之间协同发展的意识,从思想上突破行政界线的概念,主动协同、主动融合,加强合作交流、碰撞发展思路、积极协调对接、深度建立合作伙伴关系。在集中精力做好自己的事情的同时,要用一体化、整体化思想积极携手,齐心协力做好合作的事情,要有合作的事也是自己的事的思想,政府引导、部门推动、行业主体积极参与、社会力量充分领会发展精神并积极配合,区域内整体形成协同发展意识、拧成一股绳,把"巴蜀千载情,川渝一家亲"落到实处,共同唱响成渝文化旅游产业名片,提高两地文化旅游产业吸引力和知名度,逐步形成从各自为政到抱团发展、从相互竞争到合作共赢的发展局面,共同推进两地文化旅游产业发展上一个新台阶。

理顺协同发展的合作机制。成渝地区双城经济圈与巴蜀地区在巴蜀文化上二者地理空间高度重叠,文化资源有丰富的古代文明、红色文化、商贸文化、都市文化等文化内容。近年来协同发展已有一定实践和基础,形成了一些政策理论支撑,《巴蜀文化旅游走廊建设规划》也正在编制,有望尽快实施。基于现有基础和《规划》的顶层设计,逐步理顺成渝地区文化旅游产业协同发展的合作机制。根据成渝地区双城经济圈的战略目标和要求,结合成渝两地文化旅游产业协同发展现状和协同发展目标,统一规划、政府推动、协同发

展、互利共赢,两地文化旅游部门合作建立常态化协调机制,推进成渝两地文化旅游资源统筹,围绕成渝两地共有的巴蜀历史文化、移民文化、抗战文化、红色文化、民俗民间文化等协同发展文化旅游产业,对目标规划、产品开发、线路打造、设施设备、经费来源、服务管理、利益分配等方面进行深度考察研究与商议,建立合理的合作、共建、共享的理论机制,告别单一的联盟合作、互推互送的形式,推进成渝两地文化旅游发展在组织、管理、资源、服务等方面高度协同和深度合作,为两地文化旅游产业协同发展提供适应时代发展要求的制度保障,以体制机制的顺畅切实推动两地文化旅游产业统筹、协同、融合、创新、发展,提升跨区域文化旅游产业发展的辐射力和影响力。

协同做好文化产业发展各项工作。成渝两地围绕打造世界文化名城和国际旅游门户枢纽、世界知名都市旅游目的地的目标,集中精力做好自己的事情的同时,要联合区域内各城市合力做好合作的事情。分门别类整理梳理成渝地区文化旅游资源,明确文化资源总量与类型,加强文化学术研究,深挖文化旅游资源内涵,传承弘扬巴蜀文化精神的同时,活化利用好文化旅游资源。根据文化旅游资源现状,从一体化发展角度出发,站在统筹发展的高度,充分发挥各地各自的比较优势,加强资源要素合理流动和有效整合,共同推进巴蜀文化资源研究与保护传承、共建协同发展的合作平台、共同研究打造旅游精品线路、共同推进重大项目建设、共同开发巴蜀特色旅游产品、联合推出旅游产品营销、共同打造一批特色文化载体、合理优化旅游服务等,避免项目产品供给同质化,突出特色性、放大差异化,推动巴蜀优秀传统文化传承发展,推进两地文化旅游产业特色化、高品质发展。政府引导,相关部门各司其职,行业主体积极行动,成渝两地协同做好文化旅游产业发展各项工作。

加快发展成渝文化旅游产业。紧紧围绕巴蜀文化旅游走廊建设,聚焦"五个巴蜀",共同打造人文旅游、民俗旅游、红色旅游等旅游产业集群,共同建设生态文化旅游区,打造一批同根同源的文化旅游重点项目。共同推广红色精品线路、生态文化精品线路、巴蜀特色风貌精品线路等旅游精品线路,协同打造大石刻、大都市等文化旅游品牌形象,共建文物保护与利用国家示范区。共同培育一批代表巴蜀特色的文旅业态,推进文化旅游与康养、农业、工业、体育、教育等融合发展。培育一体化的文化旅游市场,深入推进成渝城市群无障碍旅游合作。整体谋划,统一规划,共同开发,分步实施,做大做强成渝文化旅游产业发展支撑;牢固树立一盘棋思想、强化一张图理念,整体联动,集中资源和力量推动两地文旅重大项目加快实施。创新资金筹集方式,以两地政府投资为引领,引导各社会资本投入。

强化协同发展的政策支持。一方面,借成渝地区双城经济圈建设契机,更多争取国家对两地文化旅游发展的用地、财税、金融等方面的支持政策。另一方面,两地合力研究出台激励协同发展的支持政策,针对文化旅游产业建设、管理、运营等方面,要建立完善的配套政策;对文化旅游企业、景区等市场主体提供政策支持,对开展合作联动方面的工作如联合开发项目等,建立优先审批、优先推广、税费减免、异地支持等扶持机制,对景区文旅联合发展项目如组织组团自驾游等制定补偿机制,合理制定文旅企业、景区、旅行社等之间利益分配指导政策,保障各方既得权益,充分激活区域内文化旅游市场主体协同发展的积极性和主观能动性。针对城市间经济发展差距、财力不平衡的问题,在串联线路开发的出资上,争取国家财政的支持,对经济发展薄弱地区在出资比例上给予一定照顾,努力做到优质产品充分开发、精品线路打造上各点协同推进。

全面提升旅游服务配套设施水平。趁成渝地区双城经济圈建设正加快完善高铁、高速公路、航空等交通网络,全面提升交通互联互通能力之机,加快水陆空等旅游交通网络的建设和完善,要全面解决旅游出行"最后一公里"问题,全面提升旅游交通便捷化、便利化、通畅化程度,为两地文化旅游产业协同发展提供旅游出行交通保障。放眼国际化旅游目的地,持续完善两地文化旅游产业发展传统配套服务设施建设,不断改善旅游接待条件、提升接待能力和服务能力。利用现代信息技术,升级传统旅游服务配套设施,配套建设旅游发展所需5G网络、数据中心等新型基础设施,激起文旅发展新势能,推动两地文旅产业协同发展和融合方式的创新,运用新技术、发展新业态、提供新服务,推动两地文旅产业高质量协同发展。

加强文化旅游人才队伍建设。围绕两地打造世界文化名城和国际旅游门户枢纽及世界知名都市旅游目的地的目标要求,加快文化旅游业人才队伍建设,共同培育国际化人才,提高文化旅游业人才整体素质和职业能力,建设专业化、国际化、复合型文化旅游人才队伍,加强领军人才、中青年拔尖人才、跨界复合型紧缺人才等类型文化旅游产业人才的培养,加大高层次人才引进力度。建立两地行业协会、文旅院校、培训机构、文旅企事业单位等单位的长效合作机制,加大人才培训力度,建立培训机制,两地文化旅游、教育、人社等部门共同协商加大用于文化和旅游培训的资金支持力度。两地文化旅游和市级相关部门共同优化人才成长环境,改进人才评价机制,建立人才分类评价标准,大力提高文化旅游人才工作积极性。

  建立考核评价机制。为确保文化旅游协同发展事业实践遵循明确统一的行动方向,保障协同发展取得预期效果,避免出现表面协同,避免行政主动、企业被动的"剃头挑子一头热"的状况,针对协同推进的相关工作、目标任务,要健全考核评价体系,制定出协同发展、规范统一的管理办法和考核评价机制,并纳入市区各部门、各主体年度政绩和业绩考核任务,严格考核过程、层层推进落实,切实增强协同发展的执行力和行动力,推动各项工作尽快落地落实。同时,各级政府高度重视对文化旅游产业协同发展的干预,强化落实情况督查通报,中央政府加强对成渝地区合作推进的目标任务的执行情况进行监督和检查,各级政府向下逐级推进落实督查工作,公开督查信息,层层监管,推进任务的进一步落实。

作者单位:
  重庆社会科学院

REPORT ON DEVELOPMENT OF
CHONGQING'S CULTURAL INDUSTRY (2020-2021)

业界探讨

推动重庆文投集团文化影视产业高质量发展策略研究

田景斌

影视产业是重庆文投集团规划建设的五大"文化+"融合发展产业链之一,是集团"十四五"时期高质量发展的重要支撑性板块。与其他产业相比,集团影视产业起步不久,具有更强的可塑性和更大的想象空间。但同时,影视产业的市场化程度非常高,投资布局必须进行充分论证,谋定而后动。为制订集团发展影视产业的可行策略,我们学习领会了《中共重庆市委重庆市人民政府关于推动文化产业高质量发展的意见》《重庆市国民经济和社会发展第十四个五年规划和二〇三五年远景目标纲要》《重庆市"十四五"文化发展改革规划》等重庆市对影视产业发展的指引政策文件,全面了解了影视产业发展的基本情况,借鉴了国内著名影视企业的发展策略,剖析了多个成功或失败的影视案例,总结了企业尤其是国有企业发展影视产业的得失。在此基础上,结合集团实际,我们分别从举什么旗、走什么路、导什么向等三个方面提出了集团发展影视产业的组合性策略。

一、举好旗

应以习近平新时代中国特色社会主义思想为指导,坚持为人民服务、为社会主义服务方向,落实国有文化企业的社会责任,突出思想性、群众性、艺术性,不断推出影视精品力作,增强中华民族文化自信。

(一)思想性

思想性要求影视作品具有乐观向上、公平正义的价值取向,传播正能量,引导观众向上向善。作为市级国有文化企业,我们的影视作品应主要围绕中央及市委的大政方针来自体现思想性。一是展现中华民族伟大复兴光明前景。习近平总书记说,今天,我们比历史上任何时期更接近中华民族伟大复兴的目标,比历史上任何时期都更有信心、有能力实现这个目标。影视作品应聚焦中华民族伟大复兴的历史和现实进程,展现其光明前景,汇聚起推进复兴进程的磅礴力量。二是弘扬社会主义核心价值观。党的十八大提出,倡导富强、民主、文明、和谐,倡导自由、平等、公正、法治,倡导爱国、敬业、诚信、友善,积极培育和践行社会主义核心价值观。影视作品应积极宣传和弘扬社会主义核心价值观,以春风化雨、润物无声的方式在广大观众中培育新时代价值导向和行为标准。三是展现重庆地域文化独特魅力。已经征求意见的《重庆市"十四五"时期文化发展改革规划纲要》对发展影视产业作出了更加具体的部署:深入挖掘重庆本地文化精神内涵,切实强化渝版历史文化、革命文化和当代都市文化题材电视剧、纪录片、广播电视和网络视听节目、栏目及文艺作品的创作指导,推出一批导向正确、思想精深、艺术精湛、特色鲜明、质量上乘的广播电视、网络视听节目。所以,影视作品应积极深挖重庆地域文化内涵,用影视的形式将巴渝文化独特魅力展现给每一位观众。

(二)群众性

群众性要求影视作品以人民为中心,把镜头对准人民,讲述人民的故事,满足人民的需求。首先要把满足人民精神文化需求作为影视创作生产的出发点和落脚点。2019年,我国人均GDP突破1万美元大关,2021年全国GDP达到114.3万亿元,人均超过1.25万美元。按经济发展规律,人民群众对文化娱乐的消费需求会快速增长。疫情前的2019年,我国居民人均教育文化娱乐消费支出2513元,增长12.9%,在八个消费类别中增速最快。影视作品是满足人民群众文化娱乐需求的一个重要品类,应紧跟时代发展步伐,以鲜明的主题、感人的形象、精湛的制作产生更大吸引力,满足人民群众高品质文化生活需求。其次要把人民作为表现主体。人民是影视创作的源头活水,影视作品的一切创新创造,归根到底都直接或间接来源于人民。能不能生产优秀影视作品,最根本的要看有没有人民情怀。影视作品要聚焦人民,选取反映人民思想、工作、生活的剧本,把镜头对准普通群众,以普通人的故事反映新时代精神,传播正能量。再次请人民当鉴赏家和评判者。影视作品是拍给观众看的,观众喜欢不喜欢、接受不接受认可不认可,决定作品的成败。在当前条件下,票房和收视率是反映观众对影视剧接受程度的最直接指标,我们要围绕提高这两个指标来下足功夫,不断总结经验和教训,努力实现社会效益和经济效益双丰收。

(三)艺术性

艺术性要求影视作品将正能量用美的形式进行演绎和传播,让观众在视觉听觉享受中,不知不觉接受作品所蕴含的主题思想和价值标准。艺术性能增强影视作品的表现力。艺术性强的作品往往能直达心灵,将主题充分表达出来,引起观众共鸣。鲁迅的作品,从不堆砌华丽,看似平常白话,却有着精妙的表达艺术,将其所看所思所想淋漓尽致地呈现出来。集团参与拍摄的电影《血战湘江》,配乐是一大亮点,抑扬顿挫的音乐,精准配合着影片情节,总在最恰当的时点响起,将故事高潮推向更高潮,有力升华了作品主题。艺术性能增强影视作品的感染力。艺术表达让观众陶醉于影视情节,产生强烈共情,心情跟着情节高低起落,形成"共振"效应,放大作品的感染力。影片《唐山大地震》中,一句看似平淡却极具艺术性的"西红柿都给你洗干净了,妈没骗你",戳中多少观众的泪点,让影院一片抽泣。艺术性能增强影视作品的传播力。随着生活水平的不断提高,人们对精神产品的需求层次也在不断提高,对艺术的欣赏、鉴赏能力不断增强。艺术性强的影视作品,相比单纯故事情节好的作品,能在更高层次上满足观众需求,赢得观众口碑,得到观众口口相传,甚至代代相传,成为穿越时代的经典作品。影片《芳华》,不仅讲述了一个与艺术有关的故事,拍摄制作也颇具艺术性,上映后掀起现象级热潮,最终斩获14亿元票房收入。

二、走好路

影视产业是一个高度市场化的行业,竞争非常激烈。疫情前的2019年,全国电影故事片总产量为850部;全年获得发行许可的电视剧多达254部10646集。要想在竞争如此激烈的产业中半路起家、站稳脚跟,唯有充分准备、稳步推进,着力解决好剧本、团队、渠道三个环节,走出一条可靠的发展之路。

（一）要有一部好的剧本

剧本剧本，一剧之本。苏联早期电影导演杜甫仁科说：电影剧本的作者是在纸上设计影片的总设计师。一部好的剧本，有可能被拍成不好的影视剧；但一部不好的剧本，绝不可能被拍成好的影视剧。所以我们要千方百计去寻找好的剧本，为拍摄优秀影视剧作品打下基础。一是发挥好平台的作用。互联网给剧本创作、展示和交易提供了便捷的平台，目前比较活跃的剧本展示交易平台有十余个，还有众多网络小说作品具有剧本改编价值。集团自身也在筹建版权展示交易平台，交易的版权类型包括影视剧本。这些平台既能直接展示创作者的剧本成品，也能进行剧本创作招标，进行定向创作，效率比较高，应好好利用。二是立足重庆故事。重庆是一个文化资源大市，三峡文化、巴渝文化、红岩文化、抗战文化、重庆特色现代都市文化和创新创业文化等，都是等待影视产业去挖掘的文化富矿。这些年反映重庆特色的影片如《疯狂的石头》《火锅英雄》《从你的全世界路过》等，不仅取得高票房收入，而且带动重庆城市营销和旅游发展，实现良好社会效益和经济效益。集团作为重庆市属文化企业，立足重庆特色文化资源发展影视产业，既是扬长避短、适应市场之招，更是履行职责、推动发展之举。三是确定主攻类型。影视产业市场竞争比较激烈，自2019年起全行业开始向高质量发展转型，名片名剧背后，还有很多沉默的影视作品。在这样成熟的行业中，入行不久的主体不宜四面出击，而应选择一两个相对有优势的类型进行重点突破，站稳脚跟后再扩展到其他类型，稳步推进。

（二）要有一个好的剧组

找到好的剧本，要靠好的剧组去转化成好的影视剧作品。解决团队问题，主要要解决好导演、演员和摄制三个环节。导演是摄制影视作品的组织者和领导者，他要综合拍摄中各种艺术元素，组织剧组内所有人员，使他们充分发挥才能，使众人的创造性劳动融为一体。一定程度上，导演的素质与修养决定了作品的最终质量。我们不能一味追求大牌导演，而应从剧本的风格与导演的风格之间的相融性出发，寻找最适合的导演。演员是演绎影视剧本的主要力量，他们负责把剧本的内容、感情和思想用表情、动作和语言表达出来。表演本身既是技术活，更是艺术活。水平高的演员，能准确理解和表现剧本的含义，充分体现导演意图，把剧本演绎得淋漓尽致，甚至达到超越剧本的水平。明星演员自带 IP，能为影视剧带来较高票房和收视预期，但他们片酬较高，制片方需要付出高昂代价。如何在片酬成本和发行收益之间取得一个良好平衡，是需要我们认真研究的问题。摄影和制作也是影响影视作品最终效果的重要因素。影视作品最主要是通过视觉来感受，而摄影的取景、构图、用光，后期中的剪辑、特效等，都直接决定影视作品的画面感观，甚至是影视作品留给观众的"第一印象"。影视领域存在重导演、重演员的倾向，"幕后英雄"摄制人员往往默默无闻。但人们的文化层次和欣赏水平日益提高，对画面感观的要求也会日益提高，摄影和后期制作在提高影视作品艺术性方面将发挥越来越大的作用。

（三）要有一条好的渠道

有了好的影视作品，还需要有一条好的发行渠道去实现它的社会效益和经济效益。这就像在足球比赛中的进攻，经过后场起球、中场渗透、前场抢点，球终于到了禁区，就靠临门一脚的发挥，打进去是大功告成，打不进就功亏一篑。首先要顺势而为，兼顾线上和线下。当前，线上观剧人数已占半壁江山，"台网联播"成为主要方式。2019 年开播的 131 部电视剧中，台网同播 90 部、先台后网 4 部、先网后台 8 部。2020 年，网络电影得到快速发展，全年有 745 部网络电影完成上线备案，有 77 部分账超过 1000 万元，比 2019 年增加了两倍多。当前，线上观众明显呈年轻化趋势，未来线上取代线下的主体地位不可避免，线上渠道是未来发行的主渠道。其次要探索与发行渠道共担风险的机制。影视产业一直流行先投后播的机制，这样的机制下，发行平台不参与拍摄投资，播出风险由制片方一家承担。一旦出现无法播出的情况，制片方将颗粒无收、血本无归。这几年出现了播出平台参与拍摄投资的新机制，主要是网络播出平台参与投资网络剧，在拍摄前就锁定了发行渠道，为制片方分担了很大一部分风险，甚至进行网络剧定制，承担了全部风险。除了播出方参与投资外，还要探索绑定导演、编剧等剧组成员的风险共担模式，千方百计控制发行风险。在条件成熟时，还要探索宣发业务。从自身影视作品做起，整合运用集团范围内广告、设计业务资源，充分发挥国有投资集团品牌优势，承接影视作品宣传推广业务。

三、导好向

发展影视产业,需要从集团层面发力,把握好目标导向、问题导向、结果导向,明确方向、理清思路、整合资源、统筹规划,形成一整套体制机制,有计划、有步骤推进产业链建设。

(一)目标导向

首先要把握好目标导向,经过深入调研,为集团影视产业发展确定一个切实可行的目标。要明确影视产业的发展定位。影视产业是集团"十四五"时期规划建设的五大"文化+"融合发展产业链之一,是集团未来的重要投资方向、重要增长点、重要的现金流支撑,是集团未来体现社会效益的重要板块。影视产业要通过完善主体布局、摄制影视剧目、向产业链上下游延伸,实现弯道超车,与其他四大产业链齐头并进,共同推动集团高质量发展。要制定一个目标体系。多层次的目标体系能确保影视产业始终在正确轨道上发展,保持正确的发展方向,取得明显的社会效益和合理的经济效益。要在明确集团影视产业"十四五"发展目标的基础上,分解制订2~3年的阶段性发展目标,再结合各年实际情况分解制订年度发展目标。要将总目标划分为社会效益和经济效益两大板块,再制定各自的分项目标。社会效益方面,可分别制定价值导向、艺术成就、社会评价等目标;经济效益方面,可分别制定票房收入、成本控制、投资收益等目标。要尽可能将目标值定量化。科学确定目标值才能真正发挥目标体系的指引作用,而定量化的目标值更能准确计量目标高度和距离,便于随时对照检查,发挥动态指引作用。经济效益目标要全面量化,明确总产量,根据预算确定各项成本费用的高限值,实现多少票房收入和投资收益等。社会效益目标也要尽可能量化,比如符合政策文件导向的条数,获得国家级、省部级文艺奖项的数量,专业网络平台的评分数等,均可实现量化。

(二)问题导向

其次要把握好问题导向,为影视产业发展选择好一个可行的突破点。要从内容角度看存在什么问题。影视产业属于内容产业,具有意识形态属性,既要看消费者的精神生活还缺少什么内容,更要站在增强全民族文化自信、凝聚起推动中华民族伟大复兴磅礴力量高度,查找还缺乏什么内容。例如电影《长津湖》,在抗日标题影片充足的情况下,敏锐捕捉到抗美题材的缺乏性,选择了抗美援朝中的长津湖战役作为切入点,讲述了参战志愿军凭借战斗精神和钢铁意志扭转战局的感人故事,既创造了国产电影票房新高,也填平了抗美援朝题材商业电影票房的低谷。重庆要先行建立纪录片基地,推出一批纪录片精品,这个方向值得探索。要从供应链看存在什么问题。在文化产业,面向消费者的生活性服务业容易被关注,而面向厂商的生产性服务业往往被忽视。市委、市政府提出,要打造影视制作全产业链基地,把重庆建设成为全国重要的影视基地。因此,在影视产业前期服务方面,剧本孵化、场景服务、道具服务、设备租用、群演经纪等环节均需要增强配套服务能力;在后期服务方面,剪辑、配音、字幕、特效等业务值得探索;在播出和发行方面,还可以探索建立单类影视片播出平台。要看集团产业链看存在什么短板。要全面梳理集团发展影视产业所需各种资源要素,包括资金、创意、团队、机制等,找出短板和弱项,采用不同的模式和路径进行弥补,为打造产业链准备好基础条件。

(三)结果导向

最后要把握好结果导向,按结果导向建立产业链发展考核促进机制,从不同的维度对结果进行把握,促进影视产业发展取得一个满意的成效。要从时间维度把握结果。对成熟的市场主体和成熟的经营团队,应从时间维度去把握其经营结果,一般分任期、年度两个周期即可。要从项目维度把握结果。一个影视项目,从策划到投资,从培育到见效,往往有一个周期,这个周期经常超过一年甚至达到几年。例如制作一部30集的电视连续剧,从购买剧本到最终播出,往往需要3~5年时间,早已跨越了年度甚至任期的考核周期。因此,针对单个影视项目投资结果的考核方式,应成为重要的补充。要合理运用考核结果。对市场主体及其经营团队的考核,要用目标衡量、用结果说话。对不同的考核结果,除了在薪酬上拉开差距,还可以在资源配置上区别对待,把优势资源配置给优秀的团队,帮助其实现更好的投资经营成果。

举好旗、走好路、导好向是一个互相关联的整体,举旗确定方向,走路是走通往正确方向的路径,而导向是如何确保不偏离方向、不走错路径,三者分别是指导思想、方式方法和管理机制,三者互为条件、不可偏废。重庆文投集团发展影视产业,应在整体运用好这三条策略的基础上,进一步整合资源、选点布局、策划项目,推动三条策略的细化落地,构建起影视产业的整体实力和可持续发展能力。

作者单位：

　　重庆文化产业投资集团

科普产业融合发展的实践与展望

金 奇

科普产业是基于科学技术发展产生的一个特殊产业,是文化产业的重要组成部分。19世纪以来,伴随着近代科学技术发展,在西方发达国家率先兴起并发展了科普产业。我国科普产业脱胎于公益性科普事业。2002年,国家颁布实施《中华人民共和国科学技术普及法》(以下简称《科普法》),明确规定"社会力量兴办科普事业可以按照市场机制运行",为科普产业发展奠定了法律基础。此后二十余年,我国科普产业蓬勃发展,出现了科普展教、科普出版、科普影视、科普游戏等多元化业态,有力助推了科普事业的发展,促进了科学技术的进步。

新兴媒体的发展,极大地提高了人类信息传播能力和传播效率。近年来,以知乎、果壳、抖音、哔哩哔哩、小红书等为代表的新媒体平台应运而生,一批以科普为主业的新兴市场主体如雨后春笋般涌现,我国科普产业空前活跃。据中国科普研究所《我国科普产业发展研究报告》显示,到2018年5月,我国科普产业规模约1000亿元,拥有市场主体约375个。与此同时,以报纸、期刊、图书为主要业态的传统科普企业加快转型,探索了产业融合、媒体融合、业态融合等发展路径,取得显著成效。融合发展成为科普产业高质量发展的时代课题。

一、科普产业融合发展实践

科普产业的特殊性,决定了科普业态必须与其他商业化的外延融合发展,才能形成市场价值转化。近年来,一些科普企业聚焦"融合"做文章,进行了许多有益的探索。

(一)《课堂内外》的产业融合实践

《课堂内外》是我国发行量最大、覆盖学龄段最全的青少年科普品牌。该刊于1979年由重庆市科学技术协会创办,起初是一本普及青少年科学知识的科普读物。1999年,课堂内外启动公司制改制,由此拉开了二十多年产业融合和高速发展的历程。

课堂内外始终致力于青少年科学人文素养提升,积极倡导"科学、人文、生活"教育理念,依托全国科协系统丰富的科普资源,与主流教育企业形成差异化竞争。目前,《课堂内外》系列期刊年发行量达到200余万册,发起举办的"寻找中国好老师活动""青少年科学素质大赛"等科普品牌活动在业内极具影响。课堂内外在科普、教育产业深度融合中实现了社会效益、经济效益双丰收,先后荣获"全国科普教育基地""全国科普工作先进集体"等重要荣誉,长期被誉为全国科协系统的"一面旗帜"。

2021年,课堂内外积极响应"双减"政策要求,加大科普资源整合力度,积极推进科学教育、劳动教育、教育服务等转型业务培育,迅速推出"少年科学院"科学教育服务体系、"i劳动"劳动教育特色课程、"堂堂好课"课后服务品牌、"艺术素质测评"智慧美育体系等一批体现"双减"要求的教育产品和服务,加快构建"五育并举"产业格局,推动科普、教育产业融合进一步向深度和广度进军。

(二)《电脑报》的融媒体转型实践

《电脑报》创刊三十余年,在电子和计算机类报纸中发行量长期稳居全国第一名,曾是计算机初学者和发烧友的首选读物。电脑报因计算机普及而兴起,借平面媒体而发展,因互联网兴起而衰落,又在移动互联网时代迎来了重生。

作为由传统媒体转型而来的全媒体科普企业,近年来,电脑报在内容形式、传播渠道和业务发展潜力等方面,都发生着急剧变化。基于自身独特的IT专业媒体属性,电脑报积极拓展产品细分领域,打造新媒体内容矩阵平台,在报纸之外建立了电脑报、钛师父、购机帮你评、机智猫以及锌刻度等子IP。针对IT科技资讯、数码硬件、PC、手机智能以及科技财经等领域进行内容细分和内容打造,以更丰富的内容形式和多元化的传播渠道,影响更多喜欢IT科技科普知识的用户。目前,电脑报用户已经超过900万,其中,18~35岁订阅用户的比重超过70%，单一专题内容的全网最高传播量超过1000万次。

在内容表现形式上，电脑报通过直播、长视频、短视频、H5、漫画、音频等多种呈现方式，突破图文内容的局限，获得全面的融媒体内容制作能力。在传播渠道上，除建立覆盖微博、微信的图文传播平台外，电脑报还进驻了今日头条、网易、搜狐等第三方媒体开放平台，以更宽泛的内容覆盖面实现自产内容的广度传播。同时，电脑报结合自身在 IT 领域的专业性积累，大力探索基于融媒体的公关服务，创造了良好的经济效益，并反哺提升了电脑报新媒体的影响力。

（三）《万物》等科普期刊的创作传播融合实践

近年来，一批面向青少年的科普读物在传媒"寒冬"成功逆袭。《万物》杂志通过引进英国国民科普期刊 How It Works 版权，由专业化的编辑团队将多学科领域的知识进行整合，转化为符合青少年认知的系统性语言，形成知识图谱；并提出"用科学传递艺术之美，让艺术在科学中绽放灵感"口号，邀请世界一流艺术家制作杂志插图，形成极具冲击力的视觉效果，使科学家团队精心构思的科学脚本和科学思维逻辑得以生动呈现。《万物》发刊短短三年时间，便成为国内最受欢迎的科普期刊之一，其公众号"把科学带回家"也成为互联网科普的头部新媒体。

作为有着40年办刊历史的老牌科普杂志，《科幻世界》也在近年焕发新生。借助一流的作者资源及原创科幻 IP，《科幻世界》从版权、出版和活动等方面拓展了业务形态，不仅杂志实现了单期10万册的发行量，举办的中国国际科幻大会、"银河奖"等活动也在国内极具影响。同时，《科幻世界》还协助成都市成功申办2023年世界科幻大会，其牵头发起的融合文旅项目"成都科幻城"也在推进中。对于未来发展，《科幻世界》提出了"火种计划"，将利用自身品牌优势和资源优势，打造科幻产业链上各个环节互通的媒体融合平台。

此外，2020年6月《三联生活周刊》创立的《少年新知》杂志，作者来自于艺术、文学、心理学、经济学等各个领域。该刊创刊四个月，单期印量即突破15万册，成为业内一大传奇。

综观以上科普期刊，都有一个共同的特点，即在创作与传播上实现深度融合。内容上，通过引进版权或集聚优秀作者，将科学、艺术、人文等各领域进行有机融合，做到精品化创作。运营上，通过新媒体、社交媒体、知识社区、电商渠道的结合，进行不同于传统期刊的营销推广，迅速赢得口碑，进入大众视野。

（四）上海科技馆的业态融合实践

上海科技馆提出科学精神融合文化特征，通过一流科研成果影视化，将科学精神内涵融于艺术的想象力和感染力之中，构筑科普传播新模式。在探索科普影视新业态的过程中，传统科普场馆的教育功能不断放大。

上海科技馆与上海睿宏文化传播公司合作的"远古巨兽"系列4D科普电影，首次将我国重大古生物科研成果搬上银幕。独立制作的《熊猫滚滚——寻找新家园》4D动画电影，受邀参加泰国国家科技节，将中国文化输送到"一带一路"沿线国家，实现科普文化"走出去"。这些影片采用独特的视听语言和"纪实"的影像风格，既保证科普影片的科学性，也体现科学内容与人文精神的有机融合。同时，以系列电影为蓝本，上海科技馆还出版了科普专刊、科普图书与科普漫画，制作了教育资料包，开发了邮品书籍、App类文创产品，取得了良好的经济效益。上海科技馆的业态融合实践充分证明，科普产品除了固有的文化科普属性外，也可以具有丰富的商业属性。

（五）安徽芜湖的产业聚集实践

2004年，芜湖市在中国科协和安徽省政府的大力支持下，发起举办了第一届中国（芜湖）科普产品博览交易会，该展会至今已成功举办十届。科博会的成功举办，引导众多科研机构、高等院校和企业对科普产品的研发生产进行持续投入，推动科技资源向科普资源的应用转化，在实践上推动了科普产业的形成，促进了科普事业公益性与科普产业市场性的有机结合。目前，科博会已成为安徽省自主创新服务的重要平台，成为社会各界了解我国科普产品开发前沿的重要渠道。

在成功举办科博会的基础上，2010年，芜湖市政府不失时机打造了中国第一个科普产业园。芜湖科普产业园建立后，推出了一系列优惠政策，与科博会有机互动，吸引了科普产品研发和生产企业在此落户，形成产业集聚。园区内企业彼此竞争又合作，在信息、人才、技术等方面资源共享，相互联系相互支撑，科普资源平台品牌作用初现。同时，随着政府对科普事业的投入逐年增加，社会投资科普事业及科普产业的渠道逐步形成。在科博会和科普产业园区的带动下，安徽出现了一批专业化程度高、经营规模大的科普企业，建立了科普产品国家地方联合工程研究中心等科普产业研究机构，产业集聚效应显著。

二、科普产业发展的机遇和挑战

我国科普产业经过多年的积累和发展,形成了近千亿的产业规模,成为文化产业的重要组成部分,有力推动了公民科学素质提升,支撑了科技强国建设。但总体来看,目前我国的科普产业仍然处于"散、缓、小、弱、短、低"的状态。一是科普产品的生产、加工和服务都比较分散,科普产业集中度差。二是科普产业发展缓慢,科普产品难以满足人民群众日益增长的科学文化需求,也难以满足突发事件(如新冠肺炎疫情)对应急科普产品的需求。三是科普产品多以单件形态为主,科普企业的生产服务规模和行业的整体规模都比较小。四是科普产业整体在市场中竞争力差,无论在文化产业体系还是在国家产业系统中都属于比较弱势的产业。五是科普产业的产业链短、创新链短、供应链短,需要融入更多的产业元素,短板明显。六是科普产业结构仍以展教品业、出版业等为主,低端产品、服务集中于"微笑曲线"谷底。

进入新时代,国家对科普工作的高度重视,公众对科普需求的持续高涨,科技成果的不断涌现和广泛应用,都为科普产业发展带来了新的机遇。

(一)国家政策机遇

党中央高度重视科普和文化产业发展。继2002年颁布全球唯一一部《科普法》后,又先后实施了三个《全民科学素质行动计划纲要》,相继出台了《关于加强国家科普能力建设的若干意见》《科普基础设施发展规划》等一系列重要文件,为科普产业发展提供了法律保障和政策支持。

习近平总书记指出"文化产业是朝阳产业,大有前途",并强调"科技创新、科学普及是实现创新发展的两翼,要把科学普及放在与科技创新同等重要的位置"。这一系列重要论断,为新阶段科普产业高质量发展提供了根本遵循。2021年6月,国务院印发《全民科学素质行动规划纲要(2021—2035年)》,明确提出"2025年我国公民具备科学素质的比例超过15%""2035年我国公民具备科学素质的比例达到25%"的目标,并部署了针对青少年、农民、产业工人、老年人、领导干部和公务员等五个重点群体的科学素质提升行动,提出了科技资源科普化、科普信息化提升、科普基础设施、基层科普能力提升、科学素质国际交流合作"五大工程"。同时,随着科技与文化的深度融合、科普产业与文化产业的深度融合,重庆、广东等省市先后组建省属的科普产业集团,在更高起点谋划和推动科普产业发展。

(二)科技发展机遇

2016年"科技三会"召开,吹响了我国建设世界科技强国的号角。随着科技强国战略的深入实施,以载人航天与探月、"北斗"导航、载人深潜、大型客机等为代表的重大科技成果不断涌现。据世界知识产权组织数据,2020年我国科技创新能力综合排名第14位,是中等收入国家中唯一进入前30名的国家。

科学技术的进步与发展,一方面,为科普创作提供了基本素材,赋予了丰富、宏大的时代主题。在科技创新的浪潮中,诞生了一批以《三体》《流浪地球》为代表的优秀科普科幻作品。以《流浪地球》电影为例,该影片由《流浪地球》科幻文学作品改编而来。影片设置了太阳爆炸、行星相撞的故事背景,并为这个超级灾难提出大胆的解决思路,对世界科技发展和外太空活动进行了充分畅想,让观众大呼过瘾,该片也成为中国影史总票房的前三名。影片大获成功的同时,以流浪地球为创意的科普产品层出不穷,迅速在科普展教、科普出版、科普玩具、科普游戏等领域实现成果转化,带动了整个科普科幻产业的发展。

另一方面,科技发展又为科普产业特别是新业态的发展提供了技术支撑。同样以《流浪地球》为例,该片展现的大制作、大故事、大情怀,运用的运载车、地下城、空间站、发动机、特制盔甲等等,都离不开现代科技成果的运用。此外,一些新型科普企业利用新技术手段,发展面向企业、项目、员工和市场的知识推送与知识协同服务。在移动互联网、新一代信息技术、机器人、3D打印、无人机、绿色纳米技术、智慧城市、远程医疗等众多技术传播领域,科技对产业发展的支撑作用都十分突出。

(三)媒体融合机遇

科普产业发展离不开传播媒介的丰富与变革。据《中国互联网络发展状况统计报告》显示,截至2020年底,我国网民规模达到9.89亿人,互联网普及率达到70.4%,移动互联网用户总数超过16亿,5G网络用户超过1.6亿,信息技术与实体经济加速融合,规模达到39.2万亿元,总量跃居世界第二。移动互联网已经成为信息传播主渠道。随着5G、大数据、云计算、物联网、人工智能等技术不断发展，移动媒体进入加快发展阶段，推动了从科普创作、科普出版发行到科技传播的全链条变革。

"十三五"以来，传统传媒渠道与新媒体平台联动，形成立体化科普传媒矩阵，科普产业走出了传统与创新结合的发展之路。一方面，电子书、动漫、微视频、微电影、科普游戏等适应网络平台，特别是微博、微信、抖音、快手、哔哩哔哩等新型媒体社交平台传播的作品多样多元，不断出新，推动科普作品品类日益丰富，海量增长。例如，"科普中国"平台年建设视频资源近1万个，音频资源600余条。再如，2019年《短视频与社会创新研究报告》显示，抖音平台粉丝数超过1万的科普内容创作者共计5304位，一年来共发布超132万条科普短视频，累计播放量超1678亿次；而快手平台2018年共创作361万条科普作品，总播放量超80亿次。另一方面，科普图书、报刊出版种数大幅增长。统计数据表明，2006年以来，我国科普图书、报刊出版种数均实现了数倍增长。

（四）科普需求机遇

党的十九大报告明确提出，中国特色社会主义进入新时代，我国社会主要矛盾已经转化为人民日益增长的美好生活需要和不平衡不充分的发展之间的矛盾。从2020年度全国科普统计数据看，各类科普活动参加人数共计27.36亿人次，比2019年增长138.21%，这是一个非常广阔的市场。科普场馆方面，2020年全国共有科技馆和科学技术类博物馆1525个，比2019年增加48个。科普内容方面，2020年全国共发行科技类报纸1.58亿份，出版科普图书9853.60万册，发行科普期刊1.31亿份，广播电台播出科普(技)节目12.83万小时，电视台播出科普(技)节目16.46万小时，共建设科普网站2732个、科普类微博3282个、科普类微信公众号8632个。

科幻产业的引领作用越来越明显。随着人工智能、大数据、云计算、物联网和网络新媒体技术等先进技术的应用，越来越多的科幻作品将被搬上银幕或者制成微视频。特别是最近几年，中国科学技术协会每年都举办中国科幻大会，在为科幻界和产业界搭建交流平台的同时，也不断推出新的科幻作品和科幻作家，有力地推动了我国科幻产业的发展，越来越多的资本开始投入科幻产业。近期火热的"元宇宙"，融合了互联网、物联网、AR/VR/MR、3D图形渲染、人工智能、高性能计算、云计算等技术，蕴含着社交、内容、游戏、办公等场景变革,预计将推动线上生活由原先短时期的例外状态成为常态,由现实世界的补充变成现实世界的平行世界,为科普产业发展带来新的机遇。通过新一代信息技术运用,建立元宇宙科技馆、科幻乐园等,可以实现全时全景全域全民参与的常态化科普,实现科普内容实时更新即时互动,达到科普产业面到面、面到点、点到点的全覆盖效果。

三、科普产业融合发展的思考和展望

文化产业是朝阳产业,科普产业又是文化产业中的朝阳产业。在实现高水平科技自立自强和文化强国建设征程中,科普产业大有可为,也必将大有作为。

(一)推进科普能力建设,打造新型传播平台,为科普产业发展提供专业支撑

优秀的科普原创内容是科普产业发展的关键。国内科普创作人员稀缺,原创内容缺乏是产业发展的痛点。《全民科学素质行动规划纲要(2021—2035年)》提出实施科技资源科普化工程,提升科技工作者科普能力,推进图书、报刊、音像、电视、广播等传统媒体与新媒体深度融合,实现科普内容多渠道全媒体传播,促进媒体与科学共同体的沟通合作,增强科学传播的专业性和权威性。这将极大提升科普内容创作的动力,也给科普企业带来了提质转型的机会。

数字科技使科技传播具有更广的可达性。5G时代是融合的时代,是大众的时代。未来的科普传媒,也将是一个智能化跨界的大众化产物。科普产业要高质量发展,必须借助技术手段,实施跨界融合,实现智能化的生产、多渠道的传播,进而创造多层次、多种类、多体验的科普产品和服务。

(二)加大产业规律研究,加强内部横向联系,为科普产业发展提供智力支撑

新时代科普事业的繁荣发展激发了各类科普需求,科普内容和科普服务的创新必然会催生科普产业主要业态的形成和发展,科普产业市场容量也会随之扩大,从而产生决策者和市场主体对科普产业发展战略和发展规划研究

的巨大需求。同时,对于科普产业融合发展的经济社会基础、内在机理、有效机制与路径、组织体系建设以及理论创新、组织创新、制度创新等一系列问题,都需要广泛深入开展研究。

推动科普产业发展,应适时成立科普产业研究机构,使成员涵盖政府机关、科技馆、高校和科研机构、科普产品研发与制造企业、科学家和科技工作者、国内外知名的科普学者,形成科普文化全产业链的研究、交流机制。产业研究机构不仅能促进各会员、会员单位间信息共享、信息交流和业务合作,也能组织开展主题研讨会、研究会、国际交流等活动,编制和撰写相关研究报告和分析报告,参与制定科普产业、产品、技术的行业标准,规范行业行为,从而推动产业高质量发展。

(三)培育壮大龙头企业,探索商业模式创新,为科普产业发展提供要素支撑

一项关于北京科普企业现状的调查显示,有31%的企业注册资金低于1000万元,有一半的企业员工人数在50人以内。这表明,即使在一线城市,科普产业仍是以小微企业为主,尚未形成规模。缺乏龙头企业的带动,行业配套、资源资金和人才引进都相对困难,也不利于产业与城市协同发展。

科普企业应主动出击,积极与科研机构、高等院校等科普资源丰富的单位深度合作,探讨科普资源开发与利用的新模式;同时积极拓展或开辟潜在的科普市场,如调查和掌握中小学、社区、科技馆、博物馆等具有科普需求的机构的实际需要,开展深度对接,寻求最佳的合作方式。企业内部应结合实际,有针对性地提高科普专职人员的业务能力,补足生产技术环节的薄弱部分,不断丰富科普产品或服务的类型,提升其质量。通过高质量和高速度发展,尽快做大做强,成为产业内各类经营主体融合共生的主导者,产业环节融合互动的引领者,资源要素融合渗透的推动者。

(四)发挥集团作战优势,搭建产业聚合平台,为科普产业发展提供资源支撑

科普产业是科技、信息、资本、市场、政策、人才等要素的融合体,更适合集团化和集群化发展。当前,国内大部分科普企业生产能力和销售渠道单一,缺乏特色和优势,科普产品生产加工和服务分散,产业集中度低,整体上没有形成规模化、集约化、专业化的发展格局。

随着国家对文化产业、信息消费等扶持力度的不断增强,组建科普产业集团,进一步融合生产要素,使企业间资源共享,实现规模效应,可以达到优势互补,提升经营管理效率,提高创新能力和综合竞争能力的目的。对于目前众多体量较小、资源缺乏的科普企业来说,集团化有利于突破科普企业资金和技术两个最大的瓶颈。资金方面,既能构建内部资本市场,减少对外部资本的依赖,又更容易获得融资优势和政府的资金扶持。技术方面,集团化作战,有利于扩大技术投入,用新技术拓展新业态,构建多元化盈利模式。通过集团的力量,可以推动科普企业从内容枢纽、产品枢纽向技术枢纽、数据枢纽转型升级,为内部和外部的科普传媒、科教机构、科技园区等提供智能化改造的解决方案。

要充分发挥芜湖打造科普产业园的成功经验,推动有条件的地方高标准建设科普产业园,落实科普、文化及产业园区等相关优惠政策,在财政、税收、土地使用等方面,以政府补贴、贷款贴息、税收减免、基金支持等方式,搭建产业发展平台。同时依托产业园,组织全国性的科普行业峰会或科普博览会,建设科普研学基地和主题公园,支持基地研发和新技术的应用,加大融资支持服务,带动中小企业逐渐加入,提高科普产品的整体研发和原创能力,做强企业品牌,逐步形成产业集群。

作者单位:

重庆科普文化产业集团

提炼和培育新时代重庆人文精神的路径管窥

程晓宇

提炼和培育新时代重庆人文精神,是重庆提升城市软实力、加快建设文化强市的应有之义。有学者认为,人文精神"表现为对人的尊严、价值、命运的维护、追求和关切,对人类遗留下来的各种精神文化现象的高度珍视,对一种全面发展的理想人格的肯定和塑造"。作为一个地方的"无形财富",城市人文精神以情感、道德、文化等涵育和影响着市民的言行举止,是提升社会文明程度、提高市民文明素养的重要促进因素。

一、提炼和培育新时代重庆人文精神的研究基础

近年来,国内社科理论界、文化实务界的专家、学者对人文精神和重庆人文精神进行了较为深入的研究,为开展提炼和培育新时代重庆人文精神的研究,提供了较为扎实的研究基础。

(一)对人文精神内涵的研究简述

人文精神源于英语词汇"Humanism",传入中国后受到本土文化的影响,曾在不同时期被译为"人道主义""人本主义""人文主义"等。从字面意思看,人文精神熔铸了全人类、各民族精神气质的共性与个性,既有着人类精神文化生活中共有的普遍特质,又有着不同民族的特色体现。目前,国内专家、学者对人文精神内涵的研究,有以下三个方面的观点较为集中:第一,人文精神作为一种终极关怀,是人文知识、人文素质的内在与升华;第二,人文精神是人性、理性和超越性的有机统一体;第三,人文精神是在社会化生存中的人

实现个体化的关爱和尊重。

(二)对重庆人文精神内涵的研究简述

对重庆人文精神内涵的研究,概括起来主要有以下四个方面:第一,赵修渝、程波等专家、学者从巴蔓子将军刎首留城到"山城棒棒军"的吃苦耐劳、诚信为本的职业道德等方面,总结了"诚信"这一人文精神内涵;从重庆的饮食文化等方面,总结了"热情"这一人文精神内涵;从重庆作为一个移民城市所展现的文化宽容等方面,总结了重庆"开放"这一人文精神内涵;从重庆作为西部最早开放的城市,重庆人追求时尚、敢为人先等方面,总结了"创新"这一人文精神内涵。第二,张六莲等专家、学者认为,重庆人文精神有积极成分和消极成分两个方面,积极成分表现为勤奋、坚毅、豁达、诚信、爱国、自强、耿直、团结、时尚、开拓、追求真理、伸张正义,值得大力弘扬;同时,消极成分也不容忽视。第三,周勇、李禹阶、罗玲等专家学者认为,重庆人文精神属于区域性人文精神的范畴,它是在重庆这个特定地域的自然条件、社会环境和文化传承的影响下,逐渐产生、形成和发展起来的一种精神文化。第四,王东等专家、学者认为重庆人文精神以"自强不息、开拓开放"为特征,包括爱国爱市、自强不息、开拓创新、包容开放、敢于争先、诚信守法等基本要素。

综上所述,人文精神应指代或涵盖城市的人文环境、文化气质、道德情操以及市民的精神品质等内容。受地理环境、人文环境、历史背景等因素作用影响,重庆人文精神既包含着中华人文精神的共性部分,也包含着重庆地方特色的个性部分;既有着历史传统的延续,也应当有时代注入的活力因子。受一些客观条件影响,学界对重庆人文精神的研究,在紧扣时代特点、适应时代发展上着墨还不够多。这为下一步的深入研究提供了改进和完善的方向。

二、国内省市提炼人文精神的思路和做法

随着各地对文化建设的日益重视,以及对人文精神之于城市发展能动作用的高度重视,近年来,国内不少省市都积极致力于提炼城市人文精神,对应城市的地名,概括出具有城市人文精神实质的"XX精神"或"新时代XX精神"。这些省市在提炼概括过程中,大多紧扣省情、市情,结合本地区功能定位、发展规划、特色文化等,有的放矢地对城市人文精神作了既全面又精准的

提炼概括。国内其他省市的思路和做法,为提炼和培育新时代重庆人文精神提供了有益参考。这当中,尤以北京市、深圳市的思路和做法值得借鉴。

(一)关于"北京精神"的提炼

2011年,北京市以"人文北京、科技北京、绿色北京"建设和建设世界城市为导向,提出了"北京精神"——"爱国、创新、包容、厚德"。有研究者认为,"北京精神"的提出,既是对过去北京精神文化的总结提炼与传承,也是立足当下和未来的时代要求;"北京精神"是在长期的实践活动中凝练的成果,也是在全球化的时代背景下的迫切要求,体现了全球化背景下和中华人文精神共性下对北京人文精神个性的反思与阐释。深入研究"北京精神"的提炼概括,主要有四个特点:一是立足城市的角色定位,充分彰显了城市的使命担当。北京是我国的首都,将"爱国"作为"北京精神"的内涵之一,是北京作为首都定位的充分体现。二是立足城市的发展所需,有助于进一步激发城市活力。"抓创新就是抓发展,谋创新就是谋未来。"创新是引领城市发展的第一动力,是一个城市在未来发展和竞争中能否取得成功的关键性、决定性因素。北京提出到2050年进入"世界城市"的行列,尤其需要以创新赋能城市发展。因此,将"创新"作为"北京精神"的内涵之一,既是对北京积极进取的历史考量,也是北京着眼未来的发展需要。三是立足城市历史沿革,体现了城市的文化传统。北京古称燕京、北平,在历史上都包容着来自世界各地不同民族、语言和文化背景的多元文化。将"包容"作为"北京精神"的内涵之一,反映了北京这座历史文化名城的气质特点,也体现了城市的文化记忆。四是立足中华优秀传统文化,凸显了德治层面的考究。道德对个人和社会来说,都具有基础性的意义。厚德是中华民族优秀传统文化的精髓之一,将"厚德"作为"北京精神"的内涵之一,体现了对民族优秀传统文化的弘扬与传承。

(二)关于"新时代深圳精神"的提炼

2020年,深圳市委六届十五次全会报告发布了16字的"新时代深圳精神",即"敢闯敢试、开放包容、务实尚法、追求卓越"。历史上,深圳市曾经三次提炼概括"深圳精神"。在深圳经济特区建立40周年之际,深圳又重新提炼概括了"新时代深圳精神"。这一提炼概括,坚持以习近平总书记在庆祝海南建省办特区30周年大会上强调的"敢闯敢试、敢为人先、埋头苦干的特区精神"为指引,以《中共中央国务院关于支持深圳建设中国特色社会主义先行示范区的意见》提出的"开放多元、兼容并蓄的城市文化"为基础,以"深圳十大观念"为参照,既"上接天线",又鲜明体现深圳自身的地方特色。深入研究"新时代深圳精神"的提炼概括,主要有四个特点:一是承载历史传统,反映了城市的功能定位。"敢闯敢试"聚焦深圳人身上最为鲜明的"创新"特质,是深圳作为改革开放先行探路者的鲜活写照,反映了深圳自建立特区以来的不凡历史进程。二是彰显城市特点,反映了城市的特殊气质。"开放包容"反映了深圳作为沿海地区、移民城市的显著特点,特别是作为改革开放的一扇重要窗口,展现了深圳这座城市的胸襟与气度。三是凸显现代理念,反映了城市的治理风格。"务实尚法"是深圳人埋头苦干、务实高效、崇尚法治、遵从规则的集体群像,也是新形势、新时代下深圳城市治理的一大特点。四是展现发展抱负,反映了城市的追求目标。"追求卓越"体现了新时代深圳走在前列、勇当尖兵的不懈实践,也体现了深圳作为"先行示范区"的战略定位和建设"全球标杆城市"的远大追求。

三、新时代重庆人文精神的提炼思路

(一)把准根本遵循,锚定提炼基点

提炼新时代重庆人文精神,最关键、最根本的是要从习近平总书记的重要论述中找方向、找遵循。长期以来,习近平总书记高度重视重庆发展,始终关心重庆工作,多次对重庆工作作出重要指示要求。党的十八大以来,习近平总书记对重庆提出营造良好政治生态,坚持"两点"定位、"两地""两高"目标,发挥"三个作用"和推动成渝地区双城经济圈建设等重要指示要求,为新时代重庆改革发展导航定向。总书记的这些重要指示要求,高瞻远瞩、内涵丰富、思想精深,是办好重庆事情、做好重庆工作的根本遵循。特别是,2018年习近平总书记在全国两会期间参加重庆代表团审议时的重要讲话中对重庆人"坚韧顽强、开放包容、豪爽耿直"的个性和文化的精辟论述,为提炼新时代重庆人文精神指明了正确方向。

(二)紧扣角色定位,聚焦发展目标

城市功能定位与城市人文精神构建有着较强的关联关系。重庆是西部大开发的重要战略支点,处在"一带一路"和长江经济带的联结点上,在国家区域发展和对外开放格局中具有独特而重要的作用。总书记要求,重庆要在推进新时代西部大开发中发挥支撑作用、在推进共建"一带一路"中发挥带动作用、在推进长江经济带绿色发展中发挥示范作用。同时,作为我国中西部地区唯一的直辖市,直辖以来,国家赋予了重庆"国家重要中心城市、长江上游地区经济中心、国家重要先进制造业中心、西部金融中心、西部国际综合交通枢纽和国际门户枢纽"等系列定位。立足新发展阶段,贯彻新发展理念,构建新发展格局,推动高质量发展,重庆还肩负着许多重任。提炼新时代重庆人文精神,要紧扣这些定位目标,在内涵概括上体现"重庆色"和"地方味"。

(三)彰显历史底蕴,反映时代特点

一个地方的特色文化潜移默化地影响着这个地方的人文精神,同时,一个地方的人文精神也熔铸于并共同塑造着这个地方的特色文化。重庆是国家历史文化名城,也是远近闻名的山城、江城。在重庆大地上,巴渝文化、三峡文化、抗战文化、革命文化、统战文化、移民文化交相辉映,文化资源富集,人文底蕴深厚。近年来,重庆在推动文化和旅游融合发展、开展城市形象宣传等方面,聚焦"山水之城·美丽之地",提出"行千里·致广大",形成了富有区域特色的文化标识。提炼新时代重庆人文精神,既要从重庆深厚的历史传统和文化积淀中挖掘标识性的特质,也要紧密结合新的时代特点,从正在做的事情中挖掘特色元素、时代元素,进而让城市人文精神既体现历史厚度,又展现现实温度。

(四)着力去芜存菁,鲜明正向激励

马克思主义哲学认为,任何事物都具有两面性,事物总是以正反两面一起出现。不可否认,文化当中的负面因子和消极因素,也会客观地存在于一个时期,或者表现在一些方面。但城市人文精神作为人们主体价值和追求的情感体现,必然是正向、正面的。因此,提炼城市人文精神,必须对影响人文精神的文化中的消极方面加以摒弃,对积极向上的部分给予重视和开掘。对重庆来说,就是要坚决摒弃"袍哥"文化、码头文化、江湖习气等封建糟粕的影响,把负面的压下去,让正面的立起来。历史上,在重庆产生了以"坚如磐石的理想信念、和衷共济的爱国情怀、艰苦卓绝的凛然斗志、百折不挠的浩然正气"为内涵的红岩精神,不仅成为重庆这座城市的鲜明精神文化标识,而且教育和影响了一代又一代中国人,纳入了中国共产党人的精神谱系。在现代,重庆又产生了气壮山河的三峡移民精神等。这些正向的精神鼓舞人心、激励人心,应当成为提炼新时代重庆人文精神的重点参照图和重要坐标系。

四、提炼和培育新时代重庆人文精神的具体路径

尽管提炼和培育新时代重庆人文精神非"一朝一夕"之功,但重庆已站在全面开启"十四五"新蓝图建设的新起点上,文化强市建设的号令已经发出,对新时代重庆人文精神的需要比以往更加迫切。基于此,从实践层面考量,提炼和培育新时代重庆人文精神可从以下路径着手:

(一)组织专班提炼

提炼和培育新时代重庆人文精神,系统研究是基础中的基础。可组织社科理论界、文化实务界的专家、学者和业务骨干协同攻关,以项目研究为依托,采取专班化运作方式,系统梳理、认真研究新时代重庆人文精神的历史传统、发展脉络、时代要求等,学习借鉴国内相关省市的做法,尽快提炼出新时代重庆人文精神的内涵,力争做到简明扼要、通俗易记、朗朗上口。特别是,要深入学习贯彻习近平总书记对重庆所作重要讲话和系列重要指示批示精神,与时俱进挖掘阐释红岩精神、三峡移民精神等的内涵,使新时代重庆人文精神的内涵更加全面、科学、准确。

(二)适时适地推出

在精心梳理研究的基础上,可采取灵活多样的方式面向社会征求意见,最大限度凝聚社会共识,增进广大市民对新时代重庆人文精神的思想认同、情感认同。寻求对新时代重庆人文精神内涵的共识,不仅要面向社会,也要在市级部门、单位和区县党委政府层面征求意见、逐级反馈。待相关工作完善、成熟之后,可借鉴相关省市的做法,在全市性的重要会议、重要文件中依程序公布,把新时代重庆人文精神的内涵以规范、权威的方式明确出来。

(三)着力宣传践行

提炼和培育新时代重庆人文精神,从长期来看,内化于心、外化于行是关

键中的关键。在新时代重庆人文精神的内涵研究成熟、适时适地公布后,可采取召开新闻发布会或通气会,组织市属媒体和区县融媒体中心进行全媒体宣传、创新开展社会宣传和网络宣传等方式,着力扩大宣传的覆盖面和影响力、提高社会关注度,推动新时代重庆人文精神家喻户晓、人人皆知。可依托新时代文明实践中心等,打造一批群众喜闻乐见的载体,组织开展群众性精神文明创建等活动,在寓教于乐中推动新时代重庆人文精神浸润人们心灵、引导人们行为。可抓住青少年学生等重点群体,打造一批专题思政课,推动新时代重庆人文精神进校园、进学生头脑。

作者单位:
中共重庆市委宣传部

立足新阶段　贯彻新理念
构建艺术和版权市场一体化发展新格局

程　锋　钟兰祥

建设重庆艺术大市场和重庆版权大市场,是市委、市政府作出的一项重大决策。2019年,市委、市政府出台《关于推动文化产业高质量发展的意见》(渝委发〔2019〕2号),明确提出:"发挥重庆作为全国当代艺术基地的人才、作品汇聚优势,加快整合社会资源,打造艺术品交易大市场""大力加强版权保护,继续实施作品版权登记免费,谋划打造版权交易大市场,促进版权增值和品牌运营,鼓励全社会文化创新"。市委全面深化改革委员会文化体制改革专项小组第八次会议明确,将重庆市版权代理有限公司划转市文投集团,由市文投集团一体化推进重庆艺术大市场和版权大市场建设。整合资源、培育核心竞争力,构建起我市艺术和版权市场一体化发展新格局,是我们当前面临的一个重大课题。

一、全国趋势和重庆基础

在艺术品、版权市场建设方面,我市具备良好的基础。为了弥补我市艺术品领域的流通短板,按照市委、市政府决策部署,在市委宣传部、市文化和旅游委、市文联的指导下,重庆文投集团联合四川美院,于2018年启动重庆艺术大市场建设,目前,已经基本构建起了线上线下结合的交易体系:前端有重庆艺术大市场·四川美院艺术服务中心、重庆艺术产业研究院、重庆艺术版权孵化中心等资源整合平台,中端有重庆艺术大市场网络交易平台,后端有金山意库线下中心、北仓艺术空间等线下展示交易场所。

连续四年举办大型艺术活动,扩大了品牌影响力。文投集团联合四川美院等举办"重庆艺术大市场·开放的六月"活动、联合招商蛇口公司等举办年度艺术盛典，较好地提升了重庆艺术大市场的影响力和品牌知名度。尤其是2020年，克服疫情影响，从线下到线上、从校内到校外，线上观展420万人次，点赞量超过500万人次，线下观展总流量达16.7万人次，主展场龙湖U城天街单日最高流量超过5000人次。

版权方面，近年来，在重庆文化底蕴和城市网络营销的催化下，我市版权创作进入爆发期，呈"井喷"状态，各种体现重庆特色的版权作品纷纷呈现。2016年全市版权作品登记71836件，2020年增至171204件，年均增速达到24%。另一方面，突增的版权作品，除了能完成一般的登记确权外，缺乏一个专门的平台对外展示，且缺乏一个专门的渠道对外流通，版权产业链相关功能严重缺失，导致我市版权转化率极低，海量作品得不到传播推广，大量具有IP价值的版权作品得不到运用，成为埋没的精品。重庆文投集团于2019年整合运营市版权代理公司，2020年设立了"重庆艺术版权孵化中心"，具备了一体化推进艺术品、版权交易业务及相关服务的基础条件。

从全国趋势来看，各省市在深化文化产业要素市场建设过程中，大都选择以艺术品和版权两个品类为重点，进行新的战略布局。据我们调研的情况，与前期大多在艺术品、邮币卡等业务上探索显著不同的是，各大文交所现在基本上都在保留艺术品交易的基础上，选择版权作为转型发展的业务切入点和突破口，沿着登记、确权、展示推广、开发应用、侵权保护的版权产业链条设计交易产品、创新服务模式。如上海市布局"文化产业新基建"，探索文化IP授权业务、数字艺术品业务，计划推出无形资产证券化产品，着手创建版权联盟链；江苏省推进版权与实体产业深度融合，实施"制造业+版权"战略，大力发展制造业版权业务和版权经营模式，最著名的如南通家纺、吴江丝绸、扬州玩具。

二、艺术大市场建设

经过三年探索，重庆艺术大市场建设已经具有一定基础，并较为清晰地理清了发展战略，即实施"四步走"战略：搭架构、装内容、拓项目、建生态，图示如下。

图示1：艺术大市场四步走战略

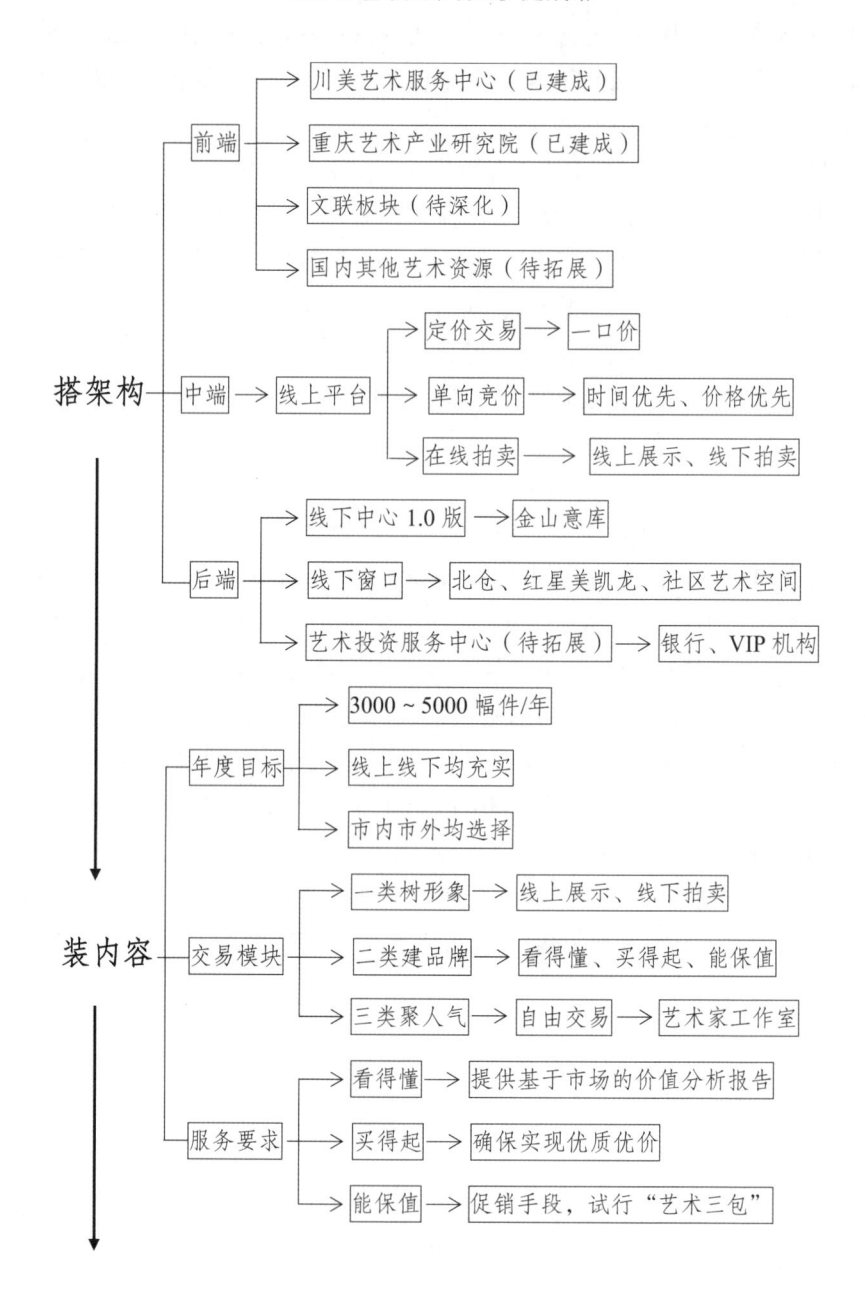

```
           ┌─→ 川美艺术服务中心（已建成）
      ┌前端┤─→ 重庆艺术产业研究院（已建成）
      │    ├─→ 文联板块（待深化）
      │    └─→ 国内其他艺术资源（待拓展）
      │
      │         ┌─→ 定价交易 → 一口价
搭架构┤中端→线上平台├─→ 单向竞价 → 时间优先、价格优先
      │         └─→ 在线拍卖 → 线上展示、线下拍卖
      │
      │    ┌─→ 线下中心1.0版 → 金山意库
      └后端┤─→ 线下窗口 → 北仓、红星美凯龙、社区艺术空间
           └─→ 艺术投资服务中心（待拓展）→ 银行、VIP机构

           ┌─→ 3000~5000幅件/年
      ┌年度目标┤─→ 线上线下均充实
      │       └─→ 市内市外均选择
      │
      │       ┌─→ 一类树形象 → 线上展示、线下拍卖
装内容┤交易模块┤─→ 二类建品牌 → 看得懂、买得起、能保值
      │       └─→ 三类聚人气 → 自由交易 → 艺术家工作室
      │
      │       ┌─→ 看得懂 → 提供基于市场的价值分析报告
      └服务要求┤─→ 买得起 → 确保实现优质优价
              └─→ 能保值 → 促销手段，试行"艺术三包"
```

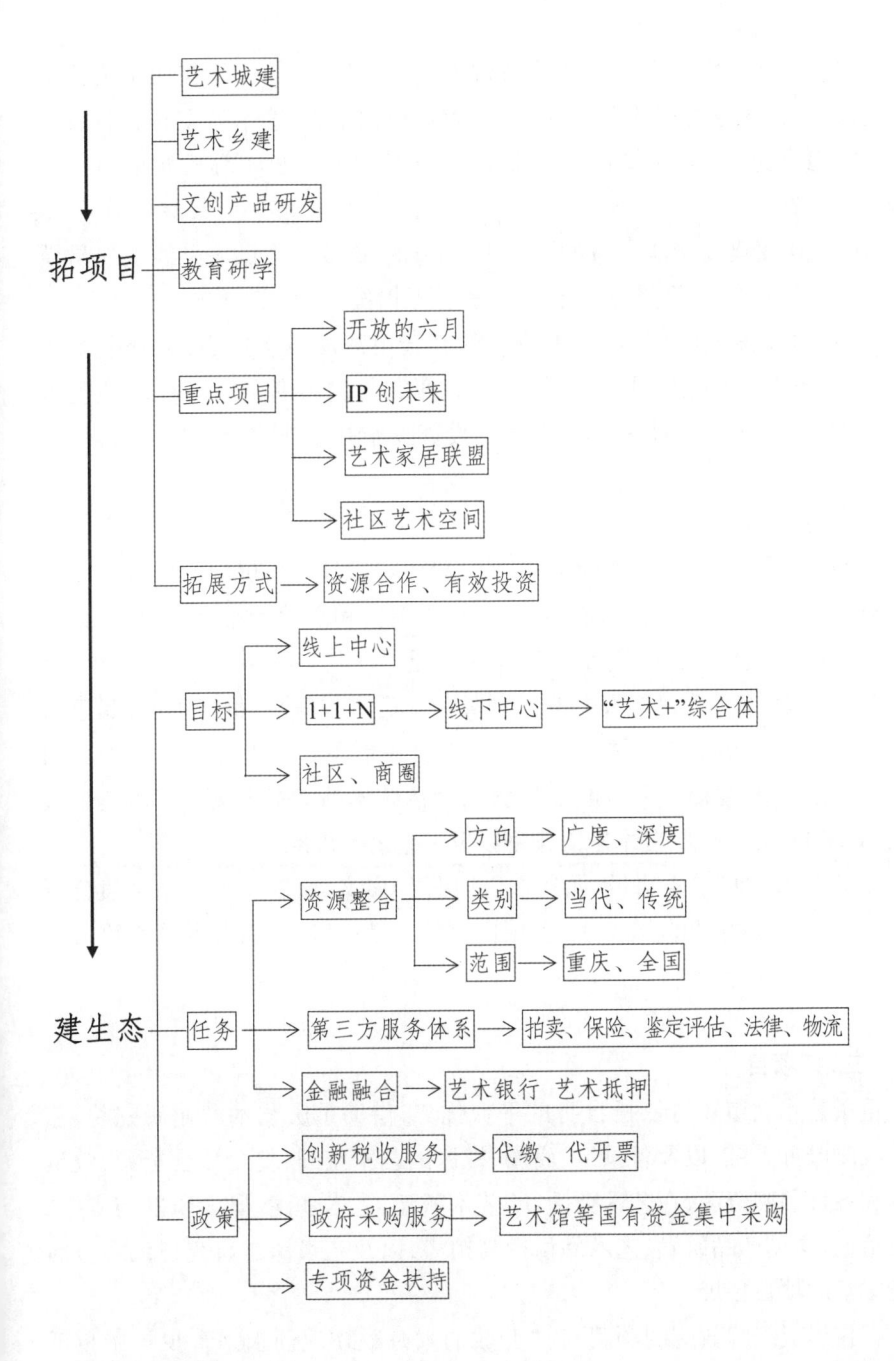

```
                    ┌── 艺术城建
                    ├── 艺术乡建
                    ├── 文创产品研发
拓项目 ─┬── 教育研学
        │                   ┌→ 开放的六月
        │                   ├→ IP创未来
        ├── 重点项目 ─┤
        │                   ├→ 艺术家居联盟
        │                   └→ 社区艺术空间
        └── 拓展方式 ─→ 资源合作、有效投资

                     ┌→ 线上中心
        ┌── 目标 ─→ 1+1+N ─→ 线下中心 ─→ "艺术+"综合体
        │            └→ 社区、商圈
        │
        │                          ┌→ 方向 ─→ 广度、深度
建生态 ─┤            ┌── 资源整合 ─┼→ 类别 ─→ 当代、传统
        │            │              └→ 范围 ─→ 重庆、全国
        ├── 任务 ─┤── 第三方服务体系 ─→ 拍卖、保险、鉴定评估、法律、物流
        │            └── 金融融合 ─→ 艺术银行 艺术抵押
        │
        │            ┌→ 创新税收服务 ─→ 代缴、代开票
        └── 政策 ─┼→ 政府采购服务 ─→ 艺术馆等国有资金集中采购
                     └→ 专项资金扶持
```

（一）搭架构

搭架构是重庆艺术大市场发展的第一步，主要从前端、中端、后端三个板块进行架构规划。

前端：组织艺术品、整合艺术家资源的前沿阵地,目前已经在四川美院建成艺术服务中心、艺术产业研究院、艺术版权孵化中心、艺术品交易税收服务工作站。接下来,我们还将在重庆市文联、美协、国美、央美等机构搭建前端架构。

中端：开发建设功能齐备的线上平台(艺术商城),尝试多种线上交易模式,其中主要包括:定价交易、单向竞价和线上拍卖。

后端：线下落地的窗口,基本建成的有金山意库线下中心,北仓艺术空间,以及正在与龙湖、融创、红星美凯龙等商家共建商圈、景区、社区的艺术馆。与银行等金融机构合作建设艺术品投资服务中心,服务会员客户等。

(二)装内容

总目标：重庆艺术大市场从自营到自然商家、工作室、机构的可售产品每年达到 3000~5000 件。能够满足线上、线下销售和活动所需,作品组织渠道有校园、社会艺术家,实现产品丰富,来源广泛。

板块规划：艺术作品主要分为三大类。一类定位高端、价格不菲,属于高端收藏级,以线上展示线下拍卖为主,为平台树形象。二类是建立品牌影响力,力争做到"看得懂、买得起、能保值",激活艺术品消费市场。三类是聚人气,包含了自然人店铺、艺术家工作室以及一些艺术机构。

服务要求：围绕"看得懂、买得起、能保值"做文章,制作艺术品价值分析报告,普及艺术欣赏和收藏知识,利用保值等营销手段,让消费者放心购买艺术品。

(三)拓项目

重庆艺术大市场将依托自身的平台优势,借助重庆艺术产业研究院、艺术品税收服务系统,以及各景区、商圈、社区的艺术空间,整合社会资源、政策资源和各种品牌资源,在艺术类活动、艺术城建、艺术乡建、研学研发与实施、教育培训、文创产品研发、艺术品租赁与销售,以及艺术课题研究咨询等方面进行丰富的项目拓展。

现在形成品牌效应的项目有:"开放的六月"、IP·创未来青少年版权活动季、艺术盛典等;正在推进的大项目如:奉节草堂湖文旅改造项目、"千里江山"数字艺术展览项目、三峡博物馆研学项目等。

(四)建生态

目标:坚持重庆艺术大市场的总体思路:建设1个网络交易平台、1个线下标杆市场、N个结构优化后的线下专业市场,实现"1+1+N"市场格局体系。

任务:资源整合兼顾广度和深度,涉及的艺术门类既有当代的,也有传统的,既有重庆的,也有全国各地的,在做好监管的前提下,逐步引进经纪、拍卖、保险、鉴定评估、物流等第三方服务体系,同时让艺术与金融找到契合点,开展艺术银行、艺术质押等创新业务模块。

政策:重庆艺术大市场的建设得到了上级部门的大力支持,今后的发展也要继续紧跟政策,积极争取专项资金的扶持,重点做好"艺术品交易税收服务系统"的开发和应用,规范艺术品交易,同时,配合政府资金采购工作,让国有美术馆等集采更加公开透明。

三、版权大市场建设

(一)理清版权产业链架构

版权产业链一共有开发、确权、交易、应用、服务等五个环节,各环节相互承接,形成有机整体。图示如下。

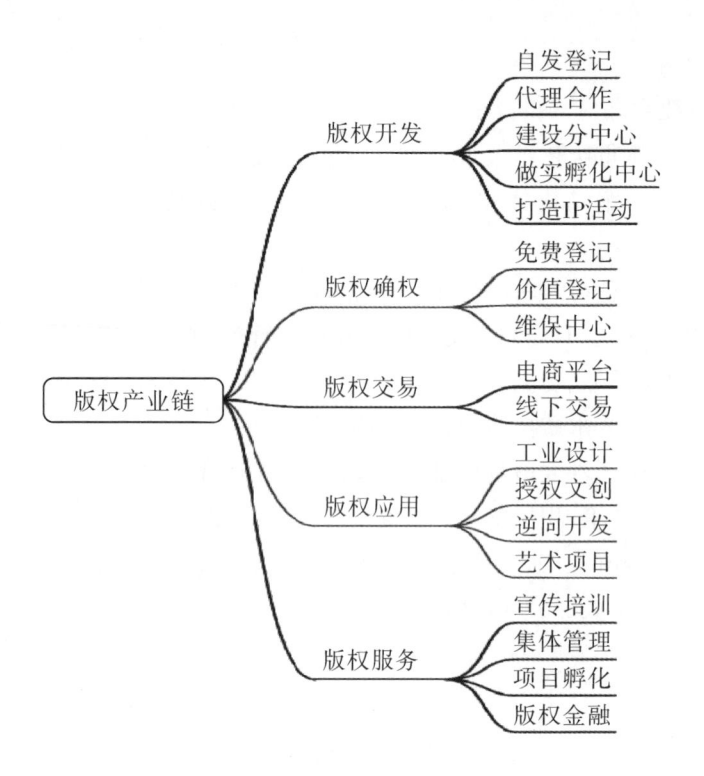

```
                              ┌─ 自发登记
                              ├─ 代理合作
                    ┌ 版权开发 ┼─ 建设分中心
                    │         ├─ 做实孵化中心
                    │         └─ 打造IP活动
                    │
                    │         ┌─ 免费登记
                    ├ 版权确权 ┼─ 价值登记
                    │         └─ 维保中心
                    │
          版权产业链 ┼ 版权交易 ┬─ 电商平台
                    │         └─ 线下交易
                    │
                    │         ┌─ 工业设计
                    ├ 版权应用 ┼─ 授权文创
                    │         ├─ 逆向开发
                    │         └─ 艺术项目
                    │
                    │         ┌─ 宣传培训
                    └ 版权服务 ┼─ 集体管理
                              ├─ 项目孵化
                              └─ 版权金融
```

（二）做好产业链业务规划

版权产业链构建拟规划为五大业务板块，具体如下：

1. 版权开发

（1）自发登记。激发权利人和作品使用者自发登记意识和行动，提升登记数量和质量。

（2）代理合作。进一步开发扩大代理合作伙伴群，并一对一提供深度版权开发服务，实现高效转化。

（3）建设分中心。联合富有资源、具有条件的单位，共同建设运营版权分中心，扩大版权开发范围和领域。

（4）做实孵化中心。用好用活重庆市艺术版权孵化中心品牌，深耕艺术版权孵化工作。

（5）打造IP活动。持续开展如"IP·创未来"青少年版权活动、数字艺术展览活动等有影响力的IP活动，拓展版权阵地，普及版权知识。

2. 版权确权

（1）免费登记。改造提升现有平台，达成"作品登记＋区块链存证＋可信时间戳存证"功能三合一。

（2）价值登记。通过价值登记服务，筛选优质作品，为版权交易提供条件，实现作品价值增值。

（3）维保中心。建设维保中心，面向全平台全门类作品进行全时段侵权监测和侵权证据保全，提供版权法律咨询、代理公证取证、版权纠纷化解、专业高效维权服务。

3. 版权交易

（1）电商平台。依托现有艺术大市场平台基础，开发、搭建版权电商平台，将价值登记作品通过专业平台进行展示、交易。

（2）线下交易。根据版权作品非标准化属性由平台居间撮合版权双方进行线下交易。

4. 版权应用

（1）工业设计。加强与市经信委、国资委等部门的合作，促进创意设计类版权与工业特别是消费品工业的有机结合。

（2）授权文创。与凤凰科技、故宫博物院、大足石刻等知名 IP 方进行合作，开发文创产品进行市场化销售，或定制开发适销对路的文创产品。

（3）逆向开发。充分利用"IP·创未来"青少年版权活动流量，研发文创产品，进行定向销售。

（4）艺术项目。积极争取市农委、国资委等部门支持，整合各类优质艺术版权资源，推进艺术城建、艺术乡建项目。

5. 版权服务

（1）宣传培训。"定期 + 不定期"开展版权宣传推广，举办版权综合培训，助推版权理念深入人心，为行业输送专业人才。

（2）集体管理。通过对接集体管理组织规范行业生态，开拓版权服务。

（3）项目孵化。提供版权项目申报、辅导、孵化等服务。

（4）版权金融。提供版权金融和第三方服务，如评估、抵押、质押、融资、基金、保险等服务。

四、一体化推进两个市场建设的重点工作

（一）规划建设好平台，提升综合服务能力

1.改版、升级重庆艺术大市场线上商城。搭建一个功能齐备、体验感强、交易创新，并结合了一些艺术品相关利好政策支撑的，在个别领域具有全国核心竞争力的艺术品销售服务平台。主体风格美观、大方，每个板块突出展示效果，既有艺术品的细节呈现，也有艺术家、艺术品的价值分析报告，更有艺术品跟生活、工作场景的结合。

自营作品由艺术服务中心工作人员审核，录入艺术商城相关区域进行交易。工作室或者自然人店铺作品由艺术家自行上传至平台，经意识形态和价格审核后上线交易。

创新交易方式，推出"艺术三包"，通过平台独立进行的交易，由平台保真，并在规定时间内，消费者对已购艺术品不满意的、认为不值的，均可按照规则返还给平台或进行退换，打消艺术品消费疑虑。另外，计划适时推出艺术品租赁业务，或者以租代售的模式，推动艺术品市场的繁荣。

2.建成上线艺术品交易税收服务系统。艺术商城与税务系统对接，开创全国第一个艺术品交易与税收实现完美融合的服务平台。艺术家入驻平台，授权平台为其在艺术品交易后进行税收的代缴、代办服务。税收服务系统税率标准，服务规范，专业适用，能为入驻的艺术家提供周到的服务。尽快实现上线试运行，加大营销力度，发挥平台税收政策的优势。

3.建设市级版权综合服务平台。围绕版权创造、保护、运用、管理、服务五大板块建设版权综合服务平台，推动构建以版权登记、展示、授权、交易、维权、孵化等为主要内容的版权产业链，同时做好金融服务、项目开发服务和联合第三方服务对接，增强对文化产业高质量发展的促进作用。

4.艺术版权服务平台与艺术版权孵化平台。为我市艺术创作机构和艺术创作群体做好作品登记、法律服务、版权交易、教育培训等全流程服务，积极助推艺术版权开发运用，促进版权产业发展。

(二)做好艺术品资源引入,提供更多优质优价的产品

按照"看得懂、买得起、能保值"的标准,由四川美院和文交中心各派人员组成作品筛选小组,以川美艺术服务中心为基地,筛选、引入足够数量的能支撑文交中心交易所需的艺术品。

1. 艺术家。以美院师生为主,遴选一批20~30位长期合作的艺术家,成为重庆艺术大市场或者重庆艺术产业研究院签约艺术家,并按照市场规律和市场需求,定向创作生产出适销对路的艺术品供大市场销售。

2. 艺术品。重庆艺术大市场广泛吸引大量的自然人、艺术家个体,以及艺术机构入驻平台,丰富平台产品,满足艺术爱好者和藏家的购买所需。这部分零售作品,从创作质量,到意识形态等各个环节,都由平台统一把关,通过审核后上架销售。

3. 文创品。根据市场需求,遴选高质量的、与知名IP相结合的文创产品进入平台销售。重庆艺术大市场与文创产品提供方签订协议,确定文创产品销售价格、结算比例、合作模式及分配原则。

(三)加快拓展线下空间,让艺术与版权走进市民生活

1. 金山意库线下中心。主要做好艺术、版权展览展示、拍卖、活动交流,促进艺术与设计产业融合发展。

2. 北仓艺术空间。针对文旅景区特点,推出适合游客看得懂、买得起、易带走的艺术品、衍生品。

3. 红星美凯龙。江北商城建设艺术家居长廊,艺术品与家居环境搭配,进行场景销售。渝北至尊MALL建设休闲与消费融合的艺术馆,与设计师联动,引导原创艺术品走进家居生活。

4. 社区艺术空间。与融创、龙湖等社会企业合作,利用合作伙伴场地,推进社区艺术空间建设,让艺术品走进群众生活。同时,在场地策划、执行具有艺术气息的品牌活动,带动销售。

(四)做好产品推广

针对产品类型和风格,分线上包装升值、线下推介普及两个环节进行产品推广,促进销售。

1. 产品包装。针对签约艺术家,及创作的艺术品,由艺术服务中心工作人

员,从作者经历、作品价值、风格特征、成长趋势等角度,进行价值分析包装,并通过线上平台线下窗口进行发布推广。

2. 产品推介。举办精准客群的艺术交流活动,让创作者与藏家面对面交流;策划多种形式的互动沙龙,向大众普及艺术知识;举行不同规格的艺术展览活动,以展代销。同时,根据实际需要,不间断地组织专业媒体,或者主流媒体的专业频道对重庆艺术大市场的作品进行宣传推广。

3. 投资服务中心。针对有艺术投资收藏服务需求的金融机构,联合其共建"艺术品投资服务中心",广泛吸纳银行高素质的VIP客户成为会员,定期举办艺术类的讲座、研学、作品赏析以及互动活动等。为客户提供收藏咨询、保底交易、艺术品税收服务咨询等服务。

(五)抓好重点项目

重点项目是推动艺术大市场和版权大市场建设的工作抓手,也是扩大两个市场影响力、带动力的有效途径。要谋划推进多个线下空间的打造和投资服务中心的建设,来实现市场与消费者的深度互动。

1. "IP·创未来"活动。为我市青少年搭建一个艺术版权交流平台,在市教委、市委宣传部、市知识产权局指导下,充分调动全市青少年参与活动的积极性。与凤凰科技、故宫博物院深度合作,携手推出故宫文创产品同款定制方案,针对青少年优秀版权作品,进行IP文创产品开发,为青少年版权作品赋能。

2. 凤凰科技合作。结合"IP·创未来"活动,进校发布活动宣传,推出"画游千里江山、清明上河图"艺术研学课程,将中国传统文化与现代科技相结合,激发青少年创新能力,陶冶青少年的艺术情操,提高青少年版权意识。

3. 红星美凯龙艺术家居联盟。在红星美凯龙商场,整合全国优秀艺术资源,策划执行艺术主题展览,陈列家装文创产品,为消费者建设艺术品交易场景,搭建艺术品交易渠道。

4. 艺术城建和艺术乡建项目。结合城市更新、乡村振兴战略,推动文化艺术与建设项目的结合,实施城市艺术细胞培育计划,提升城乡内在气质。

力争通过三年努力,基本构建起我市艺术和版权市场一体化发展新格局,实现前端资源的深度整合,打通我市艺术品和版权产业链条,畅通交易渠道,保持稳中有升的交易量,应用项目开发出成效,推动文化产业高质量发展的作用更加明显。

五、需要克服的困难

(一) 平台建设亟待启动

现有艺术品交易平台和"数字版权云端服务平台",功能较为单一,不能满足新的交易需求,亟需进行改造升级。但具体是将现有平台升级还是完全重新建设,由谁作为承建运营主体,如何平衡好平台社会效益与经济效益,如何厘清既是裁判员又是运动员身份,需要进一步探讨明确。

(二) 政策风险需要研究

鉴于新修《著作权法》已于2021年6月1日正式生效,版权领域各配套法规规章制度等必然面临重大修改调整,关于作品登记等版权相关工作存在很大的改革可能性。在此过程中,存在诸如开展作品登记需要重新研究报批、承担工作主体是否依然适格、后续政策是否利好改革方向等各种风险,需要认真研究,提出对策。

(三) 人才瓶颈需要解决

根据一体化建设需要,两个市场的组织构架和人手严重不足,平台运营型人才、艺术和版权专业人才、既懂专业又懂市场的复合型人才严重缺乏。

(四) 资金困难需要保障

在艺术和版权市场构建过程中,如何保障构建资金需要事先谋划、谋定后动。一是加大直接投入力度,二是争取专项资金支持。

(五) 政策扶持需要加大力度

一是财政扶持资金需要继续并加强,二是税收服务政策需要继续支持创新探索,三是软件著作权交易服务平台建设需要财政、版权、经信委等部门予以支持,四是平台建设是智能化大数据基础工程,需要发改委和大数据局在立项和资金方面给予支持。

作者单位：

重庆文化产业投资集团

重庆武陵山片区文旅融合发展初探

张 令

武陵山区是指以武陵山脉为中心,以土家族、苗族、侗族为主体的湘鄂渝黔四省(市)毗邻地区,共有70个区、市、县,总面积11万多平方公里,总人口为2300多万人,其中,土家族、苗族、侗族等30多个少数民族1100多万人,约占总人口的48%。本区域是革命老区、少数民族地区、边远地区和贫穷地区,是中国区域经济的分水岭和西部大开发的最前沿,是连接中原与西南的重要纽带。就重庆旅游发展而言,所辖的涪陵区、黔江区、武隆区、丰都县、忠县、酉阳自治县、石柱自治县、彭水自治县、秀山自治县等9个区县均属武陵山区范围,乌江是武陵山旅游的主轴,黔江区、武隆区、酉阳县、石柱县、秀山县、彭水县"两区四县"是武陵山旅游的核心区,丰都县、忠县等是武陵山旅游的辐射区,而涪陵在武陵山旅游的区位中,具有核心地位和"桥头堡"的作用,它既是武陵山旅游的集散地,又是乌江旅游的起点,也是国道"319"线联结渝东南武陵山自驾游的节点,更是武陵山旅游通往长江三峡旅游的"支点"。从全市文旅发展布局看,处于武陵山旅游核心区的渝东南"两区四县"是全市"一区两群"功能布局与发展腾飞特殊而重要的"一翼",具有武陵山区、民族地区、贫困地区、生态地区"四区合一"的特点。这里生态资源丰富,历史文化悠久,民族风情厚重,随着交通条件的改善与完善,渝东南偏远山区的劣势将被彻底扭转,将逐渐融入渝湘黔一体化发展格局,在推进新时代文旅融合发展过程中发挥着重要的作用。

近年来,随着脱贫攻坚力度的加大和乡村振兴的实施,渝东南武陵山地区的生态环境和人们的思想观念、生产条件和生活质量都发生了显著改善。特别是旅游业的发展,使渝东南在武陵山区中出现了"一业兴,百业旺"的良好态势,旅游业已成为渝东南武陵山"两区四县"经济社会发展的"火车头"与"助推器";成为渝东南地区经济发展的骨干产业和各级党委政府工作的重要

"抓手";成为渝东南地区对外展示良好形象的"门面"和"窗口"。但客观地讲,整个重庆所属的武陵山9个区县旅游业发展还较为落后,与武陵山区的其他省、区、市、县相比,旅游发展还存在着规模不大、质量不高、产品不精、带动不强的短板,存在着旅游资源整合较差、合作力度不强、运营水平较低等问题。2019年,渝属武陵山9区县共接待游客1.6亿人次,旅游综合收入约1580亿元,接待人次占全市总接待量(6.57亿人次)的24%,收入占全市旅游总收入(5739亿元)的27%;旅游经济的规模和效益、文旅发展的水平和质量与市委市政府关于推动"一区两群"协调发展的总体部署和要求还有较大差距;在旅游发展方式和格局上,渝属武陵山旅游也存在着"小"而"散"的不足,尚未形成整体合力,品牌效应也不明显,旅游发展存在的"个人能力"较强,"整体配合"较差的问题,导致了目前渝属武陵山旅游步入了难以突破的困境,构建武陵文旅融合发展大平台,合力推进渝东南旅游经济新发展已势在必行。2021年5月,在重庆市委宣传部、市发改委和市文旅委的积极支持下,重庆旅游集团、重庆发展投资公司、市文投集团三方共同出资成立了重庆武陵文旅融合发展有限公司,这是一个整体促进武陵文旅融合发展的大平台,将承担起推动武陵山文旅融合发展、助推乡村振兴的重任。按照公司发展定位和目标要求,结合武陵山旅游发展现状,笔者进行了以下的探索和思考。

一、问题浅析

(一)旅游资源利用不精

渝属武陵山地区拥有长江、乌江两大旅游自然资源,民族、库区、生态、文化是渝属武陵山地区旅游资源的主要特色,也是武陵山旅游的魅力所在,但目前,渝属武陵山地区在旅游资源开发方面普遍只侧重于对生态资源的开发和利用,且存在"浅尝辄止"的现象,多数处于对自然资源的"粗放式"开发,基本上是在完善接待设施、交通设施和安全设施后,就对外开放接待游客,对旅游资源利用的深度不够、精度不细。以乌江旅游开发为例,乌江是渝东南武陵山地区最重要的旅游资源,乌江画廊是渝东南旅游对外宣传营销的一张亮丽名片,乌江旅游是武陵山地区共享的知名旅游品牌,然而,地处武陵山核心区的渝东南6区县都没有充分利用好乌江旅游资源进行景区打造、包装和运营,基本是各自为政、画地为牢地在各自的"地盘"上"小打小闹",导致渝东南旅游有一种"只见树木不见森林"的感觉,存在着"大景区、小旅游"的现象(目前,渝东南有四大 5A 级景区:武隆的仙女山、彭水的阿依河、酉阳的桃花源、黔江的濯水古镇),与全国其他 5A 级景区的经营相比,差距较大;对民族、文化方面的资源挖掘、提炼、利用不足。以彭水自治县为例,全县有国家级非遗文化名录 2 个,市级非遗文化名录 34 个,县级非遗文化名录 187 个,但打造成旅游品牌的只有"鞍子苗歌",开发成旅游产品的不到 30 个。景区产品结构单一,围绕旅游全产业链开发不够,内容性投入较少,以旅游"十二"要素为特征的旅游产品缺项突出;游客在景区大多是"走一走、看一看"的传统消费模式,旅游"二销"经营收入不到整个景区收入的 10%。

(二)文旅融合深度不够

渝属武陵山 9 区县景区多属自然生态型景区,如涪陵的武陵山大裂谷,丰都的南天湖,武隆的仙女山,黔江的小南海,酉阳的桃花源,彭水的阿依河、乌江画廊,石柱的黄水旅游度假区等,美丽的山水风光、适宜的海拔气候是这些景区的主要特点,游客多以观光游览、休闲度假、体验康养的消费方式为主,景区文化元素较少,文化氛围不浓,即使以"古镇"为题的景区,如酉阳的龚滩古镇、黔江的濯水古镇等,也很难让游客真切感受到像丽江古城、凤凰古镇那样浓浓的传统民俗文化"细胞",真正的文创产品更是少之又少,多数就是一些简单的文化符号或刻意的礼仪服饰;在文化演艺方面,除"印象武隆"外,基本没有知名的节目品牌,"诗和远方"的融合度不高,导致景区严重缺乏文化底蕴和"灵魂",也将会影响景区的生命力。在商旅、农旅、体旅、康旅、科旅等产业融合方面也存在明显的短板。

(三)旅游产品差异不多

渝属武陵 9 区县地处武陵山区,多数地方属于喀斯特地质地貌,资源结构相同,民俗风情相似,所开发的旅游景区和打造的旅游产品类型也是大同小异,导致了渝东南旅游严重的同质化现象,市场竞争压力大。位于长江沿线的涪陵、丰都、忠县,拥有长江旅游和三峡文化的底蕴,涪陵有"千古名作"白鹤梁,丰都有独特的"鬼城"文化,忠县有中国两大白居易名祠之一的"白公祠",凭借这些独特的资源,完全可以打造出闻名全国的"文化型景区",却落入了"俗套",同样注重对生态自然型景区的打造,导致了产品同质化。

(四)旅游合作力度不强

渝属武陵山9区县根据各自的区情、县情作出了全域旅游发展规划,出台了发展旅游产业的相关政策和措施,表现出对发展旅游的高度重视,通过多年的发展,也取得了一定的成效,但与全国其他旅游区相比,渝属武陵山旅游显得"小""弱""散",影响力不大、知名度不高。以渝东南武陵山片区为例,2019年,黔江区接待游客3000万人次,旅游综合收入160亿元;武隆区接待游客3600万人次,旅游综合收入170亿元;酉阳县接待游客1760万人次,旅游综合收入81亿元;石柱县接待游客1517万人次,旅游综合收入93.24亿元;秀山县接待游客1474万人次,旅游综合收入73.7亿元;彭水县接待游客3028万人次,旅游综合收入150亿元,而同属武陵山的湖南张家界市,2019年,接待游客8100万人次,旅游总收入430亿元;贵州铜仁市2019年接待游客1.2亿人次,旅游总收入1172亿元;安顺市接待游客1.03亿人次,旅游总收入1004亿元,造成这种反差的主要原因,是渝东南各区县"单打独斗""势单力薄"的结果,特别是在当前推进实现全域旅游的形势下,各区县没有树立武陵山大旅游观念,基本是"各唱各的调""各吹各的号",在资源整合、旅游规划、景区建设、产品策划、市场营销、线路设置等方面不能形成整体合力,共同打造武陵山旅游发展平台;不能资源共享,联合实现互利共赢的旅游发展目标。

(五)运营管理水平不高

尽管渝属武陵山9区县在旅游政务网、资讯网、新媒体传播平台方面建设起步较快,如石柱县和酉阳县开通了旅游微博和微信官方平台,彭水推出了手机App应用平台——"彭水智慧旅游",但整体智慧旅游建设还较为滞后,特别是"智慧景区"建设管理差距较大。渝属武陵山9区县各自为政,重复开发功能雷同的智慧旅游应用和智慧管理系统,不但导致成本消耗较大,而且互联共享的效果较差,这就亟需搭建一个统一的武陵山区域数字化管理、协作、服务系统,统筹区域旅游规划、旅游管理与旅游营销。

(六)旅游通达条件不畅

武陵山区旅游资源空间分布格局较为分散,交通有干线但缺支线,且断头路较多,游客到武陵山景区旅游,主要由重庆方向进入,只有单一的旅游通道,乌江水路运输优势和邻省交通干线未得到充分利用,旅游景区之间的交通连线不够畅通,特别是重点景区未能实现互联互通,离"进得来,出得去,散得开"还有差距。同时,周边区县机场、高铁和高速也未实现有效串联,交通辐射功能尚未最终形成。

(七)龙头企业动力不强

渝属武陵山文旅融合发展缺乏大型旅游龙头企业的带动。目前,除了重庆旅游集团在彭水的乌江画廊旅游开发有限公司外,基本没有大型旅游企业投资武陵山旅游开发,多数都是地方政府或县属国有企业开发,投资不足,规模较小,带动力不强。值得一提的是,乌江画廊旅游开发有限公司在重庆旅游集团的支持下,通过10余年的努力,对彭水旅游产业的发展发挥了重大作用,取得了显著成效:开发建设了1个5A级景区(阿依河)、1个4A级景区(乌江画廊),修建了两江假日丽呈酒店等,在乌江画廊旅游开发公司的带动下,彭水自治县先后开发了蚩尤九黎城、摩围山景区;乡村旅游如雨后春笋般兴起,助推了脱贫攻坚。全县游客接待量由2008年的20万人次上升到2019年的3028万人次;旅游总收入由2008年的1.8亿元上升到2019年的150亿元。尽管渝东南的武隆、黔江、酉阳等区县的旅游相比于彭水起步较早,但由于彭水有了像乌江画廊旅游开发有限公司这样大型旅游龙头企业的带动,正迎头赶上了涪陵、武隆、黔江、石柱和酉阳。

(八)旅游专业人才不足

渝属武陵山旅游发展基本以行政力量推动为主,旅游专业型、复合型人才匮乏是目前存在的突出问题。一是多数人认为旅游行业门槛低,不需要高、精、尖人才,对旅游专业人才培养也没有引起各级政府的足够重视。尤其是在景区基层,许多从业人员在从事旅游行业前并没有接受过相应的专业知识学习和服务技能培训,导致有的景区服务质量差,游客投诉多的现象,降低了旅游消费者的满意度,给景区造成了一定的影响和损失。二是在旅游教育中,也存在理论脱离实际、旅游人才供需错位的问题。目前,旅游专业学生普遍存在职业能力不够、缺乏职业意识与自我管理能力的问题,尤其是在培养高端旅游人才(研究生)时,缺乏有实践基础的旅游专业研究生,即使在接受教育后,依旧无法短时间内在工作中发挥其实践能力;在知识结构上以旅游管理、导游、酒店、会展、旅游外语等大的知识板块为主,学科和专业知识虽然广泛,但内容陈旧、理论脱离实际,缺少人本意识,普遍存在学而不精的现象。三是旅游人才流失严重。旅游行业收入待遇低、劳动时间长、工作流动性大,难以留住具有真才实学的人;旅游管理机构缺乏科学的职业规划,对人才的重视程度不够,加上旅游发达地区对人才的挖掘和吸引,武陵山地区具有实力和素质的高端专业人才往往为了更好的个人发展前景而选择去了外地旅游行业平台就职。

二、对策建议

(一)基本思路

以重庆武陵文旅融合发展联盟为纽带,以重庆武陵文旅融合发展有限公司为平台,整合武陵山文旅资源,打通乌江旅游航线,联通长江三峡旅游,串联武陵山各区县的旅游景区(点),形成整体联动、龙头带动、政策驱动的工作格局;深化改革,创新机制,紧紧抓住国家关于成渝"双城经济圈"和市委市政府关于"一区两群"重大发展机遇,充分发挥乌江画廊旅游品牌效应;认真落实习近平总书记为重庆提出的"两点"定位和"两地""两高"目标要求,按照市委、市政府关于武陵山文旅融合发展总体部署,突出生态、库区、民族、文化特色,促进生态、研学、康养等文旅产业,共同打造大乌江旅游,形成武陵山国内旅游环线,将武陵山建成全国文旅融合发展示范带、国际国内知名旅游目的地。

(二)路径措施

1. 发挥资源优势,合力打造乌江旅游品牌。乌江旅游是武陵山地区的品牌。武陵山大裂谷、南天湖、仙女山、芙蓉洞、阿依河、乌江画廊、摩围山、小南海、桃花源、川河盖等景区犹如一颗颗耀眼的明珠,散落在武陵山各区县,乌江就是串联这些"明珠"的"黄金线";乌江,不但自然资源丰富,山水风光秀美,而且还承载了古老的"黔中文化"和武陵山区的现代文明,乌江,就像一位沧桑的老人,见证着武陵山的古老和将来,可以名副其实地承担着武陵山旅游品牌推广的使命和荣光。2009年市委、市政府提出了"把旅游经济作为武陵山地区重要的支柱产业来培育;打造乌江画廊和武陵风光旅游精品。武陵山9区县在因地制宜发展自我的同时,应突破区域界线,克服狭隘思维,围绕乌江旅游大做文章,在武陵文旅融合发展联盟的支持下,积极融入重庆武陵文旅融发展公司这个大平台,发起成立"乌江旅游发展基金";有效策划、举办乌江旅游营销活动和武陵山文旅融合发展论坛(讲座),以乌江为突破口,形成合力,共同打造乌江旅游品牌,将武陵山区建成全国文旅融合发展示范带、武陵山环线旅游的支撑点和国际国内知名的旅游目的地。

2. 促进文旅融合,建设独具魅力的武陵山旅游目的地。武陵山9区县要按照习总书记提出的"文化产业和旅游产业密不可分,要坚持以文塑旅,以旅彰文,推动文化和旅游融合发展,让人们在领略自然之美中感悟文化之美,陶冶心灵之美"的要求,在有效利用旅游自然资源的基础上,充分挖掘、提炼当地民族、历史文化,让文化"细胞"在景区培育、生长,从而丰富景区"灵魂";把"乌江文化"融入各景区之中,做到文化和旅游资源的整合、文化和旅游产业的融合、"灵魂"与载体的契合、载道与致远的和合。坚持宜融则融、能融尽融的原则,找准文化和旅游的最佳结合点,推动文化和旅游各领域、多方位、全链条深度融合,实现资源共享、优势互补、协同并进,为文化和旅游发展提供新引擎和新动力,形成发展新优势。举办让"民俗进景区"、"非遗进景区"活动,努力探索文旅融合发展方式方法,将习总书记"要让收藏在博物馆里的文物、陈列在广阔大地上的遗产、书写在古籍里文字都活起来"的指示精神落到实处、取得实效,使武陵山旅游成为独具魅力的闪光点。

3. 深化体制改革,增强旅游龙头企业的带动力。深化改革,促进体制机制创新,充分发挥重庆武陵文旅融合发展有限公司对武陵山旅游发展的引领作用,通过建设乌江大旅游,带动武陵山旅游做强、做优,实现规模效应。强化地方政府在旅游发展中的参与度,落实各级各部门关于旅游发展的各项政策和奖励措施,化解外部矛盾,为旅游龙头企业排忧解难、保驾护航。旅游企业要加强与社会资本合作,在景区项目、产品建设和公司股权多元化等方面吸引外部资源,多维度增强企业对武陵山旅游发展的带动力和辐射力。

4. 打造旅游线路,形成武陵山大旅游格局。一是打造"两翼多点"的分布式水上旅游产品体系。"一翼"以涪陵为入口,鼓励长江三峡旅游向乌江延伸拓展特色航线,通过车船同游模式辐射串联涪陵、武隆、黔江文旅精品资源,推出"乌江山峡"品质游系列产品。"一翼"以彭水—酉阳乌江水道为纽带,串联黔江及秀山旅游资源,推出"乌江画廊江上民族文化画廊体验"产品,与长江三峡产品实现错位发展,以民族文化、乡村振兴成果为核心内容,集中打造彭水乌江画廊水上运动公园、酉阳龚滩古镇两个节点性景区。同时,在涪陵、武隆、彭水、酉阳优化航道通行条件,推出"短小精干"的快游产品、延长旅游消费的夜游产品,打造乌江两翼引流产品的多点补充性产品,积极与丰都、忠县、石柱县文旅产品形成多点联动。二是以建设世界级文旅产业融合发展品牌和国家级文旅融合示范区为目标,打造运营四条骨干旅游线路,形成游客多向流动,多层次消费格局,在消费体验上形成大景区格局。

(1)以乌江画廊干支流为主轴,统筹江上、岸上、山上旅游资源,打通涪陵—武隆—彭水—黔江—酉阳旅行路线,实现渝东南景区内部循环。

(2)打造主城与武陵旅游的联动线路。串联主城与武陵山景区,并充分转化主城游客到武陵山景区游览,提升游客停留时间和旅游消费,形成"主城—武陵山"通道。

(3)依托武陵山生态康养、民族风情、历史人文等资源优势,打造环武陵山旅游线,联通"石柱—彭水—黔江—酉阳—秀山",联合湖北恩施、湖南湘西、贵州遵义、铜仁等区域的优质景区景点,形成大武陵环线。

(4)连接渝东北三峡库区,串联丰都、忠县、黔江,规划打造"大都市—大三峡—大武陵"环线,实现"一区两群"旅游大联通、大融通。

5. 促进智慧旅游,建立武陵旅游数据平台。利用集团现有"智慧旅游"平台及产品,将武陵旅游作为一个大景区,整体打造数字文旅综合服务大平台,通过大数据、物联网、人工智能、互联网等新型技术,构建数字文旅管理、数字文旅服务、数字文旅营销三大体系,提升武陵旅游大景区精细化管理、平台化运营、智能化服务、精准化营销等。通过实现文旅行业上游到下游的产业互联网化,促进数字技术与文旅产业深度融合,全面提升整个行业的效率,赋能产业转型升级。

(1)打造数字文旅管理体系。一是搭建统一的数据平台,打破"数据孤岛",统一数据标准。上接全市文旅广电云,下接渝东南地区全资源、全渠道文旅大数据,实现政府端、企业端双方数据的共建共享、联动管理,激活数据要素潜能,充分发挥数据整合价值。二是构建全域旅游综合管控平台,助力标准运营管理及科学决策。通过 PC 端、移动端数据可视化应用工具,实时掌控各景区现场运行情况、营业数据、管理能效等,从人、财、物一体化,加强统一监管。实现从被动管理到主动管理、过程管理,传统文旅管理方式向现代管理方式转变。

(2)打造数字文旅服务体系。一是构建武陵"智慧旅游目的地"数字服务矩阵,实现行前、行中、行后的文旅场景全覆盖。包含"直播武陵风光"、统一预约服务入口、"云游武陵"电子导游、智能排队、智能行程规划等内容,深挖武陵特色文化展示,加强公共数据开放共享,使游客服务更加智慧化、品质化、个性化。二是构建武陵文旅 AI 知识库,助力文旅智能化服务升级。通过沉淀武陵山区丰厚的文旅知识,嫁接智能语音技术,构建智能客服体系。三是打造并整合一批文旅场景"新基建"智联网交互终端,提供对文化内容的深度体验和便捷交互的载体。构建"互联网+标识"统一智能标识体系,打造游客市民全域文旅"服务入口";通过"互联网+广告"统一媒体分发平台,实现武陵文旅媒体营销资源整合联动。四是升级一批提升武陵山文旅体验的智慧产品,提升产品品质,助力乡村振兴。通过当下流行的 vlog、VR、直播等形式,创造升级一批"文创+互联网"文旅智慧产品,提质增收。

(3)打造数字文旅营销体系。以数据为驱动,精准分析定位游客画像,针对其消费习惯,通过 5G 等创新工具,对客户进行精确的营销信息推送,提高营销效率,降低营销成本,增加游客数量与经济收入。

6. 强化营销推广,增强武陵文旅发展影响力。
(1)统一品牌塑造。严格做到"三统一"。
①统一品牌内涵:文化遗产,世界梦想。
②统一品牌形象:水墨乌江,梦幻武陵;美丽乌江,神秘武陵。
③统一服务标准:通过市(区、县)多渠道授权,在获得武陵陆上和乌江流域旅游特许经营权后,按照市场化原则,打造一个开放的运营平台,并制定企业准入机制及行业标准,以提升重庆武陵文旅融合发展有限公司旅游的整体质量。

(2)丰富产品项目。结合武陵山旅游资源和现有实际,依托市场,为消费者提供多层面产品。
①常规性产品:生态旅游、文化旅游、康养旅游。重点是乌江画廊、乌江山水游;武陵风光、草原生态游;武陵文化、历史民俗游。
②增设性产品:水上体验、红色旅游、非遗旅游、民族节会游、民俗风情游、体育旅游、南方冰雪游、夜间休闲游、文旅小镇游、特色村寨游等。

(3)开展品牌节事。高质量举办"武陵山民族生态旅游文化节""武陵山民族生态旅游文化论坛"等活动,在会议会展、品牌节庆、专业赛事上提升国际影响力和驱动力。针对武陵山文旅融合发展特点,结合大武陵山文旅发展现状,每 3 年召开一次高规格的武陵山文旅融合发展大会,每年开展高山音乐节、原声民歌赛、生态旅游节、民族文化节、水上摩托艇大赛、定向越野赛等赛事活动,促进武陵山旅游品牌的推广。

(4)强化宣传推广。对武陵文旅发展开展全方位、多层面宣传推广。

①建设营销网络。借助有关国家在重庆建立的领事馆,充分发挥友好城市交流的影响力,通过节事活动、文化交流,实现客源互送等开发合作营销。

②实施"走出去"展演工程。甄选一批武陵山展览演类的精品项目和产品,走出去推广。

③加强全媒体合作。结合人员推广和媒体报道,有效开展广告宣传、网络营销、活动营销、事件营销等营销方式,提高武陵山区文旅市场营销效果。

(5)建设营销平台。一是打造"云上武陵"线上平台,实现全域智慧导览、智慧票房、行程助手、惠民补贴、票务预订、商品销售、数据归集的线上一体化功能;将武陵山9个区县的文旅项目归集至"云上武陵"平台,实现一部手机游武陵。二是修建武陵山文旅商品展销中心。在重庆主城按照景区化模式设计,修建重庆武陵山文旅商品展销中心,集中展销渝东南武陵山旅游产品和文旅商品,提升武陵文旅融合发展影响力。

(6)开发文创商品。一是打造全国知名商品品牌。在"双晒"聚合的区县文旅商品基础上,选择一批具有武陵特色的非遗、老字号、名特优商品,如石柱辣椒、涪陵榨菜、酉阳苗绣等,以文化赋能,通过文创设计、产品提升、供应链优化等方式,打造"重庆好礼+武陵山珍"系列特色商品,通过线上线下品牌营销、渠道推广,将武陵文旅商品打造为全国知名品牌。二是助推乡村产业振兴。以提升武陵文旅产业和产品为目的,通过产业升级、全渠道营销、品牌营销等方式,实施非遗守护计划、老字号提升计划、农特产品助农计划,让武陵区域的文化资源、商品资源活起来、亮出来、响开来。

7. 以乌江为突破,构建武陵旅游大通道。一是建设水上旅游通道。打通乌江航运,增开涪陵至沿河航线,增设涪陵、武隆、彭水、酉阳航线航道,规划建设四个港口,八个码头,增加20艘船(180人左右一艘)的载客指标。二是建设国道"319"线、渝湘高速自驾智能通道。结合大武陵地域优势,打造散客自驾服务体系,设立自驾智能服务点600个以上,实现70个区市县自驾游服务智能一体化。三是加强景点区间陆上交通接驳建设及区县互通高速路的建设。通过高速路串联贯通武陵山大裂谷、南天湖、仙女山等优质品牌资源;加快涪陵白鹤梁旅游码头、"816"地下核工厂景区旅游码头的修建与改造;以水陆联运为重点,在"816"地下核工厂等景区布局铁路客运站点,积极引入铁路旅游专列;联合重庆通航集团、中交航空港公司,组建空航联运公司,投资运营互补型空中联运项目;以武隆、黔江支线机场为乌江旅游航空枢纽,在涪陵、武隆、彭水、酉阳、黔江的精品景区、区域游客集散中心,设置空中联运点,为片区交通补位,从而实现水、陆、空中互通、景区运营互动,游客安全便捷的闭环旅游立体交通体系。

  8. 强化人才培养,增强渝东南文旅发展的核心竞争力。加强校企合作与对接,有针对性地培养旅游专业人才,提高在校学生的实际工作能力。在政府的帮助和支持下,在旅游企业的自身努力下,尽力提升旅游人才的薪酬待遇,确保人才甘愿热爱旅游、奉献旅游,为渝东南旅游发展"强筋健骨";推行激励约束机制、化小经营单元、鼓励员工参与旅游入股经营等方式,强化员工主人翁意识,调动员工积极性,为渝东南旅游发展提供必需的人才保障。

作者单位:
  重庆武陵文旅融合发展公司

后疫情时代文化会展新模式
——2021重庆国际文化旅游产业博览会

李丕强　樊飘阳

2020年开始受新冠肺炎疫情影响,全球经济持续低迷,使得很多文化经济活动无法正常进行,尤其是对会展行业,疫情的影响尤为显著。受此冲击,一场会展常常需要很长的准备周期,在准备期内往往又会投入巨大的人力、财力和物力。而受疫情影响,许多展会活动取消或延期,不可避免会令不少会展企业遭受严重的经济损失,同时还面临着观众组织困难等各种难题,而且疫情的不确定性也给参展商和参展观众造成了恐慌心理。面对巨大压力,如何探索更具成效的文化会展模式?如何把"重庆国际文化旅游产业博览会"的品牌维持下去并做出效果,这是摆在重报集团面前的一道难题。

2021重庆国际文化旅游产业博览会(以下简称文旅会)在市委宣传部和市文旅委的指导和支持下,由重庆日报报业集团、重庆悦来投资集团共同主办,于2021年6月11日至14日在重庆国际博览中心南展馆成功举行。本届展会首次与第七届中国西部旅游产业博览会合并举办,延展出更多创新服务,带来跨产业融合升级。

本届展览会以"文旅融合　美好生活"为主题,展览总规模为6.6万平方米,通过展览展示、高峰论坛、文化表演、商务考察、互动活动等形式,全方位展示重庆以及国内外文化旅游产业发展新风貌。本届展览会得到了市委市政府的高度重视,开幕式由市政府办公厅王波副主任主持,重庆市人大常委会沈金强副主任,重庆市政协周勇副主席出席并致辞。现场共举办上百场全球推介活动、专场对接会等活动,吸引10万余人次观展,现场撬动文旅消费8200余万元。

一、2021重庆文旅会基本情况及亮点

（一）展览形式丰富，主题鲜明

本届展览会设置了国际旅游展区、国内精品旅游展区、巴蜀文化旅游走廊展区、红色旅游景区展区、智慧文旅科技展区、创意产业发展展区、文旅装备制造展区和数字娱乐动漫展区共八大主题展区。本次特别设置红色旅游主题展区，重庆、杭州、湘潭、邯郸等省市携当地红色文旅企业带领市民重走革命之路，传承红色基因，重温峥嵘岁月。本届展览会规模再创新高，展商阵容空前强大，千余家文旅企业参展，参展商涵盖政府文旅机构、文旅景区、旅行社、智慧文旅企业、文旅装备企业、文旅商品、文创产品等企业，覆盖了文旅全产业资源。国际展区吸引了以色列、韩国、巴基斯坦、日本、意大利、埃塞俄比亚等驻蓉、驻渝使领馆及旅游推广机构等悉数亮相，现场带来了精彩的主题活动表演以及丰富的旅游产品、非遗产品等文旅产品。国内展区共邀请了贵州、四川、山东、河南、吉林、内蒙古、西藏近30个省市和地区参展，现场进行了专场推介活动和精彩纷呈的舞台表演。重庆展区除云阳未参展，其他区县和万盛经开区、两江新区及高新区全部参展，现场各区县展厅景区展示、文艺表演、互动抽奖等活动次第上演，各美其美，美美与共，共同描绘出"山水之城 美丽之地"的文旅魅力。文旅装备制造展区令市民在现场逛到沉浸式体验空间、星空房、野奢帐篷酒店等，了解到游乐设施设备、酒店民宿设备、景区服务设施等文旅装备的前沿发展趋势。数字娱乐动漫展区以丰富的活动展现出横跨二次元、游戏、电竞赛事、嘉宾表演及前沿科技等各大泛数字娱乐细分领域的精彩内容。为广大观众呈现了一场前所未见的凝聚"新风尚、新机遇、新浪潮、新体验"的国际化数字娱乐盛宴。

（二）活动组织全面，高端大气

1. 中国（西部）数字文旅产业发展论坛。本次论坛以"文旅新时代 数字新动能"为主题，邀请到亚洲旅游产业年会发起人/共同主席、国家现代旅游业发展协同创新中心联合主任、南开大学商学院院长/旅游与服务学院创始院长白长虹以及国内文旅研究顶级专家和头部企业共同参与，致力于西部数

字文旅产业全面升级,用数字科技赋能文化与旅游产业融合发展,推动中国(西部)把单发展变成群联体,共建西部文旅大环线,为西部文旅产业赋新能,带动西部文旅"科技+文旅"持续大发展。现场发布了"十四五中国数字文旅产业发展趋势报告",重点研讨旅游与科技在数字领域的潜能。

2. 全球旅行商重庆考察活动。由国际国内旅行商、专家、贵宾、媒体组成两组考察团,走进重庆景区景点采风踩线,体验了一段"游山城、品非遗、享美食、健身心"的灵动之旅。两组线路考察团分别赴湖广会馆、来福士、市内网红景点和世界文化遗产、国家5A级旅游景区大足石刻等特色景区景点参观考察,向参会旅行商深入介绍"山水之城 美丽之地"的重庆文化旅游新形象,让广大旅行商对重庆丰富的文旅资源有了更深的了解,把"山水之城 美丽之地"的城市形象传播到全世界,同时通过考察活动这个平台,深入挖掘更多合作商机,做好共赢发展。

3. 全球旅游目的地推介会。国内外旅游目的地推广机构通过展示推介、活动表演等形式携当地文旅企业带来了重点文旅项目推介会。国际展区有日本剑道、韩国折纸、韩服换装等体验活动。国内由国家级金牌导游带来"好客山东 山城之约"的旅游主题推介活动,为广大市民游客送出独具山东特色的出游指南,带领大家充分领略文化圣地度假天堂的独特魅力,感受不一样的"好客山东"。此外,昭通携重点文旅单位、重点文旅企业、旅行社组团参展,现场带来夏季自驾线路推介以及水上运动项目优惠活动等多种福利,展示了昭通市独具魅力的景区景点和特色旅游产品。各文旅单位通过推介活动,共同促进了国内外文旅产业合作与交流。

4. 文旅产业精品项目交流对接会。四川、贵州、山东、河南、湖南、内蒙古及重庆区县等近30个省区市携当地文旅单位、重点文旅企业、旅行社组团参会,分别开展了旅行社专场、文创投资专场、文旅地产专场、文旅装备专场对接,进一步深化文旅产业合作共赢,携手促进全国文旅行业协同发展,现场达成意向合作项目58个。其中,在湖南省岳阳文旅对接会专场,10多家来自上海、重庆、山东、常州的文旅、科技、文创、旅游公司和岳阳团队进行一对一深入地交流,并就优势资源互补、文旅产业发展达成合作意向。

5. 重庆首届温泉文化创意设计大赛。大赛自4月份启动,吸引了来自重庆、广东、河北、福建等全国各地的设计爱好者参与报名,共计投稿作品500余件。秉承优中取优、宁缺毋滥的原则,最终评选出"世界温泉之都·重庆"LOGO及代言IP形象VIS设计专项大奖。本次大赛以"Idea不泡汤·逐艺温泉之都"为主题,通过以创意设计的形式,提升重庆温泉的形象和活力,提高重庆温泉的高品质和品牌影响力,唱响重庆"世界温泉之都"品牌,努力把重庆建设成为"世界一流的温泉旅游城市和温泉疗养胜地",获奖作品在展览会现场重点展示。

6. 美好生活文创产品设计大赛。此次大赛,吸引了来自韩国、北京、西藏、新疆、四川、福建等国内外的报名作品近300件,决赛现场最终选出环保工艺奖、文化传承奖、时尚创新奖、最佳人气奖、最佳创意奖共计五个获奖作品。通过引领市民做好生活的"领潮人",为新文创加码、为新旅游赋能,用文创之光为美好生活注入新活力。入围及获奖作品除了获得荣誉,还以图文形式在文创大赛官方平台线上展示及宣传推广,并为其提供现场推介及商务洽谈的机会,搭建合作交流的平台,助力文创企业孵化快速成长,促进文化产业高质量发展。展览会现场,参赛企业与岳阳市文旅广电局、岳阳市文旅协会、北京研究院商会委员会等多个单位达成了合作意向,不仅拓展了市场渠道,还实现了优秀文创产品的商业化价值。

7. 非遗体验活动及非遗购物节。在非遗教学体验活动区,国家级非遗——梁平木版年画第六代传承人徐家辉携垫江大石竹编、九龙坡剪纸、重庆面塑等数十项非遗项目的国家级、市级传承人齐聚展览会。市民在现场不仅看到了非遗传承人展示技艺,近距离感受巴渝人文底蕴,还亲自"上阵",体验非遗技艺的制作过程,感知传统文化魅力,潜心感受民间工匠精神,品味初心与匠心。此外,现场还同期举办非遗购物节,积极探索非遗传承发展的新模式,掀起一场"非遗好物"抢购热潮。同时,现场发布了重庆最值得推荐的非遗主题旅游线路,集中体现了非遗与旅游的深度结合。

8. 重庆文化旅游惠民消费季及"双线"逛展寻宝活动。深入挖掘、整合全市文化旅游资源,通过线上线下举办"一元领豪礼""文旅游园会""享免单"和"抽大奖"等各项惠民活动,市民在现场最高抽取到了价值4999元的国内往返"机票+酒店"的自助旅游套票。全市关注并参与"重庆文化旅游惠民消费季活动"人数达200多万人次,共发放6.5万张景区门票、温泉票、酒店房券、优惠券等,市民消费达8200万元!

现场通过开启线上+展会"双线"寻宝计划,为市民发放文旅惠民福利,带动文旅企业现场产品销售,激励全市文旅消费,挖掘文旅消费潜力。

(三)媒体宣传到位,覆盖面广

重报集团旗下重庆日报、上游新闻、华龙网、重庆国际传播中心、今日重庆、都市热报等媒体运用图文、视频、VLOG、H5、海报等全媒体手段全方位报道此次盛会,并推出《第七届中国西部旅游产业博览会暨2021重庆国际文化旅游产业博览会》的相关专题,同时还有人民网、新华网、环球网、重庆电视台、重庆之声、重庆交通广播、重庆发布等10余家集团外媒体报道第七届西旅会暨2021重庆文旅会。据不完全统计,从5月27日至6月14日,各媒体平台共计发布相关稿件481篇,报纸约29.5个版面,总访问量8868.5万人次。

宣传推广工作主要分为三个阶段,第一阶段:展前氛围营造(5月10日—6月14日);第二阶段:展期会场报道(6月11—14日);第三阶段:展后总结报道(6月14—18日)。本届展览会的宣传工作以传统媒体和新媒体结合的方式进行全方位、深层次的信息传播。前期投放轻轨轿厢、电梯广告、机场电视屏和公益路牌广告等氛围营造。中后期加强在主流媒体和线上新媒体的宣传推广,利用报业集团全媒体资源、重庆日报特刊、华龙网图文直播、微信朋友圈广告、抖音专题推送、新浪微博精准推送等进行多角度宣传、全方位造势,保障展会推广效果。

(四)防疫精细严密,万无一失

根据常态化防疫要求,组委会非常重视疫情防控工作,将其作为展会筹备中最重要一环。文旅会现场设置防疫防控工作小组及防控防疫点,确保展会的疫情安全及处理突发事件之用。现场还将增加疫情防控物资售卖点,方便满足参会观众的个人需求。展会期间正值广东疫情出现反复,组委会连夜启动应急预案,更换大量现场物料,启用国内行程码作为进入展场的必备凭据,同时大量采购口罩、消毒水等防疫应急物资,在出入口免费发放。积极协调渝北区卫计委,安排展会常驻医生严密监控疑似发热人员。整个展会过程中,因为周密的环节设置和严密核查机制无一例发烧患者进入展场、无一例疑似病例产生,确保了公共安全和展场安全。

二、存在的不足和需要改进之处

（一）整体规划上要更加注重结构多元化，在把控质量、提高档次的同时，应该兼顾市场化需求，更多引进文创企业类展商，以满足广大人民群众不断丰富的文化需求。

（二）在招商中应更多地和相关协会合作，进一步扩大行业影响力。更多对接在全国全市有影响力的协会和商会，真正展现重庆文化旅游水平。

（三）应进一步拓展重庆文旅会的品牌影响力，多多开设分会场，同期再开发几个小型专业展作为文旅会的有力支撑。同时，还应更多组织专业观众和年轻群体，运用相关职能部门和渠道组织更多年轻人群参与，增强购买力。

（四）进一步磨合文旅会与西旅会的运营团队，在合作过程中提高统一思想、行动一致、密切配合的能力。真正实现"1+1>2"的效果。

作者单位：
重庆日报报业集团

重庆市"十四五"文化和旅游融合发展思考

侯 路 郎莹莹

"十四五"时期是我国全面建成小康社会、实现第一个百年奋斗目标之后,乘势而上开启全面建设社会主义现代化国家新征程、向第二个百年奋斗目标进军的第一个五年,"十四五"规划是自2018年3月文化和旅游部组建引领下,各省市相继挂牌成立文化和旅游行政部门以来的第一个五年规划,对文化和旅游业发展具有十分重要的意义。在谋划"十四五"发展内容时要首先明晰发展的意义、发展的现状、发展的态势以及重点任务举措。"十三五"时期重庆文化和旅游发展基本符合预期,大部分指标均已如期完成,为"十四五"发展打好了较为坚实的基础,应对国家新出台的政策、经济社会发展环境的变化和发展新时代的需要,"十四五"文化和旅游融合发展将进入新的阶段、面临新的挑战、打开新的局面。

一、科学推进文化和旅游融合发展的重大意义

(一)推进文化和旅游融合发展,是弘扬中华文化的重要载体

中华文化延传至今,成为中华民族的精神支柱,成为影响世界发展的重要力量。中华文化的传播渠道非常多,传播载体非常丰富,传播形式多元。通过文化和旅游的融合发展,将文化资源构建为更加多样的旅游产品、在旅游产品中注入更加丰富的文化内涵,以丰富旅游传播的多元载体和激发旅游的传播功能。借助旅游传播的载体,把世界各地的游客请进来,使其在游览历史文化遗迹、欣赏山水自然风光、领略风土人情的过程中,认识和了解中华文化,感知和体验中华文化,吸收和认同中华文化,对传播中华文化具有重大

意义。对全国人民来讲,通过旅游的载体传播,让其感知历史文化的厚重、山水风光的美丽、民俗风情的多元。这对于增强人民的文化自信,激发其内生动力具有重大意义。

(二)推进文化和旅游融合发展,是提升文化服务效能和旅游发展品质的重要措施

文化是旅游的灵魂,推进文化和旅游融合发展,将丰富多彩的文化资源向旅游资源转换,丰富了当代旅游资源和产品体系。游客的到来增厚了文化生产的市场土壤,传承与弘扬了中华优秀传统文化,并在主客互动中不同程度地参与到地方文化的传承、开放与创新进程。旅游者作为文化和旅游消费市场的先行者,将为文化建设和文化服务供给的内容、形式提供需求反馈,更进一步促进文化服务效能的提升。同时,文化的"以文化人、以文润城"的特殊功能,将丰富的人文精神注入到旅游业发展中,既润物细声地促进文明旅游和旅游业的高质量发展,又为国家和城市的旅游形象注入了满满的正能量。

(三)推进文化和旅游融合发展,是促进经济社会持续发展的重要力量

文化产业和旅游产业是国家鼓励发展的新兴产业,为国民经济发展贡献着支柱性力量。推进文化和旅游融合发展,发挥文化和旅游的产业属性,激发文化和旅游产业的内生动力,以不断满足人们美好生活需求为目的,大力培育文化旅游融合发展新业态,进一步推动文化产业和旅游产业转型升级,不断增强文化旅游产业的特色性和吸引力,提升文化和旅游产业的竞争力,刺激文化和旅游消费升级,建立高标准的文化和旅游市场,让文化和旅游产业成为国民经济的支柱性产业,国民经济贡献率持续增加。

二、当前文化和旅游发展的现状分析

"十四五"时期重庆文化和旅游还面临着一些不平衡和不足:

文化和旅游公共服务供需不平衡现象,公共文化服务均等化水平尚有提高的空间,偏远区县依然面临着公共文化服务整体上落后、基层仍然薄弱、乡镇(街道)和村(社区)设施还不完善等不均衡问题,文化的有效供给和人民群众对文化的需求尚处在不平衡状态。

"一区两群"旅游业发展不均衡,"一区"的都市核心区旅游如火如荼,"一区"外围的旅游知名度和品牌效益还不够突出,渝东北和渝东南两群的旅游发展相对"一区"都市核心区滞后,旅游收入和旅游产业对当地的GDP贡献略显不足。

文化和旅游产业发展的内生动力不均衡,文化和旅游产业发展存在严重的"跛脚"现象,新型产业发展动力不足,提供的文化和旅游产品缺乏市场竞争力,文化和旅游产业"智慧化"服务发展在科学技术、互联网信息技术运用方面存在滞后,全市拳头文化和旅游产品还不够强,产品供给还不够丰富,文化和旅游资源利用不充分。

三、"十四五"文化和旅游融合发展态势

2021年3月,十三届全国人大四次会议通过的《中华人民共和国国民经济和社会发展第十四个五年规划和二〇三五年远景目标纲要》中明确提出了"推动文化和旅游融合发展",确定了"十四五"时期文化和旅游发展的重要内容。同月,市政府公布了《重庆市国民经济和社会发展第十四个五年规划和二〇三五年远景目标纲要》,明确提出了推动文化和旅游融合发展的目标和任务,为重庆"十四五"文化和旅游融合发展策划开展重点项目、谋划重点工作提供了依据。同年10月,中共中央、国务院印发的《成渝地区双城经济圈建设规划纲要》发布,明确构建双城经济圈发展新格局,从全局战略高度上为"十四五"文化和旅游发展提供了新的环境、机遇、挑战和提出了新的任务。在认真研究"十三五"至"十四五"过渡期间国家发布的一系列政策性指导文件和立足重庆本土发展优劣势,"十四五"时期文化和旅游融合发展呈现四大态势:成渝地区双城经济圈建设布局下文旅融合发展新格局、全域旅游战略引领下旅游供给侧改革、科技赋能驱动下文化和旅游业态提质升级、乡村振兴战略实施下文旅产业新格局。

(一)成渝地区双城经济圈建设布局下文旅融合发展新格局

巴山蜀水自古有名,由巴蜀组成的成渝地区双城经济圈是中国双核经济区、是长江上游的绿色生态屏障,具有世界级的旅游资源禀赋,最有条件、最有自信打造世界级旅游胜地。巴蜀文化与中原文化、吴越文化、荆楚文化等

一样是中华文化的重要组成部分,有着悠久的历史和鲜明的地域特征,大力加强巴蜀文化资源调查研究,在推动文化旅游资源利用融合方面,实现文化赋能作用,真正做到"以文兴旅,以旅彰文"。在成渝地区双城经济圈建设布局下,以打造巴蜀文化旅游走廊为牵引,着力构建文旅融合发展新格局是"十四五"时期的重要方向。

(二)全域旅游战略引领下旅游供给侧改革

全域旅游是将特定区域作为完整旅游目的地进行整体规划布局、综合统筹管理、一体化营销推广,促进旅游业全区域、全要素、全产业链发展,实现旅游业全域共建、全域共融、全域共享的发展模式。针对"一区两群"旅游业发展不平衡问题,重庆实施全域旅游战略实为对症下药,从合理布局文旅发展空间、科学利用文旅资源要素、发展特色鲜明文旅产业,不断从供给侧改革发力,疏通旅游经济堵点,持续提升供给体系的质量与效率。

(三)科技赋能驱动下文化和旅游业态提质升级

从党的十八大以来,国家就强调要把"文化+科技"作为文化建设的重要方向,随着5G、人工智能和大数据等新技术成果的不断深入运用,科技创新从业态结构、文化创作、传播方式等多方面深度赋能文化产业,为社会主义文化繁荣发展注入强劲动力。疫情防控期间和后疫情时代对旅游业的冲击和科技手段的运用在旅游产业链中重要作用的凸显,都反映出时代迫切需要旅游业加速科技创新和数字化变革。中共中央制定的《中华人民共和国国民经济和社会发展第十四个五年规划和二〇三五年远景目标纲要》明确提出加快数字社会建设步伐,数字经济是把握新一轮科技革命和产业变革新机遇的战略选择。可以预见,"十四五"时期,大力发展数字文旅是大势所趋,科技赋能文化产业和旅游业高质量发展,将成为"双循环"新发展格局下重要的新增长极。

(四)乡村振兴战略实施下文旅产业新格局

党的十九大报告指出,"三农"问题是关系国计民生的根本问题,要坚定实施乡村振兴战略,乡村振兴战略的"时间表"已经规划至2050年,并分三个阶段分别确定了发展目标,足以看出乡村振兴在国民经济和社会发展中的重要性。2021年4月,国务院发布的《国务院关于促进乡村产业振兴的指导意见》(国发〔2019〕12号)指出,产业兴旺是乡村振兴的关键所在,并强调了发展乡村旅游是实施乡村产业振兴战略的重要内容。近几年如雨后春笋般发展起来,又迅速覆盖各省市乡村的特色小镇、田园综合体、文化主题民宿等文旅产业做得有声有色,进一步证明发展乡村旅游助推乡村振兴的产业之路是正确的。随着乡村旅游的市场、业务、产品等内容逐渐成熟,其传统结构不匹配、基础设施薄弱、人才匮乏、环境破坏严重、居民反感等问题也日渐凸显,给乡村旅游的进一步发展带来了巨大的挑战。"十四五"时期,在推动旅游业提质升级、文旅深度融合的趋势下,乡村旅游发展依然是重点内容,结合重庆当前发展实际,重点要在"优化""融合""创新"上做文章。

四、"十四五"文化和旅游融合发展重点任务和举措

针对发展态势,"十四五"时期,要在推动巴蜀文旅走廊建设,实施"一区两群"协调发展,打造数字文旅增长极和优化发展乡村旅游业等重点方向发力,规划空间布局、策划重点项目、提出创新举措,坚持"以文塑旅、以旅彰文",推动文化和旅游深度融合发展,构建重庆文化和旅游发展新格局,将重庆建设成为全国文化和旅游融合发展高地和示范城市,助力重庆文化强市建设和世界知名文化旅游目的地建设。

(一)推动巴蜀文旅走廊建设

围绕建设成渝地区双城经济圈国家战略,以巴蜀文化为纽带,建立和完善共建机制,共建巴蜀文化旅游走廊。以成都、重庆为核心打造文化旅游发展高地,与四川共建巴蜀优秀传统文化研究机构,加强巴蜀文化资源普查研究和保护传承,加强巴蜀文化学术研究,推进旅游视角下的巴蜀文化资源调查和文化视角下的旅游资源能级评估;加快发展巴蜀文化旅游产业,大力培育优势产业集群,实施"成渝地·巴蜀情"区域品牌培塑和巴蜀文创产品开发工程,加快巴蜀文化旅游走廊市场推广;推进川渝广播电视合作,打造网络视听精品;推进文化公共服务设施共建共享,联袂打造"智游天府"和"惠游重庆"公共服务平台;探索两地合作创建非遗乡村振兴项目,成立"川渝非遗保护联盟",共建非遗保护传承体系;培育一体化的文化旅游市场,深入推进川渝城市群无障碍旅游合作,着力打造成渝地区无障碍"双城文旅经济圈";重

点推动川渝毗邻区域文化旅游融合联动发展，共建巴蜀文化和旅游融合发展示范区。建立完善川渝文化旅游业发展协作机制，打造川渝区域文旅环线。

（二）实施"一区两群"协调发展

围绕全市"一区两群"协调发展战略部署，合理布局文化旅游发展空间。主城都市区发挥核心集聚功能，建设人文现代城市，重塑"两江四岸"国际化山水都市风貌，高水平打造长嘉汇、广阳岛、科学城、枢纽港、智慧园、艺术湾，引领带动中部历史母城、东部生态之城、西部科学之城、南部人文之城、北部智慧之城发展，把主城都市区打造成为具有国际竞争力和影响力的世界知名都市文化旅游目的地。渝东北打好三峡库区的"三峡"牌、"长江"牌，保护和传承三峡文化，在文旅融合发展中更好地传承长江文明、弘扬三峡移民精神。建设好长江文化产业带；支持奉节、巫山、巫溪发挥旅游服务功能，加快建设长江三峡国际黄金旅游目的地，整合支线机场、高铁和航运等功能，建设一批精品旅游景区、旅游度假区和旅游集散中心，推动"大三峡"全域旅游振兴。将渝东北打造成为长江三峡国际黄金文化旅游带。渝东南立足"山地"特点、生态资源和民族特色，重点打造一批民族特色村镇（寨），加快建设武陵山区民俗风情生态旅游示范区；高质量推动全域旅游发展，支持武隆、彭水、黔江、酉阳、秀山联动涪陵共建乌江画廊旅游示范带，构建文旅融合引领的产业体系，打造文旅融合发展新标杆，将渝东南整体打造成为世界知名民俗生态旅游目的地和武陵山区文化产业和旅游产业融合发展示范区。

（三）打造数字文旅增长极

实施文化产业数字化战略，统筹文化资源存量和增量的数字化，聚集文化数字资源，利用文化大数据不断推出新产品、新服务，提升文化产品和服务质量水平。强化信息科学技术在文化创作、生产、传播、消费等各环节的应用，改造提升传统文化业态，促进结构调整和优化升级，加快发展线上演播、数字创意、数字艺术、数字娱乐、沉浸式体验、数字出版、数字阅读、数字演播、文化智能装备等新型文化业态。推进文化产业数字化、产业基础高级化，针对文化消费新需求，谋划、储备一批标志性、引领性文化消费项目，着重发展动漫游戏、创意设计、影视艺术、网络文化、数字内容等新兴文化消费，丰富优化文化产品供给。实施文创产品和旅游商品融合开发工程，充分发挥文化资源特色，利用新技术、新材料，加快功能创新、工艺创新、工效创新，推进一批文化IP向学习用品类、服饰类、艺术品类旅游商品转化。进一步提升智慧旅游服务水平,持续打造智博会旅游品牌,创新开发以5G、人工智能、VR/AR、物联网、区块链等现代技术为支撑的情景模拟、沉浸体验、无人驾驶等智慧旅游体验产品,创新构建个性化、互动化、可视化、社交化、体验式的文旅体验消费产品和场景。引导和支持虚拟现实、增强现实等技术在旅游演艺领域应用,开发沉浸式旅游演艺、沉浸式娱乐体验产品。积极打造数字博物馆、数字展览馆。

(四)优化发展乡村旅游业

充分挖掘乡村资源,深度拓展旅游功能,丰富产品和业态,全面提升服务品质,推进乡村旅游由分散粗放发展向集中集约发展转型,推动传统"农家乐"向文化体验、乡村休闲度假转型,提升和打造一批国际乡村旅游示范区。按照国家特色小镇建设要求,推动打造一批生态旅游小镇、民俗特色小镇、露营休闲小镇、创意田园小镇等。进一步提升春赏花、夏消暑、秋观叶、冬玩雪等高品质特色旅游产品,推出一批精品乡村旅游线路。优化利用乡村闲置房屋,大力发展乡村民宿,支持城市工商资本到农村独立开发建设或与村集体经济组织、农民家庭合作开发建设乡村庄园酒店、休闲农庄等精品民宿。培育一批特色鲜明、市场影响力和号召力强的旅游民宿品牌,打造一批生态好、体验强、配套有、品位高的旅游民宿集群,创建一批高星级旅游民宿。推进乡村旅游集中集约发展,依托旅游景区、城市郊区、特色小镇、现代农业园区等,发展农业主题公园、生态博览园、乡村营地、运动公园、乡村博物馆、乡村艺术村、旅游创客基地等新兴业态,提升和规划建设一批集观光、游览、品尝、采摘、节庆、休闲度假、避暑、养老养生等于一体的农文旅融合综合体。打造一批城乡产业协同发展和城乡要素跨界整合平台,新建和提升一批休闲农业和乡村旅游聚集发展区。

作者单位:

重庆市文化和旅游研究院

文旅融合背景下重庆推动古籍文献创造性转化创新性发展研究[①]

任 竞 谭小华

我国古籍文献是人类文明的瑰宝,是中华优秀传统文化传承发展的重要载体,更是不可再生的宝贵历史文化遗产。党的十八大以来,以习近平同志为核心的党中央高度重视中华优秀传统文化传承发展,习总书记对于传承弘扬优秀传统文化、保护历史文化遗产工作曾多次作出重要指示,要求"让收藏在博物馆里的文物、陈列在广阔大地上的遗产、书写在古籍里的文字都活起来,让中华文明同世界各国人民创造的丰富多彩的文明一道,为人类提供正确的精神指引和强大的精神动力"。当前,实施国家古籍保护工程已经上升为中华优秀传统文化传承发展工程的重要任务,被明确写入《中华优秀传统文化传承发展工程"十四五"重点项目规划》之中。

当今时代,文化旅游融合发展已经成为文化产业的新业态,"以文促旅、以旅彰文",旨在推动文旅产业的深度融合、资源互补,推动文化产业高质量发展,更好地满足人民群众对美好精神文化生活的需求。这对古籍保护工作而言,既是发展机遇,也是全新考验。只有抓住机遇,经受挑战,全面突破,才能促进古籍保护事业守正创新,实现跨越式发展。近年来,我市高度重视古籍文献保护工作,采取多种策略全面加强古籍文献层级保护,积极探索古籍文献开发利用策略,并取得了阶段性成绩。兹将有关情况简述如下,以就教于方家。

[①] 本文系重庆市社科院规划项目"重庆市古籍文献保护体系与开发利用策略研究"(编号:2019YBTQ097)的阶段性成果。

一、重庆市古籍文献典藏概况

重庆是我国中西部地区唯一的直辖市,拥有三千多年的悠久历史和多姿多彩的巴渝文化,以及由此衍生而成的三峡文化、抗战文化、革命文化等。这片广袤的山水之城培植了一大批卓尔不群的历代文化先贤,传承了丰富厚重的古籍文献典籍,留给世人极其宝贵的精神文化财富。我市古籍文献不仅规模庞大,而且特色鲜明,成为当代巴渝儿女珍若拱璧的富集宝藏和文化遗产,是增强文化自觉、提升文化自信的重要历史源泉。

(一)古籍总量规模庞大

近年来,国家大力实施"中华古籍保护计划",对全国范围内的古籍文献进行摸底普查登记,评选珍贵古籍名录。按照中央工作部署,我市积极启动全市范围内的古籍文献普查工作。经过十多年艰辛努力,我市顺利完成对现存公藏古籍的地毯式摸底调查、普查登记和目录编纂,先后出版了《重庆市三十三家收藏单位古籍普查登记目录》《重庆图书馆古籍普查登记目录》等4种、7卷古籍普查成果,首次摸清了全市公藏古籍文献的准确家底,建立起清晰、可靠的总台账。根据此次古籍普查,全市现存古籍文献45079种、635754册,分布在43家图书馆、博物馆、寺庙、道观等公家单位。

重庆图书馆作为我国西部文献信息交流中心,是全市典藏古籍数量最多的单位,有古籍文献23326种、292381册(其中善本古籍4655种、67295册,普通古籍18671种、225086册),另有民国线装书1.5万种、15万册,在西部省级公共图书馆中名列前茅。在区县图书馆中,北碚图书馆典藏古籍超过10万册,万州区图书馆藏量达2.2万册,其他各区县馆藏量则在数十册至数千册不等。在高校图书馆中,西南大学典藏古籍近7万册,排名第一,重庆师范大学图书馆、重庆大学图书馆古籍藏量则为1万余册。

(二)古籍特色鲜明突出

我市古籍文献不仅在典藏规模上处于西部领先,在文献类型和内容方面也特色鲜明,其中不仅包括传统的宋元旧椠、珍稀善本,还涵盖明清方志、佛教大藏经、名人稿抄本,以及独具特色的清代殿试卷、巴蜀戏曲唱本、碑帖拓片等,它们共同构建起我市珍贵古籍的瑰丽宝库。

我市古籍文献具有以下四个鲜明特点:第一,总量宏富,规模较大。在20世纪60年代,我市古籍文献典藏量曾高达上百万册,当时重庆市图书馆(今重庆图书馆)典藏古籍80万册以上,位居西南地区榜首。第二,类别齐全,类型丰富。在我市古籍文献中,按类别划分的经、史、子、集、丛部文献包罗其间,按版本划分的刻本、石印本、铅印本、稿本、抄本、写本等百花齐放。第三,珍稀善本较多,总体质量较高。截至2021年底,全市共有276部珍贵古籍入选第一至六批《国家珍贵古籍名录》,有1324部珍贵古籍入选第一至三批《重庆市珍贵古籍名录》。仅以重庆图书馆为例,该馆典藏有明代及以前的古籍文献3000余种、4万余册,而且品相上乘,保存较为完好。第四,地方文献特色鲜明。我市典藏的古籍文献之中包含有大量的地方文献,如巴渝地方志、巴渝乡贤著述、三峡碑刻文献(如白鹤梁题刻、龙脊石题刻、《皇宋中兴颂》摩崖石刻等)、巴渝风俗调查史料等,是了解巴渝古代政治、经济、历史、文化、地理的百科全书。

(三)稀见古籍价值珍贵

我市典藏的古籍文献之中,包括数量颇多、价值极其珍贵的稀见古籍,成为巴渝文献宝库中的耀眼明珠。兹以重庆图书馆为例,对我市部分稀见古籍略作简述。

1. 宋元旧椠。宋元刊本时代久远、存世稀少,具有极高的文献版本价值和珍贵文物价值。重庆图书馆典藏有元代以前的刻本、写本45种,包括唐写本《大般若波罗蜜多经》等3种,宋写本《十二缘生祥瑞经》1种,宋刻本《通鉴纪事本末四十二卷》等9种,元刻本《六书统二十卷》等32种,属于国家一级古籍文献。《中国古籍善本书目》共收录该馆珍贵古籍3707种,55632册,内有孤本、稀见本424种。近十年来,该馆共有222部珍稀善本入选第一至六批《国家珍贵古籍名录》,429部善本古籍入选第一至三批《重庆市珍贵古籍名录》,在西部省级图书馆中名列前茅。

2. 明清方志。地方志是各个省、府、州、厅、县等政治管辖区域的地域性、综合性百科全书。我市古籍方志数量庞大、地域广泛、内容宏富,是研究巴蜀历史、地理、民俗的重要文献。重庆图书馆典藏有历代旧方志1464种,涵盖国内29个省级行政区划,其中四川方志489种、重庆方志84种,巴蜀山水、名胜、祠庙志书及游记33种,其他各省方志858种。尤其是该馆曾收购《刘赞廷藏稿》稿本百余册,其中多属稀见的康藏资料,史料价值极高。

3. 科举殿试卷。殿试是中国古代科举考试的最高层级,考生所撰殿试对策即是殿试卷。民国初年,著名教育家、藏书家傅增湘曾收藏有84份清代殿试卷,后来辗转交由重庆图书馆典藏,成为重要的科举档案,具有突出的文献史料价值。该批殿试卷上起清初顺治、下迄清末光绪,共历八代皇帝、二百余年,地域范围涵盖四川、浙江、江苏等全国15个省份,具有数量庞大、跨时长久、地域广泛、保存完整的显著特征。

除此以外,我市还典藏有佛教大藏经《永乐北藏》《永乐南藏》、巴蜀戏曲唱本、碑帖拓片、稿抄本等特色古籍,具有重要的史料价值、文物价值和艺术价值。

二、我市加强古籍文献保护工作的重要举措

我市古籍文献数量众多,价值珍贵,然而由于年代久远,迭经兵燹战乱、朝代鼎革等历史磨难,加之纸张自然老化等原因,其中有很大部分古籍文献出现了虫蛀、水浸、絮化、字迹漫漶等不同程度的破损情况,亟需我们加以抢救保护、精心修复和妥善存藏。

近年来,我市高度重视古籍文献保护工作,本着保存文献、传承文明、弘扬文化的使命感和责任心,采取多种有效措施加强对古籍文献的妥善保护。一方面,注重古籍文献的文物价值,通过对其整理编目、抢救修复、登记建档,完善存藏条件,强化安保措施,加强原生性保护;另一方面,发挥古籍文献的学术价值,通过数字化扫描、拍摄缩微胶卷、开发数据库、影印出版、整理研究等方式,进行再生性保护。另外,我们还注重古籍艺术价值,对古籍雕版、印刷、装帧、修复等传统技艺和"非遗"进行传承和保护。通过以上工作举措,旨在构建起全方位、分层次、有重点的古籍文献层级保护体系。

(一)建立工作机制,详细制定古籍文献保护方案

2007年,国务院办公厅印发《关于进一步加强古籍保护工作的意见》(国办发〔2007〕6号),提出在"十一五"期间大力实施"中华古籍保护计划",随后在国家层面组建起制度化的古籍保护工作机构。我市党委、政府高度重视,

立即落实中央部署,采取详细措施,建立我市古籍保护工作机制。一是成立由重庆市文化局(因机构调整,今改为重庆市文化和旅游发展委员会)牵头的局级联席会议;二是成立重庆市古籍保护中心,挂牌于重庆图书馆,下设古籍普查办公室,具体负责全市古籍保护常规工作;三是成立重庆市古籍保护专家委员会,遴选一批业界专家担任全市古籍保护智囊顾问;四是设立重庆市古籍保护专项经费,制定《重庆市古籍保护专项经费使用管理办法》,严格做好专项资金的管理、使用和监督审计。我市还先后制定出台了《重庆市珍贵古籍名录认定办法》《重庆市古籍重点保护单位认定办法》等具体工作方案。通过组建古籍保护工作机构,制定具体工作办法,我市初步构建起古籍文献保护工作协同机制,为全市顺利开展古籍文献保护工作提供了制度保障、团队保障和经费保障。

(二)明确工作重点,扎实开展古籍文献系统保护

按照中央文件要求,"中华古籍保护计划"主要内容包括五个方面:一是统一部署,对全国古籍收藏和保护状况进行全面普查,建立中华古籍联合目录和古籍数字资源库;二是建立《国家珍贵古籍名录》,实现国家对古籍的分级管理和保护;三是命名"全国古籍重点保护单位",完成一批古籍书库的标准化建设,改善古籍的存藏环境。四是培养一批具有较高水平的古籍保护专业人员,加强古籍修复工作和基础实验研究工作,逐步形成完善的古籍保护工作体系;五是进一步加强古籍的整理、出版和研究利用,特别是应用现代技术加强古籍数字化和缩微工作,建设中华古籍保护网。近年来,我市相关部门严格遵照国家部署,明确全市古籍保护工作重点任务,扎实开展以下具体工作。

一是系统开展古籍文献普查登记,建立全市古籍文献总台账。重庆市古籍保护中心承担起全市的古籍普查工作,在市级相关部门的支持协调与数十家兄弟图书馆的密切配合下,经过十余年的稳扎稳打、善始善终,终于完成对全市43家公藏单位的古籍摸底调查、普查登记和目录编纂,先后出版了《重庆市三十三家收藏单位古籍普查登记目录》《重庆市北碚图书馆等八家单位古籍普查登记目录》《西南大学图书馆古籍普查登记目录》《重庆图书馆古籍普查登记目录》等4种、7卷古籍普查成果,首次摸清了我市公藏古籍文献的准确家底,建立起清晰、准确的古籍总台账。同时,我市全部的古籍普查数据均已按要求导入"全国古籍普查登记基本数据库",由国家图书馆对外公开发

布,供广大读者用户免费查阅使用。按照工作部署,全国各地正在开展古籍"分省卷"的编纂工作,以形成各省(市、区)的"古籍联合目录"和《中华古籍总目》。当前,我市一方面积极编纂全市古籍联合目录,另一方面继续开展民国线装书普查登记,为全市古籍文献保护提供关键性台账。

二是积极申报国家珍贵古籍,认真评选重庆市珍贵古籍,实现对全市古籍的分级管理。近年来,我市多次动员古籍典藏单位积极申报国家珍贵古籍,并按照具体申报流程提交书影材料,配合专家现场评审鉴定。目前全市共有 276 部珍贵古籍入选第一至六批《国家珍贵古籍名录》,其中重庆图书馆 222 部、北碚图书馆 23 部、西南大学 27 部,重庆中国三峡博物馆、西南政法大学图书馆、华岩寺、黔江区图书馆各 1 部。同时,我市还积极开展重庆市珍贵古籍的评选工作,近年来共有 24 家单位的 1324 部珍贵古籍入选第一至三批《重庆市珍贵古籍名录》。通过以上举措,我市初步摸清了市内珍贵古籍的特色价值和典藏现状,有利于更好地分级分类保护。

三是积极申报国家古籍重点保护单位,认真评选重庆市古籍重点保护单位,切实改善古籍存藏环境。经过动员申报、专家评审、主管部门认定,目前我市共有 4 家全国古籍重点保护单位、13 家重庆市古籍重点保护单位,成为全市古籍保护工作的核心力量。古籍保护的关键是原生性保护,重点是改善存藏环境,对于多雾潮湿的山城重庆而言,更是尤为关键。我市先后完成了重庆图书馆、重庆中国三峡博物馆、北碚图书馆、万州区图书馆等单位标准化古籍库房的建设或改造,通过消防、安防、防雷和恒温恒湿技术,极大地改善了古籍存藏环境,从根本上延长古籍文献的寿命周期。同时,重庆图书馆还申请专项经费,为入选《国家珍贵古籍名录》的 222 部珍贵古籍定制楠木书盒,为所有古籍文献定制无酸纸盒、樟木板,尽可能做到妥善典藏和全方位妥善保护。

四是全面提升古籍文献修复能力。近年来,我市以重庆图书馆为龙头单位,切实开展古籍修复工作。该馆成立 74 年以来,累计修复古籍 8 万多页、近 3000 册,但是相较于破损待修的古籍总量而言,这仅是杯水车薪。2007 年,该馆设置古籍修复中心,以传统"师徒相授"的模式大力培养古籍修复专业人才,全面提升古籍修复能力。2014 年,国家图书馆(国家古籍保护中心)为该馆授牌成立"国家级古籍修复技艺传习中心重庆传习所",以导师集中培训与日常老带新相结合的方式,着力培养古籍修复人才。2018 年,该馆获得重庆市文物局颁发的"可移动文物修复资质证书",正式对外承接古籍、碑帖的修复项目。接下来,我市将继续培养古籍修复人才,提升古籍修复实力,争创国家级古籍修复中心。同时积极吸引社会资本、公益力量,共同投入到古籍修复事业之中。

(三)注重藏用兼顾,全力推动古籍文献开发利用

在文旅融合发展、文化传承创新的时代背景下,我市积极调整古籍文献藏而不用、秘而不宣的传统保守理念,从多学科、多路径创新古籍文献转化利用策略,解决藏用矛盾,实现藏用兼顾,充分挖掘古籍文献的历史底蕴,彰显古籍文献的时代价值。

一是开展古籍文献的再生性保护。近年来,我市抓住"阅读推广、数字人文"的时代契机,全力做好古籍文献的再生性保护工作。在数字化建设方面,我市不仅将全部古籍普查书目数据纳入"全国古籍普查登记基本数据库",还积极开展古籍数字化扫描工作,先后完成300多种珍贵古籍的缩微胶卷摄制,并通过模转数技术形成古籍数字图像,免费提供给读者查阅使用。同时,重庆图书馆、北碚图书馆等单位积极与国家图书馆合作,将上百部珍贵古籍扫描成数字图像,由国家图书馆搭建的"中华古籍资源库"平台联合在线发布,真正实现古籍文献资源与数据库的免费开放共享。接下来,我市还将继续开展古籍数字化这项重要工作,并融入到国家推行的文化数字化战略之中。

二是加强古籍文献的整理与出版。近年来,我市非常注重对特色古籍文献的科学开发与整理出版。重庆图书馆先后整理出版了《重庆图书馆馆藏珍本图录》《重庆图书馆藏稀见方志丛刊》《清代巴蜀籍考生殿试卷选粹》《重庆图书馆藏戏曲唱本普查目录及要目叙录》等学术著作,不仅揭示了该馆典藏古籍文献的特色和亮点,也为学术研究者提供了更为丰富、翔实的珍稀文献。其中《清代巴蜀籍考生殿试卷选粹》一书,以该馆典藏的37本清代巴蜀殿试卷为整理对象,通过原文过录、标点和文献整理研究的方式,揭示出珍贵的巴蜀科举文献史料,填补了学术界此项研究的空白。北碚图书馆整理出版了《北碚图书馆精品图录·古籍卷》《北碚图书馆藏方志珍本丛刊》等著作。我市正在全力推进的《巴渝文库》文化出版工程,更是对巴渝珍稀历史文献的体系化整理,计划用10年左右的时间,整理出版300种巴渝文献,其中古籍文献占比达50%以上。

除了以上对古籍文献的重点保护措施外,我市还通过加大专项财政经费投入,滚动完善古籍库房设施;大力推进人才队伍建设,培养古籍管理、修复和保护专业人才；建立古籍典藏单位动态监管与考评制度，促进古籍保护工作规范化、持续化发展等多种手段途径，大力推动全市古籍文献保护工作，以期最终形成古籍普查、修复、展示、研究与利用"五位一体"的古籍保护创新模式。

三、推动古籍文献创造性转化创新性发展的思考

我国古籍文献是中华文化延绵传承的重要载体，是对圣人先贤修身养性、治国安邦、天人和谐等思想智慧的经典书写。推动古籍文献在当代的创造性转化与创新性发展，是以时代精神激活中华优秀传统文化的生命力、创造力和影响力。我们需要从挖掘古籍丰富内涵、创新古籍传播路径、培养古籍专业人才、实现古籍知识普及等方面着手，提出可操作的古籍转化发展策略。

我市有关单位需要在严格贯彻"保护为主、抢救第一、合理利用、加强管理"的保护方针下，对全市古籍文献进行系统整理、深入研究和合理开发利用，让珍贵的历史典籍化身千百，传之后世，以期实现古籍文献的创造性转化、创新性发展。既要充分利用大数据、融媒体、数字人文等现代科技，开展古籍数字化，开发智能数据库，实现古籍资源的共建共享与深度开发；还需通过文献汇编、丛刊影印和整理出版，大力挖掘古籍文献的学术价值。另外，还可通过古籍展览、讲座、数字课堂等多种方式，充分开展古籍阅读推广；通过展示古籍修复、雕版印刷等"非遗"技艺，开发文创产品，充分发挥古籍文献的文物、艺术价值，实现古籍文献开发与文化旅游产业发展的有机结合。具体而言，有以下三个思考策略，以期对古籍文献的转化发展有所借鉴。

（一）加快古籍数字化顶层设计

古籍数字化是将古籍整理与计算机技术相结合，把文献中的语言文字、图形符号转化为计算机识别的数字符号，形成具备整理、存储、传递和检索功能的电子数据库，用以揭示古籍文献的丰富内涵，实现古籍再生性保护与合理使用的双重功能。该项工作具有强烈的公益文化色彩，关乎国家文化安全和文化自信，因此需要由国家倡议，政府推动，各方参与，全面协调。国家主管部门首先应该重视顶层设计，做好整体规划，明确数字化的对象、内容、合作分工，制定相关技术标准、行业规范，才能保障整体项目的持续推进。然而目前该领域并没有宏观规划和顶层设计，有关科研单位、图书馆和数字公司

都是各自为政,根据自己的需求和资源,重复、零星、片面地开展古籍数字化工作。同时,由于行业标准的不统一,各大古籍数据库之间难以实现技术兼容,不可避免地造成了重复建设和资源浪费,客观上也增加了对古籍文献不可逆转的保护性损坏。因此,国家主管部门亟需高度重视古籍数字化工作,尽快制定相关规划方案,明确行业技术标准,保障古籍典藏单位、出版机构、科技公司等主体科学、有序地开展古籍数字化工作。

(二)重视古籍非遗技艺保护传承

古籍修复、碑刻传拓、古籍装帧等传统技艺与古籍保护工作密切相关,属于重要的非物质文化遗产,值得我们高度重视和保护传承。近年来,我市通过古籍阅读推广活动,大力宣传古籍保护事业,不仅推出"古籍保护进课堂"活动,为高校师生演示雕版印刷、碑刻传拓技艺,讲授古籍修复知识;还注重对外文化交流,将中国的雕版印刷、古籍修复技艺带到俄罗斯、白俄罗斯等地,向当地民众展示中华优秀传统文化。此外,我市相关图书馆、博物馆还通过高仿技术复制古籍、书画,开发系列文创产品,打造特色文创商店,提升古籍文献的市场价值。同时,相关单位充分注重品牌推广,充分利用微博、微信、客户端等自媒体,有针对性地推送专题古籍文献,展现古籍图书的优美装帧和厚重内涵。通过以上诸多措施,古籍文献不再是深藏库房、束之高阁的"秘本",而是藏用结合、以用为主的学术公器和文创资源,只有让珍贵的历史文献化身千百,服务读者大众,才能充分彰显其时代价值。

(三)加强古籍文献学术研究

古籍文献的重要属性之一就是学术资料性。公共图书馆、博物馆作为古籍典藏的大宗单位,不仅要在"藏"的层面加强保护,还应该在"用"的层面与时俱进,通过对珍贵历史典籍的学术研究、深度开发,充分揭示其丰富内涵,彰显其人文精神,传承其优秀文化,发挥其时代价值。我市有关单位可以结合自身古籍典藏和保护现状,建议从以下三个方面开展古籍文献学术研究:

第一,专人研究。可以对我市古籍收藏家、版本学家、出版家进行专人研究。比如傅增湘、李文衡、王缵绪、郑振铎、刘赞廷等人,他们不仅在古籍收藏、整理、研究领域成就卓越,而且与我市的古籍保护研究事业渊源深厚。尤其是刘赞廷、李文衡二人,他们均曾在重庆图书馆工作,且慷慨捐赠大量珍贵古籍。通过对其人其事进行研究,既能梳理、彰显藏书家的历史贡献,更是感恩、缅怀先辈的君子之风。

第二，专书研究。在我市典藏的数十万册古籍之中，有不少珍稀善本、名家藏本，更有海内孤本，价值极其珍贵，值得深入研究。比如宋元刻本，每部均流传稀少、十分罕见。又如明刻本《永乐北藏》，国内仅存三部，重庆图书馆即占其一。又如《琴苑心传全编》二十卷，清康熙九年（1670）刻本，经考证为海内孤本。又如清代殿试卷，每份均为考生手写本，举世无双。这些珍贵文献的学术性强、文物性高，是我们古籍整理研究的首选突破点。

第三，专题研究。除了专人、专书研究以外，我们还可以选定某些特色专题，进行综合分析研究。比如从藏书家的角度对郑振铎《纫秋山馆行箧书目》进行探析，从历史文献学的角度对《刘赞廷藏稿》中的"康藏史料"进行研究，从版本学的角度对武英殿刻本、内府刻本、坊刻本等不同版本类型展开研究，从文化地理学的角度对清代巴蜀进士群体进行考察等，从而更好地揭示巴渝古籍文献的丰富内涵和多维价值。

结　语

我国古籍文献作为中华优秀传统文化的重要历史载体，凝聚了历代先贤的智慧精髓，诠释了华夏文明的内涵和特质，自诞生以来就具有多层次、多领域的重要历史价值。它们不仅是珍稀可贵的历史文献，也是极具研究价值的学术资料，更是丰厚文化遗产的重要实物遗存。如何对古籍文献进行有效保护和合理开发，是一个值得深入探讨的重要话题，也是一项需要持之以恒的文化传承工程。作为古籍保护工作者，我们有责任、有义务对古籍文献进行系统整理、深入研究和合理开发利用，努力践行"让书写在古籍里的文字都活起来"的历史使命。在具体策略上，应该采用大众喜闻乐见、方便快捷的方式，让珍贵的典籍文献化身千百，融入生活，吸引社会群体的广泛关注和喜爱，最终让古籍文献在传承与传播中完成创造性转化、创新性发展。

作者单位：
重庆图书馆

关于做好新形势下
国有文化企业思想政治工作的思考

王诗语

思想政治工作是国有企业的优良传统和政治优势,是国有企业改革发展稳定的有力保证。国有文化企业作为国有企业的重要组成部分,是发展文化产业、建设社会主义先进文化的重要力量,做好新形势下的思想政治工作非常重要。国有文化企业要立足自身实际,认真思考研究思想政治工作的新特点新规律,切实做好新形势下的思想政治工作。

一、强化责任,充分认识做好新形势下国有文化企业思想政治工作的重要意义

(一)思想政治工作是国有文化企业坚持正确导向,履行社会责任的重要保障

思想政治工作是党建工作的具体体现和重要抓手,更是加强和坚持党的领导的重要举措。坚持党的领导、加强党的建设是国有企业的"根"和"魂"。国有文化企业具有提供精神产品、传播思想信息和文化传承的职能,其肩负的政治责任和社会责任比其他国有企业更重,这就要求国有文化企业必须做好新形势下的思想政治工作。

做好思想政治工作,能更好地指导推动国有文化企业自觉弘扬和践行社会主义核心价值观,树立正确的历史观、民族观、国家观、文化观,坚守中华文化立场,坚定文化自信,凝聚社会共识,承担起举旗帜、聚民心、育新人、兴文化、展形象的使命任务;更好地发挥企业党组织的政治核心作用,确保企业发

展始终保持正确的政治方向,始终坚持以人民为中心的内容生产导向,努力满足人民群众对精神文化产品的需求,为企业改革发展提供坚实的保障。

(二)思想政治工作是国有文化企业增强竞争力的重要举措

随着文化体制改革不断深化,少数国有文化企业对思想政治工作的地位和作用重视不够,把精力更多用在生产经营上,没有充分认识思想政治工作对企业发展的促进作用。

做好思想政治工作,能提高国有文化企业员工的综合素养,增强企业的核心竞争力。一个企业如果不能吸引人才,激发员工的创造性,这个企业是没有持久生命力的。国有文化企业的经营理念不是图利、图名,而是高举旗帜,全心全面为民服务。思想政治工作就是帮助引导企业员工,不断提高政治素养,充分认识国有文化企业的责任使命,增强员工的责任感和使命感,坚定为民服务决心。同时,思想政治工作能帮助员工正确理解企业和自身所处的社会环境,增强市场经济意识,注重自身技能的进步,从而形成一支与企业改革发展现状相符的高素质人才队伍。

做好思想政治工作,还能营造企业和谐发展氛围,提升员工的使命感、归属感、凝聚力和向心力。在经济结构优化、新旧动能转换的关键时期,国有文化企业存在经营难度和风险管控难度增大、信息化推进加快、法人治理结构革新以及员工思想观念多元化趋势明显等问题。对于这些新问题,只有在开展思想政治工作过程中,采取有针对性措施,才能解除员工思想上的困惑和疑虑,增强员工对企业的认同感,激发员工的积极性与创造性,推动国有文化企业进一步发展。

(三)思想政治工作是国有文化企业做优做强的迫切需要

新时代要有新作为。如何让思想政治工作充满时代性和感召力,使文化企业从业人员进一步统一思想、凝聚力量,为文化企业发展提供可靠的政治保障和智力支持,是做好思想政治工作的重要要求,也是国有文化企业做优做强的需要。

面对新形势新任务,国有文化企业思想政治工作还存在工作覆盖不到位、工作方式方法简单、阵地设施建设不足、缺少有效的工作平台等薄弱环节,严重影响和制约了思想政治工作的作用发挥。这就迫切要求国有文化企业,要从维护改革发展稳定大局的高度,充分认识做好新形势下思想政治工作的必要性紧迫性,进一步增强做好思想政治工作的责任感和使命感,扎实做好新形势下的思想政治工作。

二、多措并举,不断提高国有文化企业思想政治工作的水平和质量

(一)强化党的领导,建立健全思想政治工作领导体制和工作机制

思想政治工作是党的各项工作的中心环节,必须把加强党的领导放在首位。各级党委(党组)要强化责任担当,切实负起政治责任和领导责任,结合实际,制定思想政治工作责任清单,明确落实措施和推进步骤。要建立健全思想政治工作责任制,书记是第一责任人,班子其他成员抓好分管部门和领域的思想政治工作,坚持管班子、管业务与管党建、管思想政治工作相结合,一体部署、一体推进。

同时,要充分发挥国有文化企业党组织的政治核心作用,科学配置思想政治工作资源,采取党委(党组)成员、董事会成员和经理班子成员"双向进入、交叉任职""专兼结合、一岗双责"等任职方式,建立健全目标明确、责权分明、运转协调、渠道畅通的思想政治工作领导体制和工作机制,形成党委(党组)统一领导,党委会、董事会、经理层共同负责,职能部门分工协作的大政工格局,确保思想政治工作落到实处。

(二)突出重点内容,深入开展思想政治教育

对国有文化企业来说,开展思想政治教育要坚持把政治建设放在首位,教育引导干部员工严守政治纪律和政治规矩,增强"四个意识"、坚定"四个自信"、做到"两个维护",不断提高政治判断力、政治领悟力、政治执行力;坚持把深学笃用习近平新时代中国特色社会主义思想作为思想政治工作的重要内容,增进干部员工对习近平新时代中国特色社会主义思想的政治认同、思想认同、理论认同、情感认同,推动理论武装走深走实;坚持理想信念教育常态化制度化,广泛开展中国特色社会主义和中国梦宣传教育,大力弘扬伟大建党精神,教育引导干部员工大力传承和弘扬劳动精神、劳模精神、工匠精神,打造更多文化精品;坚持把社会主义核心价值观贯穿于国有文化企业思想政治工作各个方面,深入开展爱国主义教育、民主法制教育、公民意识教育

等,不断提升员工思想道德素养和科学文化素养;结合党史学习教育,加强"四史"教育,教育引导党员干部牢记初心使命,厚植为民情怀、增强群众观念、践行群众路线,用心用情用力服务群众;结合国际国内形势,强化形势政策教育,不断激发干部职工爱岗敬业、奉献社会的热情,切实把干部职工的思想统一到企业的改革发展中来。

(三)依托党建工作,把思想政治工作贯穿党的建设始终

党组织是开展思想政治工作的主体,很多事实证明,哪个单位的党建工作抓得好,思想政治工作就开展得扎实深入、富有成效。要把党建工作作为思想政治工作的龙头和依靠力量,充分利用中心组学习,抓实领导干部的思想政治教育,以上率下,发挥示范带动作用;加强基层党组织建设,通过规范"三会一课"制度、严格落实主题党日活动、推进"两学一做"常态化制度化等,充分发挥基层党组织的政治引领和思想教育功能,不断提高党员干部思想政治素质;强化先进典型的示范引领,深化对优秀党员的宣传学习,让党员发挥好作用,传递正能量,带动广大干部员工在本职岗位上尽心尽力、尽职尽责。

(四)以企业文化为载体,丰富和拓展思想政治工作

随着文化体制改革的不断深入,企业内部组织架构、经营形式和管理方式都发生了较大变化,员工的思想观念也呈多元化趋势,单纯通过传统方式开展思想政治工作容易使企业员工产生抵触情绪。企业文化是企业自身发展过程中逐渐形成的并为全体员工遵循的共同意识、价值观念、职业道德、行为规范和准则的总和,其内涵丰富、形式多样,比起思想政治工作形式更加活泼,在员工内的传播力更好。同时,企业文化和思想政治工作中的诸多内容都是相近的、相似的,也为思想政治依托企业文化提供了条件。把思想政治工作与企业文化建设结合,能进一步增强思想政治工作的感染力和号召力,是加强和改进思想政治工作的重要举措。

国有文化企业,要结合自身实际,深挖企业历史与文化资源,总结提炼企业价值理念,塑造现代企业精神,使广大职工方向明、士气旺、心气足,自觉把企业的各项目标任务转化为实际行动;扎实推进职业道德和廉洁文化建设,通过开展道德实践活动、打造志愿者服务品牌、加强正能量宣讲等,用砥砺奋进的成绩激励员工,以各类先进典型的榜样力量感召员工,增强思想政治工作的感染力;要充分发挥群团组织力量,开展更多内容丰富、形式多样的群众

性文化活动,使社会核心价值观更好地融入员工的工作生活。同时,企业文化还要随着企业自身发展不断推陈出新,只有这样才能更好地发挥企业文化的独特优势,更好地做好思想政治工作。

(五)注重务实创新,增强思想政治工作活力

做好思想政治工作要因事而化、因时而进、因势而新。

新形势下,国有文化企业的思想政治工作必须分析新形势、解决新问题、应对新挑战,在继承中发扬、在创新中发展。

一要突出"实",坚持把思想政治工作与企业的生产经营情况相结合。企业思想政治工作如果脱离生产、经营的实际,就像是无源之水、无本之木。只有紧扣企业实际开展思想政治工作,才能确保思想政治工作的合理性和有效性,将政治优势转化为企业的竞争优势和发展优势。国有文化企业要坚持把思想政治工作落实到生产、经营、管理、服务等各个环节,使每位员工都正确认识身上的责任和使命,明确岗位奉献与企业发展的关系,以此来夯实企业管理,确保国有文化企业正确履行社会文化责任,推出更多思想性艺术性观赏性俱佳的文化产品,提供更多有意义有品位有市场的文化服务,切实发挥文化引领风尚、教育人民、服务社会、推动发展的作用。

二要突出"新",加强网络思想政治工作。当今世界,电子网络飞速发展、科学技术日新月异,谁赢得了互联网,谁就赢得了思想政治工作的主动权。国有文化企业思想政治工作,要树立"大数据""全媒体"等新思维、新意识,主动将思想政治工作搬到互联网上,充分利用互联网传播速度快、成本低的优势,通过微信、移动端、网站、自媒体等多种传播形式,将思想政治工作依托新媒体平台持续开展。同时,还可以通过建立企业局域网上的思想政治工作专题模块、开展优秀影视作品展播、实时分享教育类的讯息、建立交流群等多种方式,让思想政治工作更加鲜活起来,切实增强思想政治工作的时代感和吸引力。

三是要突出"深",坚持把解决思想问题与实际问题结合起来。要通过建立员工思想动态收集反映制度和员工思想状况定期研究分析制度,真正了解干部员工的思想和工作诉求,加强人文关怀和心理疏导,充分发挥思想政治工作"稳定器"作用。同时,要抓好实际问题的解决。员工存在的大量思想问题,很多是由他们在工作和生活中遇到的实际困难引起的。要坚持发现问题在基层、解决问题在基层,切实改善职工生产生活环境,真心诚意为干部员工办实事、解难题。同时,还要注重员工的个人发展,教育引导员工掌握新知识、了解新技术、学习新业务,不断提升自身综合素质。

三、强化保障,为做好思想政治工作提供有力支撑

(一)强化制度建设

不以规矩,不能成方圆。完善的制度是干好思想政治工作的根本前提和重要保证。要进一步完善企业内部管理制度,减少工作随意性,在有效约束管理者和员工行为的基础上,促进企业思想政治工作的有序展开。要建立完善目标责任制及考评体系,将思想政治工作纳入企业党建工作考核体系、纳入企业领导干部个人履责考核体系与年度综合绩效考评,明确考核标准、量化指标、考评频率、奖惩机制,与个人职务升迁、绩效工资紧密挂钩,变"软约束"为"硬指标"。同时,还要建立科学的监督和沟通机制,加强对思想政治工作开展情况的监督检查,促进工作交流,确保工作部署要求落到实处。

(二)打造优秀的思想政治工作者队伍

加强和改进新时代思想政治工作,需要一批优秀的思想政治工作者队伍。这个队伍过硬了,就有了坚强的工作基石和人才支撑。要按照稳定队伍、优化结构的要求,选拔一批政治过硬、业务能力强的优秀人才到政工岗位上来。重视政工人才培养,把思想政治工作者教育培训纳入企业人才培训总体规划,通过加强政治理论、业务能力、经营管理等多方面的培训,不断提升思想政治工作者的工作素养,打造讲政治、业务精、善管理的复合型人才队伍。要关心政工干部的工作生活,推动政工干部在薪酬保障、职称评聘等方面,与同级生产经营干部享受同等政策和待遇。

(三)进一步健全保障体系

做好思想政治工作,要加大思想政治工作经费保障力度,把日常思想政治工作经费列入企业年度经费总体预算,保障思想政治工作正常开展。同时,要抓好思想政治工作阵地建设,加强图书室、学习专栏、活动室等各类阵地的管理,为提升干部员工思想素质、丰富精神文化生活搭建更多平台。

思想政治工作是经济工作和其他一切工作的生命线,任何时候都只能加强不能削弱,只能前进不能停滞,只能积极作为不能被动应对,必须长期坚持、久久为功、善作善成。国有文化企业作为建设中国特色社会主义文化的重要载体,要坚持围绕中心、服务大局,坚持守正创新,着力在提高思想政治工作科学化、专业化、时代化上下功夫,进一步发挥思想政治工作统一思想、凝聚共识、鼓舞斗志、团结奋斗的作用,为国有文化企业在新时代发展提供坚实的思想保障。

作者单位:

　　重庆出版集团

传统图书发行国有企业战略转型探究

程材俊

党的十七届六中全会作出了"文化兴国"的战略部署,强调要通过文化体制改革的深入,文化发展理念的创新,促进文化发展繁荣。党的十八大确定了文化产业发展的战略目标并为文化产业发展提出路径指引,提出要将文化产业发展成为国民经济支柱性产业,提升文化产业实力,成为文化强国。《中共中央关于制定国民经济和社会发展第十四个五年规划和二〇三五年远景目标的建议》进一步明确,推进社会主义文化强国建设,要"繁荣发展文化事业和文化产业,提高国家文化软实力"。图书发行作为文化产业的重要一员,中央宣传部印发《关于促进全民阅读工作的意见》明确指出:到2025年,通过大力推动全民阅读工作,基本形成覆盖城乡的全民阅读推广服务体系,这对图书发行行业无疑是难得的发展机遇。但传统图书发行国有企业皆进入瓶颈期和蜕变期。近年来,纸质图书的有效阅读率越来越低,面对数字化阅读、新媒体冲击、信息技术发展、资本高商业化竞争,传统图书发行国有企业面临顾客留存率降低,收入增长速度缓慢等困境。本文对传统图书发行行业现状进行探究,分析传统图书发行行业存在的问题并提出建议,助力传统图书发行国有企业战略转型升级。

一、传统图书发行行业现状

图书发行是将图书以商品销售形式由生产单位传送给读者的一系列活动。包括:进货、仓储、运输、销售、调剂等基本环节。在我国,图书发行泛指图书批发和零售。传统图书发行行业通常指的就是以纸质书作为商品进行交换的企业的集合。图书发行的基本职能是组织图书商品交换,它具有传播知识、宣传思想、传递信息、积累文化等社会职能。

由中宣部印刷发行局委托中国书刊发行业协会发布的《2019年度全国出版物发行业发展报告》显示,2018年,全国共有出版物发行单位120739家,同比增长3.50%;出版物销售总额3743.79亿元,同比增长1.08%;利润总额282.83亿元,同比减少36.15%。从发行单位来看,2018年,产业集中度进一步提高,出版物销售额排名前20位的发行单位实现出版物销售额1158.24亿元,占全国出版物销售总额的31.49%。其中,16家为新华书店、2家为网上书店、1家为邮政公司、1家为图书进出口公司。2018年,新华书店系统实现出版物销售额1301.95亿元,占全国出版物销售总额的34.78%。从行业主体上看,新华书店依旧处于行业龙头地位。

从发展趋势上看,少儿图书发展前景好。从全民阅读情况来看,2018年我国成年国民人均图书阅读量为4.67本,2018年全国国民的图书阅读率为59%。形成鲜明对比的是,我国0~17周岁的未成年人的人均图书阅读量达到了8.45本,几乎达到了成年人的两倍。2017年,我国0~8岁儿童图书阅读率为75.8%,14~17岁青少年图书阅读率为90.4%。少年儿童的阅读率已经超过了全民平均阅读率,少年儿童在图书市场上逐渐成为了消费的主要人群。北京开卷信息的监测数据显示,2017年我国少儿图书码洋规模已接近200亿元,在图书零售市场销售比重从2012年的15.27%上升至24.64%,上升了9.37个百分点。2018年少儿图书销售码洋规模占比相较于2017年上升1.6个百分点,达到26.24%。码洋规模达到235亿元左右。2019年上半年少儿类图书码洋占比27.38%,比重持续提升。自2016年,我国全面放开"二胎政策",将为少儿图书市场的发展提供巨大的"少儿人口红利",保持着健康稳步的良性发展态势。少儿图书市场成为整个图书市场表现最好的板块,拉动着全国图书市场的快速发展。

二、传统图书发行国有企业问题

(一)经营模式僵化,线下门店被动营销为主

传统图书发行国有企业长期享受国家政策红利,缺乏市场敏感性,导致经营模式相对僵化。长期保持将图书等文化商品当做普通商品进行销售的模式,延续着出版社到发行单位再到各个实体门店的流程。由于缺少现代化的物流体系,发行单位将图书送往门店的过程消耗大量的时间,造成发行单位与读者之间信息不对称,供给和需求有差异,影响了客户对门店的满意度,服务质量也很难保证。门店依靠现有图书进行被动营销,无法通过系统进行精准营销,缺少对潜在客户的拓展和吸附。现存粗放的经营模式没有将市场与营销相结合,忽视了市场与风险,不利于企业的可持续发展,也不利于服务水平的提高。

(二)信息技术落后,缺乏标准化共享平台

目前国内大部分图书发行企业在日常工作中采用了ERP业务系统,WMS物流管理系统,NC财务系统,OA办公系统,表明图书发行行业已进入信息时代但纸质化办公的习惯依然为常态。不同部门ERP系统相互独立,业务流程无法共享。企业物流中心从收货清点到打包发货等一系列的工作,仍需大量人力去完成,在收货和发货过程中都需要反复扫描条形码;录入商品信息时,依靠人工扫描条形码的方式,使得人工作业量大,速度慢,出错率高。上下游企业之间数据不能交换,发行企业与出版社数据沟通多仅为订单信息,数据单薄导致市场判断失真。平行发行企业独立建立书目数据形成信息孤岛,大量重复行业书目信息,企业资源浪费。

(三)激励机制匮乏,市场营销竞争力薄弱

传统图书发行行业营销观念落后,缺少专业营销团队。书店的从业人员大多是非专业人士,缺少专业培训,没有把营销意识植入到工作中,营销意识淡薄。缺少市场化的人才和市场化的考核机制,项目策划、招商、投资、互联网营销、多媒体营销、大型门店运营等急需人才方面几乎是空白。行业薪酬低,缺少激励机制,专业人士等新鲜血液难以流入,普通员工只是机械地完成任务,缺少主动性。在新零售的大背景下,企业的收益源于与消费者之间的良好互动关系,消费者的需求不再仅仅停留在所购商品的核心利益,而在于情感价值与意义,这是传统图书发行行业蜕变不得不面对的问题。

三、转型升级的原则与目的

(一)循序渐进原则

一切事物都有其发展的客观规律,企业发展也不例外。企业的战略转型要结合企业实际情况,根据企业发展规律,逐步推进。不切实际、难以实现的战略目标会阻碍企业的成功转型。

(二)量变到质变原则

战略转型的成功建立在多方面的基础上,既需要企业扎实地积累资金、资源、技术等有形资产,还需要企业决策层能力的积累,如感知企业环境变化的洞察力,果断的执行力,开拓精神及前瞻眼光等,在一点一滴的积累中才能实现质变。

(三)稳中求变原则

企业在转型升级中要保证大稳定小调整。企业面对内部条件和外部环境的变化,要稳定政策,通过调整策略方案,来优化企业战略。避免由于政策的巨大变动,引起内部的不稳定。

科技是第一生产力,信息技术的发展打破了行业壁垒,传统行业发展空间萎缩,而市场竞争逐渐激烈化,企业只有通过转型升级开拓新领域才能保障企业长久发展。党的十九大报告提出"倡导创新文化",并进一步强调要"健全现代文化产业体系和市场体系,创新生产经营机制,完善文化经济政策,培育新型文化业态"。企业转型升级响应了国家号召,便于及时享受国家政策的红利,树立良好的企业形象。对于行业来说转型升级能够占据更大的市场,促使行业经济增长,促进行业的可持续发展。

四、传统图书发行国有企业优势分析

(一)国家政策支持

文化产业,作为一种特殊的文化形态和特殊的经济形态,关乎人民的整体素质,一直受到国家的重点关注。中央及各地政府相继出台了一系列文化产业发展政策,给文化产业提供了发展方向、发展框架及路径上的引导,还给予优惠政策加以扶持。2016年中宣部、国家新闻出版广电总局等11部门联合印发《关于支持实体书店发展的指导意见》对实体书店网点建设进行了合理布局,奠定了协调发展的良性格局,给国有企业实体书店的发展指引了方向。《"十三五"时期文化发展改革规划纲要》《全民阅读"十三五"时期发展规划》《全民阅读促进条例(草案)》《关于加强新华书店农村发行网点建设的通知》从宏观方面给发行行业提供了政策方向,为产业发展提供了良好的发展机遇;在税收优惠政策方面,国务院办公厅出台的《关于印发文化体制改革中经营性文化事业单位转制为企业和进一步支持文化企业发展两个规定的通知》和财政部、税务总局印发了《关于延续宣传文化增值税优惠政策的通知》决定在图书批发、零售环节继续给予免税以及对文化产业设置多个专项资金等政策极大地带动了文化产业的发展。

(二)发行渠道完善

经过多年的积累,图书发行国有企业建立了以实体店为媒介的连锁销售渠道。其他市州为骨干、县市相配套、乡镇(社区)为延伸、校园书店和乡村书店为补充的全覆盖的实体书店网络体系:在市州打造集文化、商业、智慧阅读为一体的多元化旗舰书城;区县书店进行"店面环境""经营业态""管理模式"和"服务培训"四个方面改造升级,依据地方特色旅游景点,打造特色书店实现门店多样化;加强了乡镇书店、校园店、社区店的建设,加大图书的发货量,增加了网点数量,提升了渠道覆盖面垂直度。

(三)资金链有保障

传统图书发行国有企业,具有稳定国有资产保值增值率,资产结构健康、经营状况良好。采购付款多数采用的方式是以收定付，未占用公司的现有资金。传统图书发行国有企业一直致力于国家政策、党政方针的宣传工作，为文化的传播起到了至关重要的作用，在教育类别、政治宣传读物具有特有优势，保障了企业利润额固定盘，企业收入来源稳定。在大众图书、新业务板块，面对的客户主要是机关单位，学校等行政事业单位，回款有保障，坏账少，因此企业资金链有保障。

五、公司转型升级路径的探究

（一）升级产业功能

进一步推进O2O融合，加强用户线下书店无障碍、快捷式感知线上网店信息，销售活动线上线下后台数据同步，优惠折算一键化。加强业务系统和财务系统对接度，建立数据管理平台，业务部门、财务部门、物流部门后台统一操作平台，加强部门间监督和简约流程。完善OA办公系统的功能，加强部门间的交流，提高工作效率。研发各平台App并周期性更新优化，增加客户黏性。

（二）创新发展模式

消费者的需求越来越多样，发行行业不能单靠图书的销售，企业的持续发展应多元化发展，形成"图书+"、"文化+"的发展新模式。探索"企业+战略合作商"模式，发展数字化在线教育、优质研学服务、投资建设研学旅游基地，建设上游产业集群，合力搏击教育装备、教育信息化等新兴市场，进一步扩大市场占有率。图书销售向高附加值的服务转变，建立多元化的产业链，从而推动打破各省图书业务壁垒，形成战略联盟。

（三）信息技术加强

提高信息技术水平有利于企业集约化发展，提高运营效率，有助于打造智慧书城；建立信息共享系统，打通产业链，出版社和发行企业以及数据使用者可以及时、准确获取图书需求信息及库存信息，避免过去流程带来的信息失真，库存积压问题。发行企业还应该广泛应用新技术如人工智能、云计算、物联网、RFID等。线下书店与VR充分结合,采购VR图书,让消费者在书店就能立体感受到书中世界,还可以根据消费者需求定制VR体验,将线下实体书店由单一的销售场地转变为多元生活体验空间。

(四)专业人士培养

第一,引进人才。企业转型升级需要精通图书发行方面的人才,同时还需要具有营销知识、招商运营能力、研发能力的综合性专业人才。第二,引入专业团队。在文创产品、定制产品、教育、信息化等业务领域积极引进专业团队,提高产品的研发能力。第三,注重人才培养。每年制定培训计划,针对营销知识,服务理念等薄弱的地方加大培训力度,增强员工的专业知识,提高员工的工作能力。第四,健全激励约束机制。健全干部选拔机制,完善员工流动,建立起一套多劳多得、优劳多得的薪酬激励体系,配合薪酬改革,充分调动员工的积极性。进一步精简机构、裁减冗员。第五,通过建设教育服务专员队伍,提高服务质量和水平。把营销和服务做到终端,打通营销"最后一公里"。

作者单位:

重庆新华书店集团

REPORT ON DEVELOPMENT OF CHONGQING'S CULTURAL INDUSTRY (2020–2021)

专题调研

重庆数字文旅经济创新发展研究

王柄权　唐德祥

数字化浪潮迭起,计算机、互联网、信息通信等数字技术不断向各个领域广泛渗透融合,数字经济成为创新最活跃、辐射最广、发展最快的经济活动,也成为全球经济复苏和经济增长的重要驱动力。文旅产业和数字化技术相结合,就催生出了新的产业形态——数字文旅产业。数字文旅产业是数字经济的重要组成部分,也是深化文化旅游供给侧结构性改革的重要手段。中国旅游研究院在2019年8月发布的《2019中国数字文旅发展报告》指出,数字文旅时代已经来临,数字文旅经济的地位和作用日益凸显。发展数字文旅经济不仅能够实现文旅产业结构优化升级,提高文旅文化产业供给水平、改善供给结构又可以促进文旅消费、满足群众不断提高的消费新需求。重庆作为西部文旅产业强市和国家历史文化名城,探索数字文旅经济创新发展,对重庆文旅产业高质量发展具有重要的现实意义。

一、数字文旅经济的概念界定、发展趋势与经验借鉴

(一)数字文旅经济的概念界定与发展动因

1. 数字文旅经济的概念界定

结合目前中国业界和学界广泛应用的,来自2016年G20杭州峰会《二十国集团数字经济发展与合作倡议》关于"数字经济"的概念,给出本文"数字文旅经济"的概念:以使用数字化的知识和信息作为关键生产要素,以现代信息网络作为重要载体、以信息通信技术的有效使用作为效率提升和结构优化的重要推动力的一系列文化和旅游经济活动,主要包含网络文学、动漫、影视、

游戏、创意设计、VR、在线教育等细分领域。综合来讲,在数字经济时代,文旅产业产生了新的组织方式、生产要素、流通渠道、商业模式,这其中既有"有中出新"式的传统文旅产业的转型升级,也有"无中生有"式的文旅新兴业态的不断涌现。

2. 数字文旅经济的发展动因

数字技术与文旅产业的融合,改造传统文旅产业并衍生出一系列新兴文旅业态,是多重因素综合作用的结果,其中,科技创新、产业升级、消费驱动、国家意志四个方面是其主要动力结构。

(1)科技创新为文旅产业数字化提供了根本动力。从文化与科技融合的演进机理来看,文化产业的种类、业态和格局变革,很大程度上要归功于科技的进步,科技创新是文旅产业新旧业态交替的根本动因。一方面,科技发展是文化得以产业化的必要条件,文化产业本身就包含科技的成分;另一方面,科技成果的转化成败在很大程度上也取决于产业环境的成熟度,文化产业为科学技术成果的转化提供了丰富的"试验场"。当前世界正处于由第三次科技革命向第四次科技革命过渡时期,信息革命方兴未艾,以智能、绿色、泛在为特征的全新技术正在悄然到来,技术、信息、资本等生产要素跨国界、跨区域流动日益加快,为世界经济和人类文化发展创造了全新机遇。在这一进程中,"数字化技术"[①]作为信息文明的关键构成文化和科技融合的基础条件,已经并将进一步影响文化创新发展的方式和速度。数字化技术的加快发展和普遍应用,已成为推动文化产业全面升级以及文化软实力快速提升的重要引擎。以数字文旅为代表的新兴文化业态呈现加速度发展的趋势,是文化生存与科技发展的客观规律的反映。

(2)产业转型升级是数字文旅产业发展的重要诱因。欧美发达国家的产业演进轨迹和发展经验表明,产业结构的调整与升级是国家现代化建设必经之路。2014年,我国第三产业增加值占GDP比重首次超过五成,撑起半壁江山;到2020年达54.5%。中国正在由"工业大国"走向"服务业大国",意味着在"产能过剩"和人口、资源开始向以服务业为主的第三产业转移时期,技术创新和产业升级成为经济回升的主要动力。就中国而言,目前文旅产业发展

---

① "数字化技术"(digital technology)是一项与电子计算机相伴相生的科学技术,它是指借助一定的设备,将文字、声音、图像、视频等多种要素转换为计算机可识别的二进制数字("0"和"1")形式后,进行运算、加工、存储、传送、传播、还原的智能技术。数字化技术是计算机技术、多媒体技术以及互联网技术的基础,是实现信息数字化的基本手段。

仍处于世界前沿的"后方",许多行业如电影业、演艺业还属于"追赶型",因此可以继续利用"后发优势"来加速文旅产业的转型升级。换言之,服务业比重上升、制造业转型升级、三大产业互渗融合为文旅产业发展开辟了巨大空间,而随着产业朝数字化、网络化、智能化、绿色化方向发展,与之相适应的数字文旅业态是文化产业对经济"新常态"的主动适应。大量发展以数字文旅为代表的新兴文化产业,以人工智能、移动互联网云计算、大数据、区块链等为代表的新一代信息科技与文化的融合蕴蓄文化产业发展新势能,既有利于推进供给侧结构性改革契合以居民的消费需求升级,又能从整体上推动文化与经济各门类融合发展,进而增强文化产业发展活力。

案例一

为疏解巨大参观人流而推出的敦煌莫高窟数字展示中心,通过播放电影《千年莫高》及《梦幻佛宫》,使游客产生在实体洞窟中无法感受到的新型体验,同时减少了对洞窟的破坏。数字化技术催生的新型文化业态众多,除Facebook、微博及微信等新兴媒体,还有创意设计、动漫网游、电子商务、网络视频、移动新媒体等。与传统文化产业相比,新型文化业态呈现"高特新"等特征。欧美、日韩等无不抓住时机,利用数字化技术推动其文化产业升级。Facebook、Twitter和YouTube等成为世界上成长最快的新业态企业,中国的腾讯、京东、阿里巴巴,也都以极高的市场需求、产业规模和增长速度,成为产业升级获益者的标杆。

(3)消费迭代成为数字文旅产业发展的有力驱动。约翰霍金斯在《创意生态》中曾提出"十亿新一代"(the new billion)概念,意思是全球每隔几年就会有十亿年轻人成长并适应社会。"新一代"也意味着"新消费",中国凭借庞大人口基数,构成了全球新型消费的中坚力量。据百度发布的《2015年"95后"生活形态调研报告》,中国1995—1999年出生的"95后"总量约为1亿人,被称为移动互联网"原住民"。他们具有主动性与创造性,喜欢"短平快"的内容消费,注重数字体验,对新兴业态几乎"全拥抱"式的接受程度,越来越多人逼近了"马斯洛金字塔"的顶端,甚至出现一种倒置现象,即在物质条件(生理需求)并不满足的情况下优先增加服务性、发展性、享乐性等文化消费支出。这些新的消费习惯刺激了文旅新业态的产生,如时下热门的"A站"、"B站"、网络直播、网络剧、短视频、网络文学、网络音乐、自媒体、动漫游戏的兴起与这一群体的成长不无关系。从另外一组数据来看,2012年我国消费对经济增长贡献率占比首次超过投资,2019年最终消费支出对国内生产总值增长的贡献率达到57.8%,表明一个逐步以消费、服务业为主,更多地依靠内需,从要素效率提升获取动力的经济结构已经形成。数字文旅作为新兴文化业态,以其满足个性化文旅需求为目的,极具灵活弹性的生产模式,与消费型社会相契合,正在成为引领新供给释放新消费潜力的新动力,它关系文化产业能否持续快速地增长,关系文化供给侧与需求侧的平衡,必将蓬勃发展。

（4）全球一体化背景下文化走出去倒逼文旅产业数字化。在一个多元文化竞争的新"战国时代",不同文化交流、交融、交锋更加频繁,相较于工业时代"自产内销"的文化发展模式,当今各国无不"摩拳擦掌",希望借助文化和科技融合的力量抢占21世纪的文化制高点和话语权。将中国优秀传统文化、中国精神、中国文化内涵传播出去是提升文化软实力、实现文化强国、增强文化自信的重要途径,中国文化"走出去"已成为一个国家战略,它恰逢一个科学技术高速发展,数字技术、数字网络传播盛行的时代,这使跨文化传播和交流变得更为通畅、便捷。网络传播的存储量大、内容资源丰富、形式多样,利用这些特点可将中国传统文化与现代气息巧妙融合,提升中国文化的传播力。数字技术的加持对文化"走出去"主要有两点推动作用。一是文化与数字技术融合令文化资源得以充分开发、文化传播渠道更丰富,其中以数字文化服务最为突出。数字文化服务创新了文化的呈现方式,拓宽了文化传播的途径,增强了文化内容的可读性与可视性效果,助力文化"走出去"。二是网络传播实时互动的特点使文化需求方的需求信息能够及时反馈,有利于文化生产者及时了解受众心理需求、市场动态,借以有针对性地调整文化产品和服务的内容与形式,以打破文化异质性、文化壁垒,减少文化折扣,推动中国文化有效"走出去"。中国文化"走出去"需要紧紧把握这一时机,利用好网络这一平台,发展数字技术,开发数字传媒,创新数字业态,占领文化制高点。

案例二

电影是国家文化软实力的重要载体,不仅可以有效推动本国价值观和民族文化内涵,而且在本土文化的国际化表达方面也具有重要的推动作用。数字技术在电影领域的广泛应用已经使电影成为文化输出的重要载体。比如:好莱坞将优秀的软件支持、3D技术与禅意文化、熊猫、功夫等中国文化符号结合拍摄而成的《功夫熊猫3》最终获得10亿元票房。2015年风靡暑期档的国产动画电影《西游记之大圣归来》,上映56天实现9.56亿元的票房,并已销售至全球60多个国家,海外预售已达到400万美元,创下中国动画电影国内外销售纪录的双高。究其根由,CG动画制作技术的运用,使该电影的流畅度、技术特效以及行云流水般的打斗和扣人心弦的音乐,可与《功夫熊猫》媲美。可以说,数字技术在《西游记之大圣归来》取得骄人业绩的背后扮演了十分重要的角色。2015年12月,故宫博物院打造的"端门数字馆"项目正式开放,该项目包含数字文物互动与虚拟现实剧场等多项科技展示手段,将数字参观和互动打造作为参观故宫的重要组成部分,使参观故宫的游客对中国传统文化有更加深刻的体验。不难发现,现代数字技术有助于激活传统文化,深度发掘文化精髓与文化价值观,使之在获得市场经济效益的同时也能带来精神文化的输出。

(二)数字文旅经济的典型特征

文旅产业与互联网、大数据、人工智能融合发展,协同推进,数字化、智能化已然渗透到文旅产业的服务、管理、体验、营销等各个环节,文旅产业正在被数据覆盖、赋能并重构,文旅产业正从"小文旅"迈向"大文旅"并呈现出一些新的典型特征。

1. 产业交叉跨界,业态呈平台化、融合化发展

在数字融合趋势下,数字文化产业的底层技术与内容已经打通,行业间原本明晰的界限已经越来越小。传统区隔化的产业迅速打破形态藩篱组成生产和运营联盟,相互渗透与补偿、相互连接与适应,形成新的文化产业增长点。跨界融合发展成为行业内企业的典型特征,做视频内容的企业可以扩展到终端接入设备制造,做网络文学的企业可以拓展到下游影视、动漫行业。随着行业信息化水平提高而导致的新业态发展,是对文化产业业态的"空间重塑",文化产业发展不再局限于有限的空间,而是以合作共赢为目的,通过企业发展平台化,开展多领域、跨平台的融合创新,实现多产业的跨界融合,促使产业的新业态不断涌现。从线上内容的选取创作,到实体产品的生产,再到销售、应用文化产业链的上下游正在与移动互联网融合,涌现一批文化创意平台,促进了文化产业内容与渠道、产业与资本的有效结合,推动全产业链价值的拓展与延伸。数字内容、新媒体、网络文化和信息资源的开发利用成为文化创意平台的主要功能,很多分散的社会资源和个人资源被有效调动起来,实现了价值变现。

案例三

"滴滴打车"本身是一个公共交通平台,但因其数量庞大的用户又是一个独立的新媒体,舆情、时政、市井民生,一切信息都能够在其中被传播。无论是微博、微信,还是打车平台,抑或是个人上传小视频,服务平台千千万,它们都有可能像独立的电视台或广播电台一样发挥作用。如今媒体的概念已经很难独立地去进行界定。这个时代,一切都在跨界。

案例四:猪八戒网——建立多方共赢的生态型平台

作为文化创意与分享经济有机结合的平台型企业,猪八戒网不断自我革新,打破行业规则,升级平台模式,将猪八戒网打造成中国服务众包领域的独角兽企业。

目前,猪八戒网形成了"双平台+一社区"的服务模式,"双平台"包括原本的猪八戒网,主打多元化业务;以及2017年推出的天蓬网,主要服务于大中型企业,进军中高端市场。"一社区"是指Work社区(八戒工场),是猪八戒网运营平台核心组成部分,包含全球范围内的知识工作者。猪八戒网在专注于自身平台建设的同时,不断提升行业整体发展水平,致力于建立起良好的行业生态,2017年推出的"天梯计划"与"天鹰孵化"是更具有针对性的战略,专注于平台孵化,以扶持平台大学生创业者与小微企业服务商为主。如今猪八戒网已是市值超110亿元的"独角兽"企业。截至2020年底,猪八戒网平台达到了2400万注册用户,线上平台创意人才超过1300万,囊括全球知识工作者与专业机构,孵化了超过10万家机构,实现了100万家机构与个人在猪八戒网就业。

猪八戒网充分发挥了平台型企业的优势,达到了平台与服务商、雇主企业的多方共赢,实现了商业价值与社会价值的统一。猪八戒网不但带动了创意人才的就业,同时孵化了众多创业公司,实现了人才资源与企业需求的有效对接,其作用是传统的实体孵化器所难以企及的。猪八戒网具有极为广阔的发展前景。一方面,猪八戒网将深度挖掘平台上的数据,并向社会开放。成立八戒研究院,推出"八戒指数"对中小微企业进行研究,为未来政策的制定提供客观而准确的依据。另一方面,猪八戒网将牢牢把握数据经济时代的机遇,让平台企业发挥出更多能力,不断超越目标、超越自我。但是随着同类型产品的出现,以及跨界创新带来的行业压力,猪八戒网未来的发展,依旧是机遇和挑战并存。

2. 内容虚拟化，服务资源更具分享性、便捷性

在数字经济和虚拟产业的推动下，生产进入了由代码主宰的仿真历史阶段，生产看不到材料、不需要工具、听不到声音，产品和服务不占据任何物理空间，但消费者依然会获得虚拟产品和虚拟服务。当人类逐渐进入一个由数字网络覆盖的"虚拟社会"时，文化产业也将不可避免地被卷入这场虚拟化的浪潮之中。文化产业内容的虚拟化生产，使文化服务更具分享性、便捷性，扩大了人类视听和娱乐空间。比如，在数字技术的推动下，新兴业态的出现使人们不需要真实的乐器，却同样可以在数字终端上演奏动听的音乐；书画创作和设计图稿摆脱了实体笔墨纸砚的束缚，却可以表现得更为真实；舞台艺术加入了声光电等现代元素，可以让演员与虚拟的影像共同演绎；休闲旅游可以不用出门，通过3D模拟和全景地图便能获得"坐地日行八万里"的切身体验等等。不仅如此，数字化技术还优化升级了传统文化服务。数字图书馆、数字博物馆、数字艺术馆的不断涌现改变了原有的只能"当时当地"的服务体验，甚至通过手机终端就可以接收文化信息。同时，储存在图书馆、博物馆、文化遗产地等传统文化事业机构的丰富文化内容和素材，借助数字化手段实现了版权化的再生和整合，有利于文化资源通过网络实现更大范围的传播，消除了文化资源的稀缺性。

案例五

就传统旅游业来说，数字化技术的广泛应用给传统旅游业带来了翻天覆地的变化。它改变了旅游业的格局，许多互联网旅企业集团得以产生。比如携程、去哪儿、同程、途牛等OTA（在线旅游服务平台）闯入了传统旅游业，为游客提供了全年二十四小时的实时旅游信息查询以及机票、酒店和旅游路线的快捷预订等一系列服务，极大地方便了游客的出游安排。景区通过景观虚拟展示技术、智能讲解系统、视频远程浏览系统，为游客提供及时丰富的旅游形象。

案例六

2018年，腾讯云发布了旅游助手小程序"一部手机游云南"。游客可以通过该小程序获得"吃、住、行、游、购、娱"等旅游问题的数字化解决方案，实现

在线看实时直播、订精品线路、买门票、刷脸入园、识花草、找厕所、语音导览、一键投诉、无忧退货等多场景功能,覆盖游前、游中、游后全流程,让游客"一机在手、说走就走、全程无忧"。

案例七

信息技术、数字技术的应用让收藏在博物馆里的文物、书写在古籍里的文物"活"了起来。创意设计及高科技使传统文化更"接地气"、走进百姓日常生活。飞速发展的数字科技手段打破了诸多限制,更多国宝级文物也能够以更好的方式呈现在更多人面前。《清明上河图》真迹展出机会极为有限,每五年才能展出一次,每次展出不能超过一个月。而"3.0版"的《清明上河图》则融合了双8K超高清投影等多种高科技,以动态效果展现北宋都城汴京的众生百态,构筑出虚实相映、人在画中的沉浸式体验。历经岁月变迁的国宝再次焕发光彩,唤醒了参观者内心的传统文化记忆。

3. 体验型、场景式的文化消费形态成为主导

如今,人们越来越愿意为了自己的感觉,或为了获得快乐而投资和消费,体验经济已成为继产品经济、服务经济后的重要经济内容和形式,约瑟夫·派恩和詹姆斯·H. 吉尔摩所预言的"体验经济时代"已然到来。在这样的背景下,服务的差异性与消费过程中获得的独特体验成为消费者甄选文化消费的重要标准。一方面,新技术的应用极大地推动了全新体验形式的出现,通过智能设备的使用,全息投影、VR、AR等技术手段的综合运用,实现虚拟与现实的结合,增强多维度感官刺激,带来了更丰富的视听感受和"身临其境"的现场感,也创造出众多文化消费场域;另一方面,随着数字技术的渗透,追求人性化服务与极致体验感的消费理念,深入文旅消费的全过程。很多消费者都对旅游期间的文化演艺消费有较高需求,形象生动的表演,文化内涵的挖掘,与景区居生活的紧密结合,使文化消费更为立体,这也将使文旅产业从"走马观花"式浅层观光走向文化内容深度体验的转型升级之路。在移动互联时代,这种交互式、数字化、视觉化、娱乐性的体验需求出现了爆炸式的增长。

案例八

在一些发达城市,工薪阶层不惜一掷千金购买iPhone等昂贵的数码电子产品,正是反映出人们对数字社交和娱乐媒体的狂热追求。再如,现在"80

后""90后"观众会关注3D、MAX、4K等技术给电影视觉效果带来的变化,他们看完3D版《速度与激情6》,还会去别的影院看IMAX版,对他们而言,故事本身已经不重要,花钱看同样的影片就是为了追求不同的视听体验效果。

案例九

不同于传统剧场的"固定视影",《又见平遥》将剧场设置为迷宫般的"流动观影"空间:在90分钟的演出时间里,观众可以"穿越"到清末的平遥城,捡拾祖先生活的片段。整个剧场不是固定的,而是需要观众自行游走在不同内容情节与场景的空间中,并且需要在这些生活片段中,串联想象与自主还原事件和历史全部。在《又见平遥》中观众既是观赏者,又是亲历者,为游客提供了一种全新的观赏体验方式。

案例十

由秦始皇帝陵博物院推出的VR互动游戏《复活的军团》,将兵马俑遗址的珍贵场景以VR方式呈现。与之相关的文化产品也适时地出现在游戏中,为文化产品消费埋下伏笔。

案例十一

2017年5月,中国园林博物馆举办的"看见'圆明园'"数字体验展选取了圆明园西洋楼、正大光明、勤政亲贤、方壶胜境等26个景区利用AR、VR技术多角度复现了"万园之园"的恢宏景象。数字技术为文化消费拓展了纵贯古今的文化消费场域,真正让消费有主题、有内涵。

4. 去中心化和权威化,供需主体界限逐步消解

在数字经济时代,生产创造消费的时代已经过去,互联网和数字化媒体的"民主化""扁平化"和"去中心化"特征给予了消费者"话语权",促使他们从被动的接受者摇身变为产品的定制者,并用自身的活动数据影响了该生产什么样的产品,生产者与消费者之间的区隔得以消解,二者身份逐渐合二为一。央视台制作的2014年大型纪录片《互联网时代》中有这样一段表述:"传统生产与消费之间曾经难以逾越的高墙被穿透了,新局面废黜了自工业革命以来制造商们所传承的支配地位,逼迫他们把'大脑'交给网络,让任何地方、任何人在任何时候都能发挥创造力,为诸如开发新工具、思考未来等方面做

出贡献。"在文化产业领域,这种"消费即生产"改变了价值观单向传递的原有模式,实现了交互,消费者角色正在发生从被动的文化产品和服务接受者发展成为主动参与文化生产的创造者的转换。比如影视行业出现了"私人订制"的情况,谁来拍、谁来演、用谁的剧本,观众可以投票来决定;文化软件如何设计、如何操作、如何改进由消费者反馈的信息决定;在新闻出版方面,人们读到的、看到的不再是传统官方媒体发布的消息,每个人都成为一个信息创造中心等等。

案例十二

《纸牌屋》是企业由原本的自说自话的生产方式变为通过分析消费者大数据,将消费者进行细分,再根据消费者需求进行定制化研发生产的模式的一个经典例证。《纸牌屋》的投资方Netflix(网飞)公司的网站有近3000万订阅用户,这些用户每天在Netflix上产生3000多万个行为,包括暂停、回放、添加书签以及每天300万次搜索、400万个评分。Netflix基于自身统计数据以及第三方机构(如尼尔森)的调研数据进行分析,最终做出拍摄《纸牌屋》的决策。

(三)数字文旅经济的未来趋势

未来5年到10年是全球新一轮科技革命和产业变革从蓄势待发到群体迸发的关键时期,数字科技将更加深入渗透文化产业,在这一背景下,文化产业将呈现出新的趋势。

1. 传统文化产业的数字化转型加速推进

传统文化企业因其传统的产品属性导致许多传统文化产品渐渐失去了消费市场,阳春白雪却无人问津。比如,据全国非物质文化遗产普查结果显示,全国非物质文化遗产资源总量约为87万项。其中,依旧活跃在人们视线中的非遗门类却屈指可数。如何将"高冷"的传统文化产品转化为"接地气"的亲民的文化产品并重新回到人们的视线中以赢得市场,一直是传统文化企业,尤其是注重历史文脉传承的传统文化企业转型升级中最棘手的问题。为了保持传统文化的生命力,拉近其与当代人的感情距离,就必须深入当代社会生活,让传统文化与当今时代和时尚形式融为一体。在数字经济的浪潮下,传统文化企业自身科技自觉不断增强,纷纷因地制宜地运用数字科技这一利器以实现从传统向数字化转型零的突破。主要表现为传统文化内容将进一步与信息技术、网络技术、数字技术对接,派生出一系列新业态,为文艺术提供新的表现形式和传播渠道,影响了传媒产业、展演产业、视觉艺术、文化遗产保护、公共文化服务等文化产业和文化事业的科技转型。

案例十三

深圳的雅昌文化集团从小型传统印刷公司,通过高端印刷、授权衍生、数字出版、艺术网站等数字化经营手段,建立起完整的艺术产业生态链,发展成为享誉世界的文化与科技高度结合的创意企业。尤其是雅昌推出全球最大的中国艺术品图片资源数据库"中国艺术品数据库",打造了一个有关艺术家、艺术品的知识库以及服务平台,为中国以及世界艺术界提供专业综合服务,令其成为业界翘楚。

案例十四

2017年末,中央电视台一档综艺节目——《国家宝藏》让博物馆又火了一把。这档节目里邀请了9家全国重量级的博物馆,选出27件国宝级文物,由27位明星"国宝守护人"以舞台剧的形式演绎出千百年的历史故事,讲述文物前世今生的历史传奇,再由9位博物馆馆长现场进行专业解说。《国家宝藏》在豆瓣评分网站上获得了9.3的高分,第一期节目在哔哩哔哩视频网站上线的第二天就获得20多万的点击量和2.9万的弹幕评论。显然,《国家宝藏》收获了年轻一代的青睐。《国家宝藏》娱乐性与专业性并重,叫好又叫座,可谓将传统文化合理包装的典范。

2. 科技企业逐渐走向高度的文化自觉

文化对于科技企业而言,主要通过两条途径提高技术的边际收益。一是通过融入文化创意强化技术应用的深度。在成果转化过程中,同一体系的科学技术可结合多种文化内容创新,如文化内容的数字化,依托数字技术进行文化创作、生产、传播和服务,形成的产业链都基于数字技术,大大提高了数字技术的边际收益。二是通过融入文化创意拓展科技的应用广度。工业时代科学技术多服务于生产领域,而数字经济时代大量科技成果服务于生活领域,文化需求的个性化、多样化、定制化使科技可拓展的领域变宽,从而提高技术的总体边际收益。随着数字经济占GDP比重的不断增长,数字技术将成为经济增长的一种主要技术因素,而文化创意与数字技术也将成为不可切割的融合形态。科技企业的文化自觉不断提高,主要表现为以信息、通信和传播技术为主的科技产业的转型。过去许多企业仍处于IT产业链的底端,生产效益低,附加价值不高。在文化科技融合的浪潮下,一批IT企业从原先的技术平台制造商、运营商和服务商,转变为包括内容制作、提供和集成在内的综合服务商,纷纷进军文化产业。

案例十五

深耕CG(计算机图像)领域的水晶石公司,通过数字视觉和创意展示,既服务了北京奥运会、上海世博会、深圳大运会、伦敦奥运会,又创造出奥运会开幕式卷轴、《动态版清明上河图》等富有中国文化底蕴的产品,不断提升品牌竞争力,这样的企业就有非常强的核心竞争优势。

案例十六 BAT在泛娱乐领域的布局

一级分类	二级分类	百度	阿里巴巴	腾讯
泛娱乐	影视	爱奇艺(拆分)、PPS、百度视频、百度糯米影业、Taboola(以色列)、星美影业	优酷土豆、芒果TV、Acfun(优酷投资)、淘票票、阿里影业、合一影业、大麦网、粤科软件、华谊兄弟、华数传媒、博纳影业、光线传媒、大地影院、新片场、文化中国、芭乐传媒、向上影业	腾讯视频、娱票儿、腾讯影业、华谊兄弟、柠萌影业、寰亚传媒、爱拍原创、文化中国、未来电视
	音乐	百度音乐(已出售)、Tonara(以色列)	阿里音乐、虾米音乐、天天动听(阿里星球)、SM娱乐(韩)	腾讯音乐、全民K歌、CMC(酷狗、酷我)、喜马拉雅
	文学	百度文学(已出售)、百度阅读	阿里文学、淘宝阅读、书旗小说、UC书城	阅文集团(含QQ阅读、阅读、创世、起点、云起、潇湘书院等)
	动漫	—	Acfun(优酷投资)	腾讯动漫、铸梦文化、艺画开天、动漫堂、糖人家、悟漫田、漫悦文化、丛潇动漫、乐匠文化、骏豪宏风、玄机科技
	游戏	百度游戏(已出售)	阿里游戏、UC九游	腾讯游戏、Supercell(芬兰)、西山居、漫游谷、擎天柱、乐逗、腾讯电竞、龙珠直播、斗鱼TV、虎牙直播

案例十七

2003年，当全球电子信息产业普遍遭遇发展瓶颈时，以单一电子产品为主营业务的深圳华强集团也一度陷入困境。华强集团提出"文化科技产业"概念，成立华强文化科技集团，走上了"文化+科技"的企业转型之路。近年来，企业运用计算机、声光电、人工智能等为数字化技术手段，打造出中国第四代主题公园、环幕4D电影、悬挂式球幕电影、巨幕4D电影等十几种特种电影形式，并自主研发推出世界上第一套180度环幕立体拍摄系统、"三维立体渲染基本模型"、"动态跟踪和校正"等几十项达到国际领先水平的技术，为华强成功转型奠定了技术基础。如今，以数字体验为业态模式的华强方特乐园不仅遍布国内，其环幕4D电影、数字动画、主题公园还远销各国，成为中国文化"走出去"的代表。

3. 新一代互联网技术引领数字经济时代文化产业新实践

如果第一代互联网技术是指信息网络技术，那么区块链[①]可以称为第二代互联网技术，强调从"数据互联"向"价值互联转变"。聚焦文化产业，文化产业因为可数字化程度高、创意内容依附度高等特点，具备较好的区块链创新应用基础并给文化产业的发展带来巨大的变革，对文化产业链上各个环节现有的弊病都能有远超之前所有技术平台的解决方法。表现为以下几个方面：

（1）基于文化创意本身的价值链重塑。第一代互联网技术能高效率传播信息和数据，但是对于价值的传播能力相形见绌。在由互联网构建的初期数字经济中，文化产品的数字化使文化创意的内容载体由实物变成数字信息，文化创意的"文本"内容传播速度呈几何级数加快，但文化创意的价值并未被有效补偿。一方面，数字信息的易复制性导致盗版猖獗，创意的价值在盗版传播的过程中向消费者转移支付。另一方面，即使不存在盗版，在"生产—消费"的价值流通过程中，中心化中介机构的商业提成大幅度挤压了文化创意的原生价值。区块链则能让价值的发现和传播更具效率。主要通过两套机制得以实现。其一是通过点对点的交易去中介化，将文化产品交易中介商提成最大限度返还给价值创造者，交易中间商转而通过执行汇总、处理信息、市

[①] 区块链又称分布式记账，是近几年来兴起的新型网络信息技术并逐渐成为中国数字经济领域的热点技术。就本质而言，区块链是通过加密和分布式记账建立一种新的社会信任体系，并在新的信任体系下构建的新社会生产组织和管理方式，可以称之为"信任互联"。

场制定、专业服务来创造新的商业价值。其二是全方位的版权保护。分布式账本的数据是共享式的,且要经过大部分节点验证真实性和准确性才会被记录,实质上降低了验证成本和网络工作成本,因此在记录版权和许可条件等有关信息方面有天然优势,利用区块链很容易鉴别数字文化产品供应链中的复制和盗版,从而在根源上消除产品价值在传播中的损失。

（2）基于创意者的文化商业生态重构。以互联网为基础的文化消费平台,如视频网站、网络文学网站、聚合媒体等,其基本商业模式是通过提供运营服务聚集庞大的用户群和数字内容,借助流量分配中心的地位获取产业链的大部分价值。由于价值链的重构,未来的文化产业可能会打破以中介机构为中心的商业模式,形成以创意者或艺术家为中心的商业模式。首先,可数字化的文化创意产品均可由互联网转移到区块链上,不需重新转换数据。其次,创意者可以不经过任何代理方,直接从创作内容的使用中获得逐次性收入,而且可以通过智能合约的方式批准或授权作品使用范围或转载方式,从而累积整个产业链中分散的"长尾"收益。最后,区块链的加密验证方式可以创建每个人身份的"黑匣子",将个人信用链接到区块链上的特定"地址",解决交易中的信任问题即"信任互联",从而允许创意内容的制作者和消费者互相验证,并通过智能合约的形式促进内容创造者和消费者的互动开发和协作消费。创意生产者和消费者之间的联系更加直接和紧密,甚至消费者可成为创意内容的直接投资者。

（3）基于网络互信的文化金融创新。关联虚拟货币的区块链技术还将在资金层面改变现有的文化生产和消费。在融资方面的创新,一种是有潜力的新兴艺术家可以凭借个人影响力和声誉,通过加密股权众筹来获取创作的资金支持。不同于传统的互联网众筹,加密股权众筹采用加密代币作为投资标的,而且得益于区块链的公开性,每一笔代币的用途和去向均可追踪,避免了众筹资金使用的道德风险。另一种是创意者可利用作品的知识产权作为抵押在区块链获得相关融资,投资方既可以是机构也可以是个人。区块链提供的这两种融资方式均不需要第三方担保机构,避免了复杂的融资手续和高昂的融资成本;区块链也为文化产品和项目的个人投资提供了渠道,利用粉丝的经济效应作为促进文化创意传播转化的金融基础。特别是,区块链金融还可以在传统的文化市场上发挥作用。例如通过向个人消费者或收藏家出售或赠送艺术品的所有权份额,可以将文化产业投资"民主化"。普通个人投资者一般无法承担市场价值较高艺术收藏品,但凭借加密股权投资,多个投资人可以共同成为某件艺术品的部分所有者,持有同一张画廊或收藏家契约,并在未来获取收益。在这方面已有相关实践——基于区块链技术的应用软件Artery,可将艺术作品相关的未来收入流的百分比作为报酬回馈艺术品投资者。

(4)基于内容监管的文化治理改良。区块链技术会颠覆文化产业的内容管理模式。一是从源头管理文化创意内容的发布及使用范围,区块链技术使用智能合约促进文化创意内容的管理优化,包括控制发布、授权许可、版本限定等。这对以内容为主的文化产业来说有潜在收益,因为它精准控制了文化创意内容的开放标准,例如可实现文化创意的共用授权许可,在公益性和非营利性文化领域有应用空间。二是通过声誉经济的形式创新实现文化社群或个人的贡献认定和评分机制。文化产品的特殊性和信息不对称导致文化内容的评估成本高昂,而且不容易在产品价格中体现。基于价值证明共识的区块链协议可以通过同行评估的方式有效地显示声誉和贡献,并可将其转化为代币形成价值激励。这在例如出版等行业能发挥独特作用,通过价值贡献评定为文学艺术创作者和粉丝之间的互动创造了一种创意性的治理模式。三是在传媒和社交领域,区块链也可作为一种新闻的质量保障体系被应用。以价值证明共识机制的区块链可用于社交媒体,通过声誉经济的形式来鼓励真实新闻发布者积累声誉创造价值;政府等官方机构也可参与新闻内容的管理,例如设置官方网络节点来验证信息发布,既能保证新闻发布效率,又能杜绝虚假新闻报道。

区块链在文化产业领域的应用越来越广泛。目前各国对区块链技术还没有形成明确的法律框架和统一标准,其长远发展有待考证。

案例十八　暴风影音将区块链技术应用于视频产业

2017年12月,暴风影音宣布进军区块链行业,推出了硬件产品暴风播酷云,在视频产业与区块链结合的领域发力。首先,暴风播酷云为NAS存储库,是一台存储解码设备,并不具备播放功能需要另配暴风高清播放机。官方介绍显示,这台机器主要定位是私人电影终端,可以自动为用户下载高清影片,下载的影片均为分辨率高、带有次世代音轨的超高清文件,与暴风BFC高清播放器和组合音响配合使用就可以为用户提供高级的家庭观影体验。其次,该设备还能够进行"挖矿",其闲置存储空间及带宽可以用于赚取BFC积分——这是一种积分奖励计划,客户未来可以凭赚取的BFC积分使用暴风相关服务,比如可以用来观看高清正版电影,也可以去未来暴风影院享受服务以及兑换一些活动门票会员等。

4. 新兴产业叠加创意,颠覆文化消费方式

随着消费社会的崛起,大众文化接受的方式将进一步向文化消费和文化市场延伸。虚拟现实、增强现实、全息成像、裸眼三维图形显示、交互娱乐引擎开发、互动影视等新的沉浸式技术发展、设备普及和内容创新发展,在带来游戏产业、影视娱乐、文化旅游领域视听感官交互升级的同时,也将催生新一轮的文化消费革命。数字经济时代背景下的文化消费将呈现出碎片式、沉浸式、延伸式和社交式的特征。

(1)碎片式消费。随着都市化工作节奏的加快,长时间沉浸式消费变成一件非常奢侈的事情,越来越多的消费者愿意为优质而碎片化的服务体验消费。正如美国未来学家阿尔文·托夫勒在其《第三次浪潮》一书中的描述:"这是一个碎片化的时代,信息碎片化,受众碎片化,媒体碎片化。"如迷你KTV、VR游戏体验中心等场景均成为碎片式文化消费入口。此外较为成功的案例如"得到"App,一个以"碎片时间,终身学习"为概念的线上学习平台,它迎合了现代人"在有限时间内渴求大幅度提升自我"的消费心理,为人们提供碎片式学习机会。碎片式消费正在崛起,它将以一种越来越细分的消费形态展现在文化消费的蓝海市场中。

(2)沉浸式消费。文化产业的消费体验大致按照这样的路径演化:首先是单向的感知体验,其代表性业态是观光旅游、舞台演绎、纸质媒体、广播电视、音乐唱片等,主要依靠单一外部感官刺激,目前不少文化产业业态仍然保留着这种体验类型;接下来是双向的互动体验,即在原来的基础上,突出人与人、人与物的交互性,是基于互联网和物联网技术衍生的体验类型;未来将是多维的沉浸体验[1],是一种为用户提供生理及心理双重沉浸式文化体验服务的消费模式,对消费者生理和心理产生更强更深的"代入感"。沉浸理论的拓展与应用对于改进文化产品设计具有重要参考意义。以游戏为例,通过对关卡退出率和关卡失败率的数据分析或玩家的情绪反馈,设计者就可以更加合理地设置关卡的难度和节奏,从而让玩家有效地在"挑战"与"技巧"之间达到

---

[1] 美国芝加哥大学心理学家米哈里·契克森米哈赖(Mihaly Csikszentmihalyi)于1975年提出了著名的"沉浸理论"(flow theory,也称"心流理论"),用来解释人们全神贯注而过滤掉所有不相关的知觉和想法,达到一种"沉浸状态"。

一种平衡的比例进入忘记真实世界的情景之中,产生更强的沉浸感。在更广泛的社交、游戏、旅游等领域中,沉浸式消费将成为未来最具颠覆性的文化消费模式之一。

案例十九

上海迪士尼乐园最新游乐项目"创极速光轮"和"加勒比海盗——沉落宝藏之战"都是将游客置身于黑暗的环境之中,综合运用灯光、影像、声音、运动、实景还原等手段营造出一种亦幻亦真的虚拟世界,从而使游客获得一种短暂的类似战栗、欣然、满足、超然的"高峰体验"。

(3)延伸式消费。延伸式消费是一种以优质IP为中心,以多种数字技术为手段,将IP拓展、延伸至多个文化领域和最终促成文化交易的消费模式。文化消费红利的爆发正得益于互联网、人工智能、全息投影等数字技术与优质IP的紧密结合,优质的文化IP经过数字技术的优化处理,将有效刺激消费者在精神层面的文化需求。在数字创意的渲染下,优质IP呈现极强的文化消费延伸性。在数字化背景下,数字创意将为文化消费增加内涵与外延。

案例二十

日本的虚拟偶像"初音未来"自2007年"出道"以来就一直受到广大年轻群体的追捧与喜爱,它是一位集全息投影、虚拟现实、人工智能、软件编程等数字化技术于一身的人气虚拟偶像。起初,"初音未来"只是一款虚拟人声软件,"初音未来"在音乐节迅速走红后,其运营团队将之逐渐延伸至游戏、演艺娱乐、文化衍生品、广告代言等文化创意领域。据统计,"初音未来"在出道第五年便积累了估值至少10亿元人民币的商品价值。"初音未来"的出现改变了人们对文化消费的认知格局。

(4)社交式消费。社交式消费指的是以增加社交机会来满足用户情感需求的一种文化消费方式。在数字经济条件下,人们的日常消费和社交场所之间的边界逐渐模糊,渴望一种处在社交场景下的消费模式,如社交短视频、网络游戏等。以网络游戏为例,年轻游戏玩家更喜欢协作性强的游戏,特殊的游戏环境为他们在虚拟互联网上提供丰富复杂的社交网络;观察旅游业,社交化旅游方兴未艾。社交化旅游是指以旅游为载体,通过团队出游、社交平台分享等手段满足消费者社交需求的旅行方式。社交旅游的形式最早是伴随着社交平台一同出现的,前几年在欧美国家十分盛行,尤其是脸书等社交平台上存在的大量旅游博主,通过更新旅行照片和游记的方式吸引粉丝。近年来社交旅游登陆中国市场并产生较大影响。目前,在微博、抖音等社交平台上也出现了大量的旅游博主且粉丝众多。随着互联网、智能手机用户群的持续增长态势,未来具有高度娱乐互动性的社交式文旅消费将会越来越普遍。

案例二十一

因为抖音而成为旅游"爆款"的西安和重庆洪崖洞等,虽然原本就是家喻户晓的旅游目的地,但因为社交平台的助力吸引了年轻人的目光,激发了年轻人的出游欲望并在旅行过程中、在各大平台上自发进行口碑传播,这样一传十、十传百,很快就成为"爆款",这是传统旅游业无法实现的。

案例二十二

《王者荣耀》是2017年由腾讯游戏开发的一款网络游戏。据网络数据统计,《王者荣耀》一个月可以带来30亿元人民币的流水,其中以赵云为游戏角色的皮肤曾在一天内产生1.5亿元的流水。这款游戏之所以受到追捧与其社交功能密不可分。《王者荣耀》在商业方面的成功也说明了人们越来越习惯通过文化消费和网络消费的方式与展开社交活动,满足他们内心的社交渴望。

5. 产业运营走向生态化,IP多领域联动开发将兴起

在数字经济条件下,科技的力量逐渐造就了新的商业环境,互联网、大数据、云计算、人工智能等催生出了全新的商业体系,并导致商业模式的改变和产业边界的突破。传统的企业单打独斗的竞争方式已经再难为继。在此背景下,"商业生态圈[①]"正在成为商业关系构建上的一场革命,作为市场的竞争主体,企业都努力成为生态圈中的一员,要么成为生态组织者,要么加入生态圈成为参与者。商业生态圈的特点是"共生、互生、再生、新生",强调内部参与者之间的和谐与共赢以此提高整体效应,其中的利益相关者主要依托一个共同的价值平台实现最大化的生态价值。生态圈以产业的高度对商业的发

[①] 商业生态圈是一个循环的商业价值网络,以核心公司为中心,通过并购、联盟、开放等形式,横向扩展、纵向深化,利用成员间优势互补与资源共享共同建立联盟参与市场竞争。

展进行重新审视,令企业跳出垂直领域的视角,重新定位自身价值与未来发展方向,具有重要的意义。面向数字经济时代的文化产业,技术的进步不断催生新业态的出现,而商业生态圈为新业态的发展提供了赖以生存的土壤和充足的养分。重视内容资源的创造,坚持以优质IP为中心,构建全方位的产业链,成为生态圈中的核心企业的竞争路径选择。比如,2014年成立的腾讯互娱,旗下包括腾讯游戏、腾讯文学、腾讯电影、腾讯动漫以及腾讯电竞五大业务板块,依托这五大板块,以腾讯文学为IP生产源头,形成了对IP多领域联动开发的模式,进而实现了生态价值最大化。

案例二十三

以腾讯的网络文学为例,腾讯于2015年收购盛大文学,并与腾讯文学合并成立阅文集团,奠定了其网络文学行业第一不可撼动的位置。据有关资料显示,阅文集团每日活跃用户数量占比高达48.4%,几乎占整个网文市场的一半。阅文集团旗下包括QQ阅读、起点中文网、创世中文网、云起书院、潇湘书院、红袖添香小说阅读网、中智博文、华文天下等多个知名网络文学品牌。根据阅文集团CEO吴文辉在2018腾讯新文创生态大会公布的数据,阅文集团共有原创文学作品970万部,创作者数量多达690万人,题材品类200余种,为IP后续选择及开发打下了基础。具体而言,2017年阅文集团在IP培育方面成绩显著,对100多部作品进行IP授权改编,全网观看量达到了880亿次。阅文集团下一步将更加注重挖掘IP的文化底蕴,将社会效益与经济效益相结合。围绕IP价值开发"最大化"、IP精品内容"旗舰化"以及IP共生运营"生态化"发展,任务重点放在IP的"影视化"与"次元化",实现网络文学与多领域的融合共生。

案例二十四 从《择天记》IP 的多领域开发看腾讯的文化生态

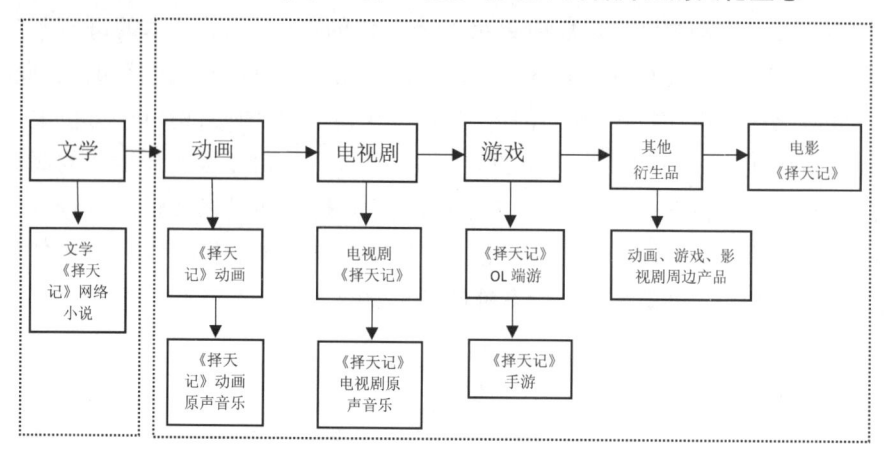

```
文学 → 动画 → 电视剧 → 游戏 → 其他衍生品 → 电影《择天记》
 ↓      ↓        ↓         ↓         ↓
文学   《择天   电视剧   《择天记》  动画、游戏、影
《择天  记》动画  《择天记》 OL端游   视剧周边产品
记》网络   ↓        ↓         ↓
小说   《择天   《择天记》  《择天记》
       记》动画  电视剧原    手游
       原声音乐  声音乐
```

（四）国内外发展数字文旅经济的经验

1. 国内发展数字文旅经济的经验

广东和浙江作为国内数字经济及数字文旅经济发展的领先省份，下面分别介绍以上两省的经验举措。

（1）广东数字文旅经济的经验。作为数字经济强省，雄厚的数字技术为广东省建设世界级数字文旅经济高地奠定了坚实基础。广东省集基础研发、数字技术和应用场景于一体的数字经济优势，率先打破文化、旅游、数字三者之间的障碍，建立起以文化为精神内核、以旅游为转化手段、以数字化为链接途径的数字文旅产业链，实现了文化、旅游、数字资源的优化配置。2020年3月发布的首期《数字文旅产业发展指数报告》显示，2020年第一季度，广东省数字文旅产业发展指数位居全国第一，其主要经验如下：

第一，对接国家战略，强化顶层设计。近年来，广东省确定了数字经济的战略地位，陆续出台了多项政策措施，制定了《广东省数字济发展规划（2018—2025年）》《粤港澳大湾区文化和旅游发展规划》等政策文件，形成了加快数字文旅产业发展的一揽子政策。在2021年政府工作报告中，广东省明确提出要顺应数字产业化和产业数字化发展趋势，实施文化产业数字化战略，培育新型文化业态、文化企业、文化产品，大力发展4K/8K影视、数字出版，加快现代文化市场体系建设，大力培育数字创意产业集群。同时，要深化文旅融合发展，建设世界级旅游目的地。

第二，科技创新驱动，注重融合发展。文化产业新业态中科技的作用不容忽视。无论是文化企业利用科技手段开发产品,还是科技企业借用文化创意提升产品,均体现了科技与文化融合的作用。广东在科技与文化融合层面有大量实践经验,已经涌现了一批以高新技术为支撑、以数字内容为主体、以自主知识产权为核心的文化科技型企业。如深圳华侨城文化旅游科技股份有限公司,利用科技创新驱动实施"文化+智慧+旅游"战略,开发运用智慧旅游终端提供票务导游、管理支持等便捷服务,构建集合游戏、社交及电子商务功能的"中国智慧旅游在线"综合服务平台,目前拥有100余项自主知识产权,年产值近10亿元,成为文化产业新业态的成功典范。科技创新是文化产业推陈出新的主要动力,广东各地通过推动文化内容创作、生产、传播和消费等领域具有自主知识产权的核心技术研发,有力推动了文化与科技融合,促进了文化新业态的迅速崛起。一批文化大数据、云服务平台建设运行,文化科技前沿领域的物联网、可穿戴智能设备、虚拟现实和增强现实、人工智能等技术也崭露头角,部分技术已经进入实用化阶段。

第三,突破传统优势,推动多元化发展。虽然广东互联网信息服务、印刷、珠宝首饰制造、工艺美术品制造、玩具制造等行业在全国都举足轻重,但广东文化产业发展并未局限于这些优势行业,而是呈现"百花齐放"的多元化局面。2016年以来,广东大力发展基于互联的新型文化业态,新设立网络文化经营单位近千家,文化企业多元化为文化产品创新、扩大科技融合范围预留了产业空间。与企业多元化相对应,文化产品的多样化同步推进,由于受国家政策的鼓励,2016年,以"互联网+"为主要形式的文化信息传输服务业增加值达505亿元,增长35%以上,涌现了腾讯、UC、YY等行业巨头。全国App总榜安装量前三名(微信、QQ、酷狗音乐)均为广东企业。2016年全省动漫总产值近300亿元,约占全国的1/3,形成集研发、生产、销售"一条龙"服务的产业群,涌现《熊出没》《猪猪侠》《巴啦啦小魔仙》等知名作品和品牌;网络音乐产值约占全国2/3;游戏产业产值超过千亿元,占全国总产值的70%和全球产值的20%,在端游、页游、手游、游戏游艺等方面处于国内领先地位。

(2)浙江数字文旅经济的经验。浙江数字文化产业的发展顺应消费端变化的特点和趋势,是内生创新要素与政府行为外部变量等多重驱动的结果。2020年3月发布的首期《数字文旅产业发展指数报告》显示,2020年第一季度,浙江省数字文旅产业发展指数位居全国第二,数字文化产业正成为新时代浙江文化经济的主要增量乃至主流业态。其主要经验如下:

第一,政府引领,正确处理政府与市场的关系。因势利导,充分发挥有为政府和有效市场的协调配合作用,浙江在全国率先提出省域层面的"数字浙江""文化浙江"战略,推进"四换三名""浙商回归""互联网+"等工程,并在全国率先大力发展以"文化+互联网"为核心的数字文化产业。制定实施《关于加快把文化产业打造成为万亿级产业的意见》《之江文化产业带建设规划》等政策文件,提出"数字内容打造计划""建设之江数字文化产业"等决策部署,在战略层面引领全省数字文化产业高质量发展。政府关注数字文化产业的战略引领、制度创新与平台搭建,但在民营经济、产业集群、技术创新等方面则更多发挥市场机制,用市场在资源配置中的决定性作用和更好地发挥政府作用,实现"政府失灵"同"市场失灵"的双重矫正。从2019年起,浙江省文化产业发展专项资金的分配方式由因素法分配转变为竞争性分配,通过绩效评价决定财政扶持资金增减,这也很好地体现了市场在资源配置中的决定性作用和更好地发挥政府作用。

第二,制度创新,全力构建最佳营商环境。新制度经济学派认为,即便在技术没有发生变化的情况下,通过制度创新或者变迁也能提高生产率并实现经济增长。浙江数字文化产业制度创新主要体现在以下三个方面:其一,积极融入数字经济、跨境电商、"新基建"等国家战略,以试点先行契机推进数字经济发展的制度创新获批全国首个国家信息经济示范区、全国首个跨境电商试验区等试点示范项目,提供有利于数字文化产业创新的制度供给和政策供给。其二,以"最多跑一次"改革为代表的政府强势行为,优化有利于数字文化产业发展的营商环境。由浙江省率先发起并实施的"最多跑一次"改革,超越政府中心主义治理逻辑,推进"以民众为中心"的公共管理的实现条件及其机制,加快投资项目审批、企业开办、跨境贸易等流程再造,为构建"亲商又清商"的新型政商关系提供保障。其三,为数字文化产业人才发展提供制度支撑。特别是《浙江省文化产业人才发展规划(2017—2022年)》,在人才培育、人才引进、人才激励和人才服务等方面做出新的制度安排,某种程度上开启了全国文化产业"人才争夺战"的序幕。这种人才优势反过来又进一步增进企业的技术创新、产品创新与商业模式创新,优化浙江数字文化产业的营商环境。

第三,平台创新,培育虚实结合的营商环境。产业集群是某特定领域中一群在地理上邻近、有交互关联性的企业与相关法人机构,形成彼此共通与互补的现象。处于上升期的浙江数字文化产业,在空间布局上呈现集中于杭州、金华的高度集聚化,并在平台构建上呈现线上、线下虚实结合的特点,成功实现了阿里巴巴、网易等线上平台的线下集聚。尤为值得关注的是,顺应工业互联网到生产互联网的变化趋势,浙江积极探索针对生产端数字化支持的平台建设。2016年启动的"浙朵云"大数据服务平台,以"数据驱动决策"为浙江数字文化产业生产端提供大数据支撑。另据不完全统计,浙江建成并实际运营的文化产业园区达143个,其中不乏杭州数字娱乐产业园、云栖小镇、梦想小镇等数字文化产业园区。这些园区通过线上、线下虚实结合的资源整合,推动数字文化产业新型业态、高端要素集聚并形成影响力,进一步优化数字文化产业的创新生态。

第四,要素支撑,汇聚多元化的市场主体。作为数字文化产业的最基本单元和重要活力来源,浙江汇聚了涵盖国有企业、民营企业、外商投资企业等不同所有制,以及领军型企业独角兽企业、中小微企业等不同体量的多元市场主体,并在产业链各环节实现协作。截至目前,浙江上市文化企业3家,新三板挂牌100余家,涌现"网吧软件第一股"顺网科技、"电视剧第一股"华策影视、"民营广告第一股"思美传媒等多个数字文化产业领域的"第一股"。这些数字文化产业的"浙军"在全国版图上具有突出的竞争优势,不仅重新定义浙江文化产业,也在某种意义上重新定义中国文化产业,构建了包括园区、企业产品等多维度的数字文化产业支撑体系。值得关注的是,全省性和区域性协会、基金等中介力量的培育,引导社会资本投资数字文化产业,为数字文化产业的资源配置和提质增效提供了新的要素支持。

2. 国外发展数字文旅经济的经验

数字技术于文化产业的结合,在国外一般称为数字创意产业。从全球数字创意产业的规模和产值来看,该产业主要集中在北美、欧洲及亚洲地区。其中,美国占市场总额的43%,欧洲占34%,亚洲及周边国家占据19%,其中日本占10%、韩国占5%。本部分以美国、英国和日本为例,介绍发达国家在发展数字创意产业的经验举措。

(1)美国数字创意产业的经验。作为科学技术与创意产业不断融合这一新趋势的引领者,美国无论在内容环节还是在技术环节都有一大批企业占据着数字创意产业链的高地。内容创意环节有如华特迪士尼、21世纪福克斯、康卡斯特及时代华纳等世界500强企业,产业技术环节的谷歌、微软、苹果、高通等世界500强企业亦引领着全球数字技术的发展方向。美国文化产业特点典型鲜明,相较于欧洲和亚洲其他发达国家,美国发展数字创意产业信奉市场的力量,政府主要负责为产业发展打造良好的社会环境、制度环境与市场环境,除了保护各行业版权的法律,政府很少以产业政策的形式规制或规划产业。美国数字创意产业发展的经验有三点值得借鉴：

第一，强调知识产权保护，行业自治引导产业发展。当前美国已经形成了一套完善的文化知识保护法律体系，这包括《专利法》《版权法》《商标法》等等，为了适应数字化时代要求，美国颁布的《跨世纪数字版权法》《电子盗版禁止法》《数字千年版权法》《防止数字化侵权及强化版权赔偿法》等一系列法律法规对以前《版权法》进行补充和修订，为大众和版权产业界提供数字化版权保护；作为高度市场化的国家，美国没有建立专门的文化管理部门，而是依靠法律规范、行业自律方式引导文化产业的发展。在文化产业领域，成立了各种相对于政府独立的行业协会如美国国际知识产权联盟，不仅使文化政策的制定更加合理，能够保证政策的适当性，而且对于行业标准和技术规范的确立都有不可替代的作用。

第二，资本和技术双轮驱动创意产业发展。美国鼓励多样化主体投资，不仅政府直接扶持，而且企业、基金会以及个人捐助都是产业发展资金来源。同时，美国注重单一的技术应用升级到多维的科技整合，其创意产业融合了大量科技元素，例如好莱坞影片中声音、特效、IMAX 等一系列技术的有机结合给人带来强烈的视听享受。

第三，重视数字文化产业人才培养。美国的数字文化产业能够快速在世界崛起还得益于其引进和培养了大量优秀文化人才。如美国好莱坞不断从世界各地引入最优秀的演员、歌者、电影人等，创作出大量经典歌曲和影片，繁荣了音视频产业。同时，全美多家大学都开办了文化管理专业以匹配文化产业的蓬勃发展；另外，美国的一些大学还开设了游戏相关课程，为游戏产业的日益繁荣提供后续人才力量，如美国纽约伦斯勒理工学院就开设了游戏技术、动画制作等课程。这些举措都为美国的数字文化产业发展输入源源不断的人才动力。

(2) 英国数字创意产业的经验。英国统计局将文化创意分为 9 个领域[①]，其中第 5 项电影，电视，视频，音频和摄影和第 6 项 IT，软件和计算机服务在整个创意产业中的经济占比最大，两项占比超过 50%。从 2017 年开始，英国统计局不再单独发布数字创意产业的经济数据，而将其合并至 DCMS 部门（数字、文化、媒体和体育部）的统计数据中。这一举措充分反映了繁盛的数

---

① 9 个领域分别是：(1) 广告和营销；(2) 建筑；(3) 工艺品；(4) 时尚设计；(5) 电影，电视，视频，音频和摄影；(6) IT，软件和计算机服务；(7) 出版；(8) 博物馆，画廊和图书馆；(9) 音乐，表演和视觉艺术。

字化趋势下,创意产业与数字技术、文化和媒体行业联系愈发密切与"难分难舍",创意产业与数字技术的融合发展已成数字时代新趋势。从DCMS部门于2019年公布的最新(更新至2017年)数据来看,DCMS部门增加值在英国总体经济增加值中的占比接近10%。与美国不同,英国文化产业的繁荣与政府的支持密切相关,由政府做出相关规划并实施。英国政府管理创意产业的方式值得借鉴:

第一,创意产业的各管理部门职责明确。英国创意产业的管理部门主要分为中央政府部门、地方政府和非政府部门三大主体,数字、文化、媒体和体育部门(DCMS)是管理和指导创意产业的核心部门,同时非政府公共文化机构和地方政府部门发挥相应作用,中央政府纵向管理,地方政府与非政府部门横向管理。与政治体制一脉相承,政府对文化创意产业的管理亦秉持着管理有度、严松兼备、适当分权的原则,通过制定各类规划、公布各类数据等措施引导创意产业发展。

第二,注重发挥个体的主动性。英国政府通过政策推动创意产业发展,并不直接参与到产业发展中,即"不办文化,只管文化"。政府通过"三三制"的方式来筹措创意产业发展资金,第一个1/3来自政府部门;第二个1/3来自社会,如社会捐助和彩票收入资助,1994年英国政府将国家彩票总收入的28%用于资助电影等创意项目;第三个1/3来自产业自身商业收入,如门票和场地租用费等。这一制度给各创意产业主体留下发展空间的同时又施加一定压力。

第三,突出"大文化"概念。英国政府顺势调整文化管理机构,合并管理职能,逐步走向综合管理。这一特点我们可以从数字、文化、媒体和体育部(DCMS)的发展历史中窥见。1992年梅杰政府将分散于艺术部等6个部门的文化职能集中一处,成立了国家文化遗产部,该部统一管理全国的文化、传媒、体育和旅游等事业。1997年布莱尔政府将文化遗产部更名为文化、媒体和体育部,使其成为管理创意产业的核心部门。长期以来,该部门承担的数字化工作越来越多,甚至工作内容一半以上均为数字化工作。该部门在2017年3月发布了《英国数字战略》这一重要国家战略,7月便更名为"数字、文化、传媒和体育部",下设数字经济理事会,主要负责整体推动《数字英国战略》,以上变动显示了这个英国创意产业的数字化转型趋势。

(3)日本数字创意产业的经验。日本属于政府主导型发展模式,在国家战略下,政府通过政策引导产业发展。日本内容产业的一个典型代表是动漫产业,日本是世界上最大的动漫内容制作和输出国,全球播放的动漫作品中60%以上出自日本,其中中国大量购买日本动画播放权和游戏改编权成为日本动画市场规模扩大的重要因素。日本数字创意产业发展的经验有四点值得借鉴:

第一,"产学官"联动形成合力。经济产业省管辖的企业属于"产",文部科学省管理的各科研机构与大学属于"学",政府部门和半官方的中介机构属于"官",三方协同发展,在业界、学界和政府的相互联动中,政府起着主导作用,具有制定政策和引导市场的重要功能,政府利用税收优惠和投资补贴等方式支持企业发展。

第二,注重产品的原创性和精致性。以动漫产业为例,日本著名卡通形象Hello Kitty风靡全球,因为设计之初的理念是"希望设计一个全新的卡通形象,其风格是以前日本乃至全球都没有的"。本着这种精神,日本动漫创作在主题、题材、情节、技巧、风格等各个方面都在不断追求创新,乃至殚精竭虑。

第三,重视优质文化产品及其衍生品的开发。比如围绕动漫而产生的一系列周边、玩具、游戏软件、电影等,这些文化制品不仅创造了经济利益,而且对日本文化形成了二次传播。

第四,重视海外市场的拓展。日本一直将自身定位为"文化资源大国",出于本国文化市场饱和以及人口老龄化严重等原因,增加国内市场份额的难度远远大于开拓海外市场。近年来,日本已将其文化产业的发展重心转移至海外,同海外公司开展交流合作,在海外设立了大量日本文化研究和推广机构,为其数字创意产业的海外发展和传播奠定基础。以动漫产业为例,除了一些大型动漫企业有专业部门负责海外市场之外,日本还有很多为中小型动漫制作服务的中介公司,此外日本还定期举办海内外动漫展销会,扩大品牌影响力,拓展市场空间。

二、重庆数字文旅经济发展的优势与不足

(一)重庆数字文旅经济发展的优势

1. 政策利好叠加良好产业规划有效推进资源整合

2017年4月,文化部颁布了首个"数字文化产业"概念的政策文件《关于

推动数字文化产业创新发展的指导意见》,向全社会发出国家鼓励数字文化产业发展的明确信号。

重庆作为中西部地区唯一直辖市、国家重要中心城市、长江上游地区经济中心和内陆开放高地,西部大开发的重要战略支点、"一带一路"和长江经济带的联结点,独特的体制和区位优势使重庆在发展数字文旅经济发展获得国家的政策倾斜。2021年1月,经国务院同意,国家发展改革委修订出台了《西部地区鼓励类产业目录》(2020年本),并于2021年3月1日起施行。在"西部地区新增鼓励类产业(重庆市)"的45类产业目录中,明确将"影视、电竞、音乐、网络文学、知识付费、沉浸式互动式场景等数字内容创作生产、文化IP产业,数字媒体、数字出版、短视频、直播等信息服务……"列入鼓励类产业。

近年来,重庆文化产业展现出较强的资源开发与整合能力,具体表现为政府对文化产业整体规划能力强。2019年2月,重庆出台《关于推动文化产业高质量发展的意见》,明确提出要实施文化产业大数据智能化工程、"文化+"创新驱动工程等七个工程,并把数字文化创新创意体系作为突出重点发展领域……;2020年6月,重庆出台《重庆建设国家数字经济创新发展试验区工作方案》,明提出要突出科技支撑和价值引领,激发数字文创产业发展活力。加快数字博物馆、数字图书馆、数字文化馆建设,鼓励利用VR、全息投影等手段实现文物活化。大力鼓励企业挖掘历史底蕴、文化内涵,围绕巴渝文化、三峡文化、移民文化、抗战文化、统战文化等创作高品质数字文化IP精品,打造重庆特色文化网络名片。目前,已形成以重庆主城区域为主体,渝东北和渝东南区县为特色的产业布局。主城区围绕打造"近者悦、远者来"国际知名文化旅游目的地目标,发挥对全市文旅发展的核心带动作用,突出"两江四岸"文旅高地打造,整体打造南滨路-广阳岛国际黄金旅游带、长嘉汇大景区、九龙美术半岛和钓鱼嘴音乐半岛。渝东北三峡库区核心区要围绕"长江三峡"世界级精品文旅品牌,突出"壮美长江、诗画三峡"特色,全力策划打造世界级精品景区和线路,着力推出一批独特生态文化产品和地域特色品牌;渝东南片区依托独特的民俗文化和丰富的山地旅游资源,着力打造西部土家风情康养休闲城镇群,做靓"世界苗乡·养心彭水"旅游品牌,协同打造"石柱-彭水-黔江-酉阳-秀山"武陵山区民俗风情生态旅游示范区,加快推动大武陵旅游目的地建设。

2. 丰厚文旅资源禀赋是数字文旅产业的不竭内容源泉

从传统文化中得到更多启发和积累,推动打造精品IP,这些不仅是商业上的机会,更是数字文旅行业必须应答的考卷。数字文旅产业在传统文化中寻找结合点和商机的例子并不罕见,例如敦煌石窟壁画彩塑的数字化,不仅永久保存了文物信息,也使传统文化的数字产品更具市场价值。随着重庆综合经济实力和影响力的不断提升,重庆地域特色文化将成为产业创意内容的重要源泉,更是数字文旅产业走向全国乃至世界的核心竞争力。重庆拥有3000多年的悠久历史,是巴渝文化的发祥地,是中国著名历史文化名城。在几千年的发展过程中,重庆形成了丰富的革命文化、抗战文化、巴渝文化、长江文化、三峡文化、移民文化、工商文化、石刻文化、兵工文化、龙灯文化、鬼城文化、忠文化、开埠文化、沙磁文化等特色文化,以及丰富的民族、民间、民俗的非物质文化遗产。据统计,重庆资源单体数多达15136个,其中五级资源单体达160个。据《2019年重庆市旅游业统计公报》数据显示,重庆拥有国家A级旅游景区242个(其中5A级景区8个,4A级景区106个);武隆区、巫山县被认定为首批国家全域旅游示范区⋯⋯。优秀文化资源的创造性转化、传统文化业态的数字化升级等,都将成为未来国家政策扶持的重点。让重庆特色历史传统文化产业与数字化联手,使得AR、VR、AI、云计算等和传统文化相互赋能,将成为重庆文化产业的重要发展方向。

3. 良好的智能产业生态为文旅产业数字化赋予科技支撑

重庆市是首批6个"国家数字经济创新发展试验区"之一,获批建设国家新一代人工智能创新发展试验区。近年来,重庆坚持把大数据智能化创新作为推动高质量发展的战略选择,深入实施以大数据智能化为引领的创新驱动发展战略行动计划,大力促进数字产业化、产业数字化,"芯屏器核网"全产业链和"云联数算用"全要素群加快形成,建设"智造重镇"和"智慧名城"的优势更加凸显。

在建设"智造重镇"进程中。重庆不断壮大智能产业,加快培育发展新动能。截至2019年底,重庆培育引进数字经济平台企业226家,集聚数字经济企业5727家,推动了一大批数字经济合作项目落地落实,将依托产业优势继续壮大"芯屏器核网"智能产业集群,培育新的经济增长点。在加快传统产业转型升级方面,目前全市近1000家企业已完成智能化改造,计划到2022年将累计推动5000家企业完成智能化改造,1万家企业"上云上平台",建设10个具备国内较强竞争力的工业互联网平台、50个智能工厂、500个数字化车间,使84%以上的规上工业企业迈入数字化制造阶段、64%以上的规上工业企业迈入数字化网络化制造阶段。

建设"智慧名城"进程中。在基础设施方面,重庆已建成国家级互联网骨干直联点、重庆数据中心、中新(重庆)国际互联网数据专用通道等,为"智慧名城"建设提供了重要基础性支撑。在产业集聚方面,有重庆智谷、两江智慧体验园、西部(重庆)科学城等,集聚了3000多家大数据智能化企业,具备良好的智能产业发展基础。在技术研发方面,腾讯、阿里巴巴、百度、华为等大批行业领军企业争相进驻,纷纷设立区域总部和研发中心,中国科学院重庆绿色智能技术研究院、重庆两江人工智能学院等相继成立,助推重庆大数据智能化创新发展。此外,推进"智慧名城"建设的顶层设计不断优化,探索"云长制"等体制机制创新,政策措施日益完善,都有助于加快推进"智慧名城"建设。

据重庆市经信委统计,到2022年,重庆智能产业有望达到1万亿元的规模。智能产业的蓬勃发展,一方面,将为传统文旅产业植入"智能因子",助推传统文旅产业的数字化转型升级;另一方面,智能产业向文化跨界融合,借助其提供的丰富应用场景将催生出新兴文化业态。

4. 双城经济圈战略为数字文旅拓宽了资源优化配置空间

在我国迈向高收入阶段的进程中,产业链不断延伸,产业复杂度越来越高,往往需要跨区域整合多方资源,针对上述情况,中央提出了长江经济带、京津冀协同发展、粤港澳大湾区、成渝双城经济圈等区域协同发展战略。面向数字化时代下的文化产业,以跨门类融合、跨要素融合、跨行业融合、跨区域融合为主要表现型形式业态裂变与跨界融合特征凸显,突破现有"行政区经济"瓶颈,在更广阔的区域协同也将成为符合数字文旅产业内在发展的实际需要和时代趋势,将有助于避免历史性同类文化资源在不同地区间出现相似性开发利用,杜绝同一资源主体多地区恶性竞争,令各地立足重新定位数字文旅产业未来发展方向。从微观层面的资源要素配置来看,跨区域协同能够实现多地区之间的文化资源、市场、渠道、人才互补与共享,协调局部与整体的利益关系,调动组织和人员的创造性,发挥各地域文化产业比较优势,实现文化生产力集约化发展。从宏观产业发展来看,通过跨区域互动有利于实现数字文旅产业横向竞合和纵向延伸,做大总体规模,产生多方共振,实现多赢互利。目前,重庆正抓住"成渝双城经济圈"建设战略机遇,与四川省签订《推动成渝地区双城经济圈建设战略合作协议》《推动成渝地区双城经济圈文物保护利用战略合作协议》《成渝地区文化和旅游公共服务协同发展合作协议》等一系列协议,联合四川省成立推动巴蜀文化旅游走廊建设专项工作组,召开巴蜀文化旅游走廊建设专项工作联席会议,联合印发工作机制、工作方案等文件,随着区域文旅合作的深入,跨区域协作的方式、方法和机制不断完善,将促进人才、技术、资金等各类文旅要素在成渝地区的配置效率稳步提升,区域集聚、资源和优势互补效应将进一步凸显。

(二)重庆数字文旅经济存在的不足

1. 科研投入集中于大文化企业,万众创新潜力有待激发

2019年重庆规模以上文化制造业的R&D经费投入达到7.22亿元,新产品开发项目个数为326个,有R&D活动的企业仅有84家。横向比较其他省市,少于四川的92家,更是远少于江苏的1409家和浙江的978家,如果按比例算,重庆有R&D活动的企业占文化制造企业总量的比例仅为37%,低于江苏的58.9%、浙江的41.6%和广东的33.8%。上述数据表明,重庆相较于国内文化强省,参与研发的企业比例偏低。因为研发活动的高风险性,参与科研的企业比例越高,由于知识溢出效应,研发成功的概率也越高。鼓励更多企业投入研发而非模仿,是万众创新的需要,也是分担产业创新风险、提高创新效率的需要。

2. 产业布局尚处于价值链低端,经济效益不佳

由于投入研发的文化企业偏少,没有科技研发的企业,可能追随国外技术,通过引进、应用、模仿进行生产,内容原创与技术更新不足,贴牌生产较多,自主品牌不强,多处于文化科技融合链条的末端,价值和利润较为薄弱,而位于产业链上游、附加值高、带动效应强的研发设计、创意、创作等相关环节处于弱势地位。以属于内容产业的动漫为例,2019年,重庆原创动漫仅有3部,少于四川的15部,更是远逊于江苏的188部、浙江的183部、广东的1463部。从经济效益来看,2019年重庆动漫产业实现营业利润152.1亿元,与四川的283.3亿元,浙江的1410.2亿元,江苏的685.8亿元和广东的1572.1亿元存在较大差距。

3. 市场主体结构不合理,缺少航母级、平台化企业

传统企业做大做强,依赖人力、物力、财力等物质生产要素的集聚。在数字经济条件下,文化要素和用户流量成为衡量企业生命力的重要依据。一方面,企业一旦掌握核心要素,通过搭建平台实现与消费者对接,"赢者通吃"模

式在文化产业的发展过程中会日益突出。今后的文化内容企业有可能出现两极分化的情况,大的企业做得越来越大,小的企业将会面临着很多成长的瓶颈;另一方面,文化产业发展需要大融合,需要多渠道全产业链布局,由此打造出的航母级、平台化文化企业才更有能力参与市场竞争,推出有影响力的文化品牌。从现有数据来看,重庆规上文化企业仅有227家,而上海、江苏、浙江、四川和广东则分别有372家、2392家、2348家、503家和4089家。2020年,全国文化企业30强提名中,重庆仅有一家企业获得提名,有竞争力的文化航母还不多,企业规模和质量也与知名巨型文化航母差距较大。此外,商业生态圈往往以航母级、平台化企业为中心,不断聚合相关中小型企业,向周边产业蔓延,将带动参与者间相互促进、不断优化结构效率,持续提升整体竞争力,从而形成健康和谐的商业生态链。航母级、平台化企业既是生态圈的核心,也是生态圈形成的内在要求,要加强这类企业的培育。

4. 高端复合原创型人才普遍缺乏,人才培养与需求错位

在数字经济条件下,产业跨界融合对文化从业人才提出了更高的要求,高端原创的文化创意人才、文化产业经营管理人才、高端复合型的文化创意人才和国际性的文化创意人才最为紧缺。而这些无数"创新体"的集合,将成为未来重庆文化竞争战略的重要组成部分。目前,重庆文化产业人才总量较大,但大多集中在附加值较低的产业链中低端,高层次人才尤其是产业尖端人才严重缺乏,专业化人才存在结构性短缺。从业人员基本上是新闻广电类、美术类、艺术类工作者,懂文化创意和经营管理的复合型人才严重不足。据现有数据,以规上文化制造业研发人员数量作为原创型人才的替代指标。2019年,规上文化制造业研发人员全时当量[①](单位:人年)重庆为2021,上海、江苏、浙江、四川、广东分别为2114、24815、18910、7709和43507,重庆位于末尾;重庆规上文化制造业从业人员数量为55382人,而上海、江苏、浙江、四川、广东分别为73679人、482833人、327845人、109479人和1134116人;如果按比例按看,用研发当量与从业人员的比值来表征原创型人才的占比,重庆为0.036,上海、江苏、浙江、四川、广东分别为0.03、0.051、0.058、0.07和0.038,正好显示出重庆高端复合原创型人才占比偏低。同时,重庆文化创意人才培养体系建设滞后,专业化培训跟不上,与市场需求严重错位,不能较好

---

① 指报告期企业R&D全时人员工作量(全年从事R&D活动累积工作时间占全部工作时间90%及以上人员)与非全时人员按实际工作时间折算的工作量之和。

地适应数字文化产业发展的需要。此外,重庆还存在人才流动机制不畅的问题,无法对高素质创意人才形成有效的吸引力和聚合力。

5. 文化元素挖掘释放不足,文化输出力和传播力有待加强

依托直辖市体制、丰厚的文旅资源禀赋和良好的智能产业生态,重庆发展数字文旅产业的基础虽然不落后于国内其他地区,但在文化输出、传播、影响力方面仍有较大差距。在数字化时代,仅有先进的技术还不够,还必须有文化创意助力,数字文旅产业发展的一个重要方面就是传统文化与泛娱乐产业的结合,在本质上就是打造承载传统文化的"民族 IP",进而实现文化认同和文化传播。目前,重庆数字文旅产业最突出短板就是"讲故事"的能力不强,缺乏代表性和现象级文化 IP。文化产品片面迎合其浅层次文化消费体验,虽然技术成熟,但文化原创不足,导致躯壳强大、灵魂薄弱的不平衡状态;要么是文化与科技融合的"两张皮"现象,难以借助有效传播形成深层次的文化认同。这与重庆深厚的历史文化底蕴、经济发展水平不相匹配。未来,重庆要以"文化+科技"的思路寻找未来发展的突破口,特别是要利用新媒体技术,让非物质文化遗产焕发新的光彩,从而把重庆非物质文化遗产价值内核中所暗含的优秀传统文化思想,推向世界,大放异彩。

6. 产业环境配套政策体系不完善,市场主体活力未充分激发

在数字经济时代,原有的文化产业管理机制已不完全适用。当前,重庆文化产业出现新的趋势与旧的文化体制机制还存在许多矛盾和难以融合的地方,导致行业壁垒难以破除,市场活力得不到充分的激发。尤其是一些文化新业态的出现和跨界融合加速,给相关配套政策法规、制度创新、统计标准等提出了新的挑战。继续推进和深化文化体制改革势在必行。一是产业政策对文化产业的引导、调控功能尚未完全发挥。数字文旅产业作为新兴产业,容易出现同质化跟风的潮涌现象,文化产业领域的无序竞争和"捞一把就撤"的短视行为严重;二是在融合的趋势下,原有文化管理中的条块分割导致部门和行业协同不足,政府对数字文化产业的扶持、保护、服务等功能尚未完全发挥。呈现"公共文化科技平台"打造不力,文化科技融合资金不足,"共性技术"研究不够,"文化技术标准"需要制定,相关市场规则有待确立,文化科技知识产权保护尚无专门法规等问题。未来,重庆数字文旅产业发展要制度先行,着力创新体制机制,为各种资源有序进入和有效整合提供制度保障。

三、重庆数字文旅经济的发展对策

(一)建设充满活力的数字文化生产力引擎

1. 引导数字文旅产业集聚发展

鼓励数字文旅产业向两江新区国家数字出版基地、国家文化与科技融合示范基地、国家数字经济创新发展试验区、国家新一代人工智能创新发展试验区、南滨路国文化产业示范园区、渝中文化半岛、中央公园文化中心、两江四岸文化交往带等国家级平台或重点文化功能区集聚。成立由市政府主导,各厅局部门成员构成,企业家、学者等社会人士共同参与的数字文旅产业工作小组,完善对产业的规划和管理,加强对入驻企业的分类指导,引导企业投资相关产业链中的空白领域,培育若干各具特色、各有侧重的数字文化产业优势产业集群和产业链。结合成渝地区双城经济圈区域发展战略,以要素禀赋、产业配套为基础,加强创新创意资源联动,形成若干培育若干产业链条完善、创新要素富集、配套功能齐全的数字文化产业发展集聚区。将数字文旅产业发展与重庆两江新区、高新技术产业开发区、自由贸易试验区、万盛经济技术开发区发展相衔接,以市场化方式促进产业集聚。

2. 激发传统文化产业新动能

对巴渝文化、抗战文化、工业文化等重庆特色文化资源进行数字化转化和开发,让优秀文化资源借助数字技术"活起来",实现特色文化内涵与数字技术的新形式新要素有机结合。以数字经济带动传统文化制造业向科技型、智能化、品牌化方向持续升级。推动公共文化资源和数字技术融合发展,依托文化文物单位馆藏文化资源开发数字文化产品和服务,提高博物馆、文化馆、美术馆、图书馆等文化场馆的数字化智能化水平,运用新技术创新表现形式和实现交互体验。大力推动演艺娱乐、艺术品、文化旅游、文化会展等传统文化产业的数字化转型升级,推进文化产业结构调整和优化。

3. 塑造高质量的数字化文化市场主体

依托重庆两江数字经济产业园、重庆区块链数字经济产业园、5G数字文旅产业园、国家数字经济创新发展试验区、国家新一代人工智能创新发展试验区等重要平台资源富集优势,面向数字文旅产业发展需求,通过政策引导和项目支持,引进和培育一批具有较强核心竞争力的数字文化国际知名企业和国内龙头企业,支持本地文化科技企业以跨地域经营、跨企业重组等方式做大做强,培育一批细分领域的"瞪羚企业"和"隐形冠军"企业。鼓励和支持各类高新技术企业与文化企业开展技术、项目等方面的合作。发挥数字文化产业孵化平台和互联网及相关领域龙头企业在创新企业发展模式和产业融合方式中的带动作用,通过生产协作、开放平台、资源互通等方式,带动上下游中小微企业协同发展,形成"航母"+"舰队"式的数字文旅新业态。

4. 加强文化共性关键核心技术研发

强化数字化技术创新的引擎作用,促进数字化技术与文化产业深度融合。推进与文化创新发展密切相关的数字、信息、互联网等核心关键技术攻关,重点突破新闻出版、广播影视、文化艺术、创意设计、文物保护利用、非物质文化遗产传承发展、文化旅游等领域系统集成应用技术,研发内容可视化呈现、互动化传播、沉浸化体验、虚拟现实与智能表达等重大技术应用系统和战略产品,优化文化数据提取、存储、利用技术,发展适用于文化遗产保护和传承的数字化技术和新材料、新工艺,打造一批文化科技共性技术平台,推动文化产业与数字化技术全面深度融合发展。

(二)培育和发展数字文旅重点业态

1. 深化数字文化与相关产业融合发展

以数字化推动重庆文化和旅游融合发展,提升旅游产品开发和旅游服务设计的文化内涵和数字化水平。鼓励和支持重庆数字文化企业与互联网旅游企业对接合作,促进文化创意向旅游领域拓展。推进数字文化产业与金融、物流、教育、体育、电子商务、信息业、旅游、广告、健康等现代服务业融合发展。发展品牌授权,提升制造业和服务业的文化内涵、创意水平和附加价值。强化重庆特色文化对工业设计、人居环境设计的内容支撑、创意提升和价值挖掘作用,提升用户体验。促进数字文化产业与社交电商、网络直播、短视频等在线新经济结合,发展旅游直播、旅游带货等线上内容生产新模式。

2. 丰富云展览和云演艺业态

鼓励文化文物单位与数字文化企业合作,运用5G、VR/AR、人工智能、多媒体等数字技术开发馆藏资源,实现资源的盘活和利用。引导文化文物单位在数字文化产品异质化、细分化、创新性方面深耕,不断适应用户多元化需求,不断开拓相关产业链,实现高质量发展,使文化魅力走向"云"端。发展专业的数字版权代理,积极探索建立文物文化场馆的数字影像版权保护和授权办法。支持推进重庆文化和旅游国际博览会、西部动漫节等文旅会展行业数字化转型,引导支持举办线上文化会展,实现云展览、云对接、云洽谈、云签约,探索线上线下同步互动、有机融合的办展新模式。鼓励和支持重庆演艺产业与平台型数字文化企业合作,建设"互联网+演艺"平台,推动5G+4K/8K超高清在演艺产业应用,建设在线剧院、数字剧场,支持演艺机构举办线上活动,促进线上线下融合。鼓励文艺院团、文艺工作者、非物质文化遗产传承人及单位加强资源整合的力度,与新媒体单位、机构形成战略合作关系,通过互联网、移动电视、手机等传播媒介策划推动民间的戏曲、技艺、绝活等表演艺术产业线上发展。培养观众线上付费习惯,探索线上售票、会员制等线上消费模式。

3. 发展数字艺术展示业态

通过数字艺术和新媒体技术,积极发展贴近群众生活和市场需求的数字艺术展示产业,以数字艺术手段传承中华美学精神。发挥数字艺术高互动性、高应用性、高融合性的特点,拓展数字艺术展示应用范围和市场空间。推动数字艺术展示与公共空间、公共设施、公共艺术相结合,与智慧旅游、城市综合体、特色小(城)镇相结合,打造数字艺术展示品牌活动,发挥数字艺术展示在拉动重庆消费、提升重庆形象、提高文化品位等方面的作用。鼓励文化文物单位依托馆藏文化资源,运用数字技术开发沉浸式展览、互动展览、用耳朵听展览等艺术展陈项目,增强观众与展览和展品互动性,丰富观众观展体验。

4. 发展沉浸式业态

因地制宜,将虚拟现实、增强现实、5G+4K/8K超高清、无人机等技术应用于不同场景,发展全息互动投影、无人机表演、夜间光影秀、光影演艺等产品,重塑展览、公共空间、体育娱乐现场、人文自然景观等多种场景的游客体验,构建多元复合的沉浸式业态体系。支持文化文物单位、景区景点、主题公园、园区街区等运用文化资源开发沉浸式体验项目,开展数字展馆、虚拟景区等服务。探索扩展现实技术虚实结合的动态场景应用。注重沉浸式商业开发与生态保护、人文环境的平衡,在充分尊重历史和文化内涵的基础上,使沉浸式技术与自然景观融合共生,让公共空间焕发新生,实现身临其境的人文表达。

5. 提升数字文化装备产业实力

适应沉浸体验、智能交互、软硬件结合等发展趋势,推动数字文化装备产业发展,加强标准、内容和技术装备的协同创新。加快广播电视网络升级和智能化建设,支持高清电视和4K/8K超高清电视等技术在相关设备、软件和系统的应用和配备。依托重庆文化旅游装备制造产业园,加快智能装备、激光放映、虚拟现实、光学捕捉、影视制作、高清制播、图像编辑、高端印刷等高端文化装备自主研发及产业化,加强舞台演艺和观演互动、播控技术数字化和自动化、影视制作及演播等高端软件产品和装备自主研发及产业化,加强智能化的文化遗产保护与传承、数字化采集、文化体验和休闲娱乐等专用装备研制,将重庆文化旅游装备制造产业园打造成为一流的应用研发中心和智能制造创新平台和重庆领先的文旅智能装备制造产业基地。

6. 推动数字内容产业提质升级

改善重庆文化内容产业各自为战的局面,推动内容产业链尤其是网络文学、动漫等"内容源头"和影视行业等"内容放大器"的耦合,实现不同内容产业取长补短、互相助力,促进数字内容产业布局从广度转向深度、由高速转向高质量发展。强化与内容产业活跃度相适应的影视开发资源匹配力度,完善重庆的影视拍摄一站式服务平台,为剧组和企业提供政策咨询、政企协调、版权登记、场景拍摄、器材租赁、项目推介等一条龙服务。补齐重庆在电影产业发展上创作能力不足、产业链条欠缺的短板,健全完善创作扶持奖励机制,吸引优秀创作者和影视企业落地重庆,打造以"一核两带"为中心的全域影视基地,以全域式、组团式影视基地品牌建设,辐射周边相关产业,带动文旅融合。促进动漫与文学、游戏、影视、音乐等内容形式交叉融合,发展动漫品牌授权和形象营销,与相关产业融合发展,延伸动漫产业链和价值链。紧跟动漫行业发展动态,布局动态动漫和互动动漫,积极探索动态动漫和互动动漫的内容和呈现形式,鼓励和支持动漫企业探索建立动态动漫和互动动漫市场认知。推进璧山区建设中国西部动漫产业园,力争打造中国动漫产业新高地。

7. 引导游戏产业健康发展

坚持游戏在研发、出版、发行各环节正确价值导向,注重增加文化性、教育性,传播好主流价值,建立评价奖惩体系,扶持更好服务用户、链接产业生态、践行社会责任的游戏品牌。引导游戏企业从优秀传统文化中汲取灵感和养分,在传承中创新、在创新中发展,设立游戏出版选题计划制度和游戏出版重点选题库,精挑细选游戏类别和游戏品种,对原创精品游戏给予政策、资金和宣传推广方面的支持。引导企业沿着"高质量、平台化、多业态、前瞻性"的思路发展游戏产业，不断推出有思想、有信仰、有情怀、有深度的原创精品，让游戏成为传播正能量的生动载体。充分发挥网游跨文化传播潜力，鼓励游戏企业面向海外发行弘扬中华优秀传统文化、体现重庆文化特色的优秀原创游戏产品，把立足本国又面向世界的文化创新成果传播出去，让世界了解中国、认识重庆。深化游戏在教育、医疗、科研、公益、商业、文化保护等领域的应用，鼓励企业研发运营教育益智等功能游戏，强化游戏教育功能，引导青少年树立理性"游戏观"。更加注重游戏嵌入防沉迷系统，加强对未成年人和青少年的保护，为青少年提供寓教于乐的健康氛围。

(三) 构建高质量的数字文旅产业创新生态系统

1. 积极推动政产学研用协同创新

明确企业、科研院所、高校、社会组织等各类创新主体功能定位，鼓励不同研究领域建立高校联盟，鼓励不同城市、不同高校间建立有效的交流合作关系，尤其是要促成成渝双城经济圈内高梯队地区对低梯队地区的优质资源援助，构建开放高效的创新网络。鼓励和支持重庆大学、四川美术学院等普通高校、艺术类院校，重庆市创新文化研究中心等新型科技创新智库及相关行业龙头企业，广泛开展项目合作创新。充分发挥成渝地区知识服务与人才资源潜能，积极推动建设以骨干数字文旅企业牵头、高校院所及上下游企业共同参与的文化科技创新联盟。

2. 畅通文化科技成果转化通道

疏通应用基础研究和产业化连接的快车道，打通关卡，实现创新链与产业链精准对接。推动文化科技项目纳入重庆科技服务大市场，及时发布符合数字文旅产业发展方向的科技成果包。支持5G、大数据、云计算、人工智能、物联网、区块链等在文化产业领域的集成应用和创新，建设一批文化产业数字化应用场景。推进企业、高校、科研机构间技术要素流动，鼓励通过许可、转让、入股等方式推动技术要素向中小微企业转移。开展职务科技成果使用权或长期使用权等改革试点，联合相关高校、科研机构和企业等专业力量，共同发起成立数字文化技术研究机构，开展文化科技咨询、技术评估、技术转移、成果转化等方面的文化科技服务，推进文化和数字科技融合成果产业化。

3. 完善创新创业服务

强化创新驱动，重点搭建公共技术、协同创新和成果转化、知识产权和版权、孵化育成、宣传推广等文化与科技融合平台。引导数字文旅产业创新中心建设，对技术创新能力较强、创新业绩显著、具有重要示范作用的数字文旅产业创新中心予以扶持，鼓励和引导企业不断提高自主创新能力。支持数字文旅创新中心、高校和智库就数字文化领域重大课题和创新项目申报国家社科基金，系统性开展数字文化产业理论研究和创新实践。培育新就业形态、增加新就业岗位，开展众创、众包、众扶、众筹，支持小微企业和个体经营者线上创业就业，发展微创新、微应用、微产品，实现灵活就业、分时就业。推动建设文化内容数字资源平台，建设以企业为主体、产学研用联合的数字文化产业创新中心，建设创新与创业结合、孵化与投资结合、线上与线下结合的数字文化双创服务平台，支持各类企业孵化器、众创空间等载体打造数字文化"双创"服务体系。探索数字文旅科研资金跨省使用，推动科技创新券共通共用，通过"小杠杆"撬动大资源。发挥资本对文化产业新技术、新业态、新模式的促进作用，用好风险投资和天使投资，加强对创业企业的融资扶持。适应文化新业态的出现和跨界融合加速的趋势，加强数字文化产业统计，及时准确反映行业发展动态，要深入研究科技发展趋势、文化与科技融合发展规律、文化消费行为、用户需求的研究，加强对数字文化企业的培训辅导和政策宣传，为数字文化新业态新模式快速成长提供支撑。

4. 强化创新人才支撑

构建多主体、多元素、多内容的相互合作与补充的人才培养体系，高校增强与企业和地方政府的合作，构建全新的培养平台，开展"产学研"合作教育、"双导师"制、学校与科研院所、企业联合培养，文理互通跨校联合、跨国交流等新型文化产业创新型人才培育模式，培养兼具艺术文化水平与技术的复合型的面向未来的数字创意人才。加大对中小学生的数字教育和创客孵化，提升其信息化素质，培养未来的数字文化产业生力军。探索川渝两地数字文旅人才共享新模式，协同实施数字文旅人才招引政策，加强面向高层次人才的引进和培育，探索户口不迁、关系不转、身份互认、能出能进的科技人才柔性流动机制，激励科技人才创新创业活力。

（四）营造高质量的数字文旅企业运营环境

1. 加快新型基础设施建设

基于重庆群众文化云、城市记忆文化大数据平台等现有资源，完善行业数据中心、云平台等数字基础设施建设，打通"数字化采集–网络化传输–智能化计算"数字链条。落实国家文化大数据体系建设有关要求,参与国家文化专网西南分平台建设,参与中国文化遗产标本库、中华民族文化基因库、中华文化素材库建设。主动对接新基建,用好新基建政策、平台、技术,提升数字文化产业发展水平。加快提升重庆全域旅游重点区域5G网络覆盖水平。推动停车场、旅游集散与咨询中心、游客服务中心、旅游专用道路及景区内部引导标识系统等数字化与智能化改造升级。推进物联网感知设施建设,加强对旅游资源、设施设备和相关人力资源的实时监测与管理,推动无人化、非接触式基础设施普及与应用。

2. 探索数据资源的整合流动机制

结合重庆历史文化资源特色优势,建立完善重庆文化资源云平台,利用高清数字三维采集、大数据等技术,对馆藏文物、历史遗址遗迹等进行多元化数据采集、整理、记录,建立基础云端数据库,借助数字信息手段,打造多方位应用平台,使历史文化资源转换成内容丰富、形式多样的文创产品和文化服务,形成重庆历史文化资源云数据库,为数字出版、数字博物馆、文化旅游等领域提供优质的文物数字资源。支持文化企业升级信息系统,建设数据汇聚平台,推动全流程数据采集,支持上下游企业开放数据,引导和规范公共数据资源开放流动,打通传输应用堵点,提升数据流通共享商用水平。推动文化大数据采集、存储、加工、分析和服务等环节产品开发,发展数据驱动的新业态新模式,打造文化数据产品和服务体系。强化数据安全,构建文化数据安全责任体系,引导企业增强数据安全服务,提高数据规范性和安全性。

3. 优化市场环境

持续推进"放管服"改革,进一步放宽准入条件、简化审批程序、优化营商环境。对数字文旅产业发展过程中出现的新技术、新产品、新业态、新模式,坚持包容审慎、鼓励创新,在严守安全底线的前提下留足发展空间,既有利于激发创新创造活力,又要有效防范风险。推动数字文旅市场综合执法信息化建设,完善信用管理,落实文化市场主体信用信息公示、警示名单和黑名单公示制度,提升信用信息数据质量,构建以信用监管为基础的新型监管机制。加强数字文化知识产权保护,完善评价、权益分配和维护机制,净化知识产权保护环境,促进知识产权运用和价值实现。规范数字文化产品版权交易市场,发挥版权交易激励原创、活跃市场、价值发现的作用。支持产业联盟、行业协会等行业组织创新发展,积极发挥行业组织在平台搭建、信息交流、行业自律、信用体系建设等方面的作用。

4. 优化政策引导

鼓励数字文化企业申报科技型中小企业、高新技术企业、创新型领军企业，全面落实研发费用税前加计扣除、高新技术企业所得税优惠等政策。推动符合条件的数字文化产业园区申报重庆市科技企业孵化器和重庆市级备案众创空间，定期开展绩效评估，分等级给予相应的奖励。支持符合条件的数字文化企业申报科技型企业认定，纳入重庆市科技型企业系统管理。市产业转型升级引导基金对符合基金投向的数字文旅企业和项目给予重点支持。在民生、公益、公共文化和旅游服务项目中积极选用数字文化产品和解决方案。支持和推动条件成熟的数字文旅企业发债和上市融资。

5. 探索数字文旅产业发展的财政金融新机制

积极发挥财政资金的杠杆作用，用好文化产业发展专项资金等各类财政资金，中央预算内投资、国家专项建设基金等投资政策，引导符合条件的各类社会资本规范采用政府和社会资本合作（PPP）模式参与一批数字文化内容创作、技术研发、平台建设、产业融合项目，带动社会资本投入。加大直接融资力度，鼓励符合条件的数字文化企业通过各类资本市场融资，积极运用债券融资，支持设立数字文化产业创业投资引导基金和各类型相关股权投资基金，实现数字文化产业与意向投资方的无障碍对接，拓宽融资渠道。在依法合规、风险可控、商业可持续前提下，鼓励金融机构开发创新符合数字文化产业特点的新型金融产品。发展产业链金融，鼓励金融机构、产业链核心企业、文化金融服务中心等建立产业链金融服务平台，为上下游中小微企业提供高效便捷低成本的融资服务。

作者单位：

王柄权　中共重庆市委宣传部

唐德祥　重庆理工大学经济学院

2020年重庆新闻出版产业的区域竞争力分析

重庆市文化信息中心、重庆理工大学课题组

2020年，随着党和国家进一步推进西部大开发形成新格局、全面推动长江经济带发展、深入推进"一带一路"合作倡议以及推动成渝地区双城经济圈建设，为重庆新闻出版产业发展带来了新机遇，但突如其来的新冠肺炎疫情对重庆、全国乃至世界新闻出版产业带来了新挑战。重庆新闻出版产业以习近平新时代中国特色社会主义思想为指导，紧紧围绕习近平总书记对重庆提出营造良好政治生态，坚持"两点"定位、"两地""两高"目标，发挥"三个作用"和推动成渝地区双城经济圈建设等重要指示要求，积极应对新冠肺炎疫情突发挑战，守正创新，始终把社会效益放在首位，努力实现社会效益与经济效益相统一，取得了显著成绩。但是，与中西部唯一直辖市、国家中心城市的定位和先进省份相比，重庆新闻出版产业仍有较大提升空间。因此，深入研究2020年重庆新闻出版产业的区域竞争力，对于重庆新闻出版产业高质量发展具有重要意义。

一、重庆新闻出版产业的发展基础分析

（一）重庆新闻出版产业的就业人数及其构成分析

《2020年新闻出版产业分析报告》显示，2020年重庆新闻出版产业的就业人数共有4.35万人，在全国占比为1.36%，就业人数在全国排名第18位，低于全国平均人数10.03万人。一方面，相对全国其他先进省（区、市）而言，

重庆新闻出版产业规模相对较小,就业吸纳能力相对较弱;另一方面,也说明重庆新闻出版产业的未来发展对稳就业有较大的成长空间,尤其在数字出版方面具有很大的发展潜力。

(二)重庆新闻出版产业的经营业务及其构成分析

根据《2020年新闻出版产业分析报告》相关数据,可以得出2020年重庆新闻出版产业的经营业务及其构成。从营业收入来看,印刷复制达到94.25亿元(占比为57.39%),出版物发行达到30.68亿元(占比为18.68%),报纸出版达到22.53亿元(占比为13.72%),图书出版达到10.72亿元(占比为6.53%),这4个门类的营业总收入达到158.18亿元(在重庆新闻出版产业的占比高达96.32%),其中只有报纸出版的营业收入同比上升,其他3个门类在下降;从资产总额来看,印刷复制达到123.66亿元(占比为39.38%),出版物发行达到93.30亿元(占比为29.71%),报纸出版达到65.88亿元(占比为20.98%),图书出版达到20.88亿元(占比为6.65%),这4个门类的资产总额达到303.72亿元(重庆新闻出版的占比高达96.72%),其中图书出版、印刷复制的资产总额同比在下降,而其他两个门类的资产总额同比在上升;从利润总额来看,出版物发行达到6.86亿元(占比为46.33%),印刷复制达到4.14亿元(占比为27.96%),报纸出版达到1.90亿元(占比为12.85%),期刊出版达到0.87亿元(占比为5.9%),这4个门类的利润总额达到13.77亿元(重庆新闻出版的占比高达93.04%),除印刷复制利润总额同比下降外,其他三个门类的利润总额均在同比上升。因此,从经营规模数据来看,图书出版、报纸出版、印刷复制和出版物发行在重庆新闻出版产业中处于重要地位,对重庆新闻出版产业的经营规模发挥着重要作用;从经济效益数据来看,报纸出版、期刊出版、印刷复制和出版物发行在重庆新闻出版产业中处于重要地位,对重庆新闻出版产业的经济效益发挥着重要作用。

二、重庆新闻出版产业的区域竞争力分析

为了客观反映重庆新闻出版产业的区域竞争力,通过相关指标数据的比较来分析重庆新闻出版产业在全国及各个区域的地位和作用。

(一)重庆新闻出版产业在全国的竞争力分析

《2020年新闻出版产业分析报告》显示,2020年重庆新闻出版产业的营业收入、资产总额、所有者权益(净资产)、利润总额和纳税总额分别为164.22亿元、314.02亿元、163.19亿元、14.80亿元和7.77亿元(占全国的比重分别为0.98%、1.39%、1.43%、1.44%和1.16%),在全国排名分别为第19位、第18位、第17位、第18位和第17位。其中,图书出版营业收入的全国占比为1.11%,居全国第20位;期刊出版营业收入的全国占比为2.95%,居全国第8位;报纸出版营业收入的全国占比为4.19%,居全国第8位;音像制品营业收入的全国占比为0.27%,居全国第23位;电子出版物出版营业收入的全国占比为1.20%,居全国第5位;出版物发行营业收入的全国占比为1.04%,居全国第24位;出版物进出口营业收入为0,全国有18个省份存在这种情况;印刷复制营业收入的全国占比为0.79%,居全国第19位;重庆数字出版营业收入的全国占比为2.12%。由此可见,重庆新闻出版产业经营规模在全国处于中间地位,具有较好的现实基础和发展空间。

图书出版利润总额的全国占比为0.62%,居全国第24位;期刊出版利润总额的全国占比为2.88%,居全国第9位;报纸出版利润总额的全国占比为3.77%,居全国第8位;音像制品利润总额的全国占比为0.36%,居全国第17位;电子出版物出版利润总额的全国占比为0.45%,居全国第5位;出版物发行利润总额的全国占比为3.19%,居全国第12位;出版物进出口利润总额为0,全国有20个省份存在这种情况;印刷复制利润总额的全国占比为0.75%,居全国第22位。由此可见,除个别门类外重庆新闻出版产业经济效益在全国处于中间靠前位置,具有良好的经济效益。

(二)重庆新闻出版产业在西部大开发战略中的区域竞争力分析

1999年9月,党的十五届四中全会明确提出了实施西部大开发战略。2020年5月,中共中央、国务院印发了《关于新时代推进西部大开发形成新格局的指导意见》,强化举措推进西部大开发形成新格局。西部大开发战略,对于促进我国各地区经济协调发展,最终实现共同富裕,具有十分重要的意义。西部大开发的区域范围包括:陕西省、四川省、云南省、贵州省、广西壮族自治区、甘肃省、青海省、宁夏回族自治区、西藏自治区、新疆维吾尔自治区、内蒙古自治区、重庆市等12个省(自治区、直辖市)。重庆作为西部大开发的重要战略支点，地位十分重要，要在推进新时代西部大开发中发挥支撑作用。

第一，重庆新闻出版产业在西部大开发区域中的经营规模和经济效益的地位分析。由《2020年新闻出版产业分析报告》可知，重庆新闻出版产业的营业收入、资产总额、所有者权益（净资产）、利润总额和纳税总额在西部大开发区域中的占比分别为8.62%、10.51%、10.45%、9.85%和10.24%，排名分别为第4位、第4位、第4位、第5位和第3位。其中，重庆新闻出版产业营业收入与第1位的四川（占比36.88%）差距较大，与第3位的广西（占比10.77%）差距较小；重庆新闻出版产业资产总额与第1位的四川（占比31.66%）差距较大，超过第5位的广西（占比9.72%）；重庆新闻出版产业的所有者权益（净资产）与第1位的四川（占比32.87%）差距较大，与第2、3位的陕西、云南（占比分别为11.68%、11.42%）十分接近；重庆新闻出版产业的利润总额与第1位的四川（占比33.70%）差距较大，与第2、3位的云南、陕西（占比分别为11.56%、10.67%）有一定差距；重庆新闻出版产业的纳税总额与第1位的四川（占比39.09%）差距较大，超过第4位的云南较少（占比9.39%）。

第二，重庆新闻出版产业在西部大开发区域中各门类的经营规模和经济效益的地位分析。由《2020年新闻出版产业分析报告》可知，在西部大开发区域中，重庆图书出版营业收入和利润总额的占比分别为8.12%和4.86%，分别处于第6位和第6位；重庆期刊出版营业收入和利润总额的占比分别为19.23%和17.83%，分别处于第2位和第2位；重庆报纸出版营业收入和利润总额的占比分别为19.00%和37.62%，分别处于第2位和第1位；重庆音像制品营业收入和利润总额的占比分别为3.83%和7.69%，分别处于第6位和第3位；重庆电子出版物出版营业收入和利润总额的占比分别为50%和50%，分别处于第1位和第1位；重庆印刷复制营业收入和利润总额的占比分别为8.7%和6.22%，分别处于第4位和第7位；重庆出版物发行营业收入和利润总额的占比分别为5.71%和13%，分别处于第8位和第2位；在西部大开发区域中，12个省份的出版物进出口的营业收入和利润总额均为0。

由此可见，从新闻出版领域来看，重庆作为西部大开发的重要战略支点，在新时代西部大开发中发挥着支撑作用，但个别门类的作用有待进一步提高。

（三）重庆新闻出版产业在"一带一路"合作倡议中的区域竞争力分析

"一带一路"合作倡议旨在借用古代丝绸之路的历史符号，高举和平发展的旗帜,积极发展与沿线国家的经济合作伙伴关系,共同打造政治互信、经济融合、文化包容的利益共同体、命运共同体和责任共同体。2020年新冠肺炎疫情全球流行,世界经济发展中的不稳定不确定因素增多,对推动共建"一带一路"带来新的挑战。截至2020年11月,中国已经与138个国家、31个国际组织签署201份共建"一带一路"合作文件。"一带一路"在我国包括18个省、自治区、直辖市,其中丝绸之路经济带包括新疆、重庆、陕西、甘肃、宁夏、青海、内蒙古、黑龙江、吉林、辽宁、广西、云南、西藏等13省(区、市),21世纪海上丝绸之路包括上海、福建、广东、浙江、海南5等省(市)。重庆作为"一带一路"的联结点,地位十分重要,要在推进共建"一带一路"中发挥带动作用。

第一,重庆新闻出版产业在"一带一路"区域中的经营规模和经济效益的地位分析。由《2020年新闻出版产业分析报告》可知,重庆新闻出版产业的营业收入、资产总额、所有者权益(净资产)、利润总额和纳税总额在"一带一路"区域中的占比分别为2.26%、3.36%、3.56%、3.91%和2.70%,排名分别为第8位、第6位、第7位、第8位和第6位。

第二,重庆新闻出版产业在"一带一路"区域中各门类的经营规模和经济效益的地位分析。由《2020年新闻出版产业分析报告》可知,重庆图书出版营业收入和利润总额的占比分别为4.14%和2.88%,分别处于第10位和第13位;重庆期刊出版营业收入和利润总额的占比分别为9.82%和12.02%,分别处于第4位和第3位;重庆报纸出版营业收入和利润总额的占比分别为11.14%和13%,分别处于第3位和第4位;重庆音像制品营业收入和利润总额的占比分别为0.88%和1.32%,分别处于第11位和第7位;重庆电子出版物出版营业收入和利润总额的占比分别为58.33%和16.67%,分别处于第1位和第2位;重庆印刷复制营业收入和利润总额的占比分别为1.60%和1.61%,分别处于第8位和第10位;重庆出版物发行营业收入和利润总额的占比分别为3.66%和10.66%,分别处于第11位和第3位。

由此可见,从新闻出版领域来看,重庆作为"一带一路"的联结点,在"一带一路"中发挥着较好的带动作用,但个别门类的作用有待进一步提升。

(四)重庆新闻出版产业在长江经济带战略中的区域竞争力分析

2018年11月,中共中央、国务院明确要求充分发挥长江经济带横跨东中西三大板块的区位优势,以共抓大保护、不搞大开发为导向,以生态优先、绿色发展为引领,依托长江黄金水道,推动长江上中下游地区协调发展和沿江地区高质量发展。2020年11月,习近平总书记在江苏省南京市主持召开全面推动长江经济带发展座谈会并发表重要讲话。习近平总书记强调,要贯彻落实党的十九大和十九届二中、三中、四中、五中全会精神,坚定不移贯彻新发展理念,推动长江经济带高质量发展,谱写生态优先绿色发展新篇章,打造区域协调发展新样板,构筑高水平对外开放新高地,塑造创新驱动发展新优势,绘就山水人城和谐相融新画卷,使长江经济带成为我国生态优先绿色发展主战场、畅通国内国际双循环主动脉、引领经济高质量发展主力军。长江经济带覆盖上海、江苏、浙江、安徽、江西、湖北、湖南、重庆、四川、云南、贵州等11省市。重庆作为长江经济带的联结点,地位十分重要,要在推进长江经济带绿色发展中发挥示范作用。

第一,重庆新闻出版产业在长江经济带区域中的经营规模和经济效益的地位分析。由《2020年新闻出版产业分析报告》可知,重庆新闻出版产业的营业收入、资产总额、所有者权益(净资产)、利润总额和纳税总额的占比分别为2.13%、3.08%、3.28%、3.10%和2.47%,排名分别为第9位、第10位、第10位、第10位和第9位。

第二,重庆新闻出版产业在长江经济带区域中各门类的经营规模和经济效益的地位分析。由《2020年新闻出版产业分析报告》可知,重庆图书出版营业收入和利润总额的占比分别为3.80%和2.26%,分别处于第10位和第10位;重庆期刊出版营业收入和利润总额的占比分别为9.71%和9.22%,分别处于第6位和第6位;重庆报纸出版营业收入和利润总额的占比分别为10.41%和8.63%,分别处于第5位和第4位;重庆音像制品营业收入和利润总额的占比分别为0.82%和1.12%,分别处于第9位和第7位;重庆电子出版物出版营业收入和利润总额的占比分别为9.77%和10%,分别处于第3位和第2位;重庆印刷复制营业收入和利润总额的占比分别为1.63%和1.45%,分别处于第9位和第11位;重庆出版物发行营业收入和利润总额的占比分别为2.28%和6.03%,分别处于第11位和第7位;在长江经济带区域中,5个省份有出版物进出口(重庆和其他5个省份没有)。有3个省份出版物进出口有正利润,重庆和其他7个省份的利润均为0,1个省份的利润为负数。

由此可见,从新闻出版门类来看,重庆作为长江经济带的联结点,虽然在经营规模和经济效益没有处于领先地位,但在新闻出版绿色发展中仍具有很大发展空间。重庆正在倾力打造"智造重镇",建设"智慧名城",智能产业发展位于全国第一方阵,为新闻出版绿色发展提供了基本保障,未来以互联网、大数据和人工智能为代表的数字出版会大有作为,为在推进长江经济带绿色发展中发挥示范作用提供了技术支撑。

三、成渝地区双城经济圈新闻出版产业分析

2020年1月召开中央财经委员会第六次会议,研究要推动成渝地区双城经济圈建设,在西部形成高质量发展的重要增长极;2020年10月,中共中央政治局召开会议,审议《成渝地区双城经济圈建设规划纲要》。成渝地区双城经济圈规划范围包括重庆市的中心城区及万州、涪陵、綦江、大足、黔江、长寿、江津、合川、永川、南川、璧山、铜梁、潼南、荣昌、梁平、丰都、垫江、忠县等27个区(县)以及开州、云阳的部分地区,四川省的成都、自贡、泸州、德阳、绵阳(除平武县、北川县)、遂宁、内江、乐山、南充、眉山、宜宾、广安、达州(除万源市)、雅安(除天全县、宝兴县)、资阳等15个市,总面积18.5万平方公里,2019年常住人口9600万人,地区生产总值近6.3万亿元,分别占全国的1.9%、6.9%、6.3%。由此可见,成渝地区双城经济圈涵盖了重庆市和四川省的重要地区,其经济规模占到川渝地区的绝大比重。为了深入研究成渝地区双城经济圈新闻出版产业的地位和作用,我们运用重庆市和四川省新闻出版产业的相关指标数据之和对成渝地区双城经济圈的新闻出版产业进行定量分析。

(一)成渝地区双城经济圈新闻出版产业在全国的地位分析

由《2020年新闻出版产业分析报告》可知,2020年成渝地区双城经济圈新闻出版产业的营业收入、资产总额、利润总额和纳税总额分别为866.55亿元、1260亿元、65.42亿元和37.42亿元(占全国的比重分别为5.17%、5.58%、6.38%和5.57%)。从反映经营规模的各门类营业收入来看,成渝地区双城经济圈的图书出版营业收入的全国占比为3.48%,期刊出版营业收入的全国占比为6.8%,报纸出版营业收入的全国占比为11.8%,音像制品营业收入的全国占比为2.83%,电子出版物出版营业收入的全国占比为2.36%,出版物发行营业收入的全国占比为6.03%,印刷复制营业收入的全国占比为4.81%。由此可见,成渝地区双城经济圈新闻出版产业的经营规模在全国处

于比较重要的地位,具有较好的现实基础和发展空间;从反映经济效益的各门类利润总额来看,图书出版利润总额的全国占比为4.39%,期刊出版利润总额的全国占比为7.79%,报纸出版利润总额的全国占比为5.73%,音像制品利润总额的全国占比为0.54%,电子出版物出版利润总额的全国占比为0.76%,出版物发行利润总额的全国占比为11.39%,印刷复制利润总额的全国占比为5.11%。由此可见,成渝地区双城经济圈新闻出版产业的经济效益在全国具有一定水平,在提质增效上具有一定空间。

(二)成渝地区双城经济圈新闻出版产业在西部大开发区域中的地位分析

2020年,成渝地区双城经济圈新闻出版产业的营业收入、资产总额、利润总额和纳税总额分别为866.55亿元、1260亿元、65.42亿元和37.42亿元(占西部大开发区域相应总额的比重分别为45.51%、42.17%、43.55%和49.33%)。由《2020年新闻出版产业分析报告》可知,从反映经营规模的各门类营业收入来看,图书出版营业收入在西部大开发区域的占比为25.34%,期刊出版营业收入在西部大开发区域的占比为43.97%,报纸出版营业收入在西部大开发区域的占比为53.54%,音像制品营业收入在西部大开发区域的占比为4.07%,电子出版物出版营业收入在西部大开发区域的占比为100%,出版物发行营业收入在西部大开发区域的占比为33.14%,印刷复制营业收入在西部大开发区域的占比为53.27%。由此可见,成渝地区双城经济圈新闻出版产业的经营规模在西部大开发区域中占比接近一半,具有很好的现实基础和发展空间;从反映经济效益的各门类利润总额来看,图书出版利润总额在西部大开发区域的占比为34.62%,期刊出版利润总额在西部大开发区域的占比49.59%,报纸出版利润总额在西部大开发区域的占比为57.23%,音像制品利润总额在西部大开发区域的占比为15.38%,电子出版物出版利润总额在西部大开发区域的占比为100%,出版物发行利润总额在西部大开发区域的占比为46.98%,印刷复制利润总额在西部大开发区域的占比为42.59%。由此可见,成渝地区双城经济圈新闻出版产业的经济效益在西部大开发区域的占比接近半壁江山,具有良好的经济效益。

四、重庆新闻出版产业高质量发展的对策建议

（一）抓住成渝地区双城经济圈建设新机遇，促进成渝地区新闻出版产业协同发展

成渝地区双城经济圈已经上升为国家战略，为成渝地区带来历史性发展机遇。重庆新闻出版产业要以习近平新时代中国特色社会主义思想为指导，深入学习贯彻党的十九大精神，贯彻落实新发展理念和《成渝地区双城经济圈建设规划纲要》，充分发挥政府作用和市场在资源配置中的决定性作用，以深化供给侧结构性改革为主线，以改革创新为动力，以合作共建为路径，强化重庆和成都中心城市带动作用，引领带动成渝地区新闻出版产业协同发展，推动生产要素合理流动和高效集聚，实现成渝地区双城经济圈新闻出版产业"1+1＞2"的协同发展效应，更好地满足人民日益增长的美好生活需要。

（二）充分发挥特有优势，拓展重庆新闻出版产业发展空间

重庆是中国中西部地区唯一直辖市，是国家重要中心城市、长江上游地区经济中心、国家重要现代制造业基地、西南地区综合交通枢纽和内陆开放高地，具有独特的区位优势、生态优势、产业优势、体制优势和发展基础。重庆新闻出版产业要充分发挥特有优势，坚持把社会效益放在首位，努力实现社会效益与经济效益相统一，积极塑造核心竞争力，在推进新时代西部大开发中的支撑作用、在推进共建"一带一路"中的带动作用、在推进长江经济带绿色发展中的示范作用等方面作出更大贡献。

（三）加强科技创新驱动，促进重庆新闻出版产业转型升级

数字文化时代已经到来，重庆新闻出版产业要深入实施以大数据智能化为引领的创新驱动发展战略，大力促进新闻出版产业数字化。重庆新闻出版产业要发挥政府引导和推动作用，充分发挥企业、科研院所、高校、社会组织等各类创新主体作用，在以互联网、大数据和人工智能为代表的数字出版上加大力度，让数字出版成为加快和促进产业发展的新动能。同时，重庆新闻出版产业要大力发展数据驱动的新业态新模式，打造新闻出版数据产品和服

务体系,促进数字出版产业与社交电商、网络直播、短视频等在线新经济融合,为人民群众提供更多符合智能化、个性化的新闻出版产品和服务。

(四)发挥集聚效应和规模效应,做大做强重庆新闻出版产业

面对规模化、集约化、专业化的发展趋势,重庆新闻出版产业要通过跨界的协同创新和产业的深度融合,更好实现在出版内容、技术应用、平台终端、人才队伍等方面的资源共享,形成集聚效应和规模效应。重庆新闻出版产业要充分发挥重庆两江新区国家数字出版基地等园区作用,实现新闻出版的创新链与产业链精准对接。同时,要按照"培育一批、股改一批、辅导一批、申报一批、上市一批"的培育路径,积极支持重庆出版传媒股份有限公司、重庆华龙网集团股份有限公司、重庆科普文化产业集团、重庆五洲世纪文化传媒有限公司、重庆西信天元数据资讯有限公司,以及重庆新华传媒有限公司、重庆维普资讯有限公司等已经具备一定实力的企业上市,通过资本市场逐步做大做强重庆新闻出版产业。

(五)在特色上做足、做深、做精,进一步塑造重庆新闻出版产业品牌优势和影响力

作为服务党和国家事业发展大局的重要传播载体,全国各地都高度重视新闻出版产业的发展。重庆新闻出版产业要进一步激发创新创造活力,以家喻户晓的"红岩精神"为主线,推出反映革命文化、抗战文化、统战文化、巴渝文化、三峡文化、移民文化等重庆文化特色的新闻出版精品。同时,重庆新闻出版产业要深入挖掘中华优秀传统文化和重庆特色文化的精神内涵,通过文化创意特色小镇、文章、戏剧、歌曲、抖音等载体,对中国5000多年的优秀传统文化和重庆3000多年的特色文化以及各民族、民间、民俗的非物质文化遗产进行深挖细掘、精雕细琢,打造具有特色的文化创客空间和文化创意活动,花大力气在特色上做足、做深、做精,进一步塑造重庆新闻出版产业的品牌优势和影响力。

附表1:2020年重庆新闻出版产业主要指标数据的区域位次

区域 \ 排名 \ 指标	总体经济规模综合评分	营业收入	资产总额	利润总额	纳税总额	就业人数
	-0.5021	164.22亿元	314.02亿元	14.8亿元	7.77亿元	4.35万人
全国	第18位	第19位	第18位	第18位	第17位	第18位
西部大开发相关省区市（12个）	第4位	第4位	第4位	第5位	第3位	第4位
"一带一路"相关省区市（18个）	第7位	第8位	第6位	第8位	第6位	第8位
长江经济带相关省区市（11个）	第9位	第9位	第10位	第10位	第9位	第9位

附表2:2020年重庆新闻出版产业分门类营业收入的区域位次

区域 \ 排名 \ 指标	图书出版	期刊出版	报纸出版	音像制品出版	电子出版物	出版物发行	出版物进出口	印刷复制
	10.72	5.73	22.53	0.08	0.21	30.68	—	94.25
全国	第20位	第8位	第8位	第23位	第6位	第24位	—	第19位
西部大开发12个省区市	第6位	第2位	第2位	第6位	第1位	第8位	—	第4位
"一带一路"18个省区市	第10位	第4位	第3位	第11位	第1位	第11位	—	第8位
长江经济带11个省区市	第10位	第6位	第5位	第9位	第3位	第11位	—	第9位

说明:表中"—"表示该项指标数据未提供。

附表3:2020年重庆新闻出版产业分门类利润总额的区域位次

指标排名 区域	图书出版	期刊出版	报纸出版	音像制品出版	电子出版物	出版物发行	出版物进出口	印刷复制
	-1.01	0.87	1.9	0.01	0.01	6.86	—	4.14
全国	第24位	第9位	第8位	第17位	第5位	第12位	—	第22位
西部大开发12个省区市	第6位	第2位	第1位	第3位	第1位	第2位	—	第7位
"一带一路"18个省区市	第13位	第3位	第4位	第7位	第2位	第3位	—	第10位
长江经济带11个省区市	第10位	第6位	第4位	第7位	第2位	第7位	—	第11位

说明:表中"—"表示该项指标数据未提供。

作者单位:

　　唐德祥　重庆理工大学

　　朱　震　重庆市文化信息中心

　　文雅玲　重庆市文化信息中心

推进文化等其他服务业市场主体"六保""六稳"的调查分析

文雅玲

"十三五"以来,我市其他服务业不断发展壮大,在经济体量和对经济拉动的贡献上均已接近全市占比的 1/4,其他服务业增速明显高于 GDP 和服务业增速,涉及 10 个领域,包含 29 个行业大类,市级行业主管部门达 36 个。2021 年上半年,我市服务业实现增加值 7128.39 亿元、占 GDP 比重 55.24%、增长 12.9%,服务业成为我市经济发展的重要支撑。其他服务业增加值为 2999.38 亿元,占 GDP 比重为 23.2%,占服务业比重为 42.3%。2021 年 1—11 月全市其他服务业营业收入同比增长 25.5%,高于全国平均水平 5.2 个百分点,其他服务业在整个经济运行中对我市经济的拉动作用是 2.2 个百分点,超出了金融业和房地产业,其中我市"文化体育和娱乐业"规上营业收入同比增长 29.6%,略高于全国同行业水平。统计数据是经济走势和经济发展的风向标,从数据成绩单中,我们也看到了重庆经济发展的韧性、趋势和潜力。

"十四五"时期,是重庆文化发展改革的重要战略机遇期。习近平总书记关于宣传思想文化工作的重要论述和对重庆工作重要指示精神,从党的十九届五中全会部署到 2035 年建成社会主义文化强国,为重庆文化强市建设提供了根本遵循。但近两年来,全球性的疫情反复起伏,病毒频繁变异,世界经济深陷抗疫鸿沟,疫情对文化体育和娱乐业的冲击显得更为直接,2021 年下半年分类数据显示产业经济波动较大,为此,重庆市服务业高质量发展联席会议办公室多次召开专题会议研究我市其他服务业发展,并作出了一系列相关要求和部署。

一、工业/制造业向服务业结构转型的演化历程

在我国,工业化曾经是长期追求的国家战略目标之一,2008年国际金融危机以来,我国以制造业融入全球化分工的模式受到冲击,制造业增速随之放缓。2006年我国工业占GDP的比重为42%,2010年左右工业增加值在GDP占比的峰值接近50%,升值高于发达国家在历史上的峰值。但2019年这一比重下降到32%,而在2015年服务业增加值占比首次超过50%,2016年占比达51.6%,主流观点是中国经济过于依赖投资,第三产业发展不足。

从发达经济体走过的历史路径来看,一个经济体一旦进入中高收入阶段——人均收入(以购买力平价计算)达到8000~9000美元,工业在其宏观经济中的占比达到峰值(无论按就业占比还是GDP占比),通常在35%~45%之间,然后都不可避免地出现下降,同时伴随着服务业占比上升。这既包括二战后经济飞速发展的日本、韩国,也包括老牌资本主义国家英国、美国、法国,当其经济到达中高收入水平后,无一例外地出现一致趋势——工业/制造业占GDP比重下降。

随着经济社会的发展,人们的时间成本变得越来越高,在中国改革开放的四十年历史进程中,人们都无一不体会到把家庭内部服务内容外包给市场化的服务中,所获得的生活品质的提升和幸福感,这便催生了人们"需求层次"的提高,由此驱动了经济结构不断向服务业转型的趋势,同时会因为制造业技术越发达、科技越进步、自动化程度越高,使各种资源和资本也越来越多地流向服务业。按照预测,到2025年,中国服务业增加值占GDP增加值比重将达60%,我们还有很大的发展空间。

重庆市作为内陆老工业基地,首先是拥有门类较为齐备的雄厚工业基础,综合配套能力较强;其次,1000多家科研部机构、34所高等院校以及60多万科技人员是科技教育力量的强大支撑;其三,截至2021年,重庆常住人口3212.43万人,比上年增长3.5万人,常住人口连续17年来保持增长态势,逐年增长的外来人口聚集力也说明了重庆城市对外来人口的较强吸附力,这都将对产业的转型升级产生巨大的消费需求和投资需求,也给我市文化、体育用品和体育设施、设备产业提供了广阔的市场前景和良好基础。

二、重庆市文化体育和娱乐业等其他服务业的现状

（一）从2021年全年的规上企业营业收入和规下企业职工工资总额两项主要数据来看，文化体育和娱乐业均呈前高后低的走势

从1至8月数据来看，规上企业中文化体育和娱乐业在分类其他服务业的发展中，发挥了引领和带头作用。在疫情影响减弱的情况下，企业加强了自身经营能力提高，经营状态持续向好，其中21各区县的营业收入和20个区县的职工工资总额均呈两位数增长，可以说是自2020年初疫情在我国首次暴发以来文化体育和娱乐行业得到了比较好的恢复和增长的一个时期，整个文化体育和娱乐分类行业体现出较强的活力和韧劲。

但从9至11月数据来看，虽然规上企业中文化体育和娱乐行业在其他服务业分类发展中仍然发挥了较好的引领和带头作用，但受我市局部疫情和国内疫情复杂变化的严峻形势影响，具体在文化体育和娱乐行业的其他服务业分类发展中营业收入和职工工资总额两项主要指标的增速均呈放缓趋势。

虽经行业主管部门市委宣传部组织相关业务处室调研，下发推动促进本领域口径下其他服务业中文化体育和娱乐业的分类发展工作要求及措施和办法，在全市建立起常态化专项工作推动机制和专人负责制，经过4个月以来的专项工作政策督导和宣传推动，在市级层面和各区县都有不同侧重、着力的扶持政策出台，如最具组合拳的政策是重庆市文化旅游委、重庆市财政局、重庆市机关事务管理局、中国人民银行重庆营业管理部、重庆市总工会联合下发《关于印发支持文旅企业复工复产和生产经营的政策措施的通知》，从五个方面强化稳企金融支持办法，一是从延期还本付息和信用贷款支持政策等货币政策工具；二是加大文旅融资平台"长江渝融通"贷款码的宣传推广力度；三是由市文化旅游委负责对市级层面需要重点支持的企业（项目）名单及其融资需求信息，形成清单推送给人行重庆营业部"长江渝融通"系统，实施一企一策，开展精准对接，以满足企业纾困和发展需要；四是发挥首贷续贷中心的支持作用，切实提高文旅企业融资效率，打造"1＝5＋N民营小微企业和个体工商户金融服务港湾"，便企利企；五是鼓励区县对受疫情影响大、债务负担沉重的非中小微企业的A级景区、星级酒店、邮轮企业等实施贷款贴息

政策。同时,在此套政策组合拳中,还从多个方面在不违反中央八项规定精神和市级有关要求的前提下,积极支持文化和旅游企业创新发展,提振文化和旅游消费,支持文旅企业共渡难关,释放文化和旅游消费潜力。

但文化、体育和娱乐业主要还是受疫情不确定因素影响和疫情常态化防控形势的要求,在全市范围内比较集中共性地存在企业结构不合理、规模小、范围窄、载体老化等几大特征,以及小微企业贷款难等瓶颈制约其发展。数据显示,在这个阶段,规模以上企业营业收入和规模以下企业职工工资总额两项主要指标的增长明显放缓,少数区县已出现负增长。

(二)在大力推动体育事业改革发展,全民健身上升为国家战略的当下,我市体育产业还显弱小

习近平总书记指出:"体育是社会发展和人类进步的重要标志,是综合国力和国家软实力的重要体现。""加快建设体育强国,就要把握体育强国梦与中国梦息息相关的定位,把体育事业融入实现'两个一百年'奋斗目标大局中去谋划,深化体育改革,更新体育理念,推动群众体育、竞技体育、体育产业协调发展"为我们发展体育事业指明了方向和目标。

据数据统计,在全市还有近20个区县规上体育产业为零,其中不乏人口比较集中的主城区和人口大区。在有规上体育产业的区县里,数量也仅有一二家,体育产业明显对各区县群众的体育锻炼、行业就业、全民健身等服务缺乏较强支撑和保障,不能充分满足体育产品对市内各地群众增强体魄、健康生活、健全人格、锤炼意志的需求。

综上,我市文化、体育和娱乐业规模以上企业缺乏代表性龙头企业,还存在缺乏"专、精、特、新"带头企业的困局。目前,我市文化体育和娱乐业门类对应的增加值占其他服务业的比重为4.5%左右,离我们建设文化强国、体育强国的路还有不短的距离要走。

三、制约我市文化体育和娱乐业等其他服务业发展的瓶颈

(一)文化体育和娱乐业领域是受疫情影响最直接最明显的行业之一

今年8月以来,尤其是我市出现确诊病例以来,我市各相关体育娱乐场馆

陆续关闭,企业经营受到较大冲击,受疫情影响,外出旅游等服务消费受到抑制,企业营业收入增速逐月放缓,以致少数区县出现负增长,文化类企业整体发展呈较大波动趋势。

(二)产业基础薄弱,各区县缺乏优质载体资源的引领和带出

文化领域里分类其他服务业也受制于其他服务业因覆盖面广,呈现的业态较繁杂,目前尚无牵头部门主抓主管,工作机制有待健全完善,同时,因其业态"小、弱、散"的特点,对其发展和统计不够重视,缺乏有力的政策指引和部门指导,综合实力不强,不易形成头部企业,规上企业数占比还存在下降趋势。

(三)城乡、行业发展不均衡问题仍然较为突出

从区域分布看,镇域文化、体育和娱乐业存量极少且体量小;从行业分布来看,歌舞、游艺场所增长快,而一般性体育场所增长缓慢;从营收规模看,一些大区出版物经营单位全年营业收入尚不足千万,多数出版物零售单位经营呈现亏损。

(四)消费者对文化旅游、娱乐业信心恢复还需加强宣传和引导

全球性疫情反复和病毒频繁变异,导致疫情形势的不确定性,对全面恢复文化体育和娱乐业的经营尚存较大影响。因文化体育娱乐业的消费多为线下体验,各省际间的闭环防疫管理措施无疑对此是极大的冲击。

(五)消费者对于文化体育和娱乐业的消费热度有所降低,非必要性生活支出相对保守

自2020年春季新冠疫情暴发以来,全国大部分行业的经营都受到了不同程度的影响,各地人员的个人收入也同时存在不稳定情况,对于基本生活必需以外的文化体育和娱乐业消费热度较疫情前有所减弱。

(六)文化体育和娱乐业行业从业人员结构不合理,素质亟待提高,以适应和促进文化体育和娱乐业高质量发展

现有的文化体育和娱乐业行业从业人员,从年龄和知识结构来看存在老化现象,随着我国经济结构的转型升级和调整,以及业态模式的变化,一些

"50后""60后"从业人员已不能适应和促进文化体育、娱乐业高质量发展的需要,特别表现在一些出版物发行批发和零售业。

(七)文化体育和娱乐业等小微企业抗风险能力弱

文化体育和娱乐业多数为小微企业和民营企业,抗风险能力较脆弱,更容易受到外部环境的影响。

(八)中小微企业融资难问题仍未得到根本解决

大部分文旅企业体量较小,在申请银行贷款时无抵押担保物,金融机构放贷时为规避自身风险,选择性放贷仍较为普遍。

四、促进我市文化体育和娱乐业等其他服务业发展的措施和办法

各区县党委宣传部门要提高政治站位,站在为党分忧、为国尽责、为民奉献的实际行动上来,胸怀"国之大者",认真学习领会中共十九大六中全会和中央经济工作会议精神,增强政治领悟力、政治判断力、政治执行力,"在当前全球疫情持续演变,外部环境更趋严峻复杂"情况下,面对"经济发展面临需求收缩、供给冲击、预期转弱三重压力"下,秉持中央经济工作会议"稳字当头,稳中求进"总基调,统筹做好区域经济分类政策与国家宏观政策的衔接,持续做好"六稳""六保"工作,特别是保就业、保民生、保市场主体,加强系统思维和科学谋划,加大政策引导和调节力度,更大程度提高各区县自主调控的前瞻性、精准性、平衡性和协调性,积极推出有利于经济稳定、发力适当靠前的政策,让供给和需求双侧发力,让经济总量这个蛋糕不断变大,把实施扩大内需战略同深化供给侧结构性改革有机结合起来,建立起扩大内需的有效制度,释放内需潜能,加快培育我市文化体育和娱乐业内需体系,提升供给体系对需求的适配性,从需求端把握造血功能,形成需求牵引供给,供给创造需求的更高水平的动态平衡,以期充分激活产业发展动力,有效激活市场主体活力,促进经济畅通循环。

(一)促进长短板合理转换

现实经济工作中我们发现,社会发展到一定程度,人们的经济达到一定

基础,就会诞生一些新的意想不到的各种需求,也即人性使然。有了一定的经济基础,到了一定的消费水平,新的需求自然而然产生。人均GDP上万元以后,人们更关注品质生活,更关注健康生活。那么,文化体育和娱乐业如何把握好社会趋势所形成的潜在消费力量,如何以政策之力引领和助推经济之势,是各个区县政府部门需要深耕细作的一项迫在眉睫的必修课。一是各区县主管部门干部要善于从高处着眼,加强学习,创新思维,提高发现问题、解决问题的能力,前瞻性制定区域经济发展方针、政策,厘清发展指导思想是否符合中央十九届历次会议精神,是否符合中央经济工作会议精神,是否符合区域发展方向等,只有躬身发现问题,才能解决问题,才能为创新思维提供素材,为地区文化体育和娱乐业经济发展创造新"入口"。二是要从低处观察,看工作方针和政策是否符合当地实际,是否符合民情民意,市场主体和群众是否愿意接受和执行,最终效益如何是衡量的标准。三是面对世界疫情和百年变局,如何总结经验、把握规律应对世纪之考、世纪之问。我们应该看到正因如此,是危机也是机遇和挑战,如何克难前行,寻求新机遇,拓展新市场,运用新发展理念构建起新型市场供给关系,营造更加和谐、充满活力的营商环境,充分发挥各区县区域优势和自主调控力,以解剖麻雀的方式剖析制约本地区文化体育和娱乐业发展的难题、瓶颈,以勇于挑战、大胆创新、不畏艰难的革命精神打赢一场主动、灵活的经济战线的阻击战。四是相关部门要善于在过程中追踪情况,即事中事后监管,工作过渡、衔接等是否畅通、高效,措施是否有效落地兑现。

(二)优化各区域营商环境,以抓项目、稳增长,实现"稳大保小",切实做到精准施策、重点发力

一是稳固现有文化体育和娱乐业产值,密切关注现有规上企业经营状况,帮助困难企业实现自救主体责任。二是通过深入实地调研,多种形式开展政策督导、宣传和帮扶,提高相关政策知晓率、受众面,加大政策使用的有效性,扩大小微企业的创新创业面。三是引导和布局"专、精、特、新"的新型企业模式做大做强,从而带动各地区文化体育和娱乐业经济发展、人口就业,增强社会活力。寻求以新模式重新定义未来商业模式,营造需求端的恢复、改善和扩大,借力国家宏观调控原材料成本下降以及减税降费等系列财政支持,重回经济扩张区间。

文化领域要深学笃用习近平经济思想,立足新发展阶段、贯彻新发展理念、融入新发展格局,按照市委部署集中精力抓好当前重点经济工作,坚定不移推动高质量发展。抓项目、稳投资是做好当前经济工作的重要抓手。各文化重点企业需重新审视主业优势,挖掘主业资源,合理使用财务杠杆,着眼于打造文化品牌、原创技术策源地,发力市级数字文化产业平台建设。要更加注重抓"稳"、抓"早"、抓"准"、抓"实",推动重大项目早开工早投产,把经济基本盘筑得更牢,以实干实招促进经济平稳健康发展。

市属文化重点企业应着力现有做增量,加大技改投入,扩大有效投资;着力产业强招商,聚焦重点领域,做好产业链招商,引进更多大项目好项目;着力新型基建抓进度,做深做细前期工作,强化要素保障,推动在建项目提速放量;着力民生办实事,不断增强人民群众的文化获得感。

目前,重报集团的文创设计小镇(T23)、临空数字文创产业园、电商物流产业园,广电集团的玉泉湖数字娱乐产业园,出版集团的"智慧出版"工程,新华集团的两江新华产业园、仙女山新华会议中心,文投集团的"仙山里"文旅生活小镇、"永川里"城市创意秀场,华龙网集团的"华龙芯"中台系统,科普集团的仙女山科学营等重点项目建设在相关行业主管部门的部署下紧锣密鼓推进。2021年,市属7家文化重点企业努力克服疫情和经济下行影响,全部实现盈利,总营收74.92亿元,总利润8.42亿元,国有资产实现保值增值。

(三)立足供给侧结构性改革,促进产业转型升级,优化资源配置,加强生产性服务业增加值占比将是我国产业发展的主攻方向

一是依托我市老工业基地的基础优势,转化、提升文化体育和娱乐业的生产资料和设备制造以及配套产品的研发,包括体育用品、养老设施设备、休闲娱乐用品等。数据显示,发达国家生产性服务业增加值占GDP 50%左右,而我国仅占15%左右,发展空间巨大。各区可依据本地文化旅游和地域特色,着力调整和重塑产业结构,优化产业经营模式,形成各具特色且互为补充的新的产业链和消费环节。二是着力服务性消费结构转型升级。在我市书业中,民营企业"时光里"书店堪称典型案例。该书店自2013年成立至今,实现了从单一经营图书到"众筹经济"再到"众创内容",较为完美地把重庆市民的众创内容做成了有重庆百年印记的系列图书和文创名片,同时在极具重庆符号的山城巷把系列图书和文创名片又分解成了一场展览呈现世人,最终实现了社会效益和经济效益的双丰收。书店将最初经营的3000多个品类图书，优化减少到130多个品类，仅保留了与重庆相关的主题图书，同时延展了主题图书的丰富内涵和下游文创产品链条，经过转型升级，该书店实现营收高出转型前30%，形成主营业务营收、"故城时光"文创产品营收和主题文化活动策划营收各占30%，取得较好的经济效益，即便在2020年和2021年新冠疫情反复肆虐下，该书店也保持了较为稳定的经济发展，充分展示了主题书业和文化引领的蓬勃生机。

(四)着力文化和体育重点企业的标准化制定

强化问题导向，深入研究其他服务业在分类行业中技术和标准的度量难问题，力争摸索出具有标准化的经营模式和管理模式，做大做强重点企业，形成规模效应和带出效应，扩大和延长产业链。

(五)补齐城乡区域流通短板,健全供需循环机制

加快发展文旅休闲、体育健康、育幼养老等生活服务业，增强服务供给和优质产品提供，全力把握我国正全面推进的乡村振兴契机，因城施策，提高乡镇、农村地区其他服务业市场的服务质量、空间和领域水平。

(六)提升行业从业人员素质,有效释放就业潜力,促进文化体育和娱乐业高质量发展

我国已进入高质量发展历史阶段，随着经济结构的转型升级和调整，对从业人员的技能要求也快速提升，对高素质人才需求加大。为此，应着力从从业人员技能培训、长效建立培训机制和人才输送机制入手，鼓励有经验、有知识储备的人员自主创业，同时引导新毕业大学生群体进入新经济、新模式领域，有效释放就业潜力，更好地促进文化体育和娱乐业高质量发展。

(七)做好财政和金融纾困,切实改善、提高文化体育和娱乐业中小企业的生存环境

各区县要适时靠前出台一体化的政策支撑和金融信贷支持，及时对新形势下的具有优质形态和预期的小微企业给予政策、资金孵化和转化，促进文化领域小微企业有效纳入政策帮扶和政府监管，切实做好"六稳""六保"工

作,特别要做好保就业、保市场主体、保民生工作。

(八)加大政策宣传和工作督导,强化信息交流机制,积极促进文体娱服务业发展

一是各区县要以实现主导产业、企业培育、产业链条、平台支撑为契机,积极引导文体娱服务业企业运用现代化的新技术、新业态和新服务模式的转型升级,积极适应服务业现代化的发展趋势。二是围绕生活服务和公共服务中突出问题,引导支持鼓励文化体育和娱乐等服务业企业依托现代科学技术特别是信息网络技术,积极探索新的商业模式、服务方式和管理方法。三是因地制宜大力引进专业人才,支持鼓励文体娱服务业创新创业活动,引导新型消费模式,弥补发展短板,积极探索文化体育和娱乐等服务业的创新发展方向。四是在强化行业预警监管的同时,也要强化行业发展新动向的信息交流模式,形成市区合力,使新模式、新业态、新增长在全市范围得到复制和推广。

作者单位:

重庆市文化信息中心

REPORT ON DEVELOPMENT OF
CHONGQING'S CULTURAL INDUSTRY (2020-2021)

权威发布

市属文化企业深化改革加快发展行动实施方案[①]

中共重庆市委宣传部、市文资办起草组

为深入学习贯彻习近平总书记关于宣传思想文化工作、国有企业改革发展和党的建设重要论述,对标落实中共中央办公厅、国务院办公厅《国企改革三年行动方案(2020—2022年)》、中央文化体制改革和发展工作领导小组有关国有文化企业深化改革加快发展的部署,以及市委办公厅、市政府办公厅《重庆市国企改革三年行动实施方案(2020—2022年)》,更好地推动市属文化企业改革发展,制定本实施方案。

一、总体要求

(一)总体要求

以习近平新时代中国特色社会主义思想为指导,全面贯彻党的十九大和十九届二中、三中、四中、五中全会及中央经济工作会议、全国宣传思想工作会议精神,增强"四个意识"、坚定"四个自信"、做到"两个维护",深入贯彻习近平总书记对重庆提出的营造良好政治生态,坚持"两点"定位、"两地""两高"目标,发挥"三个作用"和推动成渝地区双城经济圈建设等重要指示要求,认真落实市委五届九次全会精神,坚持和加强党对国有文化企业的全面领导,在国有企业改革大框架下充分体现文化例外要求,坚持把社会效益放在首位,实现社会效益与经济效益相统一,通过实施一揽子深化改革加快发展

[①] 本实施方案经渝文改发〔2021〕3号文件印发。

行动,推动市属文化企业到2022年底成为有核心竞争力的市场主体,在新时代推进西部大开发形成新格局、成渝地区双城经济圈建设、全市"一区两群"协调发展和文化强市建设中担当新作为、作出新贡献。

(二)首要任务

把深入学习贯彻习近平新时代中国特色社会主义思想和习近平总书记关于宣传思想文化工作、国有企业改革发展、党的建设的重要论述作为落实市属文化企业改革行动的首要政治任务,持续学懂弄通做实,明确改革方向,领会核心要义,掌握实践要求,用以武装头脑、指导实践、推动工作。市属文化企业每年要制定学习计划,每年安排集中培训、专题讲座、在线学习等多种方式,全面深入学习、认真贯彻落实。

(三)改革目标

推动市属文化企业成为有核心竞争力的市场主体。到2022年底,市属文化企业健全有文化特色的现代企业制度,治理能力和水平显著提升,优质内容创作生产、传播主渠道建设等竞争力增强,利润总额、净资产收益率、全员劳动生产率等绩效指标大幅提升,资产负债率保持在合理区间。

推动市属文化企业始终把社会效益放在首位,实现社会效益和经济效益相统一。到2022年底,市属文化企业党的建设全面加强,建立完善坚持正确导向履行社会责任的制度机制,培育出一批"双效"彰显的文化品牌,更好满足人民精神文化生活新期待。

推动市属文化企业在文化强市建设进程中发挥引领示范作用。到2022年底,市属文化企业服务融入全国全市重大战略,进一步聚焦主业主责,不断优化资产业务结构,加快以大数据智能化引领文化产业转型升级,推动全市文化旅游融合高质量发展。

二、健全有文化特色的现代企业制度

(一)把党的领导全面融入公司治理

把加强党的领导和完善公司治理统一起来,充分发挥党委把方向、管大局、保落实作用。认真落实《中国共产党国有企业基层组织工作条例(试行)》,市属文化企业在2021年内完成集团及所属企业章程修订,明确党组织在决策、执行、监督各环节的权责和工作方式。市委宣传部制定市属文化企业党委前置研究事项清单示范文本,市属文化企业在2021年内完成集团及所属企业党组织前置研究事项清单制定和"三重一大"决策制度修订,进一步加强党组织对经营管理重大事项把关,把履行社会责任重大事项纳入党组织前置研究范畴。

(二)加强董事会建设

在规范运行基础上全面落实董事会各项权利,充分发挥董事会定战略、作决策、防风险作用。市文资办牵头制定市属文化企业董事会建设指导意见,开展董事会和董事履职评价。市属文化企业切实加强制度规范,提升董事会履职能力。核心业务为新闻信息服务类、内容创作生产类的企业,在2021年内完成董事会下设编辑委员会或艺术委员会等专门委员会。健全外部董事管理制度,选聘一批符合条件的文化工作者担任外部董事。到2021年底市属文化企业实现董事会应建尽建、配齐建强。

(三)保障经理层依法履职

到2022年底,市属文化企业全面建立董事会向经理层授权的管理制度,依法明确董事会对经理层的授权原则、管理机制、事项范围、权限条件等主要内容,充分发挥经理层谋经营、抓落实、强管理作用。严格落实总经理对董事会负责、向董事会报告的工作机制。集团所属企业层面经备案可探索职业经理人试点,严格任期制和契约化管理。

(四)推动公司制改革走深走实

落实市级国有文化出资人有限责任,强化市属文化企业独立法人地位。以企业章程为基础,正确处理党组织与董事会、经理层等治理主体关系,坚持和完善权责法定、权责透明、协调运转、有效制衡的公司治理机制,推动制度优势更好地转化为治理效能。市属文化企业到2022年底完成公司制改革"回头看",确保完成收尾工作。实行事业单位企业化管理的新闻单位,在集团层面已成立的一级企业,进一步完善与同级事业法人主体实行一个党委领导、一体化管理的机制。

三、坚持正确导向履行社会责任

(一)健全企业履行社会责任的引导机制

贯彻落实文化企业坚持正确导向履行社会责任的制度要求。坚持社会效益在市属文化企业"双效"业绩考核体系中占主导地位,其中新闻信息服务类企业社会效益考核权重占60%。市级文化产业专项资金向社会效益突出的重点项目倾斜。通过国有资本经营预算相关政策措施,对市属文化企业履行社会责任予以支持。市委宣传部和市文资办对履行社会责任表现突出的企业,在资源配置时优先给予支持,在工资总额核定、负责人业绩考核等方面适当考虑。

(二)把履行社会责任贯彻于企业经营全过程

市属文化企业把坚持正确导向履行社会责任写入章程,明确具体要求。企业主要负责人是履行社会责任第一责任人。谋划重大项目投资,事先必须进行社会效益专项评估,作为可研报告重要内容。企业内部建立履行社会责任的利益导向机制,体现在劳动人事、收入分配等具体制度中。对直接涉及内容创作的部门及岗位,增加社会效益考核权重。对投放市场的文化产品和服务设置公众意见反馈机制。市属文化企业在全市文化企业中率先示范,从2022年度起公布履行社会责任报告。

四、聚焦文化产业高质量发展

(一)推动国有文化资本聚焦主业突出优势

进一步贯彻落实市委市政府《关于推动文化产业高质量发展的意见》。将市属文化企业改革发展内容纳入我市"十四五"规划纲要和有关专项规划。市属文化企业要整体谋划实施业务集群化改革,不断优化资产负债结构、提高整合重组效率、加大主业再投入,推动国有文化资本向文化要素大市场基础架构聚集、向现代文化产业体系关键环节聚集、向文化产业高质量发展重点领域集聚。突出优质内容创作生产、传播主渠道建设、引导放大社会效益等竞争优势,带动全市文化产业基础高级化、供应链现代化,以高质量供给创造文化消费新需求。

(二)促进文化产业智能化融合化转型

参与全国文化企业融合创新示范工程,加快以大数据智能化引领文化产业转型升级。市属文化企业分别制定数字化转型专项方案,推进媒体深度融合发展,加快智慧广电、智慧出版、智慧书城、文化电商物流、信息安全云等产业平台建设,培育数字文化业态。升级两江新区文化科技、重庆广告园、重庆出版传媒创意区、重庆动漫基地等国家级文化产业示范园区。推进重庆艺术大市场、影视制片服务基地、解放碑时尚文化城、时装文创设计小镇、"永川里"、星际未来城、两江新华产业园、玉泉湖高清视频产业园、原乡康养小镇、华龙游戏电竞产业园等重大项目建设。整合拓展"新闻+""影视+""演艺+"等全产业链服务。

(三)服务融入全国全市重大战略

市属文化企业要主动融入以国内大循环为主体、国内国际双循环相互促进的新发展格局,参与全市内陆开放高地建设,搭建文旅精品项目对接推介平台,打造重庆对外文化贸易基地,发展"重庆智造"相关创意设计服务。紧扣"两中心两地"战略定位,围绕成渝地区双城经济圈建设和全市"一区两群"协调发展,全力投入"巴蜀文化旅游走廊"和武陵山文旅发展联盟建设,提档重庆国际文化旅游产业博览会、西部动漫节等知名展会。围绕打造国际知名文化旅游目的地,积极参与"双晒"文旅宣传推介、"两江四岸"文旅提升和重庆云上文旅馆建设。参与国家文化大数据体系建设,打造重庆分平台。

(四)退出不具备优势的非主营业务和低效资产

建立市属文化企业投资项目负面清单机制,新投项目必须围绕主业形成有效产业链条,原则上不再投资规下企业(科技创新型企业除外)。梳理不具备竞争优势、缺乏发展潜力的非主营业务和低效资产,到2022年底基本完成存量清退。深入推进"僵尸企业"处置,到2022年底全面完成亏损子企业治理。以各种方式盘活利用存量土地,清退长期亏损和不分红的参股股权。

五、推进企业治理能力现代化

(一)健全市场化经营机制

在市属文化企业中开展对标"全国文化企业30强"提升治理能力行动,应对新形势下市场竞争,对企业发展战略、机构职能、制度建设等进行全面梳理、调整和完善,形成反应灵敏、运行高效的经营机制。市属文化企业要深入推进管理扁平化,管理层级压缩控制在三级以内,集团层面强化经营性资产集中统一运营,整合优化不同层级间综合部门设置,减少不必要的法人户数。全面实施以契约管理为关键、以岗位管理为基础、以绩效贡献为依据的市场化用工制度,实行全员绩效考核、一岗一薪、易岗易薪,大幅减少内部成本,提升全员劳动生产率。探索具有市场竞争力的核心人才薪酬制度,推动薪酬分配向作出突出贡献人才和关键岗位倾斜。支持企业合规运用股权激励、员工持股、超额利润分享、跟投等方式,建立中长期激励约束机制。

(二)完善内控规范体系

市属文化企业按照"强内控、防风险、促合规"要求,在充分评估调试基础上,于2021年内完成内控规范体系实施方案的修订,强化对所属企业及投资项目全覆盖全流程监管。健全企业风险事项台账及动态排查机制,着力防范化解重大风险。对巡视、审计发现的问题逐条深化整改,涉及司法诉讼、资产处置事宜明确后续举措,到2022年底完成存量问题处置。

(三)稳妥推进股份制改革

按照文化体制改革政策要求,坚持国有资本主导地位,坚持导向管理不放松,准确把握市场准入界限,对有条件的企业稳妥推进股份制改革。在坚持出版权、播出权特许经营前提下,探索制作和出版、制作和播出分开。已经转企的出版社、非时政类报刊出版单位、新闻网站等,实行国有独资或国有文化企业控股下的国有多元。新闻媒体中的广告、印刷、发行、传输网络部分,可剥离进行转企改制,由国有资本绝对控股。集团所属企业层面、主业处于非特许经营领域、公司治理结构健全、营业收入和利润主要来源于集团外部市场的,经批准可推进混合所有制改革和骨干员工持股的试点工作。支持市属文化企业选择与主业有关联、成长性好的各类企业进行资本、项目、业务合作,按市场化方式推进战略性重组和专业化整合。

(四)积极推动市属文化企业上市

积极推动重数传媒、华龙网等有条件的企业筹备上市,提升国有文化资产证券化水平。按照国家政策要求优化股权结构,保障出资人和大股东权益,引进资源型战略投资者,形成协同发展、风险共担的利益导向机制。对标上市要求,深化合规整改和募集资金投向研究,不断增强业务独立性、完整性、成长性。力争2022年底前实现市属文化企业在交易所上市。

六、优化国有文化资产监管机制

(一)优化监管资本的方式手段

完善党委和政府共同监管、宣传部门有效主导的国有文化资本监管模式,强化管人管事管资本管导向相统一。市文资办梳理优化监管职责和工作内容,对接顶层制度设计,以"放权利、强监管、重考核"为原则,做好国有文化资产监管规范性文件的立改废释工作。更加注重通过董事会等法人治理结构履职,体现出资人意志。针对市属文化企业不同类别、规模、股权结构,动态调整经营管理事项授权清单,合理下放投资审批、工资管理、人才激励等权限,营造企业创新创业氛围。加强监管信息系统建设。

(二)改进"双效"业绩考核

市委宣传部和市文资办优化市属文化企业"双效"业绩考核体系,在年度考核和任期考核中动态调整评价目标指标。社会效益考核中,对新闻信息服务类企业侧重评价导向性,对内容创作生产类企业侧重评价精品力作,对传播渠道类企业侧重评价服务便捷性安全性,对投资运营类企业侧重评价战略性引导性。经济效益考核中,更加关注企业竞争力提升和可持续发展,突出净资产收益率、全员劳动生产率等指标,综合公司治理、防范化解风险、转型升级等因素。改革薪酬管理方式,强化考核结果与企业负责人薪酬、工资总额预算挂钩,合理拉开负责人绩效年薪差距。制定企业三年滚动考核方案,完善负责人任期激励制度,防范竭泽而渔,促进长远发展。

七、加强企业党的建设

(一)加强企业党的政治建设

市属文化企业党委把学习贯彻习近平新时代中国特色社会主义思想、习近平总书记重要讲话和重要指示批示精神作为第一议题。建立践行"不忘初心、牢记使命"长效机制,以党的政治建设为统领,坚定维护党中央权威和集中统一领导。建立完善督促检查制度,推动企业贯彻落实中央和市委的重大决策部署。进一步落实市属文化企业党委意识形态工作责任制。持续彻底肃清孙政才恶劣影响和薄熙来、王立军流毒。

(二)推进党建与企业经营深度融合

坚持把提升企业竞争力、实现两个效益相统一作为市属文化企业党委工作的出发点和落脚点。完善企业党建工作机制,全覆盖开展党组织书记抓基层党建述职评议考核。推动党建责任制和生产经营责任制有效联动,确保企业发展到哪里、党的建设就跟进到哪里,以企业改革发展成效检验党组织工作和战斗力。

(三)加强企业领导班子和人才建设

健全党管干部、党管人才、选贤任能制度,选优配强市属文化企业领导人员,打造讲政治、守纪律、会经营、善管理、有文化的企业干部人才队伍。市委宣传部适时修订部管企业领导班子和领导人员综合考核评价办法。市文资办制定实施市属文化企业经营管理人才轮训计划。推进市属文化企业人才强企建设。弘扬企业家精神,激励企业领导人员担当作为。

(四)推进全面从严治党

完善落实市属文化企业全面从严治党责任制度,推动党委主体责任、书记第一责任人责任、班子成员"一岗双责"和纪检监察机构监督责任贯通联动、一体落实。强化政治监督,加强对"三重一大"决策的监督,加强对制度执行的监督,加强对关键岗位、重要人员、重点内设部门的监督。持之以恒落实中央八项规定及市委实施意见精神,坚决反对"四风",一体推进不敢腐、不能腐、不想腐体制机制。

八、组织实施

(一)加强组织领导

市文化体制改革专项小组、市国有文化资产管理领导小组负责市属文化企业改革发展重大问题的协调,市委宣传部会同市文资办牵头组织推进。市属文化企业党委切实履行主体责任,在企业深化改革加快发展行动中发挥领导作用和战斗堡垒作用。重大事项和试点工作及时请示报告。

(二)抓好"一企一策"落实

本实施方案配套市属文化企业改革发展任务清单。各市属文化企业要结合自身实际,以项目化、清单式方式推进各项任务落实。

(三)落实政策保障

市文化体制改革专项小组成员单位共同抓好国务院办公厅《关于印发文化体制改革中经营性文化事业单位转制为企业和进一步支持文化企业发展两个规定的通知》等政策措施的落实,为市属文化企业深化改革加快发展提供支持。

(四)强化督查考核

本实施方案及任务清单所列事项,纳入市委宣传部、市文资办对市属文化企业督查督办内容,推进落实情况与企业"双效"业绩考核挂钩。

2021年重庆市文化体制改革工作要点摘要[①]

中共重庆市委宣传部起草组

2021年是"十四五"规划开局之年,是开启全面建设社会主义现代化国家新征程的第一年,也是中国共产党成立100周年。要坚持以习近平新时代中国特色社会主义思想为指导,深入贯彻党的十九大和十九届二中、三中、四中、五中全会精神,全面落实习近平总书记对重庆提出的营造良好政治生态,坚持"两点"定位、"两地""两高"目标、发挥"三个作用"和推动成渝地区双城经济圈建设等重要指示要求,围绕立足新阶段、贯彻新理念、构建新格局,聚焦举旗帜、聚民心、育新人、兴文化、展形象的使命任务,高质量高标准完成中央文化体制改革和发展领导小组、市委全面深化改革委员会部署的各项改革任务,进一步推动文化体制改革走深走实,健全我市繁荣发展社会主义先进文化新机制。

一、健全理论武装制度机制

(一)完善理论学习制度

完善中心组学习制度,建立列席旁听机制。建好用好"学习强国"重庆学习平台,推动区县融媒号在总平台上线,推动学习强国TV电视端上线,打造理论宣传融媒体产品。创新开展理论微宣讲活动。

[①] 本工作要点摘要经渝文改发〔2020〕1号文件印发。

(二)推进理论研究和智库建设

深化部校共建马克思主义学院,申报创建全国第二批习近平新时代中国特色社会主义思想研究中心。实施我市重点智库建设试点方案,开展新型智库综合评价。

(三)加强和改进思想政治工作

贯彻加强和改进新时代思想政治工作意见,制定我市实施方案,强化各级党委主体责任,创新工作方式方法。开展社区思想政治工作培训,推进"小马工作室"规范化建设。完善领导干部、先进人物进校园开展思想政治教育制度。

(四)深化拓展新时代文明实践中心建设

推动区县时代文明实践"中心－所－站"三级机构全覆盖。建好用好新时代文明实践中心云平台,健全点单、派单、接单、评单流程,深化"六讲"志愿服务。完善群众参与、嘉许激励、经费保障、监督考核等制度。做好改革经验总结复制推广。

(五)健全文明行为引导机制

出台并组织实施《重庆市文明行为促进条例》,健全文明行为先进典型表彰、奖励、优待制度。组织招募文明行为劝导队伍,制定培训、管理、保障办法。建立不文明行为投诉平台。深入推进移风易俗"十抵制十提倡",开展婚俗改革试点工作。

二、完善文化管理体制机制

(一)完善国有文化资产监管机制

完善管人管事管资产管导向相统一的机制。制定市属文化企业党委前置研究事项清单。优化市文资办监管职责和工作内容,做好文资监管规范性文件的立改废释工作。制定市属文化企业董事会建设指导意见。探索制定企业投资项目负面清单和经营管理事项授权清单。

（二）健全文化企业履行社会责任的引导机制

贯彻落实文化企业坚持正确导向履行社会责任的制度要求，指导市属文化企业建立履行社会效益的利益导向机制，推进文化企业公布履行社会责任报告的前期工作。

（三）优化"双效"业绩考核体系

在市属文化企业"双效"考核中突出社会效益主导，更加注重企业竞争力提升和可持续发展，动态调整评价目标指标，制定三年滚动考核方案，完善与考核挂钩的薪酬管理体系，适度拉开绩效薪酬差距。

（四）深化文化市场综合行政执法改革

贯彻落实《文化市场综合行政执法管理条例》，制定我市实施方案。完善综合执法协同运行机制。对照中央部委指导目录，对执法工作进一步廓清范围、明确职责。落实文化市场主体信用信息公示、警示名单和黑名单制度。

（五）深化文化领域"放管服"

改进新闻出版、电影、网信、文化旅游、广播电视、文物等政务服务，提升与"渝快办"协同效能，探索部分事项川渝两地协同办理，优化营商环境。加强文化旅游行业组织建设。开展网络视听、网络直播等行业治理。

（六）完善旅游综合管理体制

健全旅游与商贸会展、交通运输、安全应急、大数据发展等协同机制。制定办法引导规范旅游民宿行业发展。

三、深化文化企事业单位改革

（一）实施市属文化企业深化改革加快发展行动

制定《市属文化企业深化改革加快发展行动实施方案》及"一企一策"改

革发展任务清单。大力推动市属文化企业健全有文化特色的现代企业制度，完善市场化经营机制及内控规范体系，进一步聚焦主责主业，完成低效资产专项治理，加快实现治理公司化、管理扁平化、业务集群化。

(二)深化国有文艺院团改革

制定我市深化国有文艺院团改革发展实施意见，推动转制院团完善现代企业制度、盘活演出资源，推动事业院团理顺内部机制、提升服务效能。开展国有文艺院团社会效益考核试点工作。加快重庆演出公司股份制改造。

(三)推动博物馆改革发展

贯彻新时代博物馆改革发展指导意见，制定我市实施方案，拓展博物馆利用途径，提升社会化服务功能。

(四)深化影视业综合改革

落实我市影视业综合改革分工方案，加强影视业行风建设，加强失德人员惩戒治理。开展国有影视企业社会效益考核。

(五)推动华龙网、重数传媒筹备上市

着力优化战投结构，形成协同发展、风险共担的利益导向机制。对标上市标准，深化合规整改，增强业务独立性、完整性、成长性。

(六)完成重庆有线网络整合重组

四、强化舆论引导机制，推动媒体融合发展

(一)深化媒体深度融合发展

制定我市加快推进媒体深度融合发展实施方案。持续推动市属媒体集团在制度层面深化融合，健全全媒体传播运行机制。完成专项督察验收，建强用好区县融媒体中心。升级"两江上游云"，促进区县融媒体中心与市级媒体互联互通、资源共享。

（二）完善对外宣传工作机制

建立全市外宣工作联席会议机制，加强国际传播协调、新闻发布联动、民间外宣协同。加强重庆国际传播中心、"重庆发布"新媒体矩阵建设，拓展外宣工作平台渠道。

五、健全文化创作生产引导支持机制

（一）实施文艺作品质量提升工程

制定我市当代文学艺术创作工程规划，加强文学创作与影视剧本创作联动，建立重点文艺作品创作跟踪机制。深入实施"百年百部"等文艺创作资助扶持。

（二）加强新文艺群体建设

贯彻落实新文艺群体工作意见，完善相关机制，团结引导网络作家、自由撰稿人、独立制片人等新文艺群体。

（三）完善影视扶持政策

深化我市影视拍摄一站式服务平台建设。围绕打造全域影视基地，布局一批数字摄影棚、数字动作捕捉基地，构筑后期制作等完整产业链。

（四）完善出版支持措施

落实我市加强和改进出版工作的政策措施，研究用好网络出版资质，大力发展数字出版。举办首届西部数字出版年会。

六、提升公共文化服务效能

(一) 统筹推进公共文化服务体系建设

抓好《公共文化服务保障法》有关政策办法的实施,持续深化标准化建设。推动现有文化惠民工程整合资源、创新机制,提升基层综合性文化服务中心效能,建好用好"重庆群众文化云"。

(二) 深化公共文化机构机制创新

按中央部署有序开展公共文化机构法人治理改革试点工作。深化文化馆图书馆总分馆制,建好用活一批24小时城市书房和乡村书房。探索开展文化、广电、旅游公共服务机构功能融合试点工作。

(三) 推进文化重大基础设施建设

加快市青少年活动中心、广电发射新塔、重庆国际马戏城(二期)等市级功能性文化设施建设。协助推进长江音乐厅建设。

(四) 推进乡村文化振兴

制定我市乡村文化振兴与文化脱贫攻坚工作衔接方案。实施"百乡千村"示范工程,再建150个乡情陈列馆,新打造100个"一村一品"文化活动品牌。

(五) 改进公益电影放映机制

加快乡镇影院和室内放映厅建设,调整惠民电影场次补贴划拨方式,探索院线制管理。

(六) 构建全民阅读服务体系

持续深化"书香重庆"品牌,开展"百本好书送你读""新时代乡村阅读季"活动,完善实体书店支持机制。深化"学习强国"数字农家书屋建设试点工作,建成500个数字农家书屋。

(七)加快广电服务转型

统筹规划广电 5G 一体化发展。改谋划推动广电公共服务从"户户通"向"人人通""移动通"升级。

(八)参与国家文化大数据体系建设

加快建设重庆区域分平台和文化专网。

七、完善文化保护传承发展体系

(一)开展红色基因库建设试点工作

在全市爱国主义教育示范基地中分批抓好试点单位申报、建设和验收工作。绘制红色基因图谱,推进馆藏资源数字化,打造 VR 展示平台,利用有线网络实现全国联网。参加建党 100 周年全国红色基因库试点成果展,做好改革经验总结复制推广。

(二)深化文物保护利用改革

贯彻我市文物保护利用改革实施意见,开展专项督察,落实主体责任、资源普查、安全防范等制度。系统推进红岩村、曾家岩、虎头岩"红色三岩"革命遗址保护提升,实施红岩文化公园首期项目,开放《新华日报》历史陈列馆。

(三)完善文化遗产保护传承体系

推进中华优秀传统文化传承发展工程重点项目。加快武陵山区文化生态保护实验区、重庆开埠遗址公园建设。推动钓鱼城遗址和白鹤梁题刻申遗。建成故宫南迁文物纪念馆。

(四)推进长征国家文化公园(重庆段)建设

八、推动文化旅游融合高质量发展

（一）按市委部署筹备召开全市旅游发展大会

（二）推进"巴蜀文化旅游走廊"一体化建设

配合国家部委出台《巴蜀文化旅游走廊建设规划》，编制我市规划实施方案。建立巴蜀文旅合作联席会议制度，协商制定项目化实施方案。打造"成渝地·巴蜀情"精品旅游线路、文化旅游品牌。实施成渝公共图书馆一卡通。做好改革经验总结复制推广。

（三）建立武陵山文旅发展联盟

举办首届武陵文旅峰会，建立文旅发展区域协作机制。推进"乌江画廊"联合开发。

（四）深化文旅宣传推介机制

持续开展系列文旅宣传推介活动。推进长嘉汇大景区等"两江四岸"文旅提升，建好用好"重庆云上文旅宣传"。

（五）建设文旅消费示范城市

创建首批国家级文旅消费集聚区。拓展重庆文旅惠民消费季，打造一批"重庆好礼"。

（六）培育文旅示范园区

推进国家级文化产业示范园区、文化科技融合示范基地、对外贸易基地、版权示范基地的培育创建工作。

（七）办好文旅品牌会展

整合跨界资源，加强开放联动，更高水平办好重庆国际文旅产业博览会、西部动漫节，构建文旅精品项目对接推介平台。

(八)推动文化产业智能化融合化转型

加快智慧广电、智慧出版、智慧书城、文化电商物流、信息安全云等产业平台建设,推进重庆艺术大市场、影视制片服务基地、解放碑时尚文化城、时装文创设计小镇、"永川里"、星际未来城、两江新华产业园、玉泉湖高清视频产业园、金佛山原乡康旅小镇、华龙游戏电竞产业园等重大项目。

(九)制定实施文化领域"十四五"规划

按全市统一安排,推进精神文明、文化旅游、网络安全和信息化等三个市级专项规划的衔接、报批、实施。对接有关部委,制定文化发展改革、哲学社科、出版、电影、广播电视、文物、国际传播能力建设等专项规划。

(十)加强政策咨询和人才培训

开展文化强市建设课题研究。加强文旅产业统计核算。编辑出版重庆文化产业蓝皮书。举办文化产业人才研修班。

重庆参与国家文化大数据体系建设任务分工方案[①]

中共重庆市委宣传部起草组

按照中央文改办《关于做好国家文化大数据体系建设工作的通知》(文改办发〔2020〕3号),市文改专项小组就各成员单位现阶段参与国家文化大数据体系基础性建设和试点工作制定如下分工方案。

一、建立工作协调机制

在市文改专项小组指导下,建立重庆市参与国家文化大数据体系建设的协调机制,着力整合资源,统筹制定任务分工方案,督察各单位落实工作责任,指导重庆广电集团重庆有线网络公司制定具体建设规划,将文化大数据体系建设的重点项目纳入"十四五"相关规划。(牵头单位:市委宣传部、市文化旅游委、市发展改革委、市大数据发展局)

二、编制具体建设规划

对接国家文化大数据产业联盟、中国有线网络公司,围绕"挖掘整合全市内容资源、提高全域数字化服务能力",开展重庆市参与国家文化大数据体系建设的全面规划研究和新型基础设施改造研究,报市文改专项小组审定后实施。(牵头单位:中国广电重庆网络公司)

[①] 本分工方案经渝文改发〔2020〕6号文件印发。

三、参与中国文化遗产标本库建设

结合文物资源数据库建设,从珍贵文物照片入手,对我市历次文物普查数据,包括可移动文物、古籍、美术馆藏品等,分批逐步按照国家文化大数据标准采集存储,在不改变原始数据归属权的前提下,通过有线电视网络实现全国联网,今后主要用于公共文化服务。〔牵头单位:市文化旅游委(市文物局)、中国广电重庆网络公司〕

四、参与中华民族文化基因库(一期红色基因库)建设

组织我市爱国主义教育示范基地分批次申报全国试点单位,对陈列品、纪念碑(塔)、出版物、音视频等红色资源按照国家文化大数据标准采集存储,在不改变原始数据归属权的前提下,通过有线电视网络实现全国联网,今后主要用于公共文化服务。(牵头单位:市委宣传部、中国广电重庆网络公司)

五、参与中华文化素材库建设

按照"谁开发、谁所有、谁受益"原则,鼓励全市企事业单位已建在建的文化艺术、新闻出版、广播影视、旅游等各类数据库,对接国家文化大数据标准进行再加工,通过有线电视网络实现全国联网及更广范围展示交易,今后主要用于内容再生产、创意设计等文化市场开发。(牵头单位:市委宣传部、市文化旅游委、中国广电重庆网络公司)

六、参与文化体验园建设

在政府引导下采取各种市场运作方式,鼓励全市文旅企业积极参与,以A级旅游景区、国家级旅游度假区及知名游乐园、城市广场为重点,打造"活化"

的巴渝文化体验园,共创数字化时代文化消费新场景,促进文旅融合发展。(牵头单位:市文化旅游委)

七、参与文化体验馆建设

结合中华优秀传统文化传承发展工程、乡情陈列馆及文旅公共服务体系建设,推动文化馆、博物馆、纪念馆等改扩建巴渝文化体验馆,鼓励公共服务机构、中小学、购物中心等开辟巴渝文化体验馆,推动传统文化进社区、进农村、进校园、进商场。(牵头单位:市委宣传部、市文化旅游委)

八、参与国家文化专网建设

按照国家文化专网标准,完成我市有线电视网络设施改造,建设省级平台中继站,负责中国文化遗产标本库、中华民族文化基因库、中华文化素材库本地数据存储、传输、安全保障,加强数字版权管理,联通文化体验园、文化体验馆并提供数字化服务。(牵头单位:重庆广电集团重庆有线网络公司)

九、参与国家文化大数据体系云平台建设

积极申报承建国家文化大数据体系西南区域分平台。(牵头单位:中国广电重庆网络公司)

十、参与数字化文化生产线建设

鼓励我市文旅企业,特别是文化与科技融合示范基地、文化产业示范园区(基地)入驻企业和数字出版转型示范单位完成业务流程再造,向国家文化大数据产业联盟申请认定数字化文化生产线。(牵头单位:市委宣传部、市文化旅游委、中国广电重庆网络公司)

十一、加大政策协调支持力度

对接中宣部、文化和旅游部（国家文物局）、国家发展改革委、财政部（中央文资办）等部委将陆续出台的支持政策，积极协调文物保护、公共文化服务体系建设等专项资金支持文化大数据体系建设的公益性项目，支持文化大数据体系建设的经营性项目申报文化产业等专项资金，把文化大数据体系建设的经营性项目纳入市属文化企业国有资本经营预算支持重点。［牵头单位：市委宣传部、市文化旅游委（市文物局），市发展改革委，市财政局（市文资办）］

十二、谋划文化大数据体系深度建设

鼓励市属文化企业发挥自身资源优势，以资本合作、项目合作、业务合作等方式，深度参与国家文化大数据体系建设。推进有线、无线（5G）等广播电视网络按国家文化专网标准融合应用。（牵头单位：市委宣传部，市文资办，中国广电重庆网络公司，有关市属文化企业）

REPORT ON DEVELOPMENT OF
CHONGQING'S CULTURAL INDUSTRY (2020–2021)

大事记

2020 年重庆文化产业大事记

徐丽丽　陈　蔚　谭小华　张　翎　刘慕岳　整理

1 月

1月2日,合川区政府与市文化遗产研究院举行战略合作签约仪式。

1月2日,第二届重庆市铜梁中华龙灯艺术节开幕。

1月3日,2020年(第十二届)黄桷坪新年艺术节开幕。

1月3日,北碚区财政局、区文化旅游委出台《重庆市北碚区朝阳文创大道产业扶持政策(试行)》(北碚文旅发〔2020〕61号)。进一步培育区内文旅行业优秀市场主体、推动北碚区文旅产业高质量发展。

1月6日,重庆日报推出大型特刊《把总书记殷殷嘱托全面落实在重庆大地上》,全面深入展示重庆在经济社会发展、生态文明建设、全面从严治党等方面取得的成效。

1月6日,重庆市乡村旅游协会印发《关于认定义和镇松柏村等20个乡村旅游点为重庆市智慧旅游乡村示范点的公告》,涉及10个区县,为我市首批智慧旅游乡村示范点。

1月7日,国家文化和旅游部发布公告,彭水阿依河景区被确定为国家5A级旅游景区。

1月8日,第十七期精品项目交流对接会暨重庆市文化和旅游产业重点项目推介会在璧山区举办。

1月10日,重庆市文化旅游委与重庆银行举办"文旅金融服务推介会",并为重庆银行文旅特色支行揭牌,为重庆成立的首家文旅特色支行。

1月10日,渝(重庆)遂(遂宁)文旅合作洽谈会召开。遂宁旅游协会分别和重庆市文化和旅游协会、渝中区旅游协会、涪陵区旅游协会签订了战略合作协议,双方就客流输送、旅游营销、产品打造等方面达成合作意向。

1月10日,"传承传统文化·感受非遗魅力——铜梁龙舞专场晚会"在沙坪坝区沙磁文化广场成功举办。

1月17日,市文化旅游委印发《重庆市进一步激发文化和旅游消费潜力的行动计划》。

1月17日,北碚区举行莫氏七度文化创意产业园开园启动仪式暨非遗玻璃展览文创集市开市活动。

1月18日,第十五届"千米长宴"民俗文化活动在江津区中山古镇举办。

1月19日,垫江县举办2020年"非遗过大年、文化进万家"展演活动。

2月

2月27日,重庆市人民政府办公厅印发《关于做好2020年市级重大项目实施有关工作的通知》,市文投集团投建的"永川里"项目被列为市级重大民生文化类建设项目,武隆星际未来城项目被列为市级重大旅游产业类建设项目。

2月,华龙网策划推出的作品《视频|重庆:待春暖花开,我们再看车水马龙》获中宣部新闻局《新闻工作专报》表扬。

2月,合川区选送的泥塑作品《致敬》获评重庆市抗击疫情非遗作品评选活动三等奖。

3月

3月7日,腾讯微视总部"云"直播,以"赏春景"为主题在酉阳县桃花源景区直播,总观看人次达5万多。

3月11日,市人民政府办公厅出台《关于加快线上业态线上服务线上管理发展的意见》(渝府办发〔2020〕25号),忠县电竞小镇被纳入重庆市数字内容集聚区。

3月14日,市级文物保护单位晏家聂氏宗祠修缮工程正式复工。

3月中旬,长寿区启动全区七处市级文物保护单位保护范围及建设控制地带划定工作。

3月中旬,国家科技支撑计划课题"红岩文化展演与传播技术集成与示范"顺利结题。

3月19日,万盛经开区举行2020年重点招商项目第一次"云签约"活动。

3月20日,市委网络安全和信息化委员会召开会议,听取全市2020年网信重点工作安排,审议我市建设国家数字经济创新发展试验区工作方案,研究部署有关工作,市委书记、市委网络安全和信息化委员会主任陈敏尔主持会议并讲话。

3月24日,由中共重庆市委党史研究室和重庆市档案馆联合打造的"民族脊梁 巴渝丰碑——中国共产党重庆革命史(1921—1949)"展览在市档案馆举行首展仪式。

3月25日,由重庆市文化旅游委、市体育局、垫江县委、垫江县人民政府主办的第二十一届垫江牡丹文化节在垫江县牡丹樱花世界开幕。

3月26日,"2020中国重庆·丰都(线上)庙会"举办线上启动仪式。首次把庙会"搬"到线上,以"互联网+庙会"的形式,通过线上赏巡游、线上逛市集、线上看非遗、线上游丰都等创新举措,让全球游客足不出户"云"上逛庙会,打造不一样的丰都庙会新体验。活动持续一个月。

3月27日,由沙坪坝区委、区人民政府主办的沙坪坝区"故里故事"主题宣传活动正式启动。活动历时半年,全区22个街镇、66件外宣作品将面世。

4月

4月2日,渝北区召开以"主城周边游,渝北好春光"为主题的精品文化旅游线路宣传推介会,旨在积极引导和支持受疫情影响的渝北文旅企业共渡难关,拉动文旅消费,促进经济增长,实现企业和政府双赢。

4月2日,璧山区与重庆仕豪旅游有限公司签订合作协议,引资4000万元,提档升级枫香湖儿童公园项目。

4月2日,重庆市永川区(大数据产业园C区)建成西南最大重庆唯一科技影视棚,面积达1000平方米。

4月3日,市委常委、宣传部部长、文改专项小组组长张鸣主持召开市委全面深化改革委员会文化体制改革专项小组第六次会议,传达学习中央全面深化改革委员会第十二次会议和市委全面深化改革委员会第九次会议精神,研究改革工作方案,听取改革工作汇报。

4月3日,重庆广电集团召开广播集群化改革启动会,广播传媒中心(广播传媒公司)正式成立,标志着现代广播集群开始进行实质性整合组建。

4月15日至17日,市委网信办组织开展习近平总书记视察重庆一周年网络宣传活动,刊发、转载重点稿件4060余篇次,总阅读量5.1亿人次,其中亿级新媒体产品2件。

4月20日,永川区举行2020年重庆云谷暨永川大数据产业发展网络推介会。

4月20日，重庆日报报业集团重庆国际传播中心获第二届中国机构海外传播杰出案例"海帆奖"，该活动由人民日报、人民网主办。

4月21日至29日，2020年全民阅读暨第十三届重庆读书月活动在解放碑步行街举行，活动以"行千里 致广大 阅无止境"为主题。

4月23日，2020年第十三届重庆读书月系列活动启幕。

4月23日，重庆市"阅读马拉松"线上大赛启动，由中共重庆市委宣传部、中共重庆市委直属机关工作委员会、重庆市教育委员会主办。

4月23日，潼南区文化旅游委与北京金蜗牛旅游开发有限公司签订潼南区金蜗牛露营公园建设项目，签约金额3亿元。

4月23日，黔江区获评首级市级全域旅游示范区。

4月23日，彭水县摩围山旅游度假区康养基地（一期）开工，该项目总占地约400亩，一期项目总投资68594.5万元。

4月24日，垫江县举行"丹乡之星杯"非遗文化传承竹编职业技能大赛。

4月27日，第十一届金佛山国际旅游文化节暨杜鹃花节开幕。

4月27日，长寿区与广安市共同举办"渝广区县联动 共推文化旅游惠民政策"活动，联手推出6条川渝旅游精品线路。

4月28日，微电影《特别加映》（原名《小镇电影院》）在江津区塘河古镇开机拍摄，该电影获中国文学艺术发展专项基金资助。

4月29日，"重庆城市文化艺术之旅"线路成功入选"疫去春来 江山多娇"全国100条精品主题旅游线路。

4月30日，第六届民间蚩尤祭祀大典在彭水县蚩尤九黎城举行。

4月30日，首届重庆·铜梁西郊文化旅游节开幕，百名网红齐聚铜梁，现场直播铜梁美景。

4月，荣昌区政府与北方华录公司签订战略合作框架协议，计划投资30亿元建设公共文化服务和全域旅游项目。

4月，市地理信息和遥感应用中心联合市文化遗产研究院精选10处重庆古迹遗址，编制形成《重庆国际古迹遗址日地图》。

5月

5月6日，"中国力量"——四川美术学院新冠肺炎疫情防控主题创作展在四川美术学院美术馆开幕，市委常委、宣传部部长张鸣，副市长屈谦，副市长、重庆高新区党工委书记熊雪出席。活动由市委宣传部、市委教育工委、市教委、市文联主办,四川美术学院承办,重庆市美术家协会和重庆医科大学协办。

5月8日,南川区金佛山景区管委会与青城山-都江堰景区管理局签订《青城山-都江堰景区与金佛山景区战略合作框架协议》。

5月8日　忠县政府与四川省电子竞技运动协会签署战略合作协议,在电竞人才培养、网络直播等方面进行深度合作,实现川渝电竞产业融合发展。

5月11日,市委全面深化改革委员会召开第十次会议,专题研究文化体制改革工作。

5月14日,全市区县"晒旅游精品·晒文创产品"大型文旅推介活动(简称"双晒"第二季)正式启动。该活动通过建设全市区县"云上文旅馆"、制作炫彩90秒文旅精品短视频、区(县)长带货直播三种形式,开发文旅产品、推介文旅亮点、拉动文旅消费。

5月12至14日,2020年人教数字出版工作会在重庆召开,重庆出版集团荣获2020年度人教数字出版工作"协作服务奖""开拓进取奖"两项集体奖。

5月15日,首届重庆涪陵绣球花节在涪陵区北山公园正式启幕,以"绣球花儿开·情定武陵山"为主题。

5月15日,潼南区召开推动文化旅游体育产业高质量发展大会。

5月17日,渝鲁共建非遗夔州绣扶贫工坊正式开班。

5月18日,江津区举办2020年国际博物馆日暨重庆市第十一届文化遗产宣传月主会场活动,江津区博物馆正式对外开放。

5月18日,重庆市第十一届文化遗产宣传月启动。钓鱼城悬空卧佛加固保护工程获"2020年度重庆市文物保护优质工程"奖。

5月18日,潼南区杨闇公杨尚昆旧居陈列馆获评2020年抗疫期间优秀网上博物馆。

5月19日,垫江县2020年"中国旅游日"活动在垫江牡丹樱花世界正式启动。

5月21日,"坚信爱会赢——2020年重庆市文艺界抗击新冠肺炎疫情主题美术书法摄影民间文艺作品成果展"在市文联美术馆开展,活动由市文联及市美协、市书协、市摄协、市民协、市文艺志愿者协会主办。

5月22日,2020年重庆市版权宣传月"双十佳"评选活动颁奖典礼举行,重庆课堂内外杂志、潘鹏宇等10家企业和10名个人分获"十佳版权创新企业"和"十佳版权创业先锋"称号。

5月26日,中西部国际交往中心·保税港文化旅游之窗项目落户两路寸滩保税港区。该项目是重庆市人民政府外事办公室、市文化旅游委、两江新区两路寸滩保税港区三方发起,致力于打造集国际文化旅游展示推广、文化和旅游保税产品交易、出境旅游公共服务于一体的平台。

5月28日,"巴蜀文化旅游走廊自由行"南川区－都江堰市双城互动首发仪式两地同步启动。

5月29日,第五届重庆文化旅游惠民消费季(线上·夏季)暨2020年夏季旅游发布活动启动。此次活动以"品文旅精品、享文旅惠民"为主题,活动内容包括举行线上启动仪式,推出线上文旅集市,发放网络惠民补贴等。

6月

6月3日,《不能忘却的纪念——重庆红色故事50讲》系列微视频正式上线在全网发布推送,由市委宣传部、市委党史研究室、重庆日报报业集团共同制作。

6月5日,重庆市大数据应用发展管理局公布2020年大数据产业发展项目库名单,重庆出版集团安全阅读云(文化教育大数据中心)、重庆出版业协同智造工业互联网平台(一期)、大足石刻数据库等6个项目入库。

6月7日,第24届重庆都市文化旅游节暨城际旅游交易会在杨家坪步行街和解放碑步行街举行。

6月10日,第二十三届重庆新闻奖评选揭晓,重庆日报作品《幸福靠奋斗努力向前跑——习近平总书记在重庆考察回访记》获特别奖,《重庆大学在月球"种菜"》等15件作品获一等奖。

6月10日,第四届文化遗产宣传月系列活动在彭水县黄家镇红军街正式启动。

6月10日,重庆市潼南区文化市场综合行政执法支队正式挂牌。

6月12日,"重庆艺术大市场·开放的六月——2020四川美术学院艺术游"开幕,活动由市文投集团、四川美术学院等联合主办。

6月13日,2020年"文化和自然遗产日"重庆主会场、第五届重庆非物质文化遗产暨老字号博览会在璧山区秀湖水街非遗小镇正式开幕。璧山秀湖水街获非物质文化遗产特色小镇称号。

6月13日,荣昌区举行文化和自然遗产日非遗展示活动,活动由区文旅游委、区旅游景区管委会主办,主题为"非遗传承·健康生活"。

6月16日,潼南区委、区政府出台《推动潼南区文化和旅游产业高质量发展的实施方案》,设立文化旅游专项发展资金,用于宣传营销奖励、景区创建、品牌奖励等方面。

6月17日,重庆出版社《恩格斯画传》《列宁画传》入选2020年中宣部主题出版重点出版物选题。

6月18日,市委常委、宣传部部长、文改专项小组组长张鸣主持召开市委全面深化改革委员会文化体制改革专项小组第七次会议,传达学习中央全面深化改革委员会第十三次会议和市委全面深化改革委员会第十次会议精神,审议改革工作方案,研究部署近期文化体制改革工作。市政府副市长、文改专项小组副组长郑向东出席会议。

6月18日,2020年中国城市艺术旅游发展大会在九龙半岛·重庆美术公园举办。

6月22日,四川省广播电视局与重庆市文化旅游委在成都签署战略合作协议。双方围绕贯彻落实国家推动成渝双城经济圈发展战略部署,建立推动成渝地区双城经济圈广播电视发展工作机制,重点围绕协议明确的6个方面15项重点合作内容,推进川渝两地广播电视协同发展、一体发展、融合发展。

6月23日,"百年人生,八秩丹青——刁蓬先生美术作品展"在江津区文化馆开幕,活动由市文联、市美协、江津区委宣传部联合主办。

6月26日,2020年第五届文化旅游消费季暨文化和自然遗产宣传月活动在长寿古镇举行。

6月28日,重庆出版社《我的情绪我做主》(1—4)在第五届重庆市科普创作优秀作品及先进人物评选活动中荣获优秀科普图书三等奖。

6月29日,重庆市委网信办和四川省委网信办在渝共同签署《川渝网信领域协作框架协议》,双方将围绕国家数字经济创新发展试验区建设等10个方面深化协作,推动川渝网信领域协同发展,共同助力成渝地区双城经济圈建设。

6月30日,重庆新华书店微信小程序2.0版在全市新华书店上线。

6月30日,重庆三峡移民纪念馆成功入选全国15家中华民族文化基因库(一期)红色基因库首批试点单位。

6月30日,重庆数字创意产业园招商发布会在渝北国盛·IEC中心举行。

7月

7月2—5日,2020年泰安·巫溪文化旅游"东西扶贫协作"暨旅游踩线活动在重庆市巫溪县开展。

7月6日,重庆日报与四川日报联合推出"重走成渝古驿道 感受双城新变化"大型全媒体系列报道。

7月8日,重庆国际传播中心渝北分中心成立,渝北区国际传播平台矩阵正式上线,重庆国际传播中心及重庆文旅国际传播中心与渝北区战略合作正式启动。

7月8日,2020年重庆市版权宣传月"十佳版权创新企业""十佳版权创业先锋"颁奖典礼举行,市委宣传部(市版权局)、重庆华龙网集团等相关单位负责人及版权"双十佳"获奖代表近100余人参加颁奖仪式。

7月14日,彭水县苗乡养心游、民俗风情游、山水风光游、养心避暑游4条旅游线路入列重庆市文化旅游委发布的首批周末特色旅游线路。

7月14日,北碚区举行朝阳文创大道招商推介活动,北碚区与中国建筑五局西南分局、重庆壹贰陆文化传播有限公司、重庆斗鹰滑翔俱乐部有限公司分别签订文旅产业投资合作开发项目、四世同堂活化项目、斗鹰滑翔运动基地项目,共同开发北碚区文化旅游资源,协议总投资共101亿元。

7月18日,南川区金佛山星空露营基地举行揭牌仪式,正式对外营业。

7月24日,2020·第九届中国乌江苗族踩花山节在阿依河景区和摩围山景区盛大开幕。

7月25日至30日,"沿循总书记扶贫的足迹"——川渝美术名家助力脱贫攻坚采风写生活动在四川省凉山州正式启动。

8月

8月1—2日,全国媒体长寿行直播体验活动开播,20余家媒体直播了长寿湖景区等旅游项目。

8月3日,"你笑起来真好看——决战脱贫攻坚看西部"网络主题活动在线上启动。该活动由中央网信办网络新闻信息传播局主办,重庆市委网信办联和广西壮族自治区、四川省、云南省、甘肃省、青海省等省市党委网信办协办,重庆华龙网集团承办。

8月5日,重庆市电视艺术家协会与四川省电视艺术家协会联合举办"打

开新视界,助推成渝经济圈建设——川渝媒体共话未来"工作交流会

8月12日,第16届北京国际体育电影周展映活动正式启动,2020重马宣传片《重庆马拉松》成为推荐参加米兰国际体育电影电视节全球总决赛的十部影片之一。

8月12日,《全国县域旅游研究报告2020》暨"2020年全国县域旅游综合实力百强县""2020年全国县域旅游发展潜力百佳县"榜单发布,彭水县荣幸入选"2020年全国县域旅游综合实力百强县",为重庆市唯一入选区县。云阳、奉节、巫山、丰都、酉阳5个区县入列"2020年全国县域旅游发展潜力百佳县"。

8月13日,市委常委、宣传部部长、文改专项小组组长张鸣主持召开市委全面深化改革委员会文化体制改革专项小组第八次会议。传达学习中央全面深化改革委员会第十四次和市委全面深化改革委员会第十一次会议精神,研究近期文化体制改革重点工作。市政府副市长、文改专项小组副组长郑向东出席会议。

8月13日,猪八戒网八戒传媒与重庆广电集团重视传媒在重视传媒总部基地签署战略合作协议,双方就直播营销、网络IP孵化及网络影视制作等7个方面达成战略合作。

8月18日,重庆出版集团"重庆市5G+智慧教育资源应用服务平台""海数元数据管理平台"2个项目成功入选2020年大数据产业发展试点示范及资金支持项目名单。

8月20日,腾讯光子工作室群旗下腾讯棋牌IP场景彭水"苗乡欢乐茶馆"落成典礼在蚩尤九黎城举行。

8月21日,成渝地区双城经济圈建设新闻宣传战略合作签约仪式在重庆广电大厦举行。四川广播电视台与重庆广电集团共同签署《战略合作协议》。双方在新闻宣传、精品创作、媒体融合、技术创新、产业发展、队伍建设等领域开展深入合作。

8月24日,"成渝地·巴蜀情"2020重庆文旅大篷车巡游营销活动在成都春熙路正式启动。

8月25日,2020第十三届中国七夕东方爱情节在江津四面山景区开幕。

8月25日,2020第四届"成渝地·巴蜀情"千人舞会街舞大赛在垫江县体育文化公园举行,由垫江县文化旅游委主办,县文化馆、重庆第舞区文化传媒有限公司承办,重庆七叶草文化传播有限公司协办。

8月26日,文化和旅游部、国家发改委联合发布第二批全国乡村旅游重点村名单,包括北碚区东阳街道西山坪村、武隆区后坪苗族土家族乡文凤村、石柱土家族自治县中益乡华溪村等在内的重庆20个乡村,入选全国乡村旅游重点村名录。

8月26日,潼南区图书馆与国家税务总局、重庆市潼南区税务局签订服务协议,双方合作共建图书流通点,打造书香税务职工书屋。

8月28日,重庆市重大文旅项目及旅游度假区提升建设现场推进会在丰都南天湖度假区召开,正式吹响了重庆旅游度假区升级发展的"集结号"。

8月29日,博鳌国际康养文旅论坛2020年金佛山峰会在南川区金佛山开幕。

9月

9月2日,"行走自贸区"网络主题活动(重庆站)在线上举行,由中央网信办网络新闻信息传播局主办,重庆、海南、天津等18个省区市党委网信办和中国经济网承办。

9月5日至10日,2020"重庆好礼"旅游商品文创产品设计大赛及展示活动在荣昌区夏布小镇举行,1000多件旅游商品、600多件文创设计作品、400件外事好礼亮相本次活动。活动由市文化旅游委、市政府外事办、荣昌区人民政府联合主办。

9月8日,重庆广电集团车载4K融媒体生产中心正式启用,标志重庆广电生产方式迈入"4K+5G"时代。

9月9日,市科技局、市委宣传部、市教委、市科协、市社科联联合公布2019年度重庆市科普基地名单,南川区健康教育科普基地等45个单位被认定为重庆市科普基地。

9月10日,潼南区图书馆与四川省阿坝藏族羌族自治州图书馆签署《渝阿公共图书馆联盟合作协议》。

9月13日,重庆市第九期中青年文艺骨干研修班在西南大学举办。

9月14日,2020重庆网络安全宣传周暨首届重庆网民文化季启动仪式在荣昌区安陶小镇举行。

9月14日,南岸区政府与成都腾讯新文创科技有限公司签署合作协议,拟在南岸区打造《王者荣耀》博物馆项目。项目总投资规模超过2亿元,占地5000平方米以上,致力于以前沿互动科技为数以亿计的游客带来沉浸式体验,打造全球首个《王者荣耀》粉丝打卡地。

9月14日,两江新区与成都腾讯新文创科技有限公司举行签约仪式,分别就"腾讯云(重庆)工业互联网基地"和"腾讯云(西南)数字经济人才创新中心及腾讯云与智慧产业(重庆)研发中心"两个项目签署合作协议。

9月15日至17日,2020线上中国国际智能产业博览会在重庆举行。

9月15日,市科协、永川区政府、中国电子学会签署共建"科创中国"试点城市战略合作协议,组建"科创中国"数字经济专家服务团,发起筹备成立"重庆大数据产业研究院"。

9月16日,重庆影视城(江津白沙)与成都影视城正式签署成渝影视双引擎战略合作框架协议。

9月16日,市电影局与四川省电影局在成都签署战略合作协议,共同建立"巴蜀电影联盟"。

9月17日,重庆·中关村智酷人才创新实践中心揭牌活动暨数字经济产教融合创新发展论坛在永川区举办。

9月17日,由重庆出版集团代理输出的刘慈欣科幻作品《超新星纪元》德文版和《球状闪电》日文版入选由中宣部、国家新闻出版署组织实施的2020年"经典中国国际出版工程"立项项目。

9月17日,璧山区出台《"重庆璧山小城故事旅游区"创建国家5A级旅游景区工作实施方案》(璧山委办发〔2020〕17号)。

9月18日,重庆文旅(广电)职业教育集团在重庆文化艺术职业学院成立,为全国首家文旅(广电)职业教育集团。

9月19日至21日,"西部开发新脉动"网络主题活动(重庆站)举行。活动由中央网信办网络新闻信息传播局主办,重庆、四川、贵州、云南等省市党委网信办和中国经济网承办。

9月22日,中国农民丰收节暨世界苗乡·养心彭水·第三届乌江画廊文化旅游节活动在彭水县善感乡举行。

9月22日,"同观石鱼·共庆丰收"首届重庆涪陵白鹤梁文化节在涪陵区两江广场举行。

9月22日,铜梁区举办"庆丰收·迎小康"重庆市庆祝2020年"中国农民丰收节"铜梁主会场群众文艺汇演活动。

9月24日,电视剧《麦香》《黄土高天》成功入围第32届中国电视剧"飞天奖"。

9月24—25日,首届"涞滩·宋风集市"助农文化节在合川区涞滩古镇举行。

9月25日,小品《乡音乡情》获中国曲艺牡丹奖文学奖。

9月25日,重庆三峡融媒体中心、重庆三峡传媒集团挂牌成立。

9月25日,重庆中国三峡博物馆与江津区白沙镇人民政府在白沙镇签署战略合作协议,将建设"重庆中国三峡博物馆白沙分馆(夏公馆集群)",共同打造"白沙文博城"。

9月26日,首届山水重庆夜景文化节暨第五届重庆文化旅游惠民消费季(秋冬)启幕。

9月26日,重庆融创文旅城正式开业,接待客量近50万人次,营业收入达到2000万以上,含融创渝乐小镇、融创海世界、融创雪世界、融创水世界、融创茂、高端酒店群六大业态。

9月27日,"2021年巴南民宿项目招商推介活动"在重庆市巴南区举行,集中签约与民宿相关的旅游开发项目6个,总投资达13.4亿元。推介会以"巴县老院子、健康新生活"为主题,由巴南区文化旅游委、招商投资局、巴洲文旅集团共同主办。

9月28日,重庆出版集团版权输出图书《三体》三部曲荷兰文版和《快递中国》阿拉伯文版入选由中宣部、国家新闻出版署组织实施的2020年"丝路书香工程"立项项目。

9月29日,2020首届"决战九黎城下"电子竞技大赛全国总决赛在彭水蚩尤九黎城举行。

9月29日,2020·第九届中国乌江苗族踩花山节·民俗会在彭水县蚩尤九黎城开幕。

9月29日,璧山区秀湖水街(国际)非遗手艺特色小镇正式开街,"非遗新国潮"系列活动同步启幕。

9月30日,2020第十二届中国西部动漫文化节开幕,以"全域动漫、全民动漫"为节展宗旨,由璧山区人民政府和重庆广电集团联合主办,采取"双会场"的模式,在璧山区和重庆国际会展中心同时举行。

9月30日—10月2日,万州区举办首届三峡江滩音乐季,搭建地方特色产品秀场,打造万州夜间经济品牌,激发夜间经济活力。

10 月

10月9日,"重庆曲艺之乡"万州区授牌仪式暨2020年"三峡曲艺周周演"开箱活动在万州南浦剧场举行。

10月11至12日,"奋进新时代·共圆小康梦"第九届重庆市(第二片区)乡村文艺汇演音乐类展演在云阳县两江广场拉开帷幕。

10月13日至20日,2020年重庆市金秋书展开展,以"建设书香重庆 共享美好生活"为主题,接待读者30万人次,实现销售160万元。

10月15日,2020重庆国际文化旅游产业博览会在重庆国际博览中心开幕,以"融合文旅、展望未来"为主题,设有文创产业馆、"双晒"成果馆、文旅融合馆3个展馆,10个主题展区,吸引"一带一路"沿线国家以及国内20多个省市(自治区)、近千家企业参展。博览会由市委宣传部、市文化旅游委指导,重庆日报报业集团、重庆悦来投资集团主办。

10月15日,"成渝地区双城经济圈文旅融合高峰论坛暨第三届T12中国西部文旅产业发展峰会"召开,由重庆日报报业集团主办,重庆新闻旅游集团承办。

10月15日,永川区举办数字文化创意产业招商引资推介会,100余家数字文创相关企业参加推介。

10月16日,彭水"甩手捐"列入重庆市2020年中央补助地方公共数字文化建设项目全民艺术普及网络课程建设(一期)内容,进入全国慕课(MOOC)。

10月17日至18日,"川渝交流 戏汇大足"中国·重庆·大足第二届川剧文化艺术节在大足区雍溪镇举行。

10月20日,忠县白公祠文博景区获评国家4A级旅游景区。

10月20日至29日,第三届长江上游城市花卉艺术博览会在重庆园博会举行。

10月21日,南岸区与阿里体育举行战略合作项目签约仪式,阿里体育西南区域总部落户南岸,将与南岸区进一步深化合作,助推南岸区文化、旅游、体育等产业深度融合。

10月23日,第三届T12西部旅游总评榜·成渝经济圈年度旅游榜发布,合川区获评"成渝经济圈·文旅融合发展榜样区县";合川钓鱼城获评"成渝经济圈·2020最受欢迎旅游目的地"。

大事记

10月26日,"中国民歌表演艺术中青年人才高级研修班"在长寿区开班。

10月27—29日,第九届重庆市乡村文艺会演在长寿区龙河镇保合村举行。

10月28日,"全国美术高峰论坛"在重庆开幕,由中国美术家协会、市文联、四川美术学院主办,中国美术家协会理论艺委会、市美术家协会承办,市文艺评论家协会、四川美术学院艺术人文学院、市美术家协会策展与理论艺委会协办。

10月29日,"山水之城美丽之地"——我们共建"无废城市"主题宣传活动在南岸区长嘉汇弹子石老街举行。

10月30日,重庆市广场舞决赛在铜梁举行。

10月31日,解放碑时尚文化城主体工程开工。

10月31日至11月1日,第六届中国网络正能量——江山论坛(重庆)峰会在我市成功举办。

11月

11月2日,巴蜀文化和旅游产业人才专题培训班在重庆大学开班,为2020年文化和旅游部高质量产业人才培养扶持项目。

11月2日,文化和旅游部产业项目服务平台第二十二期精品项目交流对接会暨重庆市文化和旅游产业重点项目推介会在渝中区举行。

11月3日,重庆日报作品《点赞重庆高校思政金课》获第三十届中国新闻奖文字通讯与深度报道类三等奖。

11月4日,"两江四岸风起时"网络主题活动正式启动,由市委网信办主办、新华网重庆频道承办。

11月5至6日,"第九届韬奋出版人才高端论坛""全国城市出版社第33届社长论坛"在重庆市雾都宾馆举办。

11月6日,重庆出版社《中国共产党关于抗战大后方工作文献选编》(一、二)等5本图书获"2019年度城市出版社优秀图书"一等奖,《影像中国70年·重庆卷》等18本图书获二等奖。

11月7日,第六届中国诗歌节闭幕式文艺演出《直挂云帆济沧海》在弹子石广场举行。

11月7日至8日,第二届重庆"长江草莓音乐节"在大渡口区成功举办。

11月10—15日,2020CF冠军杯总决赛在忠县三峡港湾电竞馆开赛。

11月11日,重庆新众影视传媒有限公司入驻华南城物流基地园区,巴南区影视产业园打造迈出关键的一步。

11月11日、12日,市文化旅游委发布公告,认定重庆百里竹海旅游度假区、重庆彭水摩围山旅游度假区、重庆潼南太安休闲农业旅游度假区、重庆开州汉丰湖旅游度假区、重庆南山旅游度假区、重庆云阳清水旅游度假区6家旅游度假区为市级旅游度假区。

11月13日,2020重庆数字出版年会在两江新区举行,重庆两江新区国家数字出版基地携众多企业亮相,展示数字出版融合发展的最新成果。

11月14—15日,长寿区文化旅游交流(成都)路演活动及推介会在成都市青羊区宽窄巷子东广场成功举行。

11月16日,第十六届中国深圳国际文化产业博览交易会"云上文博会"在线上开幕,我市携多家市重点文化企业亮相云上展厅,彰显了全市"文化+旅游+美食+科技+历史"多产业融合发展的新形态,向全国观众展示了重庆文化产业发展的累累硕果。

11月16日,光明日报社和经济日报社联合发布第十二届"全国文化企业30强"名单,重庆文化产业投资集团有限公司获第十二届"全国文化企业30强"提名,成为首家入选该榜单的重庆市级国有文化企业。

11月16日,两江数字经济产业园·互联网园、海王星数字文化创意产业园、金山意库等3家园区获评重庆首批市版权示范园区,甲辰影视、三原色等9家企业获评重庆市首批版权示范企业。

11月17日,重庆出版社青少分社《窗外》获第六届中国当代诗歌奖(2019—2020)诗集奖。

11月18日,"艺扬大爱·助力脱贫——彭柯、石文君、彭石、胡焱四人国画(花鸟画)作品义卖展"在市文联美术馆开展,活动由市委宣传部、市文联、巫山县委、县政府主办,市美协、市文艺家活动中心、渝中区文联承办。

11月18日,"成渝十大文旅新地标"颁奖典礼暨成渝文旅发展交流活动举行,重庆洪崖洞、磁器口、来福士等文旅地标成功入选。

11月20日,第十四届中国·重庆长江三峡(巫山)国际红叶节开幕。

11月23日,市文化旅游委与北海市人民政府签订文化旅游产业发展战略合作协议。

11月26日,中国第三届温泉与气候养生旅游国际研讨会暨第七届中国温泉旅游推广季系列活动在北碚举行。

11月27日,第三届渝南黔北区域文旅发展联盟大会暨渝南黔北旅游文化节在南川区召开。

11月30日,2020年重庆市"百人百作"音乐精品创作推进会暨第二期中青年词曲创作骨干培训班开班仪式在大渡口区举行。

11月30日,第23届游交会暨首届中国西部游戏产业交易大会在南岸顺利举行。

11月下旬,重庆出版社《脱贫之道:中国共产党的治理密码》(英文版)入选中宣部2020年对外出版任务类出版项目。

11月,华龙网作品《2019对话1949:时代变了 初心未变》荣获第三十届中国新闻奖融合创新一等奖。

11月,华龙网集团荣获中国报业协会"全国报社媒体融合技术创新"优秀企业。

11月,重庆新华书店集团公司被中央文明委授予第五届"全国未成年人思想道德建设工作先进单位"荣誉称号。

11月,万州方言话剧《薪火》入选"全国脱贫攻坚题材舞台艺术优秀剧目展演"名单,并在"学习强国"展播。

12月

12月1—17日,璧山区、荣昌区、巫溪县制作的"人民记忆:百年百城"网评引导工作系列视频陆续在央视网上线。

12月4日,乌江画廊文旅示范带建设座谈会在黔江召开,渝东南各区县与相关市级部门、文旅开发企业、金融机构等共同签署《乌江画廊文旅示范带建设多方合作框架协议》。

12月4日,华龙网集团"重庆市原创音乐版权孵化基地"落地大渡口区。大渡口区人民政府与重庆华龙网集团签署关于"重庆市原创音乐版权孵化中心"服务大渡口区钓鱼嘴音乐半岛建设合作协议。

12月5日,中国体育彩票涪陵区第六届体育舞蹈锦标赛暨部分城市体育舞蹈(国标舞)邀请赛在涪陵奥体中心体育馆举行。

12月8日,"国际残疾人日"暨重庆市第六届残疾人艺术汇演汇报演出在璧山区文化艺术中心举行。

12月8日,合川首个红岩文化室揭牌开馆。

12月8日,2020重庆悦来国际设计论坛在重庆悦来国际会议中心开幕。

12月10日,重庆出版社《中国科幻基石丛书——三体》入选2020年度最具版权价值图书科幻类。

12月10日,第十一届中国长江三峡国际旅游节和世界大河歌会开幕。

12月11日,第十一届中国长江三峡国际旅游节招商合作项目签约活动在万州举行,现场签约项目20个、协议总金额216.8亿元。

12月11日,市文化旅游委公布第二批智慧旅游乡村示范点,西彭镇真武宫村等19个乡村旅游点成功创评。

12月12日,重庆市铜梁区人民政府与中国龙狮运动协会签订战略合作协议。

12月14—16日,2020第四届"中国·白帝城"国际诗歌节暨绿色发展·消费扶贫大会在奉节举行。

12月16日,市委常委、宣传部部长、文改专项小组组长张鸣主持召开市委全面深化改革委员会文化体制改革专项小组第九次会议。传达学习中央全面深化改革委员会第十六次和市委全面深化改革委员会第十三次会议精神,研究文化体制改革工作方案和工作安排。

12月16日,"2020重庆艺术大市场艺术盛典暨两江创意活动月"开幕仪式在金山意库举行。

12月18日,中国电影基金会钟惦棐电影评论发展专项基金发布仪式暨2020中国电影评论高峰论坛活动在重庆江津举行。"中国电影评论高峰论坛"和"中国电影评论年度评选"国家级电影活动永久落户重庆江津。

12月20日,重庆首个国家级田园综合体——三峡橘乡田园综合体开园迎客。

12月23日,重数传媒公司向深圳证券交易所提交IPO上市申请。

12月25日,重庆首个对外文化贸易基地重庆(西永)对外文化贸易基地正式挂牌。

12月25日,"第七届全国道德模范故事汇小分队基层巡演"活动走进重庆万州。活动由中央文明办、中国文联主办,中国曲艺家协会、重庆市曲艺家协会、重庆市文艺志愿者协会承办。

12月25日,文化和旅游部、国家发展改革委、财政部公布第一批国家文化和旅游消费试点城市,重庆市渝中区获评国家文化和旅游消费示范城市,沙坪坝区、北碚区国家文化和旅游消费试点城市。

12月26日,第八届中国旅游产业发展年会在吉林省长春市举行,揭晓了

"2020年度中国旅游产业影响力风云榜",南川区获评"2020年度中国冬游名城"。

12月26日,成渝地区双城经济圈旅行商踩线暨合作交流会在美心红酒小镇举行。

12月28日,重庆文投集团投资建设的"星际未来城"项目被确定为国家文化产业发展项目库首批入库项目。

12月28日,由中共中央党史和文献研究院编纂、重庆出版社出版的《列宁画传》(列宁诞辰150周年纪念版)入选国家新闻出版署组织实施的2020年"优秀通俗理论读物出版工程"。

12月29日,重庆南滨路文化产业园区成为重庆首个创建成功的国家级文化产业示范园区。

12月29日,濯水景区成功创建国家5A级旅游景区,黔江区成功构建起了"1个5A+7个4A"的精品景区格局,形成了5A带动、4A补充的良好发展态势。

12月30日,2020CMEL全国移动电竞超级联赛总决赛正式开赛。活动由忠县人民政府、大唐网络公司主办,忠县文旅委、天天电竞网络科技公司承办。

12月30日,文化和旅游部公布首批创建成功的9个国家级文化产业示范园区,重庆南滨路文化产业园区位列其中,成为我市首个创建成功的国家级文化产业示范园区。

12月30日,重庆市发布第一批115个历史地名保护名录。

12月30日,官村景区成功创建国家4A级旅游景区。

12月,华龙网集团荣获2018—2020年度"中国互联网行业自律贡献和公益奖"。

12月,华龙信用公司入选重庆市重点软件和信息服务企业名单。

12月,华龙数字文创孵创基地正式挂牌。

12月,市文化执法总队办理的"重庆创享国际旅行社有限公司及其委派领队未要求境外接待社不得强迫或者变相强迫旅游者参加额外付费项目案"被文化和旅游部评为2019—2020年度全国文化市场综合执法重大案件。

12月,市文化执法总队指导梁平区文化执法支队办理的"中国铁塔股份有限公司万州分公司擅自在全国重点文物保护单位双桂堂建设控制带内进行建设工程案"被国家文物局评为2020年度全国文物行政处罚十佳案卷。

12月,渝中区成功入选第一批国家文化和旅游消费示范城市名单;沙坪坝区、北碚区成功入选第一批国家文化和旅游消费试点城市名单。

12月,课堂内外被中央宣传部、科技部、中国科协授予"全国科普工作先进集体"称号。

12月,《课堂内外》(小学版)、《家庭医药》入选中国科普作家协会发布的"2020年度中国优秀科普期刊目录"。

12月,忠县电竞小镇建成展示体验中心、孵化中心、青少年活动中心等项目,全年实现产值75.15亿元,实现税收3.36亿元。

12月,芙蓉江景区成功创建为国家4A级旅游景区。

整理人及单位:

  徐丽丽 中共重庆市委宣传部

  陈　蔚 重庆日报报业集团

  谭小华 重庆图书馆

  张　翎 重庆广电集团(总台)

  刘慕岳 重庆新华书店集团